全国专利代理人资格考试试题解析
（2013～2015合订本）

知识产权出版社有限责任公司 编

图书在版编目（CIP）数据

全国专利代理人资格考试试题解析：2013~2015合订本/知识产权出版社有限责任公司编．—北京：知识产权出版社，2017.7（2017.9重印）（2017.9重印）（2018.7重印）（2019.10重印）

ISBN 978-7-5130-4988-7

Ⅰ．①全… Ⅱ．①知… Ⅲ．①专利—代理（法律）—中国—资格考试—题解 Ⅳ．①D923.42-44

中国版本图书馆CIP数据核字（2017）第150519号

内容提要

本书对2013~2015年全国专利代理人资格考试各科试题进行了分析说明，方便广大考生复习、备考。本书是全国专利代理人资格考试必备权威图书。

| 责任编辑：胡文彬 | 责任校对：王 岩 |
| 装帧设计：麒麟轩设计 | 责任印制：刘译文 |

全国专利代理人资格考试试题解析（2013~2015合订本）

Quanguo Zhuanlidailiren Zige Kaoshi Shiti Jiexi (2013~2015 Hedingben)

知识产权出版社有限责任公司　编

出版发行：知识产权出版社有限责任公司	网　　址：http://www.ipph.cn
社　　址：北京市海淀区气象路50号院	邮　　编：100081
责编电话：010-82000860转8116	责编邮箱：wangruipu@cnipr.com
发行电话：010-82000860转8101/8102	发行传真：010-82000893/82005070/82000270
印　　刷：三河市国英印务有限公司	经　　销：各大网上书店、新华书店及相关专业书店
开　　本：889mm×1194mm 1/16	印　　张：28.75
版　　次：2017年7月第1版	印　　次：2019年10月第5次印刷
字　　数：735千字	定　　价：80.00元
ISBN 978-7-5130-4988-7	

出版权专有　侵权必究

如有印装质量问题，本社负责调换。

前　言

我国专利代理人资格考试制度是以科学的方式选拔专利代理人才、提升专利代理行业影响力、促进专利事业稳步发展的重要途径之一。从1992年面向全国实施专利代理人资格考试以来，专利代理人资格考试在普及专利制度、储备专利代理人才、促进专利代理行业发展等许多方面都起到了重要作用。特别是经过2005年和2009年两次考试改革后，全国专利代理人资格考试更加适应我国专利事业的发展形势，更加科学、规范、透明，吸引了越来越多的人加入专利代理行业，扩大了全国专利代理人资格考试的影响力，提升了专利代理行业在社会公众中的认知度。

目前，2017年全国专利代理人资格考试的准备工作已经全面展开了，为了帮助参加2017年全国专利代理人资格考试的应试人员更好地进行复习备考，知识产权出版社有限责任公司对2013年以来的考试试题和试题解析进行了整理，汇编成《全国专利代理人资格考试试题解析（2013～2015合订本）》一书。希望本书的出版对应试人员的复习、备考能够有所裨益。

由于时间和水平有限，本书的疏漏或不当之处在所难免，敬请读者指正。

知识产权出版社有限责任公司
2017年5月

2013年全国专利代理人资格考试试题解析

目 录

专利法律知识 …………………………………………………………（ 1 ）
相关法律知识 …………………………………………………………（ 65 ）
专利代理实务 …………………………………………………………（115）
    专利代理实务考试试卷 ……………………………………………（117）
    2013年专利代理实务题答题要点及范文 …………………………（133）

专利法律知识

答题须知：

1. 本试卷共有 100 题，每题 1.5 分，总分 150 分。
2. 本试卷要求使用考场配发的机读答题卡，并按照其上注明的要求填涂答案。应试者将答案标注在试卷上或者未按要求填涂机读答题卡的，不予计分。
3. 本试卷所有试题的正确答案均以现行的法律、法规、规章、相关司法解释和国际条约为准。

一、单项选择题（每题所设选项中只有一个正确答案，多选、错选或不选均不得分。本部分含 1－30 题，每题 1.5 分，共 45 分。）

1. 甲于 2011 年 7 月 1 日完成了某项发明创造，并于 2011 年 7 月 4 日向国家知识产权局受理处直接递交了专利申请。乙也于 2011 年 7 月 1 日完成了同样的发明创造，并于 7 月 2 日上午到邮局寄出了专利申请，国家知识产权局 2011 年 7 月 4 日收到该申请。如果甲乙二人的申请均符合其他授予专利权的条件，则专利权应当授予何人？
   A. 甲
   B. 乙
   C. 甲和乙共有
   D. 经甲和乙协商确定的人

【答案】B

【知识点】先申请原则、申请日的确定

【解析】《专利法》第九条第二款规定，两个以上的申请人分别就同样的发明创造申请专利的，专利权授予最先申请的人。《专利法》第二十八条规定，国务院专利行政部门收到专利申请文件之日为申请日。如果申请文件是邮寄的，以寄出的邮戳日为申请日。在本题中，甲于 2011 年 7 月 4 日向国家知识产权局受理处直接递交了专利申请，其专利申请的申请日为 2011 年 7 月 4 日；乙于 2011 年 7 月 2 日上午到邮局寄出了专利申请，其专利申请的申请日为 2011 年 7 月 2 日。故甲乙二人中乙是最先申请的人，专利权应当授予乙，B 选项正确。

综上，本题答案为：B。

2. 下列哪项属于不授予专利权的主题？
   A. 一种制造冲锋枪的方法
   B. 一种肝移植的方法
   C. 一种新的地质勘探方法
   D. 一种寺庙中使用的木鱼

【答案】B

【知识点】不授予专利权的主题

【解析】《专利法》第五条第一款规定，对违反法律、社会公德或者妨害公共利益的发明创造，不授予专利权。《专利法实施细则》第十条规定，《专利法》第五条所称违反法律的发明创造，不包括仅其实施为法律所禁止的发明创造。《专利审查指南2010》第二部分第一章第3.1.1节规定，《专利法实施细则》第十条规定的含义是，如果仅仅是发明创造的产品的生产、销售或使用受到法律的限制或约束，则该产品本身及其制造方法并不属于违反法律的发明创造。由上述规定可知，虽然冲锋枪的生产、销售和使用受到法律的限制，但制造冲锋枪的方法并不属于违反法律的发明创造，可以被授予专利权，故A选项错误。《专利法》第二十五条中规定，疾病的诊断和治疗方法不能被授予专利权。由于"一种肝移植方法"是治疗方法，因此其不能被授予专利权，B选项正确。《专利法》第二条第二款规定，发明，是指对产品、方法或者其改进所提出的新的技术方案。"一种新的地质勘探方法"和"一种寺庙中使用的木鱼"符合上述定义，可以被授予专利权，故C、D选项不正确。

综上，本题答案为：B。

3. 下列哪个期限可以延长？
   A. 提出实质审查请求的期限
   B. 答复复审通知书的期限
   C. 专利权的期限
   D. 无效宣告程序中专利复审委员会指定的期限

【答案】B

【知识点】期限的延长

【解析】《专利法实施细则》第六条第四款规定，当事人请求延长国务院专利行政部门指定的期限的，应当在期限届满前，向国务院专利行政部门说明理由并办理有关手续。由于"提出实质审查请求的期限"和"专利权的期限"都是《专利法》中规定的期限，属于法定期限，故不能延长，A、C选项错误。《专利法》第三十七条规定，国务院专利行政部门对发明专利申请进行实质审查后，认为不符合本法规定的，应当通知申请人，要求其在指定的期限内陈述意见，或者对其申请进行修改；无正当理由逾期不答复的，该申请即被视为撤回。由此可知，"答复复审通知书的期限"为指定期限，故可以延长，B选项正确。《专利法实施细则》第七十一条规定，在无效宣告请求审查程序中，专利复审委员会指定的期限不得延长。故"无效宣告程序中专利复审委员会指定的期限"不能延长，D选项错误。

综上，本题答案为：B。

4. 王某于2009年10月20日就一种改进的汽车制动系统向国家知识产权局递交了发明专利申请。下列哪种情形不会影响该发明专利申请的新颖性？
   A. 2008年8月在日本参加一个学术会议时，王某就该种系统进行了口头介绍

B. 王某在一本2009年10月出版的杂志上发表了一篇介绍该种系统的文章，且无其他证据证明该杂志的具体印刷日

C. 王某于2009年10月15日向国家知识产权局提交了一件同样内容的实用新型专利申请，该申请于2010年5月8日被授予专利权

D. 某公司经王某授权于2009年2月在美国销售的新型汽车上使用了该种系统

【答案】B

【知识点】现有技术、新颖性

【解析】《专利法》第二十二条第二款规定，新颖性，是指该发明或者实用新型不属于现有技术；也没有任何单位或者个人就同样的发明或者实用新型在申请日以前向国务院专利行政部门提出过申请，并记载在申请日以后公布的专利申请文件或者公告的专利文件中。第五款规定，该法所称现有技术，是指申请日以前在国内外为公众所知的技术。A选项中，由于王某在日本公开介绍该系统的时间早于专利申请的申请日，故其介绍的行为将破坏专利申请的新颖性，A选项错误。《专利审查指南2010》第二部分第三章第2.1.2.1节中规定，出版物的印刷日视为公开日，有其他证据证明其公开日的除外。印刷日只写明年月或者年份的，以所写月份的最后一日或者所写年份的12月31日为公开日。B选项中，由于王某发表文章的杂志的出版日期为2009年10月，没有其他证据证明该杂志的具体印刷日，故其公开日为2009年10月31日，晚于专利申请的申请日，不破坏王某申请的申请日，B选项正确。C选项中，由于王某的实用新型专利申请的申请日在其发明专利申请的申请日之前，并在发明专利申请的申请日之后公布，构成其发明专利申请的抵触申请，破坏发明专利申请的新颖性，C选项错误。《专利审查指南2010》第二部分第三章第2.1.2.2节中规定，使用公开的方式包括能够使公众得知其技术内容的制造、使用、销售、进口、交换、馈赠、演示、展出等方式。由于某公司使用该系统的日期早于王某申请专利的日期，故构成使用公开，破坏发明专利申请的新颖性，D选项错误。

综上，本题答案为：B。

5. 下列说法哪个是正确的？

A. 同一组从属权利要求之间必然具有单一性

B. 若独立权利要求具有新颖性，则其从属权利要求之间必然具有单一性

C. 若独立权利要求具有创造性，则其从属权利要求之间必然具有单一性

D. 若从属权利要求的限定部分还包括了不同于独立权利要求的其他发明，则该从属权利要求和该独立权利要求之间不具有单一性

【答案】C

【知识点】从属权利要求的单一性

【解析】《专利法实施细则》第三十四条规定，依照《专利法》第三十一条第一款规定，可以作为一件专利申请提出的属于一个总的发明构思的两项以上的发明或者实用新型，应当在技术上相互关联，包含一个或者多个相同或者相应的特定技术特征，其中特定技术特征是

指每一项发明或者实用新型作为整体,对现有技术作出贡献的技术特征。《专利审查指南2010》第二部分第六章第2.2.1节(5)规定,一般情况下,审查员只需要考虑独立权利要求之间的单一性,从属权利要求与其所从属的独立权利要求之间不存在缺乏单一性的问题。但是,在遇有形式上为从属权利要求而实质上是独立权利要求的情况时,应当审查其是否符合单一性规定。如果一项独立权利要求由于缺乏新颖性、创造性等理由而不能被授予专利权,则需要考虑其从属权利要求之间是否符合单一性的规定。由此可知,如果是形式上从属,或者独立权利要求缺乏新颖性、创造性时,则从属权利要求之间可能存在缺乏单一性的问题,故 A 选项错误。若独立权利要求具有新颖性,但缺乏创造性时,从属权利要求之间也可能存在缺乏单一性的问题,故 B 选项错误。由于独立权利要求具有创造性,则必然包含有对现有技术作出了创造性贡献的特征,而从属于该独立权利要求的从属权利要求包括独立权利要求的全部特征,也就必然包括该作出贡献的特征,即特定技术特征,故从属于该独立权利要求之下的从属权利要求之间必然具有单一性,C 选项正确。即使从属权利要求的限定部分还包括了不同于独立权利要求的其他发明,但只要从属权利要求中包含与独立权利要求相同或者相应的特定技术特征,则该从属权利要求和该独立权利要求之间具有单一性,故 D 选项错误。

综上,本题答案为:C。

6. 金某于 2004 年 3 月 18 日向国家知识产权局提交了一件实用新型专利申请。2004 年 8 月 13 日,金某以该实用新型专利申请为优先权基础提出了一件 PCT 国际申请。该 PCT 国际申请于 2006 年 7 月 20 日进入中国国家阶段,并于 2008 年 3 月 6 日被公告授予发明专利权。该项发明专利权的保护期限何时届满?

  A. 2024 年 3 月 18 日
  B. 2024 年 8 月 13 日
  C. 2026 年 7 月 20 日
  D. 2028 年 3 月 6 日

【答案】B

【知识点】发明专利权的期限

【解析】《专利法实施细则》第一百零二条规定,按照《专利合作条约》已确定国际申请日并指定中国的国际申请,视为向国务院专利行政部门提出的专利申请,该国际申请日视为《专利法》第二十八条所称的申请日。由此可知,本题中金某 PCT 国际申请的申请日为 2004 年 8 月 13 日。《专利法》第四十二条规定,发明专利权的期限为二十年,实用新型专利权和外观设计专利权的期限为十年,均自申请日起计算。《专利法实施细则》第十一条规定,除《专利法》第二十八条和第四十二条规定的情形外,《专利法》所称申请日,有优先权的,指优先权日。由此可知,金某发明专利权的保护期限应当是自 2004 年 8 月 13 日起二十年,即到 2024 年 8 月 13 日届满,故 B 选项正确。

综上,本题答案为:B。

7. 在专利审查过程中，公众对被审查的发明专利申请提出了该申请不符合专利法规定的意见。下列说法哪些是正确的？

　　A. 只要该申请的申请人尚未办理专利权登记手续，审查员均应当考虑该公众意见
　　B. 审查员在第一次审查意见通知书中采纳该公众意见的，应当同时通知提出意见的公众
　　C. 如果该公众意见是在审查员发出第一次审查意见通知书之后收到的，就不必考虑
　　D. 该公众意见应当存入该申请文档中

【答案】D

【知识点】关于公众意见处理的原则

【解析】《专利法实施细则》第四十八条规定，自发明专利申请公布之日起至公告授予专利权之日止，任何人均可以对不符合《专利法》规定的专利申请向国务院专利行政部门提出意见，并说明理由。《专利审查指南2010》第二部分第八章第4.9节规定，任何人对不符合《专利法》规定的发明专利申请向专利局提出的意见，应当存入该申请文档中供审查员在实质审查时考虑。如果公众的意见是在审查员发出授予专利权的通知之后收到的，就不必考虑。专利局对公众意见的处理情况，不必通知提出意见的公众。由此可知，D选项正确。

　　综上，本题答案为：D。

8. 下列哪个属于外观设计专利保护的客体？

　　A. 电脑屏幕保护画面设计
　　B. 主要起标识作用的平面包装袋设计
　　C. 达芬奇的画
　　D. 售报亭的形状设计

【答案】D

【知识点】外观设计专利保护客体、授权条件

【解析】《专利法》第二条第四款规定，外观设计，是指对产品的形状、图案或者其结合以及色彩与形状、图案的结合所作出的富有美感并适于工业应用的新设计。《专利审查指南2010》第一部分第三章第7.4节中，对根据《专利法》第二条第四款属于不授予外观设计专利权的情形进行了规定，其中包括纯属美术、书法、摄影范畴的作品和产品通电后显示的图案这两种情形。故"电脑屏幕保护画面设计"和"达芬奇的画"不属于外观设计专利保护的客体，A、C选项错误。《专利法》第二十五条第一款规定，对下列各项，不授予专利权：（一）科学发现；（二）智力活动的规则和方法；（三）疾病的诊断和治疗方法；（四）动物和植物品种；（五）用原子核变换方法获得的物质；（六）对平面印刷品的图案、色彩或者二者的结合作出的主要起标识作用的设计。由此可知，"主要起标识作用的平面包装袋设计"不属于外观设计专利保护的客体，B选项错误。由于"售报亭的形状设计"是对售报亭的形状作出的设计，根据《专利法》第二条第四款的规定，其属于外观设计专利保护的客体，D选项正确。

　　综上，本题答案为：D。

9. 某中国发明专利申请的申请日为2009年6月1日,公布日为2011年3月1日。该申请的说明书背景技术部分不能引证下列哪个文件?

    A. 申请日为2009年5月31日、公布日为2011年2月25日的欧洲专利申请

    B. 申请日为2009年4月1日、公布日为2011年3月1日的中国专利申请

    C. 印刷日为2009年5月的某中文期刊

    D. 公开日为2009年5月19日存在于互联网的相关文件

【答案】A

【知识点】说明书中引证文件的撰写要求

【解析】《专利法实施细则》第十七条第一款对说明书应当包括的内容进行了规定,其中对于背景技术的要求是:写明对发明或者实用新型的理解、检索、审查有用的背景技术;有可能的,并引证反映这些背景技术的文件。《专利审查指南2010》第二部分第二章第2.2.3节中规定,说明书中引证的文件可以是专利文件,也可以是非专利文件,例如期刊、杂志、手册和书籍等。引证文件应当是公开出版物,除纸件形式外,还包括电子出版物等形式。所引证的非专利文件和外国专利文件的公开日应当在本申请的申请日之前;所引证的中国专利文件的公开日不能晚于本申请的公开日。在本题中,由于A选项中的专利申请是欧洲专利申请,且其公开日在本申请的申请日之后,故不能被引证,A选项正确。

    综上,本题答案为:A。

10. 对于共有的专利权,在共有人无任何约定的情形下,下列哪种行为不必获得全体共有人的同意?

    A. 专利权的转让

    B. 专利权的普通实施许可

    C. 以专利权入股

    D. 专利权的出质

【答案】B

【知识点】专利权的共有

【解析】《专利法》第十五条规定,专利申请权或者专利权的共有人对权利的行使有约定的,从其约定。没有约定的,共有人可以单独实施或者以普通许可方式许可他人实施该专利;许可他人实施该专利的,收取的使用费应当在共有人之间分配。除前款规定的情形外,行使共有的专利申请权或者专利权应当取得全体共有人的同意。由此可知,在共有人无任何约定的情形下,除B选项中专利权的普通实施许可外,专利权的转让、以专利权入股、专利权的出质都必须获得全体共有人的同意,故B选项正确。

    综上,本题答案为:B。

11. 一件专利申请公开了一种组合物,该组合物由植物材料M经过步骤X、Y和Z加工处理制得,并公开了该组合物可用来杀菌。该申请的申请日为2012年6月1日。一篇2011年3月

1日公开的文献记载了一种由植物材料M经过步骤X、Y和Z加工处理制得的染料组合物，该文献没有公开所得组合物可用来杀菌。相对于该篇文献，该申请下列哪项权利要求具备新颖性？

  A. 一种杀菌组合物，该组合物由植物材料M经过步骤X、Y和Z加工处理制得

  B. 一种制备杀菌组合物的方法，该方法包括将植物材料M经过步骤X、Y和Z加工处理

  C. 一种由植物材料M经过步骤X、Y和Z加工处理制得的组合物，其特征在于该组合物可以杀菌

  D. 一种杀菌方法，包括使用有效量的由植物材料M经过步骤X、Y和Z加工处理制得的一种组合物

【答案】D

【知识点】判断新颖性的原则和基础

【解析】《专利审查指南2010》第二部分第十章第5.4节中规定，一种已知产品不能因为提出了某一新的应用而被认为是一种新的产品。例如，产品X作为洗涤剂是已知的，那么一种用作增塑剂的产品X不具有新颖性。但是，如果一项已知产品的新用途本身是一项发明，则已知产品不能破坏该新用途的新颖性。这样的用途发明属于使用方法发明，发明的实质不在于产品本身，而在于如何去使用它。在本题中，A选项要求保护的是一种杀菌组合物，同时用制备方法加以限定，而以相同方法制备的组合物已在对比文献中公开，制备方法限定"由植物材料M经过步骤X、Y和Z加工处理制得"没有为该申请组合物本身带来新的特征，因此，两种组合物实质相同，该权利要求不具有新颖性。同理，C选项中用"可以杀菌"限定"由植物材料M经过步骤X、Y和Z加工处理制得的组合物"与对比文献中已公开的组合物实质相同，因此该权利要求也没有新颖性。B选项中"一种制备杀菌组合物的方法"与对比文献中已公开的组合物的制备方法相同，因此该权利要求也没有新颖性。D选项中的"一种杀菌方法"请求保护的是对比文献中并没有公开的"已知物质的新用途"，属于"使用方法发明"，因此该权利要求具有新颖性。

综上，本题答案为：D。

12. 甲乙夫妻二人共同提出的一件发明专利申请被国家知识产权局驳回。下列针对该驳回决定提出的哪个复审请求符合相关规定？

  A. 甲单独提出的复审请求

  B. 甲乙共同提出的复审请求

  C. 甲乙不提出复审请求的情况下，他们的儿子以自己的名义提出的复审请求

  D. 甲乙不提出复审请求的情况下，该专利申请的发明人丙以自己的名义提出的复审请求

【答案】B

【知识点】复审请求人资格

【解析】《专利法》第四十一条第一款规定，国务院专利行政部门设立专利复审委员会。专利申请人对国务院专利行政部门驳回申请的决定不服的，可以自收到通知之日起三个月内，向专利复审委员会请求复审。专利复审委员会复审后，作出决定，并通知专利申请人。

《专利审查指南2010》第四部分第二章第2.2节中规定,被驳回申请的申请人属于共同申请人的,如果复审请求人不是全部申请人,专利复审委员会应当通知复审请求人在指定期限内补正;期满未补正的,其复审请求视为未提出。由此可知,只有甲乙共同提出复审请求才符合相关规定,B选项正确。

13. 在设计构思相同的情况下,下列哪组产品的外观设计可以合案申请?
    A. 毛巾和围巾
    B. 书包和铅笔盒
    C. 麻将牌及其外包装盒
    D. 茶壶和茶杯

【答案】D

【知识点】外观设计专利申请的单一性

【解析】《专利法》第三十一条第二款规定,一件外观设计专利申请应当限于一项外观设计。同一产品两项以上的相似外观设计,或者用于同一类别并且成套出售或者使用的产品的两项以上外观设计,可以作为一件申请提出。《专利法实施细则》第三十五条第二款规定,《专利法》第三十一条第二款所称同一类别并且成套出售或者使用的产品的两项以上外观设计,是指各产品属于分类表中同一大类,习惯上同时出售或者同时使用,而且各产品的外观设计具有相同的设计构思。A选项中的"毛巾和围巾",由于习惯上并不同时出售或者同时使用,因此不能合案申请,A选项错误。B选项中的"书包和铅笔盒",习惯上并不同时出售,因此不能合案申请,B选项错误。C选项中的"麻将牌及其外包装盒",由于不属于同一大类,因此不能合案申请,C选项错误。D选项中的"茶壶和茶杯",由于属于同一大类,并且习惯上同时出售或者使用,因此可以合案申请,D选项正确。

综上,本题答案为:D。

14. 下列有关实用性的说法哪些是正确的?
    A. 实用性,是指该发明或实用新型能够制造或使用,并且能够产生积极效果,这里的积极效果指的是完美无缺的有益效果
    B. 由于电离盒有可能产生微量臭氧,对人的身体可能会造成伤害,从人体健康方面考虑不宜使用,因此不具备实用性
    C. 由于永动机违背自然规律,是不能实施的,因此不具备实用性
    D. 由于过滤净化装置与高压静电发生器价格昂贵,导致烟雾净化器成本高,社会上很少人使用,脱离社会需要,因此不具备实用性

【答案】C

【知识点】实用性

【解析】《专利法》第二十二条第四款规定,实用性,是指该发明或者实用新型能够制造或者使用,并且能够产生积极效果。《专利审查指南2010》第二部分第五章第2节中规定,

能够产生积极效果，是指发明或者实用新型专利申请在提出申请之日，其产生的经济、技术和社会的效果是所属技术领域的技术人员可以预料到的。这些效果应当是积极的和有益的。由此可知，A选项错误。由于电离盒能够制造，如果其产生的经济、技术和社会的效果是所属技术领域的技术人员可以预料到的，且这些效果是积极的和有益的，则具备实用性。至于其可能产生微量臭氧，对人的身体可能会造成伤害，并不是实用性考虑的范畴，故B选项中的说法错误。《专利审查指南2010》第二部分第五章第3.2.2节中规定，具有实用性的发明或者实用新型专利申请应当符合自然规律。违背自然规律的发明或者实用新型专利申请是不能实施的，因此，不具备实用性。由于永动机违背能量守恒定律，不能被实施，因此不具备实用性，C选项正确。由于烟雾净化器能够制造，如果其产生的经济、技术和社会的效果是所属技术领域的技术人员可以预料到的，且这些效果是积极的和有益的，则具备实用性。至于过滤净化装置与高压静电发生器价格昂贵，导致烟雾净化器成本高，社会上很少人使用，并不是实用性考虑的范畴，故D选项中的说法错误。

综上，本题答案为：C。

15. 对下列哪件申请，国家知识产权局可以受理？
   A. 缺少说明书摘要的发明专利申请
   B. 缺少说明书附图的实用新型专利申请
   C. 缺少简要说明的外观设计专利申请
   D. 请求书中缺少申请人地址的发明专利申请

【答案】A

【知识点】不受理情形

【解析】《专利法实施细则》第三十九条规定，专利申请文件有下列情形之一的，国务院专利行政部门不予受理，并通知申请人：（一）发明或者实用新型专利申请缺少请求书、说明书（实用新型无附图）或者权利要求书的，或者外观设计专利申请缺少请求书、图片或者照片、简要说明的；（二）未使用中文的；（三）不符合本细则第一百二十一条第一款规定的；（四）请求书中缺少申请人姓名或者名称，或者缺少地址的；（五）明显不符合《专利法》第十八条或者第十九条第一款的规定的；（六）专利申请类别（发明、实用新型或者外观设计）不明确或者难以确定的。由此可知，A选项正确，B、C、D选项错误。

综上，本题答案为：A。

16. 关于专利标识，下列说法哪个是正确的？
   A. 专利标识既可以标注在专利产品上，也可以标识在专利产品的包装上
   B. 只需标注"专利产品 仿冒必究"，而没有必要标注专利号等相关信息
   C. 只需标注专利号，而没有必要标明专利类别，因为专利类别可以从专利号中获知
   D. 专利标识的标注不符合规定的，由国务院专利行政部门责令改正

【答案】A

【知识点】标明专利标识的权利

【解析】《专利法》第十七条第二款规定，专利权人有权在其专利产品或者该产品的包装上标明专利标识。《专利法实施细则》第八十三条第一款规定，专利权人依照《专利法》第十七条的规定，在其专利产品或者该产品的包装上标明专利标识的，应当按照国务院专利行政部门规定的方式予以标明。《专利标识标注办法》第四条规定，在授予专利权之后的专利权有效期内，专利权人或者经专利权人同意享有专利标识标注权的被许可人可以在其专利产品、依照专利方法直接获得的产品、该产品的包装或者该产品的说明书等材料上标注专利标识。由此可知，A选项正确。《专利标识标注办法》第五条规定，标注专利标识的，应当标明下述内容：（一）采用中文标明专利权的类别，例如中国发明专利、中国实用新型专利、中国外观设计专利；（二）国家知识产权局授予专利权的专利号。除上述内容之外，可以附加其他文字、图形标记，但附加的文字、图形标记及其标注方式不得误导公众。由此可知，B、C选项错误。《专利标识标注办法》第八条规定，专利标识的标注不符合本办法第五条、第六条或者第七条规定的，由管理专利工作的部门责令改正。专利标识标注不当，构成假冒专利行为的，由管理专利工作的部门依照《专利法》第六十三条的规定进行处罚。由此可知，D选项错误。

综上，本题答案为：A。

17. 下列关于无效宣告程序的说法哪个是正确的？
   A. 对于关系重大经济利益或者社会影响的专利，专利复审委员会可以自行启动无效宣告程序
   B. 无效宣告程序中的口头审理都应当公开举行
   C. 请求人撤回无效宣告请求的，无效宣告程序一律终止
   D. 无效宣告程序中专利复审委员会对案件的审查不受当事人请求的范围和提出的理由、证据的限制

【答案】D

【知识点】无效宣告审查原则

【解析】《专利法》第四十五条规定，自国务院专利行政部门公告授予专利权之日起，任何单位或者个人认为该专利权的授予不符合本法有关规定的，可以请求专利复审委员会宣告该专利权无效。《专利审查指南2010》第四部分第一章第2.3节中规定，复审程序和无效宣告程序均应当基于当事人的请求启动。由此可知，A选项错误。《专利审查指南2010》第四部分第四章第5节中规定，口头审理应当公开进行，但根据国家法律、法规等规定需要保密的除外。由此可知，B选项错误。《专利法实施细则》第七十二条规定，专利复审委员会对无效宣告的请求作出决定前，无效宣告请求人可以撤回其请求。专利复审委员会作出决定之前，无效宣告请求人撤回其请求或者其无效宣告请求被视为撤回的，无效宣告请求审查程序终止。但是，专利复审委员会认为根据已进行的审查工作能够作出宣告专利权无效或者部分无效的决定的，不终止审查程序。由此可知，C选项错误。《专利审查指南2010》第四部分第一章第2.4节中规定，专利复审委员会可以对所审查的案件依职权进行审查，而不受当事

人请求的范围和提出的理由、证据的限制。由此可知，D选项正确。

综上，本题答案为：D。

18. 下列关于发明专利申请提前公布的说法哪个是正确的？
   A. 申请人应当在提出发明专利申请的同时提交提前公布声明
   B. 申请人应当在提交提前公布声明的同时缴纳提前公布费
   C. 申请人应当在发明专利申请初步审查合格之前提交提前公布声明
   D. 申请人提出提前公布声明不能附有任何条件

【答案】D

【知识点】提前公布声明

【解析】《专利法实施细则》第四十六条规定，申请人请求早日公布其发明专利申请的，应当向国务院专利行政部门声明。国务院专利行政部门对该申请进行初步审查后，除予以驳回的外，应当立即将申请予以公布。《专利审查指南2010》第一部分第一章第6.5节规定，提前公布声明只适用于发明专利申请。申请人提出提前公布声明不能附有任何条件。提前公布声明不符合规定的，审查员应当发出视为未提出通知书；符合规定的，在专利申请初步审查合格后立即进入公布准备。进入公布准备后，申请人要求撤销提前公布声明的，该要求视为未提出，申请文件照常公布。由此可知，A、C选项错误，D选项正确。《专利法实施细则》第九十三条规定了向国务院专利行政部门申请专利和办理其他手续时应当缴纳的费用，其中并没有"提前公布费"，故B选项错误。

综上，本题答案为：D。

19. 专利法中"所属技术领域的技术人员"这一概念不具有下列哪个含义？
   A. "所属技术领域的技术人员"不是真实存在的人
   B. "所属技术领域的技术人员"不具有创造能力
   C. "所属技术领域的技术人员"知晓申请日或者优先权日之前所有技术领域的普通技术知识
   D. "所属技术领域的技术人员"能够获知所属技术领域中所有的现有技术，并且具有应用申请日或者优先权日之前的常规实验手段的能力

【答案】C

【知识点】创造性的概念、所属技术领域的技术人员

【解析】《专利审查指南2010》第二部分第四章第2.4节中对"所属技术领域的技术人员"的含义作了说明。所属技术领域的技术人员，也可称为本领域的技术人员，是指一种假设的"人"，假定他知晓申请日或者优先权日之前发明所属技术领域所有的普通技术知识，能够获知该领域中所有的现有技术，并且具有应用该日期之前常规实验手段的能力，但他不具有创造能力。如果所要解决的技术问题能够促使本领域的技术人员在其他技术领域寻找技术手段，他也应具有从该其他技术领域中获知该申请日或优先权日之前的相关现有技术、普通技术知识和常规实验手段的能力。由此可知，"所属技术领域的技术人员"并不具有知晓

所有技术领域技术知识的含义，故 C 选项正确。

20. 王某和李某将共同拥有的一项专利权独占实施许可给宋某，赵某侵犯了该专利权。下列说法哪个是正确的？
    A. 未经宋某同意，王某和李某不得共同请求管理专利工作的部门处理该侵权纠纷
    B. 未经李某和王某同意，宋某不得请求管理专利工作的部门处理该侵权纠纷
    C. 王某、李某和宋某可以共同请求管理专利工作的部门处理该侵权纠纷
    D. 只有在李某和王某不请求的情况下，宋某才可以请求管理专利工作的部门处理该侵权纠纷

【答案】C

【知识点】专利侵权纠纷的处理

【解析】《专利行政执法办法》第八条规定，请求管理专利工作的部门处理专利侵权纠纷的，应当符合下列条件：（一）请求人是专利权人或者利害关系人；（二）有明确的被请求人；（三）有明确的请求事项和具体事实、理由；（四）属于受案管理专利工作的部门的受案和管辖范围；（五）当事人没有就该专利侵权纠纷向人民法院起诉。第（一）项所称利害关系人包括专利实施许可合同的被许可人、专利权人的合法继承人。专利实施许可合同的被许可人中，独占实施许可合同的被许可人可以单独提出请求；排他实施许可合同的被许可人在专利权人不请求的情况下，可以单独提出请求；除合同另有约定外，普通实施许可合同的被许可人不能单独提出请求。在本题中，由于王某和李某是该项专利的共同拥有人，宋某是独占实施许可的被许可人，因此宋某既可以单独提出请求，也可以与王某和李某共同提出请求，故 C 选项正确。

综上，本题答案为：C。

21. 下列哪个属于实用新型专利保护的客体？
    A. 一种复合板材，其特征在于由三层板材构成，板材之间由胶水粘结
    B. 一种复合板材，其特征在于经浸泡、脱水、干燥而成
    C. 一种复合板材，其特征在于可用于制造简易房屋
    D. 一种复合板材，其特征在于板材上印刷有卡通图案

【答案】A

【知识点】实用新型专利保护的客体

【解析】《专利法》第二条第三款规定，实用新型，是指对产品的形状、构造或者其结合所提出的适于实用的新的技术方案。A 选项中要求保护的技术方案，是对复合板材构造提出的适于应用的技术方案，故属于实用新型专利保护的客体，A 选项正确。《专利审查指南 2010》第一部分第二章第 6.1 节中规定，一切方法以及未经人工制造的自然存在的物品不属于实用新型专利保护的客体。上述方法包括产品的制造方法、使用方法、通讯方法、处理方法、计算机程序以及将产品用于特定用途等。由此可知，B、C 选项中的技术方案不属于实用新型专利保护的客体，B、C 选项错误。《专利审查指南 2010》第一部分第二章第 6.3 节中

规定，未采用技术手段解决技术问题，以获得符合自然规律的技术效果的方案，不属于实用新型专利保护的客体。产品的形状以及表面的图案、色彩或者其结合的新方案，没有解决技术问题的，不属于实用新型专利保护的客体。产品表面的文字、符号、图表或者其结合的新方案，不属于实用新型专利保护的客体。由此可知，D选项中的技术方案不属于实用新型专利保护的客体，D选项错误。

综上，本题答案为：A。

22. 在中国设有办事处的美国某公司欲就其一项发明创造在中国申请专利。该公司可以通过下列哪种方式提交其申请？

　　A. 直接通过国家知识产权局电子申请系统提交
　　B. 委托美国专利代理机构提交
　　C. 委托中国专利代理机构提交
　　D. 指派其在中国的员工提交

【答案】C

【知识点】委托专利代理机构、专利申请的受理

【解析】《专利法》第十九条第一款规定，在中国没有经常居所或者营业所的外国人、外国企业或者外国其他组织在中国申请专利和办理其他专利事务的，应当委托依法设立的专利代理机构办理。在本题中，由于该美国公司仅在中国设有办事处，办事处并不是营业所，故该公司只能委托依法设立的专利代理机构提交专利申请，故C选项正确。

23. 对处于国际阶段的PCT国际申请，下列哪种情形可能导致重新确定国际申请日？

　　A. 摘要使用的语言跟说明书和权利要求使用的语言不一致
　　B. 申请人未在申请中写明发明名称
　　C. 申请人未在规定期限内缴纳国际申请费
　　D. 申请文件中遗漏了一页说明书

【答案】D

【知识点】国际申请日的重新确定

【解析】根据《专利合作条约实施细则》第26.3条之三的规定，如果摘要或附图的任何文字内容使用不同于说明书和权利要求书的语言提交，受理局应通知申请人提交摘要或附图文字内容的译文。由此可知，A选项错误。根据《专利合作条约》第14条的规定，如果受理局发现PCT国际申请没有发明名称的，应要求申请人在规定期限内改正，期满不改正的，该申请即被视为撤回，并由受理局作相应的宣布。由此可知，B选项错误。根据《专利合作条约实施细则》第16条之二.1的规定，未按期缴纳国际申请费的，受理局应当向申请人发出通知，要求申请人在自通知之日起1个月内缴纳相关费用，期限届满申请人未缴纳的，PCT国际申请即被视为撤回，并由受理局作相应的宣布。由此可知，C选项错误。根据《专利合作条约实施细则》第20.5条的规定，当受理局在审查PCT国际申请文件时，发现

说明书、权利要求书或者附图的一部分被遗漏，或者看似被遗漏的，受理局应当通知申请人，如申请人将遗漏部分提交给受理局的，受理局应当将收到该遗漏部分之日确定为国际申请日。由此可知，D选项正确。

综上，本题答案为：D。

24. 针对下列哪个专利提出的无效宣告请求，专利复审委员会不予受理？
    A. 请求宣告无效的专利因未缴纳年费而终止
    B. 请求宣告无效的专利自申请日起放弃
    C. 请求宣告无效的专利因专利权属纠纷被中止
    D. 请求宣告无效的专利因期满而终止

【答案】B
【知识点】无效宣告请求的受理
【解析】《专利法》第四十五条规定，自国务院专利行政部门公告授予专利权之日起，任何单位或者个人认为该专利权的授予不符合本法有关规定的，可以请求专利复审委员会宣告该专利权无效。《专利审查指南2010》第四部分第三章第3.1节中规定，无效宣告请求的客体应当是已经公告授权的专利，包括已经终止或者放弃（自申请日起放弃的除外）的专利。由此可知，B选项正确。

综上，本题答案为：B。

25. 下列有关费用缴纳期限的说法哪些是正确的？
    A. 延长期限请求费应当自提出请求之日起一个月内缴纳
    B. 优先权要求费应当自提出优先权要求之日起两个月内缴纳
    C. 申请费应当自申请日起两个月或者自收到受理通知书之日起15日内缴纳
    D. 复审费应当自申请人收到国家知识产权局作出的驳回决定之日起两个月内缴纳

【答案】C
【知识点】费用的缴纳期限
【解析】《专利法实施细则》第九十九条第二款规定，延长期限请求费应当在相应期限届满之日前缴纳；期满未缴纳或者未缴足的，视为未提出请求。由此可知，A选项错误。《专利法实施细则》第九十五条规定，申请人应当自申请日起2个月内或者在收到受理通知书之日起15日内缴纳申请费、公布印刷费和必要的申请附加费；期满未缴纳或者未缴足的，其申请视为撤回。申请人要求优先权的，应当在缴纳申请费的同时缴纳优先权要求费；期满未缴纳或者未缴足的，视为未要求优先权。由此可知，B选项错误，C选项正确。《专利法实施细则》第九十六条规定，当事人请求实质审查或者复审的，应当在《专利法》及本细则规定的相关期限内缴纳费用；期满未缴纳或者未缴足的，视为未提出请求。《专利法》第四十一条第一款中规定，专利申请人对国务院专利行政部门驳回申请的决定不服的，可以自收到通知之日起3个月内，向专利复审委员会请求复审。由此可知，专利申请人可以自收到驳回决定之日起三个月内缴纳复审费，故 D 选项错误。

综上，本题答案为：C。

26. 下列说法哪个是正确的？

    A. 一种能够控制特定机械状态发生概率的装置，由于该装置可能被用于赌博，因此该装置不能被授予专利权

    B. 一种能治疗乙肝的化合物，由于药品监督管理部门认为该化合物副作用超标，不允许其上市，因此该化合物不能被授予专利权

    C. 一种致人失明的女子防身器，由于该防身器的使用以致人伤残为手段，因此该防身器不能被授予专利权

    D. 一种能透过玻璃听到他人谈话的装置，由于该装置可能被用于窃听，危害公共秩序，因此该装置不能被授予专利权

【答案】C

【知识点】违反法律的发明创造、妨害公共利益的发明创造

【解析】《专利法》第五条第一款规定，对违反法律、社会公德或者妨害公共利益的发明创造，不授予专利权。《专利审查指南2010》第二部分第一章第3.1.1节中规定，发明创造并没有违反法律，但是由于其被滥用而违反法律的，则不属此列。例如，用于医疗的各种毒药、麻醉品、镇静剂、兴奋剂和用于娱乐的棋牌等。A、D 选项中的"装置"，其本身并没有违反法律，仅仅是其滥用而违反法律，因此不妨碍其被授予专利权，A、D 选项说法错误。《专利审查指南2010》第二部分第一章第3.1.3节中规定，如果发明创造因滥用而可能造成妨害公共利益的，或者发明创造在产生积极效果的同时存在某种缺点的，例如对人体有某种副作用的药品，则不能以"妨害公共利益"为理由拒绝授予专利权。由此可知，B 选项中"治疗乙肝的化合物"，不能因该化合物副作用超标而拒绝授予专利权，B 选项说法错误。《专利审查指南2010》第二部分第一章第3.1.3节中规定，妨害公共利益，是指发明创造的实施或使用会给公众或社会造成危害，或者会使国家和社会的正常秩序受到影响。C 选项中的"女子防身器"，由于其使用将导致人伤残，因此妨害公共利益，不能被授予专利权，C 选项说法正确。

综上，本题答案为：C。

27. 某发明专利申请的权利要求如下：

"1. 一种葡萄酒的制造方法，包括步骤 X 和 Y。

2. 为实施步骤 X 而专门设计的设备。

3. 为实施步骤 Y 而专门设计的设备。

4. 为实施步骤 X 和 Y 而专门设计的设备。"

X 和 Y 均是特定技术特征。哪两项权利要求之间不具有单一性？

    A. 权利要求1与2之间

B. 权利要求 1 与 3 之间
C. 权利要求 2 与 3 之间
D. 权利要求 2 与 4 之间

【答案】C

【知识点】单一性

【解析】根据《专利法实施细则》第三十四条的规定，可以作为一件专利申请提出的属于一个总的发明构思的两项以上的发明或者实用新型，应当在技术上相互关联，包含一个或者多个相同或者相应的特定技术特征，其中特定技术特征是指每一项发明或者实用新型作为整体，对现有技术作出贡献的技术特征。《专利审查指南2010》第二部分第六章就"单一性和分案申请"作了进一步的解释和说明。其中明确指出，判断一件专利申请中要求保护的两项以上发明是否满足发明单一性的要求，就是要看权利要求中记载的技术方案的实质性内容是否属于一个总的发明构思，即判断这些权利要求中是否包含使它们在技术上相互关联的一个或者多个相同或者相应的特定技术特征。本题中，由于X和Y均是特定技术特征，权利要求1和权利要求2中由于包含相同的特定技术特征X，因此具有单一性，A选项错误。权利要求1和权利要求3中由于包含相同的特定技术特征Y，因此具有单一性，B选项错误。权利要求2和权利要求3中由于不包含相同或者相应的特定技术特征，因此不具有单一性，C选项正确。权利要求2和权利要求4中由于包含相同的特定技术特征X，因此具有单一性，D选项错误。

综上，本题答案为：C。

28. 下列哪种行为不属于假冒专利行为？

　　A. 未经许可在产品上标注他人的专利号
　　B. 在产品说明书中将未被授予专利权的技术称为专利技术，使公众将所涉及的技术误认为是专利技术
　　C. 变造专利证书
　　D. 购买并使用假冒专利产品

【答案】D

【知识点】假冒专利

【解析】《专利法实施细则》第八十四条规定，下列行为属于《专利法》第六十三条规定的假冒专利的行为：（一）在未被授予专利权的产品或者其包装上标注专利标识，专利权被宣告无效后或者终止后继续在产品或者其包装上标注专利标识，或者未经许可在产品或者产品包装上标注他人的专利号；（二）销售第（一）项所述产品；（三）在产品说明书等材料中将未被授予专利权的技术或者设计称为专利技术或者专利设计，将专利申请称为专利，或者未经许可使用他人的专利号，使公众将所涉及的技术或者设计误认为是专利技术或者专利设计；（四）伪造或者变造专利证书、专利文件或者专利申请文件；（五）其他使公众混淆，将未被授予专利权的技术或者设计误认为是专利技术或者专利设计的行为。专利权终止前依法

在专利产品、依照专利方法直接获得的产品或者其包装上标注专利标识,在专利权终止后许诺销售、销售该产品的,不属于假冒专利行为。销售不知道是假冒专利的产品,并且能够证明该产品合法来源的,由管理专利工作的部门责令停止销售,但免除罚款的处罚。由此可知,"购买并使用假冒专利产品"不属于假冒专利行为,D选项正确。

综上,本题答案为:D。

29. 甲乙两公司共同向国家知识产权局以电子申请方式提交一件发明专利申请。下列说法哪个是正确的?

  A. 甲乙均应当注册成为电子申请用户

  B. 甲乙不得请求将该申请转为纸件申请

  C. 甲乙未及时接收电子文件形式的通知书和决定的,国家知识产权局不作公告送达

  D. 国家知识产权局认为该申请需要保密的,甲乙在后续程序中应当以电子申请的特殊加密方式递交各种文件

【答案】C

【知识点】电子申请用户、电子申请的接收和受理、电子发文

【解析】《关于专利电子申请的规定》第二条规定,提出专利电子申请的,应当事先与国家知识产权局签订《专利电子申请系统用户注册协议》(以下简称用户协议)。开办专利电子申请代理业务的专利代理机构,应当以该专利代理机构名义与国家知识产权局签订用户协议。申请人委托已与国家知识产权局签订用户协议的专利代理机构办理专利电子申请业务的,无须另行与国家知识产权局签订用户协议。《关于专利电子申请的规定》第三条规定,申请人有两人以上且未委托专利代理机构的,以提交电子申请的申请人为代表人。由此可知,A选项错误。《关于专利电子申请的规定》第七条第三款规定,特殊情况下需要将专利电子申请转为纸件申请的,申请人应当提出请求,经国家知识产权局审批并办理相关手续后可以转为纸件申请。由此可知,B选项错误。《关于专利电子申请的规定》第九条第二款规定,对于专利电子申请,国家知识产权局以电子文件形式向申请人发出的各种通知书、决定或者其他文件,自文件发出之日起满15日,推定为申请人收到文件之日。《专利审查指南2010》第五部分第十一章第6节中规定,专利局以电子文件形式通过电子专利申请系统向电子申请用户发送各种通知书和决定。电子申请用户应当及时接收专利局电子文件形式的通知书和决定。电子申请用户未及时接收的,不作公告送达。由此可知,C选项正确。《关于专利电子申请的规定》第五条第二款规定,申请人以电子文件形式提出专利申请后,国家知识产权局认为该专利申请需要保密的,应当将该专利申请转为纸件形式继续审查并通知申请人。申请人在后续程序中应当以纸件形式递交各种文件。由此可知,D选项错误。

综上,本题答案为:C。

30. 下列哪个文献号是中国实用新型专利授权公告号?

  A. ZL 1044155 A

B. ZL 3021827 S
C. CN 201435903 U
D. CN 101084708 B

【答案】C

【知识点】中国专利文献编号及种类代码

【解析】《专利文献号标准》第5.2节规定，本标准在此特别指出：中国国家代码CN和专利文献种类标识代码均不构成专利文献号的组成部分。然而，为了完整地标识一篇专利文献的出版国家，以及在不同程序中的公布或公告，应将中国国家代码CN、专利文献号、相应的专利文献种类标识代码（参见ZC 0008－2004《专利文献种类标识代码标准》）联合使用，联合使用的具体内容参见本标准附录。排列顺序应为：国家代码CN、专利文献号、专利文献种类标识代码。如果需要，可以在国家代码CN与专利文献号、专利文献号与专利文献种类标识代码之间分别使用1位单字节空格。如下所示：CN××××××××× A；CN ××××××××× B；CN ××××××××× C；CN ××××××××× U；CN ×× ××××××× Y；CN ××××××××× S（注：A、B、C、U、Y、S为专利文献种类标识代码）。由于U表示实用新型专利说明书，故CN 201435903 U是中国实用新型专利授权公告号，C选项正确。

综上，本题答案为：C。

二、多项选择题（每题所设选项中至少有两个正确答案，多选、少选、错选或不选均不得分。本部分含31－100题，每题1.5分，共105分。）

31. 下列哪些属于职务发明创造？
   A. 金某受所在公司指派，临时到另一家公司参与某产品的研发所作出的发明创造
   B. 吕某退休一年半之后作出的发明创造
   C. 王某主要利用本单位未公开的技术资料作出的发明创造
   D. 刘某在外地休假期间完成的与本职工作相关的发明创造

【答案】ACD

【知识点】职务发明的定义

【解析】《专利法》第六条第一款规定，执行本单位的任务或者主要是利用本单位的物质技术条件所完成的发明创造为职务发明创造。职务发明创造申请专利的权利属于该单位；申请被批准后，该单位为专利权人。《专利法实施细则》第十二条规定，《专利法》第六条所称执行本单位的任务所完成的职务发明创造，是指：（一）在本职工作中作出的发明创造；（二）履行本单位交付的本职工作之外的任务所作出的发明创造；（三）退休、调离原单位后或者劳动、人事关系终止后1年内作出的，与其在原单位承担的本职工作或者原单位分配的任务有关的发明创造。《专利法》第六条所称本单位，包括临时工作单位；《专利法》第六条所称本单位的物质技术条件，是指本单位的资金、设备、零部件、原材料或者不对外公开的

技术资料等。由此可知，金某、王某、刘某所作出的发明创造为职务发明创造，故 A、C、D 选项正确。

综上，本题答案为：A、C、D。

32. 甲公司于 2010 年 1 月 15 日向国家知识产权局提交了一件有关电视机的发明专利申请。乙公司在 2009 年 9 月 8 日举办的中国政府承认的某国际展览会上展出了包含该申请中的技术方案的电视机。下列说法哪些是正确的？

  A. 该展出行为发生在甲公司专利申请提出之前，破坏了甲公司专利申请的新颖性

  B. 该展出行为属于发生在国外的使用公开，不破坏甲公司专利申请的新颖性

  C. 该展出行为发生在申请日之前六个月内举办的中国政府承认的展览会上，不破坏甲公司专利申请新颖性

  D. 由于该展出行为的主体不是甲公司，因此该展出行为破坏甲公司专利申请新颖性

【答案】A D

【知识点】现有技术、宽限期

【解析】《专利法》第二十二条第二款规定，新颖性，是指该发明或者实用新型不属于现有技术；也没有任何单位或者个人就同样的发明或者实用新型在申请日以前向国务院专利行政部门提出过申请，并记载在申请日以后公布的专利申请文件或者公告的专利文件中。第五款规定，本法所称现有技术，是指申请日以前在国内外为公众所知的技术。在本题中，由于乙公司在展览会上展出甲公司发明创造的时间早于甲公司专利申请的申请日，故乙公司的展出行为破坏了甲公司专利申请的新颖性，A 选项正确，B 选项错误。《专利法》第二十四条规定，申请专利的发明创造在申请日以前 6 个月内，有下列情形之一的，不丧失新颖性：（一）在中国政府主办或者承认的国际展览会上首次展出的；（二）在规定的学术会议或者技术会议上首次发表的；（三）他人未经申请人同意而泄露其内容的。《专利审查指南 2010》第二部分第三章第 5 节中规定，宽限期和优先权的效力是不同的。它仅仅是把申请人（包括发明人）的某些公开，或者第三人从申请人或发明人那里以合法手段或者不合法手段得来的发明创造的某些公开，认为是不损害该专利申请新颖性和创造性的公开。由此可知，因在中国政府主办或者承认的国际展览会上首次展出而享有不丧失新颖性宽限期的情形，应当是申请人（包括发明人）所为或者是源于申请人的公开行为，在本题中，在展览会上展出的行为是乙公司的行为，故甲公司的专利申请不能享有不丧失新颖性的宽限期，乙公司的展出行为破坏了甲公司专利申请的新颖性，故 C 选项错误，D 选项正确。

综上，本题答案为：A、D。

33. 李某于 2012 年 4 月 6 日向国家知识产权局提出一件发明专利申请。下列由李某首次向国家知识产权局提出的相同主题的申请，哪些可以作为该发明专利申请要求本国优先权的基础？

  A. 申请日为 2011 年 6 月 7 日的实用新型专利申请，该申请已被授予专利权

  B. 申请日为 2011 年 6 月 4 日的发明专利申请，申请人已就该申请提出分案申请

C. 申请日为2011年5月6日的发明专利申请，该申请于2012年4月5日被申请人撤回

D. 申请日为2011年8月9日的发明专利申请，该申请享有外国优先权

【答案】BC

【知识点】本国优先权

【解析】《专利法实施细则》第三十二条第二款规定，申请人要求本国优先权，在先申请是发明专利申请的，可以就相同主题提出发明或者实用新型专利申请；在先申请是实用新型专利申请的，可以就相同主题提出实用新型或者发明专利申请。但是，提出后一申请时，在先申请的主题有下列情形之一的，不得作为要求本国优先权的基础：（一）已经要求外国优先权或者本国优先权的；（二）已经被授予专利权的；（三）属于按照规定提出的分案申请的。A选项中的实用新型专利申请由于已被授予了专利权，故不能作为李某发明专利申请要求本国优先权的基础，A选项错误。D选项中的发明专利申请由于已享有外国优先权，故不能作为李某发明专利申请要求本国优先权的基础，D选项错误。B、C选项中的发明专利申请，由于都是李某在申请日前12个月内首次提出，且都具有相同的主题，虽然B选项中的申请已提出分案申请，C选项中申请已被撤回，但并不影响其作为李某发明专利申请要求本国优先权的基础，故B、C选项正确。

综上，本题答案为：B、C。

34. 下列关于复审请求受理的说法哪些是正确的？

A. 请求人在收到驳回决定三个月后提出复审请求的，专利复审委员会将发出复审请求不予受理通知书

B. 复审请求书不符合规定格式的，专利复审委员会将发出复审请求视为未提出通知书

C. 复审请求经形式审查符合相关规定的，专利复审委员会将发出复审请求受理通知书

D. 复审请求人是在中国没有经常居所的外国人且未委托专利代理机构的，专利复审委员会将发出复审请求不予受理通知书

【答案】ACD

【知识点】复审请求的形式审查

【解析】《专利法实施细则》第六十条第二款规定，复审请求不符合《专利法》第十九条第一款或者第四十一条第一款规定的，专利复审委员会不予受理，书面通知复审请求人并说明理由。《专利法》第十九条第一款规定，在中国没有经常居所或者营业所的外国人、外国企业或外国其他组织在中国申请专利和办理其他专利事务的，应当委托依法设立的专利代理机构办理。《专利法》第四十一条第一款规定，国务院专利行政部门设立专利复审委员会。专利申请人对国务院专利行政部门驳回申请的决定不服的，可以自收到通知之日起3个月内，向专利复审委员会请求复审。专利复审委员会复审后，作出决定，并通知专利申请人。由此可知，A、D选项正确。《专利审查指南2010》第四部分第二章第2.7节中规定，(1)复审请求经形式审查不符合《专利法》及其实施细则和审查指南有关规定需要补正的，专利复审委员会应当发出补正通知书，要求复审请求人在收到通知书之日起15日内补正。

(2)复审请求视为未提出或者不予受理的,专利复审委员会应当发出复审请求视为未提出通知书或者复审请求不予受理通知书,通知复审请求人。(3)复审请求经形式审查符合《专利法》及其实施细则和审查指南有关规定的,专利复审委员会应当发出复审请求受理通知书,通知复审请求人。由此可知,B选项错误,C选项正确。

综上,本题答案为:A、C、D。

35. 下列哪些主体可以作为专利法规定的申请人?
  A. 中国中央电视台
  B. 清华大学教务处
  C. 北京市民李某
  D. 专利代理人张某

【答案】A C

【知识点】申请人的主体

【解析】《专利审查指南2010》第一部分第一章第4.1.3节中规定,在专利局的审查程序中,审查员对请求书中填写的申请人一般情况下不作资格审查。申请人是个人的,可以推定该发明为非职务发明,该个人有权提出专利申请,除非根据专利申请的内容判断申请人的资格明显有疑义的,才需要通知申请人提供所在单位出具的非职务发明证明。申请人是单位的,可以推定该发明是职务发明,该单位有权提出专利申请,除非该单位的申请人资格明显有疑义的,例如填写的单位是××大学科研处或者××研究所××课题组,才需要发出补正通知书,通知申请人提供能表明其具有申请人资格的证明文件。由此可知,"中国中央电视台"和"北京市民李某"都可以作为专利法规定的申请人,故A、C选项正确。由于"清华大学教务处"不具有法人资格,不能作为专利法规定的申请人,故B选项错误。根据《专利代理条例》第二十条规定,专利代理人在从事专利代理业务期间和脱离专利代理业务后一年内,不得申请专利。故"专利代理人张某"不能作为专利法规定的申请人,D选项错误。

综上,本题答案为:A、C。

36. 如果独立权利要求1为"一种机床,包括特征X",则下列哪些属于该权利要求的从属权利要求?
  A. 根据权利要求1所述的机床,其特征在于该机床还包括特征Y。
  B. 根据权利要求1所述的机床,其特征在于特征X的材料是金属。
  C. 根据权利要求1所述的机床,其特征在于用特征Z代替特征X。
  D. 根据权利要求1所述的机床,其特征在于该机床用于加工刀具。

【答案】A B D

【知识点】从属权利要求的撰写要求

【解析】《专利法实施细则》第二十二条第一款规定,发明或者实用新型的从属权利要求应当包括引用部分和限定部分,按照下列规定撰写:(一)引用部分:写明引用的权利要求的编号及其主题名称；（二）限定部分：写明发明或者实用新型附加的技术特征。从属权利要求是跟随在独立权利要求之后，用附加的技术特征对引用的权利要求（包括独立或从属权利要求）进一步限定的权利要求，其本身必定落入独立权利保护范围之内。在本题中，A、B、D选项中的权利要求，都用附加技术特征对独立权利要求1进行了进一步的限定，因此，这些权利要求都是权利要求1的从属权利要求，A、B、D选项正确。C选项中的权利要求，由于是用另一种技术特征替换了权利要求1中的技术特征，其并没有进一步限定权利要求1，因此，该项权利要求不是权利要求1的从属权利要求，C选项错误。

37. 某公司拟将其在中国完成的一项发明向外国申请专利。下列说法哪些是正确的？
    A. 该公司可以在向国家知识产权局提交专利申请的同时提出保密审查请求
    B. 该公司向国家知识产权局提出PCT国际申请的，视为同时提出了保密审查请求
    C. 该公司可以直接向国家知识产权局提出向外国申请专利的保密审查请求，待请求获得通过后，再向外国申请专利
    D. 该公司在向国家知识产权局提交保密审查请求四个月后，如未接到保密审查通知，则可以向外国申请专利

【答案】ABCD
【知识点】保密审查请求的提出
【解析】《专利法》第二十条第一款规定，任何单位或者个人将在中国完成的发明或者实用新型向外国申请专利的，应当事先报经国务院专利行政部门进行保密审查。保密审查的程序、期限等按照国务院的规定执行。《专利法实施细则》第八条第二款规定，任何单位或者个人将在中国完成的发明或者实用新型向外国申请专利的，应当按照下列方式之一请求国务院专利行政部门进行保密审查：（一）直接向外国申请专利或者向有关国外机构提交专利国际申请的，应当事先向国务院专利行政部门提出请求，并详细说明其技术方案；（二）向国务院专利行政部门申请专利后拟向外国申请专利或者向有关国外机构提交专利国际申请的，应当在向外国申请专利或者向有关国外机构提交专利国际申请前向国务院专利行政部门提出请求。《专利审查指南2010》第五部分第五章第6.2.1节中规定，申请人拟在向专利局申请专利后又向外国申请专利的，应当在提交专利申请同时或之后提交向外国申请专利保密审查请求书。由此可知，A选项正确。《专利法实施细则》第八条第三款规定，向国务院专利行政部门提交专利国际申请的，视为同时提出了保密审查请求。由此可知，B选项正确。根据《专利法实施细则》第八条第二款第（一）项的规定可知，C选项正确。《专利法实施细则》第九条第一款规定，国务院专利行政部门收到依照本细则第八条规定递交的请求后，经过审查认为该发明或者实用新型可能涉及国家安全或者重大利益需要保密的，应当及时向申请人发出保密审查通知；申请人未在其请求递交日起4个月内收到保密审查通知的，可以就该发明或者实用新型向外国申请专利或者向有关国外机构提交专利国际申请。由此可知，D选项正确。

综上，本题答案为：A、B、C、D。

38. 下列有关无效宣告程序中专利文件的修改，哪些说法是正确的？

　　A．外观设计专利文件的修改仅限于简要说明

　　B．发明专利文件的修改仅限于权利要求书

　　C．实用新型专利文件不得修改

　　D．发明专利文件的修改不得改变原权利要求的主题名称

【答案】BD

【知识点】无效宣告程序中专利文件的修改

【解析】《专利法实施细则》第六十九条规定，在无效宣告请求的审查过程中，发明或者实用新型专利的专利权人可以修改其权利要求书，但是不得扩大原专利的保护范围。发明或者实用新型专利的专利权人不得修改专利说明书和附图，外观设计专利的专利权人不得修改图片、照片和简要说明。由此可知，A、C选项错误，B选项正确。《专利审查指南2010》第四部分第三章第4.6.1节中规定，发明或者实用新型专利文件的修改仅限于权利要求书，其原则是：（1）不得改变原权利要求的主题名称。（2）与授权的权利要求相比，不得扩大原专利的保护范围。（3）不得超出原说明书和权利要求书记载的范围。（4）一般不得增加未包含在授权的权利要求书中的技术特征。由此可知，D选项正确。

　　综上，本题答案为：B、D。

39. 王某欲开办一家合伙制的专利代理机构，应当符合下列哪些条件？

　　A．除王某外另有2名合伙人，三人均符合专利代理机构合伙人的条件

　　B．签订合伙协议

　　C．具有不低于5万元人民币的资金

　　D．有固定办公场所

【答案】ABCD

【知识点】设立专利代理机构的条件

【解析】《专利代理管理办法》第三条第二款规定，合伙制专利代理机构应当由3名以上合伙人共同出资发起，有限责任制专利代理机构应当由5名以上股东共同出资发起。《专利代理管理办法》第五条规定，专利代理机构的合伙人或者股东应当符合下列条件：（一）具有专利代理人资格；（二）具有2年以上在专利代理机构执业的经历；（三）能够专职从事专利代理业务；（四）申请设立专利代理机构时的年龄不超过65周岁；（五）品行良好。由此可知，A选项正确。《专利代理管理办法》第四条第一款规定，设立专利代理机构应当符合下列条件：（一）具有符合本办法第七条规定的机构名称；（二）具有合伙协议书或者章程；（三）具有符合本办法第五条、第六条规定的合伙人或者股东；（四）具有必要的资金。设立合伙制专利代理机构的，应当具有不低于5万元人民币的资金；设立有限责任制专利代理机构的，应当具有不低于10万元人民币的资金；（五）具有固定的办公场所和必要的工作设施。由此可知，B、C、D选项正确。

　　综上，本题答案为：A、B、C、D。

40. 下列哪些权利要求的主题名称是不符合相关规定的？

　　A．一种对CRT屏幕上的字符进行游标控制

　　B．一种实现车床加速运行的技术

　　C．一种二氧化钛光催化剂的制备方案

　　D．一种数据通信方法及其系统

【答案】A B C D

【知识点】权利要求的撰写

【解析】《专利法》第二十六条第四款规定，权利要求书应当以说明书为依据，清楚、简要地限定要求专利保护的范围。《专利审查指南2010》第二部分第二章第3.1.1节中规定，按照性质划分，权利要求有两种基本类型，即物的权利要求和活动的权利要求，或者简单地称为产品权利要求和方法权利要求。第一种基本类型的权利要求包括人类技术生产的物（产品、设备）；第二种基本类型的权利要求包括有时间过程要素的活动（方法、用途）。属于物的权利要求有物品、物质、材料、工具、装置、设备等权利要求；属于活动的权利要求有制造方法、使用方法、通讯方法、处理方法以及将产品用于特定用途的方法等权利要求。《专利审查指南2010》第二部分第二章第3.2.2节中规定，权利要求的主题名称应当能够清楚地表明该权利要求的类型是产品权利要求还是方法权利要求。不允许采用模糊不清的主题名称，例如，"一种……技术"，或者在一项权利要求的主题名称中既包含有产品又包含有方法，例如，"一种……产品及其制造方法"。由此可知，"一种对CRT屏幕上的字符进行游标控制""一种二氧化钛光催化剂的制备方案""一种实现车床加速运行的技术"和"一种数据通信方法及其系统"不能清楚地表明权利要求的类型，故不符合规定，A、B、C、D选项正确。

综上，本题答案为：A、B、C、D。

41. 李某于2011年10月20日向国家知识产权局提交了一件要求法国优先权的专利申请，在先申请的申请日为2010年10月21日。由于李某未在规定期限内提交在先申请文件副本，因此收到了发文日为2012年2月29日的视为未要求优先权通知书。现李某欲恢复权利，下列说法哪些是正确的？

　　A．李某最迟应当在2012年5月15日办理恢复手续

　　B．李某应当提交恢复权利请求书并说明理由

　　C．李某应当缴纳恢复费

　　D．李某应当在提交恢复权利请求书的同时提交在先申请文件副本

【答案】A B C D

【知识点】请求恢复权利、期限的计算

【解析】《专利法实施细则》第六条规定，当事人因不可抗拒的事由而延误《专利法》或者本细则规定的期限或者国务院专利行政部门指定的期限，导致其权利丧失的，自障碍消除之日起2个月内，最迟自期限届满之日起2年内，可以向国务院专利行政部门请求恢复权利。除前款规定的情形外，当事人因其他正当理由延误《专利法》或者本细则规定的期限或

者国务院专利行政部门指定的期限,导致其权利丧失的,可以自收到国务院专利行政部门的通知之日起2个月内向国务院专利行政部门请求恢复权利。当事人依照本条第一款或者第二款的规定请求恢复权利的,应当提交恢复权利请求书,说明理由,必要时附具有关证明文件,并办理权利丧失前应当办理的相应手续;依照本条第二款的规定请求恢复权利的,还应当缴纳恢复权利请求费。《专利审查指南2010》第五部分第七章第6.2节规定,根据《专利法实施细则》第六条第二款规定请求恢复权利的,应当自收到专利局或者专利复审委员会的处分决定之日起两个月内提交恢复权利请求书,说明理由,并同时缴纳恢复权利请求费;根据《专利法实施细则》第六条第一款规定请求恢复权利的,应当自障碍消除之日起两个月内,最迟自期限届满之日起两年内提交恢复权利请求书,说明理由,必要时还应当附具有关证明文件。当事人在请求恢复权利的同时,应当办理权利丧失前应当办理的相应手续,消除造成权利丧失的原因。例如,申请人因未缴纳申请费,其专利申请被视为撤回后,在请求恢复其申请权的同时,还应当补缴规定的申请费。由此可知,A、B、C、D选项正确。

综上,本题答案为:A、B、C、D。

42. 国家知识产权局以李某的发明专利申请权利要求1不具备实用性为由驳回了该申请。李某提出复审请求,同时提交了权利要求书修改替换页。专利复审委员会在复审通知书中指出:(1)修改后的权利要求书超出了原始申请文件记载的范围;(2)驳回决定所针对的权利要求1不具备实用性。下列说法哪些是正确的?

  A. 若李某未对申请文件作进一步修改,则专利复审委员会可以以该修改超范围为由维持驳回决定

  B. 若李某未对申请文件作进一步修改,则专利复审委员会可以以权利要求1不具备实用性为由维持驳回决定

  C. 若李某对申请文件作进一步修改并克服了修改超范围的缺陷,则专利复审委员会应当对修改后的权利要求书是否具备实用性进行审查

  D. 若李某对申请文件作进一步修改并克服了修改超范围的缺陷,则专利复审委员会应当撤销驳回决定

【答案】AC

【知识点】复审请求的合议审查

【解析】《专利审查指南2010》第四部分第二章第4.2节中规定,在提出复审请求、答复复审通知书(包括复审请求口头审理通知书)或者参加口头审理时,复审请求人可以对申请文件进行修改。但是,所作修改应当符合《专利法》第三十三条和《专利法实施细则》第六十一条第一款的规定。在本题中,由于专利复审委员会在发出的复审通知书中指出了李某对权利要求书的修改超出了原始申请文件记载的范围,李某未对申请文件作进一步修改,针对李某的修改文本,专利复审委员会应当以该修改超范围为由维持驳回决定,由此可知,A选项正确,B选项错误。C、D选项中,由于李某对申请文件作进一步修改并克服了修改超范围的缺陷,因此,专利复审委员会应当针对修改后的文本,对权利要求书是否具备实用性进

行审查，由此可知，C选项正确，D选项错误。

综上，本题答案为：A、C。

43. 下列关于专利权的说法哪些是正确的？
    A. 发明专利申请在公布日至授权公告日期间，任何人均可以无偿使用该申请所要求保护的技术方案
    B. 发明专利权自公告之日起生效
    C. 实用新型专利权自公告之日起生效
    D. 外观设计专利权自公告之日起生效

【答案】BCD

【知识点】专利权的保护

【解析】《专利法》第十三条规定，发明专利申请公布后，申请人可以要求实施其发明的单位或者个人支付适当的费用。由此可知，发明专利申请在公布日至授权公告日期间，任何人使用该申请所要求保护的技术方案，都应当向专利权人支付使用费，故A选项错误。《专利法》第三十九条规定，发明专利申请经实质审查没有发现驳回理由的，由国务院专利行政部门作出授予发明专利权的决定，发给发明专利证书，同时予以登记和公告。发明专利权自公告之日起生效。由此可知，B选项正确。《专利法》第四十条规定，实用新型和外观设计专利申请经初步审查没有发现驳回理由的，由国务院专利行政部门作出授予实用新型专利权或者外观设计专利权的决定，发给相应的专利证书，同时予以登记和公告。实用新型专利权和外观设计专利权自公告之日起生效。由此可知，C、D选项正确。

综上，本题答案为：B、C、D。

44. 下列关于审查意见通知书的说法哪些是正确的？
    A. 在任何情况下，第一次审查意见通知书都应当写明审查员对申请的实质方面和形式方面的全部意见
    B. 在审查意见通知书中可以提出修改的建议供申请人修改时参考
    C. 申请由于不具备新颖性而不可能被授予专利权的，通知书中可以仅对独立权利要求进行评述，不对从属权利要求进行评述
    D. 审查文本超出原说明书和权利要求书记载范围的，审查员可以针对审查文本之外的其他文本提出审查意见，供申请人参考

【答案】BD

【知识点】审查意见通知书的要求

【解析】《专利审查指南2010》第二部分第八章第4.10.1节中规定，除该申请因存在严重实质性缺陷而无授权前景或者审查员因申请缺乏单一性而暂缓继续审查之外，第一次审查意见通知书应当写明审查员对申请的实质方面和形式方面的全部意见。此外，在审查文本不符合《专利法》第三十三条规定的情况下，审查员也可以针对审查文本之外的其他文本提出

审查意见,供申请人参考。由此可知,A选项错误,D选项正确。《专利审查指南2010》第二部分第八章第4.10.1节中规定,为了使申请人尽快地作出符合要求的修改,必要时审查员可以提出修改的建议供申请人修改时参考。由此可知,B选项正确。《专利审查指南2010》第二部分第八章第2.2节对程序节约原则进行了规定,除非确认申请根本没有被授权的前景,审查员应当在第一次审查意见通知书中,将申请中不符合《专利法》及其实施细则规定的所有问题通知申请人,要求其在指定期限内对所有问题给予答复,尽量地减少与申请人通信的次数,以节约程序。C选项中,由于申请不具备新颖性,因此,审查员在审查意见通知书中应当对独立权利要求和从属权利要求不具备新颖性进行评述,故C选项错误。

综上,本题答案为:B、D。

45. 下列哪些主体在中国申请专利应当委托中国专利代理机构?
   A. 在中国内地有经常居所的法国人保罗
   B. 在中国内地有营业所的德国某公司
   C. 常驻美国的中国公民李明
   D. 在中国内地没有营业所的澳门某公司

【答案】D
【知识点】委托专利代理机构
【解析】《专利法》第十九条第一款规定,在中国没有经常居所或者营业所的外国人、外国企业或者外国其他组织在中国申请专利和办理其他专利事务的,应当委托依法设立的专利代理机构办理。A选项中,法国人保罗在中国内地有经常居所,故可以不委托专利代理机构,A选项错误。B选项中,德国某公司在中国内地有营业所,故可以不委托专利代理机构,B选项错误。《专利法》第十九条第二款规定,中国单位或者个人在国内申请专利和办理其他专利事务的,可以委托依法设立的专利代理机构办理。由此可知,常驻美国的中国公民李明可以不委托专利代理机构,C选项错误。《专利审查指南2010》第一部分第一章第6.1.1节中规定,在中国内地没有经常居所或者营业所的香港、澳门或者台湾地区的申请人向专利局提出专利申请和办理其他专利事务,或者作为第一署名申请人与中国内地的申请人共同申请专利和办理其他专利事务的,应当委托专利代理机构办理。由此可知,在中国内地没有营业所的澳门某公司应当委托专利代理机构,故D选项正确。

综上,本题答案为:D。

46. 甲对乙的专利权提出无效宣告请求,认为乙专利的权利要求1与对比文件1的区别特征K是公知常识,因此权利要求1不具备创造性。下列说法哪些是正确的?
   A. 甲对特征K是公知常识的主张承担举证责任
   B. 甲可以在口头审理中提交证据证明特征K是公知常识
   C. 甲可以在口头审理结束后专利复审委员会作出决定之前,提交证据证明特征K是公知常识

D. 甲可以通过教科书或者技术辞典、技术手册等工具书记载的技术内容来证明特征K是公知常识

【答案】A B D

【知识点】公知常识举证

【解析】《专利审查指南2010》第四部分第三章第4.3.1节规定，(1)请求人在提出无效宣告请求之日起1个月内补充证据的，应当在该期限内结合该证据具体说明相关的无效宣告理由，否则，专利复审委员会不予考虑。(2)请求人在提出无效宣告请求之日起1个月后补充证据的，专利复审委员会一般不予考虑，但下列情形除外：(i)针对专利权人以合并方式修改的权利要求或者提交的反证，请求人在专利复审委员会指定的期限内补充证据，并在该期限内结合该证据具体说明相关无效宣告理由的；(ii)在口头审理辩论终结前提交技术词典、技术手册和教科书等所属技术领域中的公知常识性证据或者用于完善证据法定形式的公证文书、原件等证据，并在该期限内结合该证据具体说明相关无效宣告理由的。(3)请求人提交的证据是外文的，提交其中文译文的期限适用该证据的举证期限。《专利审查指南2010》第四部分第八章第4.3.3节规定，主张某技术手段是本领域公知常识的当事人，对其主张承担举证责任。该当事人未能举证证明或者未能充分说明该技术手段是本领域公知常识，并且对方当事人不予认可的，合议组对该技术手段是本领域公知常识的主张不予支持。当事人可以通过教科书或者技术词典、技术手册等工具书记载的技术内容来证明某项技术手段是本领域的公知常识。由此可知，A、B、D选项正确。

综上，本题答案为：A、B、D。

47. 下列关于专利侵权纠纷解决的说法哪些是正确的？

A. 当事人可以协商解决

B. 专利权人可以请求管理专利工作的部门处理

C. 专利权人可以直接就专利侵权纠纷向人民法院提起民事诉讼

D. 当事人对管理专利工作的部门作出的责令停止侵权的决定不服的，可以向人民法院提起行政诉讼

【答案】A B C D

【知识点】专利侵权纠纷处理

【解析】《专利法》第六十条规定，未经专利权人许可，实施其专利，即侵犯其专利权，引起纠纷的，由当事人协商解决；不愿协商或者协商不成的，专利权人或者利害关系人可以向人民法院起诉，也可以请求管理专利工作的部门处理。管理专利工作的部门处理时，认定侵权行为成立的，可以责令侵权人立即停止侵权行为，当事人不服的，可以自收到处理通知之日起15日内依照《中华人民共和国行政诉讼法》向人民法院起诉；侵权人期满不起诉又不停止侵权行为的，管理专利工作的部门可以申请人民法院强制执行。进行处理的管理专利工作的部门应当事人的请求，可以就侵犯专利权的赔偿数额进行调解；调解不成的，当事人可以依照《中华人民共和国民事诉讼法》向人民法院起诉。由此可知，A、B、C、D选项正确。

综上，本题答案为：A、B、C、D。

48. 下列关于 PCT 国际申请的优先权说法哪些是正确的？
    A. 申请人可以要求在世界贸易组织成员中提出的在先申请作为 PCT 国际申请优先权的基础
    B. PCT 国际申请的优先权日不在国际申请日前 12 个月内但在 14 个月内的，国家知识产权局作为指定局对申请人要求恢复优先权的请求应当不予批准
    C. PCT 国际申请中的优先权要求未写明在先申请号，该优先权要求不能仅因为此原因被视为未提出
    D. 申请人在 PCT 国际申请提出后的一定期限内可以对优先权声明进行改正或者增加

【答案】A B C D
【知识点】优先权
【解析】《专利合作条约实施细则》第 4.10 条（a）中规定，条约第 8 条（1）所述的声明（"优先权要求"），可以要求一个或多个在先申请的优先权，该在先申请是在《保护工业产权巴黎公约》的任何成员国提出的或者为该条约的任何成员国申请的，或者在不是该公约成员国的任何世界贸易组织成员提出的，或者为不是该公约成员国的任何世界贸易组织成员申请的。由此可知，A 选项正确。《专利合作条约实施细则》第 26 条之二.2（a）中规定，当受理局发现，或者如果受理局没有发现而国际局发现优先权要求中存在如下缺陷的：(i) 国际申请的国际申请日迟于优先权期限届满日，并且没有提交根据本细则 26 之二.3 的恢复优先权权利的请求；(ii) 优先权要求不符合本细则 4.10 的要求；或者（iii）优先权要求的某项说明与优先权文本中的相应说明不一致；根据具体情况，受理局或者国际局应当通知申请人改正优先权要求。在（i）所述的情况下，如果国际申请日在自优先权期限届满日起的 2 个月内，根据具体情况，受理局或者国际局也应当通知申请人，可以依照本细则 26 之二.3 提交优先权权利的恢复请求，除非受理局已根据本细则 26 之二.3（j）通知国际局，本细则 26 之二.3（a）至（i）与该局适用的国家法冲突。由此可知，B 选项正确。《专利合作条约实施细则》第 26 条之二.2（c）中规定，优先权要求不应仅仅因为下述原因而被视为未提出：(i) 没有写明本细则 4.10（a）(ii) 涉及的在先申请号；(ii) 优先权要求中的某一说明与优先权文本中的相应说明不一致；或者（iii）国际申请的国际申请日晚于优先权期限届满日，但是国际申请日在自该届满日起的 2 个月期限内。由此可知，C 选项正确。《专利合作条约实施细则》第 26 条之三.1 中规定，在自优先权日起 16 个月的期限内，申请人可以通过向国际局提交通知对请求书中本细则 4.17 中所述的任何声明进行改正或增加。只要国际局是在国际公布的技术准备工作完成之前收到该通知，则在该期限届满之后国际局收到的任何该通知应当视为是在该期限的最后一天收到。由此可知，D 选项正确。

综上，本题答案为：A、B、C、D。

49. 国家知识产权局对李某的药物化合物发明专利申请予以驳回，理由是该化合物相对于对比文件 1 和 2 的结合不具备创造性。李某提出复审请求。专利复审委员会经合议组审理后向李某

发出复审通知书。下列说法哪些是正确的？

A. 复审通知书应当对发明专利申请的创造性进行评价
B. 复审通知书中可以引入所属技术领域的公知常识
C. 李某应当在收到复审通知书之日起一个月内进行书面答复
D. 若专利复审委员会认为该申请的权利要求涉及疾病的治疗方法，可以在复审通知书中指出

【答案】A B C D

【知识点】复审审查的范围、复审通知书的答复

【解析】《专利审查指南2010》第四部分第二章第4.1节中规定，在复审程序中，合议组一般仅针对驳回决定所依据的理由和证据进行审查。由此可知，A选项正确。《专利审查指南2010》第四部分第二章第4.1节中规定，在合议审查中，合议组可以引入所属技术领域的公知常识，或者补充相应的技术词典、技术手册、教科书等所属技术领域中的公知常识性证据。由此可知，B选项正确。《专利审查指南2010》第四部分第二章中第4.3节中规定，针对合议组发出的复审通知书，复审请求人应当在收到该通知书之日起1个月内针对通知书指出的缺陷进行书面答复；期满未进行书面答复的，其复审请求视为撤回。由此可知，C选项正确。《专利审查指南2010》第四部分第二章第4.1节中规定，除驳回决定所依据的理由和证据外，合议组发现审查文本中存在下列缺陷的，可以对与之相关的理由及其证据进行审查，并且经审查认定后，应当依据该理由及其证据作出维持驳回决定的审查决定：（1）足以用在驳回决定作出前已告知过申请人的其他理由及其证据予以驳回的缺陷。（2）驳回决定未指出的明显实质性缺陷或者与驳回决定所指出缺陷性质相同的缺陷。由于"疾病的治疗方法"是明显实质性缺陷，故可以在复审通知书中指出，D选项正确。

综上，本题答案为：A、B、C、D。

50. 下列关于强制许可的说法哪些是正确的？

A. 国务院专利行政部门作出给予实施强制许可的决定，应当及时通知专利权人，并予以登记和公告
B. 国务院专利行政部门在作出驳回强制许可请求的决定前，应当通知请求人和专利权人拟作出的决定及其理由
C. 专利权人对国务院专利行政部门关于实施强制许可的决定不服的，可以自收到通知之日起三个月内向人民法院起诉
D. 专利权人对国务院专利行政部门关于实施强制许可的使用费的裁决不服的，可以自收到通知之日起三个月内向人民法院起诉

【答案】A B C D

【知识点】强制许可

【解析】《专利法》第五十五条第一款规定，国务院专利行政部门作出的给予实施强制许可的决定，应当及时通知专利权人，并予以登记和公告。由此可知，A选项正确。《专利法

《实施细则》第七十四条第三款规定，国务院专利行政部门在作出驳回强制许可请求的决定或者给予强制许可的决定前，应当通知请求人和专利权人拟作出的决定及其理由。由此可知，B选项正确。《专利法》第五十八条规定，专利权人对国务院专利行政部门关于实施强制许可的决定不服的，专利权人和取得实施强制许可的单位或者个人对国务院专利行政部门关于实施强制许可的使用费的裁决不服的，可以自收到通知之日起3个月内向人民法院起诉。由此可知，C、D选项正确。

综上，本题答案为：A、B、C、D。

51. 下列关于实用新型专利申请的说法哪些是正确的？

　　A. 说明书摘要文字部分（包括标点符号）不得超过300个字
　　B. 说明书摘要文字部分应写清反映技术方案要点的内容
　　C. 说明书摘要和摘要附图不属于实用新型原始记载的内容
　　D. 说明书摘要附图可以不是说明书附图之一

【答案】A B C

【知识点】实用新型说明书摘要规定

【解析】《专利法实施细则》第二十三条规定，说明书摘要应当写明发明或者实用新型专利申请所公开内容的概要，即写明发明或者实用新型的名称和所属技术领域，并清楚地反映所要解决的技术问题、解决该问题的技术方案的要点以及主要用途。说明书摘要可以包含最能说明发明的化学式；有附图的专利申请，还应当提供一幅最能说明该发明或者实用新型技术特征的附图。附图的大小及清晰度应当保证在该图缩小到4厘米×6厘米时，仍能清晰地分辨出图中的各个细节。摘要文字部分不得超过300个字。摘要中不得使用商业性宣传用语。由此可知，A、B选项正确。《专利审查指南2010》第二部分第二章第2.4节中规定，摘要的内容不属于发明或者实用新型原始记载的内容，不能作为以后修改说明书或者权利要求书的根据，也不能用来解释专利权的保护范围。由此可知，C选项正确。《专利审查指南2010》第一部分第二章第7.5节中规定，说明书摘要应当有摘要附图，申请人应当提交一幅从说明书附图中选出的能够反映技术方案的附图作为摘要附图。由此可知，D选项错误。

综上，本题答案为：A、B、C。

52. 专利权人甲及其专利实施独占许可合同的被许可人乙分别请求国家知识产权局对甲的实用新型专利作出专利权评价报告。下列说法哪些是正确的？

　　A. 乙在提出专利权评价报告请求的同时应当提交其与甲订立的专利实施独占许可合同或其复印件
　　B. 甲因缴纳了专利年费，故无需缴纳专利权评价报告请求费
　　C. 国家知识产权局仅作出一份专利权评价报告
　　D. 甲或者乙认为专利权评价报告存在错误的，可以向国家知识产权局提起行政复议

【答案】A C

【知识点】专利权评价报告

【解析】《专利法实施细则》第五十六条第一款规定，授予实用新型或者外观设计专利权的决定公告后，《专利法》第六十条规定的专利权人或者利害关系人可以请求国务院专利行政部门作出专利权评价报告。《专利审查指南2010》第五部分第十章第2.3节中规定，请求人是利害关系人的，在提出专利权评价报告请求的同时应当提交相关证明文件。例如，请求人是专利实施独占许可合同的被许可人的，应当提交与专利权人订立的专利实施独占许可合同或其复印件；请求人是专利权人授予起诉权的专利实施普通许可合同的被许可人的，应当提交与专利权人订立的专利实施普通许可合同或其复印件，以及专利权人授予起诉权的证明文件。由此可知，A选项正确。《专利法实施细则》第九十九条第三款规定，著录事项变更费、专利权评价报告请求费、无效宣告请求费应当自提出请求之日起1个月内缴纳；期满未缴纳或者未缴足的，视为未提出请求。《专利审查指南2010》第五部分第十章第2.4节中规定，请求人自提出专利权评价报告请求之日起1个月内未缴纳或者未缴足专利权评价报告请求费的，专利权评价报告请求视为未提出。由此可知，B选项错误。《专利法实施细则》第五十七条规定，国务院专利行政部门应当自收到专利权评价报告请求书后2个月内作出专利权评价报告。对同一项实用新型或者外观设计专利权，有多个请求人请求作出专利权评价报告的，国务院专利行政部门仅作出一份专利权评价报告。任何单位或者个人可以查阅或者复制该专利权评价报告。由此可知，C选项正确。《专利审查指南2010》第五部分第十章第1节中规定，专利权评价报告是人民法院或者管理专利工作的部门审理、处理专利侵权纠纷的证据，主要用于人民法院或者管理专利工作的部门确定是否需要中止相关程序。专利权评价报告不是行政决定，因此专利权人或者利害关系人不能就此提起行政复议和行政诉讼。由此可知，D选项错误。

综上，本题答案为：A、C。

53. 下列说法哪些是正确的？
  A. 专利法所称遗传资源包括取自人体、动物或植物的材料，不包括取自微生物的材料
  B. 专利法所称依赖遗传资源完成的发明创造，是指利用了遗传资源的遗传功能完成的发明创造
  C. 就依赖遗传资源完成的发明创造申请专利的，申请人应当在请求书中予以说明
  D. 违反法律、行政法规的规定获取或者利用遗传资源，是指未按照我国法律、行政法规的规定事先获得有关行政管理部门的批准或者相关权利人的许可

【答案】BCD
【知识点】依赖遗传资源完成的发明创造
【解析】《专利法》第五条第二款规定，对违反法律、行政法规的规定获取或者利用遗传资源，并依赖该遗传资源完成的发明创造，不授予专利权。《专利法实施细则》第二十六条规定，《专利法》所称遗传资源，是指取自人体、动物、植物或者微生物等含有遗传功能单位并具有实际或者潜在价值的材料；《专利法》所称依赖遗传资源完成的发明创造，是指利

用了遗传资源的遗传功能完成的发明创造。就依赖遗传资源完成的发明创造申请专利的，申请人应当在请求书中予以说明，并填写国务院专利行政部门制定的表格。由此可知，A选项错误，B、C选项正确。《专利审查指南2010》第二部分第一章第3.2节中规定，违反法律、行政法规的规定获取或者利用遗传资源，是指遗传资源的获取或者利用未按照我国有关法律、行政法规的规定事先获得有关行政管理部门的批准或者相关权利人的许可。由此可知，D选项正确。

综上，本题答案为：B、C、D。

54. 甲公司就其员工孙某完成的一项发明创造获得专利权后，自行实施了该专利。随后甲公司将该专利权许可给子公司乙公司实施。甲公司在规章制度中未规定也未与孙某约定奖励报酬事宜。下列说法哪些是正确的？
   A. 甲公司在专利权被授予后应当给予孙某奖励
   B. 甲公司自行实施其专利后应当给予孙某报酬
   C. 甲公司将专利许可给乙公司后，甲公司应当给予孙某报酬
   D. 甲公司将专利许可给乙公司后，乙公司应当给予孙某报酬

【答案】ABC
【知识点】职务发明创造
【解析】《专利法》第六条第一款规定，执行本单位的任务或者主要是利用本单位的物质技术条件所完成的发明创造为职务发明创造。职务发明创造申请专利的权利属于该单位；申请被批准后，该单位为专利权人。《专利法》第十六条规定，被授予专利权的单位应当对职务发明创造的发明人或者设计人给予奖励；发明创造专利实施后，根据其推广应用的范围和取得的经济效益，对发明人或者设计人给予合理的报酬。在本题中，孙某为职务发明人，根据上述规定，甲公司应当给予孙某奖励和报酬，故A、B、C选项正确，D选项错误。

综上，本题答案为：A、B、C。

55. 申请人在答复审查意见通知书时所进行的下列哪些修改可以被接受？
   A. 主动增加新的独立权利要求，该独立权利要求限定的技术方案在原权利要求书中未出现过
   B. 删除一项权利要求中的并列技术方案
   C. 将独立权利要求相对于最接近的现有技术正确划界
   D. 修改通知书中未指出的多项从属权利要求引用多项权利要求的缺陷

【答案】BCD
【知识点】修改
【解析】《专利法实施细则》第五十一条第三款规定，申请人在收到国务院专利行政部门发出的审查意见通知书后对专利申请文件进行修改的，应当针对通知书指出的缺陷进行修改。《专利审查指南2010》第二部分第八章第5.2.1.3节中规定，当出现下列情况时，即使

修改的内容没有超出原说明书和权利要求书记载的范围，也不能被视为是针对通知书指出的缺陷进行的修改，因而不予接受。(1) 主动删除独立权利要求中的技术特征，扩大了该权利要求请求保护的范围。(2) 主动改变独立权利要求中的技术特征，导致扩大了请求保护的范围。(3) 主动将仅在说明书中记载的与原来要求保护的主题缺乏单一性的技术内容作为修改后权利要求的主题。(4) 主动增加新的独立权利要求，该独立权利要求限定的技术方案在原权利要求书中未出现过。(5) 主动增加新的从属权利要求，该从属权利要求限定的技术方案在原权利要求书中未出现过。由此可知，A选项错误。《专利审查指南2010》第二部分第八章第5.2.2.1节中规定，删除一项或多项权利要求，以克服原第一独立权利要求和并列的独立权利要求之间缺乏单一性，或者两项权利要求具有相同的保护范围而使权利要求书不简要，或者权利要求未以说明书为依据等缺陷，这样的修改不会超出原权利要求书和说明书记载的范围，因此是允许的。由此可知，B选项正确。《专利审查指南2010》第二部分第八章第5.2.2.1节中规定，将独立权利要求相对于最接近的现有技术正确划界。这样的修改不会超出原权利要求书和说明书记载的范围，因此是允许的。由此可知，C选项正确。《专利审查指南2010》第二部分第八章第5.2.2.1节中规定，修改从属权利要求的引用部分，改正引用关系上的错误，使其准确地反映原说明书中所记载的实施方式或实施例。这样的修改不会超出原权利要求书和说明书记载的范围，因此是允许的。由此可知，D选项正确。

综上，本题答案为：B、C、D。

56. 某公司提交了一件发明专利申请，现该公司欲增加漏填的发明人。该公司应当办理下列哪些手续？

　　A. 提交著录项目变更申报书
　　B. 缴纳著录项目变更费
　　C. 提交由全体申请人和变更前全体发明人签章的证明文件
　　D. 提交申请权转让证明

【答案】A B C

【知识点】著录项目变更

【解析】《专利法实施细则》第一百一十九条第二款规定，请求变更发明人姓名、专利申请人和专利权人的姓名或者名称、国籍和地址、专利代理机构的名称、地址和代理人姓名的，应当向国务院专利行政部门办理著录事项变更手续，并附具变更理由的证明材料。由此可知，A选项正确。《专利法实施细则》第九十九条第三款规定，著录事项变更费、专利权评价报告请求费、无效宣告请求费应自提出请求之日起1个月内缴纳；期满未缴纳或者未缴足的，视为未提出请求。由此可知，B选项正确。《专利审查指南2010》第一部分第一章第6.7.2.3节中规定，因漏填或者错填发明人提出变更请求的，应当提交由全体申请人（或专利权人）和变更前全体发明人签字或者盖章的证明文件。由此可知，C选项正确，D选项错误。

综上，本题答案为：A、B、C。

57. 下列关于无效宣告请求审查决定被人民法院生效判决撤销后的审查程序的说法哪些是正确的?

    A. 因主要证据不足导致审查决定被撤销的，不得以相同的理由和证据作出与原决定相同的决定

    B. 因法律适用错误导致审查决定被撤销的，不得以相同的理由和证据作出与原决定相同的决定

    C. 因违反法定程序导致审查决定被撤销的，根据人民法院的判决，在纠正程序错误的基础上，重新作出审查决定

    D. 对于审查决定被人民法院的判决撤销后重新审查的案件，必须重新成立合议组

【答案】A B C

【知识点】审查决定被法院生效判决撤销后的审查程序

【解析】《专利审查指南2010》第四部分第一章第8节中规定，(1)复审请求或者无效宣告请求审查决定被人民法院的生效判决撤销后，专利复审委员会应当重新作出审查决定。(2)因主要证据不足或者法律适用错误导致审查决定被撤销的，不得以相同的理由和证据作出与原决定相同的决定。(3)因违反法定程序导致审查决定被撤销的，根据人民法院的判决，在纠正程序错误的基础上，重新作出审查决定。由此可知，A、B、C选项正确。《专利审查指南2010》第四部分第一章第3.1节中规定，对于审查决定被人民法院的判决撤销后重新审查的案件，一般应当重新成立合议组。由此可知，D选项错误。

综上，本题答案为：A、B、C。

58. 甲公司欲向乙银行贷款，将其拥有的一项专利权出质给该银行作为担保，下列说法哪些是正确的?

    A. 甲公司与乙银行应当就专利权质押订立单独的合同

    B. 甲公司应当与乙银行共同向国务院专利行政部门办理出质登记

    C. 质权自国务院专利行政部门登记时设立

    D. 专利权质押期间，甲公司未提交乙银行同意其放弃该专利权的证明材料的，国务院专利行政部门不予办理专利权放弃手续

【答案】B C D

【知识点】专利权的质押

【解析】《专利权质押登记办法》第三条规定，以专利权出质的，出质人与质权人应当订立书面质押合同。质押合同可以是单独订立的合同，也可以是主合同中的担保条款。由此可知，A选项错误。《专利法实施细则》第十四条第三款规定，以专利权出质的，由出质人和质权人共同向国务院专利行政部门办理出质登记。由此可知，B选项正确。《专利权质押登记办法》第十二条第一款规定，专利权质押登记申请经审查合格的，国家知识产权局在专利登记簿上予以登记，并向当事人发送《专利权质押登记通知书》。质权自国家知识产权局登记时设立。由此可知，C选项正确。《专利权质押登记办法》第十五条规定，专利权质押期

间，出质人未提交质权人同意其放弃该专利权的证明材料的，国家知识产权局不予办理专利权放弃手续。由此可知，D 选项正确。

综上，本题答案为：B、C、D。

59. 一件请求保护催化剂 M 的专利申请，申请日为 2010 年 7 月 12 日，公布日为 2011 年 12 月 16 日。下列向国家知识产权局提交的哪些申请构成该申请的抵触申请？

A. 申请日为 2010 年 6 月 11 日，公布日为 2011 年 12 月 9 日的申请，其权利要求请求保护催化剂 M 的制备方法，说明书中记载了催化剂 M 及其制备方法

B. 申请日为 2010 年 6 月 12 日，公布日为 2011 年 12 月 9 日的申请，其权利要求请求保护催化剂 M 的制备方法，说明书中记载了催化剂 M 的制备方法

C. 申请日为 2010 年 6 月 12 日，公布日为 2011 年 12 月 16 日的申请，请求保护催化剂 M1，M1 和 M 的区别仅在于，M 中活性成分的含量为 1～10%，M1 中活性成分的含量为 2～5%

D. 申请日为 2010 年 6 月 12 日，公布日为 2011 年 12 月 16 日的申请，仅在说明书摘要中描述了催化剂 M

【答案】A C
【知识点】抵触申请
【解析】《专利法》第二十二条第二款规定，新颖性，是指该发明或者实用新型不属于现有技术；也没有任何单位或者个人就同样的发明或者实用新型在申请日以前向国务院专利行政部门提出过申请，并记载在申请日以后公布的专利申请文件或者公告的专利文件中。《专利审查指南 2010》第二部分第三章第 2.2 节中规定，根据《专利法》第二十二条第二款的规定，在发明或者实用新型新颖性的判断中，由任何单位或者个人就同样的发明或者实用新型在申请日以前向专利局提出并且在申请日以后（含申请日）公布的专利申请文件或者公告的专利文件损害该申请日提出的专利申请的新颖性。为描述简便，在判断新颖性时，将这种损害新颖性的专利申请，称为抵触申请。本题中，由于 A、B、C、D 选项中的专利申请，申请日都在该申请的申请日之前，公布日都在该申请的申请日之后，因此判断其是否构成该申请的抵触申请，关键看各申请是否在权利要求书或/和说明书中是否记载了催化剂 M。A 选项中的专利申请由于在说明书中记载了催化剂 M，故构成了该申请的抵触申请，A 选项正确。B 选项中的专利申请由于没有在权利要求书和说明书中记载催化剂 M，故不构成该申请的抵触申请，B 选项错误。C 选项中的专利申请由于记载了催化剂 M1，M1 和 M 的区别仅在于，M 中活性成分的含量为 1%～10%，M1 中活性成分的含量为 2%～5%，M1 的活性成分含量落在了 M 的活性成分含量内，根据《专利审查指南 2010》第二部分第三章第 3.2.4 节中的规定，对比文件公开的数值或者数值范围落在上述限定的技术特征的数值范围内，将破坏要求保护的发明或者实用新型的新颖性。故 C 选项中的专利申请构成了该申请的抵触申请，C 选项正确。D 选项中的专利申请由于仅在说明书摘要中描述了催化剂 M，根据《专利审查指南 2010》第二部分第二章第 2.4 节中的规定，摘要是说明书记载内容的概述，

它仅是一种技术信息，不具有法律效力。故D选项中的专利申请不构成该申请的抵触申请，D选项错误。

综上，本题答案为：A、C。

60. 甲乙二人因专利申请权的归属发生纠纷，乙向人民法院提起诉讼。在诉讼过程中，乙请求中止有关专利申请程序。下列说法哪些是正确的？

  A. 应当向国家知识产权局提出中止请求
  B. 乙应当提交中止程序请求书和人民法院写明申请号的受理文件副本
  C. 在中止期间，甲提交的撤回专利申请声明的审批手续应当暂停办理
  D. 中止的期限为1年，不能延长

【答案】A B C

【知识点】中止的条件、中止的手续、中止的范围

【解析】《专利法实施细则》第八十六条规定，当事人因专利申请权或者专利权的归属发生纠纷，已请求管理专利工作的部门调解或者向人民法院起诉的，可以请求国务院专利行政部门中止有关程序。依照前款规定请求中止有关程序的，应当向国务院专利行政部门提交请求书，并附具管理专利工作的部门或者人民法院的写明申请号或者专利号的有关受理文件副本。管理专利工作的部门作出的调解书或者人民法院作出的判决生效后，当事人应当向国务院专利行政部门办理恢复有关程序的手续。自请求中止之日起1年内，有关专利申请权或者专利权归属的纠纷未能结案，需要继续中止有关程序的，请求人应当在该期限内请求延长中止。期满未请求延长的，国务院专利行政部门自行恢复有关程序。由此可知，A、B选项正确，D选项错误。《专利法实施细则》第八十八条规定，国务院专利行政部门根据本细则第八十六条和第八十七条规定中止有关程序，是指暂停专利申请的初步审查、实质审查、复审程序，授予专利权程序和专利权无效宣告程序；暂停办理放弃、变更、转移专利权或者专利申请权手续，专利权质押手续以及专利权期限届满前的终止手续等。由此可知，C选项正确。

综上，本题答案为：A、B、C。

61. 下列关于复审程序的说法哪些是正确的？

  A. 复审程序是专利审批程序的延续
  B. 专利复审委员会不必对专利申请进行全面审查
  C. 原专利审查部门的前置审查不是复审程序的必经程序
  D. 对专利复审委员会作出的决定不服的，均不能申请行政复议

【答案】A B

【知识点】对复审程序的认识

【解析】《专利审查指南2010》第四部分第二章第1节中规定，复审程序是因申请人对驳回决定不服而启动的救济程序，同时也是专利审批程序的延续。因此，一方面，专利复审委

员会一般仅针对驳回决定所依据的理由和证据进行审查，不承担对专利申请全面审查的义务；另一方面，为了提高专利授权的质量，避免不合理地延长审批程序，专利复审委员会可以依职权对驳回决定未提及的明显实质性缺陷进行审查。由此可知，A、B 选项正确。《专利法实施细则》第六十二条规定，专利复审委员会应当将受理的复审请求书转交国务院专利行政部门原审查部门进行审查。原审查部门根据复审请求人的请求，同意撤销原决定的，专利复审委员会应当据此作出复审决定，并通知复审请求人。由此可知，前置审查是复审程序的必经程序，C 选项错误。《国家知识产权局行政复议规程》第四条对可以依法申请行政复议的情形进行了规定，其中包括对国家知识产权局专利复审委员会作出的有关专利复审、无效的程序性决定不服的情形。据此，D 选项错误。

综上，本题答案为：A、B。

62. 王某拥有一项外观设计专利权。未经其许可，他人为生产经营目的不得实施下列哪些行为？
    A. 制造该外观设计专利产品
    B. 使用该外观设计专利产品
    C. 许诺销售该外观设计专利产品
    D. 进口该外观设计专利产品

【答案】A C D
【知识点】禁止他人未经许可实施专利的权利
【解析】《专利法》第十一条第二款规定，外观设计专利权被授予后，任何单位或者个人未经专利权人许可，都不得实施其专利，即不得为生产经营目的制造、许诺销售、销售、进口其外观设计专利产品。由此可知，A、C、D 选项正确。

综上，本题答案为：A、C、D。

63. 下列关于实施例的说法哪些是正确的？
    A. 实施例是对发明或者实用新型的优选的具体实施方式的举例说明
    B. 一项权利要求涉及数值范围 0—100，说明书中必须给出 0 和 100 两个端值的实施例
    C. 当一个实施例足以支持权利要求所概括的技术方案时，说明书中可以只给出一个实施例
    D. 说明书中可以有引证文件，但对于那些就满足说明书公开充分的要求而言必不可少的内容，不能采用引证其他文件的方式撰写，而应当将其具体内容写入说明书

【答案】A C D
【知识点】实施例的撰写要求
【解析】《专利法实施细则》第十七条第一款对发明或者实用新型专利申请说明书应当包括的内容进行了规定，其中对于具体实施方式的要求是：详细写明申请人认为实现发明或者实用新型的优选方式；必要时，举例说明；有附图的，对照附图。《专利审查指南2010》第

二部分第二章第2.2.6节中规定,实施例是对发明或者实用新型的优选的具体实施方式的举例说明。由此可知,A选项正确。《专利审查指南2010》第二部分第二章第2.2.6节中规定,当权利要求相对于背景技术的改进涉及数值范围时,通常应给出两端值附近(最好是两端值)的实施例,当数值范围较宽时,还应当给出至少一个中间值的实施例。由此可知,B选项错误。《专利审查指南2010》第二部分第二章第2.2.6节中规定,当一个实施例足以支持权利要求所概括的技术方案时,说明书中可以只给出一个实施例。由此可知,C选项正确。《专利审查指南2010》第二部分第二章第2.2.6节中规定,为了方便专利审查,也为了帮助公众更直接地理解发明或者实用新型,对于那些就满足《专利法》第二十六条第三款的要求而言必不可少的内容,不能采用引证其他文件的方式撰写,而应当将其具体内容写入说明书。由此可知,D选项正确。

综上,本题答案为:A、C、D。

64. 蓝天公司科研人员田幸和林福在公司的科研工作中完成了一项发明创造,该公司就该发明创造向国家知识产权局提交了一件发明专利申请。请求书中发明人一栏的填写哪些符合规定?

　　A. 蓝天公司
　　B. 田幸　林福
　　C. 田幸　林福(不公布姓名)
　　D. 蓝天公司　田幸　林福

【答案】BC

【知识点】发明人

【解析】《专利审查指南2010》第一部分第一章第4.1.2节中规定,发明人应当是个人,请求书中不得填写单位或者集体,例如不得写成"××课题组"等。发明人应当使用本人真实姓名,不得使用笔名或者其他非正式的姓名。多个发明人的,应当自左向右顺序填写。发明人可以请求专利局不公布其姓名。提出专利申请时请求不公布发明人姓名的,应当在请求书"发明人"一栏所填写的相应发明人后面注明"(不公布姓名)"。由此可知,B、C选项正确。

综上,本题答案为:B、C。

65. 下列哪些行为应当经国家知识产权局登记才能生效?

　　A. 转让专利权
　　B. 许可他人实施专利权
　　C. 书面声明放弃专利权
　　D. 质押专利权

【答案】ACD

【知识点】权利的生效

【解析】《专利法》第十条第三款规定,转让专利申请权或者专利权的,当事人应当订立书面合同,并向国务院专利行政部门登记,由国务院专利行政部门予以公告。专利申请权或者专利权的转让自登记之日起生效。由此可知，A 选项正确。《专利法实施细则》第十四条第二款规定，专利权人与他人订立的专利实施许可合同，应当自合同生效之日起3个月内向国务院专利行政部门备案。由此可知，B 选项错误。《专利法》第四十四条规定，有下列情形之一的，专利权在期限届满前终止：（一）没有按照规定缴纳年费的；（二）专利权人以书面声明放弃其专利权的。专利权在期限届满前终止的，由国务院专利行政部门登记和公告。由此可知，C 选项正确。《专利法实施细则》第十四条第三款规定，以专利权出质的，由出质人和质权人共同向国务院专利行政部门办理出质登记。由此可知，D 选项正确。

综上，本题答案为：A、C、D。

66. 下列关于查处假冒专利行为的说法哪些是正确的？

A. 查处假冒专利行为由假冒专利行为发生地的管理专利工作的部门管辖

B. 管理专利工作的部门作出行政处罚决定前，应当告知当事人作出处罚决定的事实、理由和依据

C. 管理专利工作的部门作出较大数额罚款的决定之前，应当告知当事人有要求举行听证的权利

D. 管理专利工作的部门查处假冒专利案件，应当自立案之日起4个月内结案

【答案】A B C

【知识点】查处假冒专利

【解析】《专利行政执法办法》第二十七条第一款规定，查处假冒专利行为由行为发生地的管理专利工作的部门管辖。由此可知，A 选项正确。《专利行政执法办法》第三十条规定，管理专利工作的部门作出行政处罚决定前，应当告知当事人作出处罚决定的事实、理由和依据，并告知当事人依法享有的权利。管理专利工作的部门作出较大数额罚款的决定之前，应当告知当事人有要求举行听证的权利。当事人提出听证要求的，应当依法组织听证。由此可知，B、C 选项正确。《专利行政执法办法》第三十四条第一款规定，管理专利工作的部门查处假冒专利案件，应当自立案之日起1个月内结案。案件特别复杂需要延长期限的，应当由管理专利工作的部门负责人批准。经批准延长的期限，最多不超过15日。由此可知，D 选项错误。

综上，本题答案为：A、B、C。

67. 下列使用外观设计的产品名称哪些是正确的？

A. 方凳

B. iPhone 5s

C. 小型书桌

D. 摩托车

【答案】A D

【知识点】外观设计专利申请文件

【解析】《专利审查指南2010》第一部分第三章第4.1.1节中规定，产品名称通常还应当避免下列情形：(1)含有人名、地名、国名、单位名称、商标、代号、型号或以历史时代命名的产品名称；(2)概括不当、过于抽象的名称，例如"文具""炊具""乐器""建筑用物品"等；(3)描述技术效果、内部构造的名称，例如"节油发动机""人体增高鞋垫""装有新型发动机的汽车"等；(4)附有产品规格、大小、规模、数量单位的名称，例如"21英寸电视机""中型书柜""一副手套"等；(5)以外国文字或无确定的中文意义的文字命名的名称，例如"克莱斯酒瓶"，但已经众所周知并且含义确定的文字可以使用，例如"DVD播放机""LED灯""USB集线器"等。在本题中，"iPhone 5s"是含有型号且以外国文字命名的名称，"小型书桌"是附有产品大小的名称，都不符合规定。据此，本题答案为：A、D。

68. 某公司提交了一件申请日为2011年8月9日、优先权日为2010年8月9日和2011年1月31日的发明专利申请。该公司随后撤回了优先权日为2010年8月9日的优先权。下列说法哪些是正确的？

  A. 该申请应当自2011年1月31日起三年内提出实质审查请求，并缴纳实质审查费
  B. 该公司可以对已撤回的优先权提出恢复请求
  C. 对于已撤回的优先权，缴纳的优先权要求费不予退回
  D. 该公司不能再要求撤回优先权日为2011年1月31日的优先权

【答案】A C
【知识点】优先权、优先权日、期限
【解析】《专利法》第三十五条第一款规定，发明专利申请自申请日起3年内，国务院专利行政部门可以根据申请人随时提出的请求，对其申请进行实质审查；申请人无正当理由逾期不请求实质审查的，该申请即被视为撤回。《专利法实施细则》第十一条第一款规定，除《专利法》第二十八条和第四十二条规定的情形外，专利法所称申请日，有优先权的，指优先权日。由此可知，对于提出实质审查请求的起算日，有优先权的应当是优先权日。在本题中，该公司的专利申请享有2011年1月31日的优先权，因此，应当自2011年1月31日起3年内提出实质审查请求，并缴纳实质审查费，A选项正确。《专利审查指南2010》第一部分第一章第6.2.5节规定了可以恢复的优先权要求情形，其中并不包括对已撤回的优先权进行恢复的情形，故B选项错误。《专利法实施细则》第九十四条第四款规定，多缴、重缴、错缴专利费用的，当事人可以自缴费日起3年内，向国务院专利行政部门提出退款请求，国务院专利行政部门应当予以退还。本题中的优先权要求费并不属于多缴、重缴、错缴的专利费用，故该公司不能请求退回。《专利审查指南2010》第五部分第二章第4.2.1.2节对专利局主动退款的情形进行了规定，已撤回优先权的优先权要求费也不属于专利局主动退款的情形，由此可知，对于已撤回的优先权，缴纳的优先权要求费不予退回，C选项正确。《专利审查指南2010》第一部分第一章第6.2.3节中规定，申请人要求优先权之后，可以撤回优先权要求。申请人要求多项优先权之后，可以撤回全部优先权要求，也可以撤回其中某一项或

者几项优先权要求。由此可知，该公司可以再要求撤回优先权日为 2011 年 1 月 31 日的优先权，故 D 选项错误。

综上，本题答案为：A、C。

69. 张某就李某的专利权提出无效宣告请求。关于该无效宣告请求的口头审理，下列说法哪些是正确的？

A. 李某不参加口头审理，专利复审委员会可以缺席审理

B. 因口头审理为公开审理，随李某前来旁听口头审理的某公司职员可以向李某传递信息

C. 张某可以在口头审理的过程中放弃无效宣告请求的部分理由

D. 口头审理终止后，张某和李某都有权阅读笔录，但对于笔录的差错，不能请求更正

【答案】A C

【知识点】口头审理

【解析】《专利法实施细则》第七十条第三款规定，无效宣告请求人对专利复审委员会发出的口头审理通知书在指定的期限内未作答复，并且不参加口头审理的，其无效宣告请求视为撤回；专利权人不参加口头审理的，可以缺席审理。由此可知，A 选项正确。《专利审查指南 2010》第四部分第四章第 12 节中规定，在口头审理中允许旁听，旁听者无发言权；未经批准，不得拍照、录音和录像，也不得向参加口头审理的当事人传递有关信息。由此可知，B 选项错误。《专利审查指南 2010》第四部分第四章第 13 节中规定，无效宣告请求人有权请求撤回无效宣告请求，放弃无效宣告请求的部分理由及相应证据，以及缩小无效宣告请求的范围。由此可知，C 选项正确。《专利审查指南 2010》第四部分第四章第 11 节中规定，在重要的审理事项记录完毕后或者在口头审理终止时，合议组应当将笔录交当事人阅读。对笔录的差错，当事人有权请求记录人更正。由此可知，D 选项错误。

综上，本题答案为：A、C。

70. 吴某是某专利代理机构的专利代理人，其下列做法哪些不符合相关规定？

A. 利用业余时间自行接受他人委托从事专利代理业务

B. 将其代理的某件已经授权的发明专利的内容告诉其朋友

C. 在该专利代理机构执业的同时，兼任某公司知识产权部的副经理

D. 在执业期间申请专利

【答案】A C D

【知识点】专利代理人执业纪律和职业道德

【解析】《专利代理条例》第十七条规定，专利代理人必须承办专利代理机构委派的专利代理工作，不得自行接受委托。由此可知，A 选项正确。《专利代理条例》第二十三条规定，专利代理人对其在代理业务活动中了解的发明创造的内容，除专利申请已经公布或者公告的以外，负有保守秘密的责任。由此可知，B 选项错误。《专利代理管理办法》第二十条规定，颁发专利代理人执业证应当符合下列条件：（一）具有专利代理人资格；（二）能够专职从事

专利代理业务；（三）不具有专利代理或专利审查经历的人员在专利代理机构中连续实习满1年，并参加上岗培训；（四）由专利代理机构聘用；（五）颁发时的年龄不超过70周岁；（六）品行良好。由此可知，C选项正确。《专利代理条例》第二十条规定，专利代理人在从事专利代理业务期间和脱离专利代理业务后1年内，不得申请专利。由此可知，D选项正确。

综上，本题答案为：A、C、D。

71. 王某在同日就一项发明创造既申请实用新型专利又申请发明专利，并在申请时分别说明对同样的发明创造已申请了另一专利。此后，实用新型专利申请被授予了专利权。若发明专利申请符合其他授权条件，则下列说法哪些是正确的？

  A. 若实用新型专利权已经终止，则发明专利申请不能被授予专利权

  B. 若王某不同意放弃实用新型专利权，则国务院专利行政部门应当驳回其发明专利申请

  C. 若王某放弃实用新型专利权，则应当提交书面声明

  D. 若发明专利申请被授予专利权，则实用新型专利权自公告授予发明专利权之日起终止

【答案】A B C D

【知识点】避免重复授权的处理

【解析】《专利法》第九条第一款规定，同样的发明创造只能授予一项专利权。但是，同一申请人同日对同样的发明创造既申请实用新型专利又申请发明专利，先获得的实用新型专利权尚未终止，且申请人声明放弃该实用新型专利权的，可以授予发明专利权。《专利法实施细则》第四十一条第二款、第四款和第五款规定，同一申请人在同日（指申请日）对同样的发明创造既申请实用新型专利又申请发明专利的，应当在申请时分别说明对同样的发明创造已申请了另一专利；未作说明的，依照《专利法》第九条第一款关于同样的发明创造只能授予一项专利权的规定处理。发明专利申请经审查没有发现驳回理由，国务院专利行政部门应当通知申请人在规定期限内声明放弃实用新型专利权。申请人声明放弃的，国务院专利行政部门应当作出授予发明专利权的决定，并在公告授予发明专利权时一并公告申请人放弃实用新型专利权声明。申请人不同意放弃的，国务院专利行政部门应当驳回该发明专利申请；申请人期满未答复的，视为撤回该发明专利申请。实用新型专利权自公告授予发明专利权之日起终止。由此可知，A、B、C、D选项正确。

综上，本题答案为：A、B、C、D。

72. 某科研机构欲就一项涉及国防利益的发明创造申请国防专利。下列说法哪些是正确的？

  A. 该国防专利申请文件不得按照普通函件邮寄

  B. 该国防专利申请权经批准可以转让给国外单位

  C. 该国防专利申请应当由国防专利机构进行审查

  D. 该国防专利申请经审查符合授权条件的，应当由国防专利机构授予专利权

【答案】A C

【知识点】国防专利机构及其主要职能

【解析】《国防专利条例》第十条第二款规定，国防专利申请人应当按照国防专利机构规定的要求和统一格式撰写申请文件，并亲自送交或者经过机要通信以及其他保密方式传交国防专利机构，不得按普通函件邮寄。由此可知，A 选项正确。《国防专利条例》第八条规定，禁止向国外的单位和个人以及在国内的外国人和外国机构转让国防专利申请权和国防专利权。由此可知，B 选项错误。《专利法实施细则》第七条第一款规定，专利申请涉及国防利益需要保密的，由国防专利机构受理并进行审查；国务院专利行政部门受理的专利申请涉及国防利益需要保密的，应当及时移交国防专利机构进行审查。经国防专利机构审查没有发现驳回理由的，由国务院专利行政部门作出授予国防专利权的决定。由此可知，C 选项正确，D 选项错误。

综上，本题答案为：A、C。

73. 在无效宣告程序中，下列有关物证和证人证言的说法哪些是正确的？

A. 当事人提交物证的，应当在举证期限内提交足以反映该物证客观情况的照片和文字说明，具体说明依据该物证所要证明的事实

B. 对于经公证机关公证封存的物证，当事人在举证期限内可以仅提交公证文书而不提交该物证

C. 证人根据其经历所作的判断、推测或者评论可以作为认定案件事实的依据

D. 证人无正当理由不出席口头审理的，其所出具的书面证言不能单独作为认定案件事实的依据

【答案】A B D

【知识点】物证的提交、证人证言

【解析】《专利审查指南 2010》第四部分第八章第 2.2.3 节中规定，当事人提交物证的，应当在举证期限内提交足以反映该物证客观情况的照片和文字说明，具体说明依据该物证所要证明的事实。由此可知，A 选项正确。《专利审查指南 2010》第四部分第八章第 2.2.3 节中规定，对于经公证机关公证封存的物证，当事人在举证期限内可以仅提交公证文书而不提交该物证，但最迟在口头审理辩论终结前提交该物证。由此可知，B 选项正确。《专利审查指南 2010》第四部分第八章第 4.3.1 节中规定，证人应当陈述其亲历的具体事实。证人根据其经历所作的判断、推测或者评论，不能作为认定案件事实的依据。由此可知，C 选项错误。《专利审查指南 2010》第四部分第八章第 4.3.1 节中规定，证人应当出席口头审理作证，接受质询。未能出席口头审理作证的证人所出具的书面证言不能单独作为认定案件事实的依据，但证人确有困难不能出席口头审理作证的除外。证人确有困难不能出席口头审理作证的，专利复审委员会根据前款的规定对其书面证言进行认定。由此可知，D 选项正确。

综上，本题答案为：A、B、D。

74. 甲公司拥有一项关于制造某药物的方法的专利权，乙公司未经甲公司许可使用该专利方

法生产药物并进行销售。应甲公司请求，管理专利工作的部门进行了处理，认定乙公司侵权行为成立。管理专利工作的部门可以采取下列哪些措施制止乙公司的侵权行为？

  A．责令乙公司立即停止使用专利方法的行为

  B．责令乙公司销毁实施专利方法的专用设备

  C．责令乙公司立即停止销售行为

  D．没收乙公司生产的该药物

【答案】Ａ Ｂ Ｃ

【知识点】专利侵权纠纷的处理

【解析】《专利行政执法办法》第四十一条第一款对管理专利工作的部门认定专利侵权行为成立，作出处理决定，责令侵权人立即停止侵权行为，应当采取的制止侵权行为的措施进行了规定，其中第（二）项规定，侵权人未经专利权人许可使用专利方法的，责令侵权人立即停止使用行为，销毁实施专利方法的专用设备、模具，并且不得销售、使用尚未售出的依照专利方法所直接获得的侵权产品或者以任何其他形式将其投放市场；侵权产品难以保存的，责令侵权人销毁该产品。由此可知，Ａ、Ｂ、Ｃ选项正确。

  综上，本题答案为：Ａ、Ｂ、Ｃ。

75．赵某和李某自行提交了一件发明专利申请，赵某是该申请的代表人。2009年6月16日赵某收到了发文日为2009年6月11日的第一次审查意见通知书。下列说法哪些是正确的？

  A．赵某和李某应当在2009年10月26日前答复该审查意见通知书

  B．对审查意见通知书的答复可以仅由赵某签字

  C．对审查意见通知书的答复可以仅仅是意见陈述书

  D．对审查意见通知书的答复可以直接提交给审查员

【答案】Ａ Ｂ Ｃ

【知识点】答复的期限、答复的方式、答复的签署

【解析】根据《专利法实施细则》第四条第三款的规定，国务院专利行政部门邮寄的各种文件，自文件发出之日起满15日，推定为当事人收到文件之日。在本题中，第一次审查意见通知书的发文日是2009年6月11日，故其收到日为2009年6月26日。根据《专利审查指南2010》第二部分第八章第4.10.3节中的规定，答复第一次审查意见通知书的期限为4个月。故赵某和李某应当在2009年10月26日前答复该审查意见通知书，A选项正确。《专利审查指南2010》第二部分第八章第5.1.2节中规定，申请人未委托专利代理机构的，其提交的意见陈述书或者补正书，应当有申请人的签字或者盖章；申请人是单位的，应当加盖公章；申请人有两个以上的，可以由其代表人签字或者盖章。在本题中，由于赵某是代表人，因此审查意见通知书的答复可以仅由赵某签字，B选项正确。《专利审查指南2010》第二部分第八章第5.1节中规定，申请人的答复可以仅仅是意见陈述书，也可以进一步包括经修改的申请文件（替换页和/或补正书）。由此可知，C选项正确。《专利审查指南2010》第二部分第八章第5.1.1节中规定，申请人的答复应当提交给专利局受理部门。直接提交给审

查员的答复文件或征询意见的信件不视为正式答复,不具备法律效力。由此可知,D选项错误。

综上,本题答案为:A、B、C。

76. 某公司于2009年12月5日向国家知识产权局提交了一件发明专利申请X,该公司于2012年4月1日针对申请X提出了分案申请Y。下列关于分案申请Y的说法哪些是正确的?
    A. 分案申请Y的发明人可以是申请X发明人中的部分成员
    B. 分案申请Y与申请X的申请人不相同的,应当提交有关申请人变更的证明材料
    C. 就分案申请Y提出实质审查请求的期限届满日为2012年12月5日
    D. 分案申请Y可以是发明专利申请,也可以是实用新型专利申请

【答案】A B C
【知识点】分案申请
【解析】《专利审查指南2010》第一部分第一章第5.1.1节中规定,分案申请的申请人应当与原申请的申请人相同;不相同的,应当提交有关申请人变更的证明材料。分案申请的发明人也应当是原申请的发明人或者是其中的部分成员。期满未补正的,审查员应当发出视为撤回通知书。由此可知,A、B选项正确。《专利审查指南2010》第一部分第一章第5.1.2节中规定,分案申请适用的各种法定期限,例如提出实质审查请求的期限,应当从原申请日起算。由此可知,就分案申请Y提出实质审查请求的期限届满日为2012年12月5日,C选项正确。《专利法实施细则》第四十二条第三款规定,分案的申请不得改变原申请的类别。由此可知,D选项错误。

综上,本题答案为:A、B、C。

77. 某专利权有三项权利要求。下列哪些可以作为请求宣告该专利权无效的理由?
    A. 权利要求1和权利要求3之间不具有单一性
    B. 由于存在抵触申请,权利要求1不具备新颖性
    C. 权利要求1与现有技术的区别为公知常识,不具备创造性
    D. 权利要求1的撰写未区分前序部分和特征部分

【答案】B C
【知识点】无效宣告的理由
【解析】《专利法实施细则》第六十五条规定,依照《专利法》第四十五条的规定,请求宣告专利权无效或者部分无效的,应当向专利复审委员会提交专利权无效宣告请求书和必要的证据一式两份。无效宣告请求书应当结合提交的所有证据,具体说明无效宣告请求的理由,并指明每项理由所依据的证据。前款所称无效宣告请求的理由,是指被授予专利的发明创造不符合《专利法》第二条、第二十条第一款、第二十二条、第二十三条、第二十六条第三款、第四款、第二十七条第二款、第三十三条或者本细则第二十条第二款、第四十三条第一款的规定,或者属于《专利法》第五条、第二十五条的规定,或者依照《专利法》第九条

规定不能取得专利权。在上述无效宣告请求理由的条款中，B、C选项中的理由属于《专利法实施细则》第六十五条列出的请求宣告该专利权无效的理由。由于A、D选项中的理由并不在《专利法实施细则》第六十五条规定的范围之列，故不能作为请求宣告该专利权无效的理由。

综上，本题答案为：B、C。

78. 甲关于冷、热水混水水龙头的发明创造被授予实用新型专利权，乙在该实用新型专利基础上改进了该水龙头的温度调节性能，并就此获得了一项发明专利权，该发明专利的实施依赖于甲的实用新型专利的实施。下列说法哪些是正确的？
  A. 甲可以不经乙同意，实施该发明专利
  B. 乙可以不经甲同意，实施该发明专利
  C. 甲、乙可以通过签订交叉许可合同实施该发明专利
  D. 任何第三方需要经过甲、乙同意，才能实施该发明专利

【答案】CD

【知识点】专利实施许可

【解析】《专利法》第十一条第一款规定，发明和实用新型专利权被授予后，除本法另有规定的以外，任何单位或者个人未经专利权人许可，都不得实施其专利，即不得为生产经营目的制造、使用、许诺销售、销售、进口其专利产品，或者使用其专利方法以及使用、许诺销售、销售、进口依照该专利方法直接获得的产品。由此可知，未经乙同意，甲实施该发明专利将侵犯乙的专利权，A选项错误。由于乙专利的实施依赖于甲专利的实施，因此，未经甲同意，乙实施该发明专利将侵犯甲的专利权，B选项错误。由于甲、乙间签订了交叉许可合同，双方都同意了对方使用其专利，故都可以实施该发明专利，C选项正确。由于乙专利的实施依赖于甲专利的实施，因此，任何第三方欲实施该发明专利，都必须经甲、乙同意，D选项正确。

综上，本题答案为：C、D。

79. 下列哪些权利要求属于独立权利要求？
  A. 一种实施权利要求1所述方法的设备，……
  B. 一种包含权利要求1所述设备的装置，……
  C. 一种与权利要求1所述插座相配合的插头，……
  D. 根据权利要求1所述的组合物，其特征在于用特征Y代替权利要求1中的特征X

【答案】ABCD

【知识点】权利要求书的撰写要求

【解析】《专利法实施细则》第二十条第二款规定，独立权利要求应当从整体上反映发明或者实用新型的技术方案，记载解决技术问题的必要技术特征。《专利审查指南2010》第二部分第二章第3.1.2节中规定，有时并列独立权利要求也引用在前的独立权利要求，例如，

"一种实施权利要求1的方法的装置，……"；"一种制造权利要求1的产品的方法，……"；"一种包含权利要求1的部件的设备，……"；"与权利要求1的插座相配合的插头，……"等。这种引用其他独立权利要求的权利要求是并列的独立权利要求，而不能被看作是从属权利要求。由此可知，A、B、C选项正确。《专利审查指南2010》第二部分第二章第3.1.2节中还规定，在某些情况下，形式上的从属权利要求（即其包含有从属权利要求的引用部分），实质上不一定是从属权利要求。例如，独立权利要求1为："包括特征X的机床"。在后的另一项权利要求为："根据权利要求1所述的机床，其特征在于用特征Y代替特征X"。在这种情况下，后一权利要求也是独立权利要求。由此可知，D选项正确。

综上，本题答案为：A、B、C、D。

80. 专利实施许可合同中记载的下列哪些事项，可以作为人民法院确定侵权纠纷赔偿数额时的参照？
   A. 许可的时间
   B. 许可的性质
   C. 许可的范围
   D. 许可使用费的数额

【答案】ABCD
【知识点】赔偿数额的计算
【解析】《最高人民法院关于审理专利纠纷案件适用法律问题的若干规定》第二十一条规定，被侵权人的损失或者侵权人获得的利益难以确定，有专利许可使用费可以参照的，人民法院可以根据专利权的类别、侵权人侵权的性质和情节、专利许可使用费的数额、该专利许可的性质、范围、时间等因素，参照该专利许可使用费的1至3倍合理确定赔偿数额；没有专利许可使用费可以参照或者专利许可使用费明显不合理的，人民法院可以根据专利权的类别、侵权人侵权的性质和情节等因素，一般在人民币5000元以上30万元以下确定赔偿数额，最多不得超过人民币50万元。

综上，本题答案为：A、B、C、D。

81. 根据《专利合作条约》的相关规定，下列说法哪些是正确的？
   A. 《专利合作条约》述及"专利"应解释为述及发明人证书、实用证书、实用新型、外观设计证书等
   B. 通过《专利合作条约》途径提出的专利申请只能获得发明专利保护
   C. 《专利合作条约》中所述及的"受理局"，是指受理国际申请的国家局或者政府间组织
   D. 经国际专利合作联盟大会决定，申请人是《保护工业产权巴黎公约》缔约国但不是《专利合作条约》缔约国的居民或者国民也可以提出国际申请

【答案】CD
【知识点】《专利合作条约》的基本知识

【解析】《专利合作条约》第2条（ii）中规定，述及"专利"应解释为述及发明专利、发明人证书、实用证书、实用新型、增补专利或增补证书、增补发明人证书和增补实用证书。由此可知，A、B选项错误。《专利合作条约》第2条（xv）中规定，"受理局"是指受理国际申请的国家局或政府间组织。由此可知，C选项正确。《专利合作条约》第9条规定，(1)缔约国的任何居民或国民均可提出国际申请。(2)大会可以决定，允许《保护工业产权巴黎公约》缔约国但不是本条约缔约国的居民或国民提出国际申请。由此可知，D选项正确。

综上，本题答案为：C、D。

82. 甲公司研制了一种新药品，并在中国和印度获得了专利权。乙公司未经甲公司许可而制造了该药品。丙公司在不知乙公司未获得授权的情况下，通过合法渠道从乙公司处购买了该药品并进行销售。丁公司在印度购买了甲公司制造的该药品并进口到中国，戊公司从丁公司处购买了该药品并进行销售。下列说法哪些是正确的？
　　A. 乙公司的行为构成侵权，但可以免除赔偿责任
　　B. 丙公司的行为构成侵权，但可以免除赔偿责任
　　C. 丁公司的行为不构成侵权
　　D. 戊公司的行为构成侵权

【答案】B C

【知识点】专利权侵权判断

【解析】《专利法》第十一条第一款规定，发明和实用新型专利权被授予后，除本法另有规定的以外，任何单位或者个人未经专利权人许可，都不得实施其专利，即不得为生产经营目的制造、使用、许诺销售、销售、进口其专利产品，或者使用其专利方法以及使用、许诺销售、销售、进口依照该专利方法直接获得的产品。由此可知，乙公司的制造行为和丙公司的销售行为侵犯了甲公司的专利权。根据《专利法》第七十条的规定，为生产经营目的使用、许诺销售或者销售不知道是未经专利权人许可而制造并售出的专利侵权产品，能证明该产品合法来源的，不承担赔偿责任。丙公司的行为虽然构成侵权，但可以免除赔偿责任。由此可知，A选项错误，B选项正确。《专利法》第六十九条对不视为侵犯专利权的情形进行了规定，其中，"专利产品或者依照专利方法直接获得的产品，由专利权人或者经其许可的单位、个人售出后，使用、许诺销售、销售、进口该产品的"，不视为侵犯专利权。由于丁公司购买的是甲公司制造的药品，因此丁公司的进口行为和戊公司的销售行为不侵犯甲公司的专利权。由此可知，C选项正确，D选项错误。

综上，本题答案为：B、C。

83. 下列哪些修改超出了原说明书和权利要求书记载的范围？
　　A. 原说明书和权利要求书中仅仅记载了组合物的某成分含量为5%或者45%～50%，申请人将上述含量修改为5%～50%

B. 原说明书和权利要求书中仅记载了在"高压"下进行反应,申请人将"高压"修改为"7-10个大气压"

C. "一种车辆的闸"仅记载于原摘要中,申请人将原说明书中记载的"一种自行车闸"修改为"一种车辆的闸"

D. 原说明书和权利要求书中未记载"弹性材料",申请人将原权利要求书中记载的"橡胶"修改为"弹性材料"

【答案】A B C D

【知识点】修改

【解析】《专利法》第三十三条规定,申请人可以对其专利申请文件进行修改,但是,对发明和实用新型专利申请文件的修改不得超出原说明书和权利要求书记载的范围,对外观设计专利申请文件的修改不得超出原图片或者照片表示的范围。《专利审查指南2010》第二部分第八章第5.2.3.2节中规定,改变说明书中的某些特征,使得改变后反映的技术内容不同于原申请文件记载的内容,超出了原说明书和权利要求书记载的范围,此种修改是不被允许的。A选项中,由于修改后的数值范围超出了原申请文件中记载的范围,因此,其修改超出了原说明书和权利要求书记载的范围,A选项正确。《专利审查指南2010》第二部分第八章第5.2.3.2节中规定,由不明确的内容改成明确具体的内容而引入原申请文件中没有的新的内容,此种修改是不被允许的。B选项中,原申请文件中仅记载了"高压",所属技术领域的技术人员并不能从原申请文件中理解到"高压"是指"7-10个大气压",因此,其修改超出了原说明书和权利要求书记载的范围,B选项正确。《专利审查指南2010》第二部分第二章第2.4节中规定,摘要的内容不属于发明或者实用新型原始记载的内容,不能作为以后修改说明书或者权利要求书的根据,也不能用来解释专利权的保护范围。由此可知,C选项中将说明书中记载的"一种自行车闸"修改为仅记载在摘要中的"一种车辆的闸",超出了原说明书和权利要求书记载的范围,C选项正确。《专利审查指南2010》第二部分第八章第5.2.3.2节中规定,改变权利要求中的技术特征,超出了原权利要求书和说明书记载的范围,此种修改是不被允许的。D选项中,将权利要求书中的"橡胶"修改为原说明书和权利要求书中未记载的"弹性材料",改变了权利要求中的技术特征,超出了原权利要求书和说明书记载的范围,D选项正确。

综上,本题答案为:A、B、C、D。

84. 张某于2010年5月23日向国家知识产权局提交了一件涉及新生物材料的发明专利申请,该申请的优先权日为2009年9月10日,申请文件中含有11项权利要求、25页说明书和10页核苷酸序列表。该生物材料公众不能得到,并且对该生物材料的说明不足以使所属领域的技术人员实施该发明。下列说法哪些是正确的?

A. 张某应当在申请费的缴纳期限内缴纳申请附加费

B. 张某应当在2010年5月23日前将该生物样品提交至国家知识产权局认可的保藏单位保藏

C. 张某应当在申请的同时提交与该序列表相一致的计算机可读形式的副本

D. 张某应当在 2010 年 9 月 23 日前提交生物材料样品的保藏证明和存活证明

【答案】A C D

【知识点】涉及生物材料和核苷酸序列表的申请

【解析】《专利审查指南 2010》第五部分第二章第 1 节中规定，申请附加费是指申请文件的说明书（包括附图、序列表）页数超过 30 页或者权利要求超过 10 项时需要缴纳的费用，该项费用的数额以页数或者项数计算。在本题中，由于权利要求书含有 11 项权利要求，说明书共有 35 页，因此需要缴纳申请附加费，A 选项正确。《专利法实施细则》第二十四条第一款第（一）项规定，申请专利的发明涉及新的生物材料，该生物材料公众不能得到，并且对该生物材料的说明不足以使所属领域的技术人员实施其发明的，除应当符合《专利法》和本细则的有关规定外，申请人还应当在申请日前或者最迟在申请日（有优先权的，指优先权日），将该生物材料的样品提交国务院专利行政部门认可的保藏单位保藏，并在申请时或者最迟自申请日起 4 个月内提交保藏单位出具的保藏证明和存活证明；期满未提交证明的，该样品视为未提交保藏。在本题中，由于张某的专利申请享有优先权，因此张某应当在优先权日之前，即 2009 年 9 月 10 日前将该生物样品提交至国家知识产权局认可的保藏单位保藏，B 选项错误。同时，张某应当在 2010 年 9 月 23 日前提交生物材料样品的保藏证明和存活证明，D 选项正确。《专利法实施细则》第十七条第四款规定，发明专利申请包含一个或者多个核苷酸或者氨基酸序列的，说明书应当包括符合国务院专利行政部门规定的序列表。申请人应当将该序列表作为说明书的一个单独部分提交，并按照国务院专利行政部门的规定提交该序列表的计算机可读形式的副本。《专利审查指南 2010》第一部分第一章 4.2 中规定，申请人应当在申请的同时提交与该序列表相一致的计算机可读形式的副本，如提交记载有该序列表的符合规定的光盘或者软盘。由此可知，C 选项正确。

综上，本题答案为：A、C、D。

85. 某专利授权公告的权利要求书如下：

"权利要求 1：一种牙刷，具有特征 L 或者特征 M。

权利要求 2：根据权利要求 1 的牙刷，其特征在于，进一步具有特征 N。

权利要求 3：根据权利要求 1 的牙刷，其特征在于，进一步具有特征 O。

权利要求 4：权利要求 1 至 3 之一的牙刷的制备方法，其特征在于……。"

在无效宣告程序中，专利权人作出的下列哪些修改能够被允许？

A. 删除权利要求 1 中具有特征 M 的牙刷的技术方案

B. 删除权利要求 4，同时将本发明的发明名称由"一种牙刷及其制备方法"修改为"一种牙刷"

C. 删除权利要求 1，同时将权利要求 2 和 3 合并修改为新的权利要求 1

D. 修改权利要求 1，增加未记载在原说明书和权利要求书中的特征 P

【答案】A C

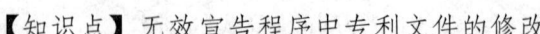

【知识点】无效宣告程序中专利文件的修改

【解析】《专利法实施细则》第六十九条第一款规定，在无效宣告请求的审查过程中，发明或者实用新型专利的专利权人可以修改其权利要求书，但是不得扩大原专利的保护范围。《专利审查指南2010》第四部分第三章第4.6.2节中规定，技术方案的删除是指从同一权利要求中并列的两种以上技术方案中删除一种或者一种以上技术方案。A选项中删除了权利要求中的含有技术特征M的技术方案，故该种修改能够被允许，A选项正确。《专利法实施细则》第六十九条第二款规定，发明或者实用新型专利的专利权人不得修改专利说明书和附图。《专利法实施细则》第十七条第一款规定，发明或者实用新型专利申请的说明书应当写明发明或者实用新型的名称，该名称应当与请求书中的名称一致。由此可知，发明名称属于说明书的内容，在无效宣告程序中不得修改，故B选项错误。《专利审查指南2010》第四部分第三章第4.6.2节中规定，权利要求的合并是指两项或者两项以上相互无从属关系但在授权公告文本中从属于同一独立权利要求的权利要求的合并。在此情况下，所合并的从属权利要求的技术特征组合在一起形成新的权利要求。该新的权利要求应当包含被合并的从属权利要求中的全部技术特征。在独立权利要求未作修改的情况下，不允许对其从属权利要求进行合并式修改。C选项中，由于删除了独立权利要求1，将权利要求2和3合并修改为新的权利要求1符合规定，故该种修改能够被允许，C选项正确。D选项中，由于增加的特征P在原说明书和权利要求书中均未记载，必然超出原说明书和权利要求书记载的范围，不符合《专利法》第三十三条的规定，故该种修改不被允许，D选项错误。

综上，本题答案为：A、C。

86. 某项电子锁专利的权利要求包括N、O、P三个技术特征，其中特征P对于实现电子锁的功能不起任何作用。下列哪些电子锁落入了该专利的保护范围？

A. 含有N、O、P、Q四个技术特征的电子锁

B. 含有N、O两个技术特征的电子锁

C. 含有N、O'、P三个技术特征的电子锁，其中O'是O的等同特征

D. 含有N、O、Q三个技术特征的电子锁，其中Q不等同于P

【答案】AC

【知识点】专利权的保护范围

【解析】《专利法》第五十九条第一款规定，发明或者实用新型专利权的保护范围以其权利要求的内容为准，说明书及附图可以用于解释权利要求的内容。《最高人民法院关于审理侵犯专利权纠纷案件应用法律若干问题的解释》第七条规定，人民法院判定被诉侵权技术方案是否落入专利权的保护范围，应当审查权利人主张的权利要求所记载的全部技术特征。被诉侵权技术方案包含与权利要求记载的全部技术特征相同或者等同的技术特征的，人民法院应当认定其落入专利权的保护范围；被诉侵权技术方案的技术特征与权利要求记载的全部技术特征相比，缺少权利要求记载的一个以上的技术特征，或者有一个以上技术特征不相同也不等同的，人民法院应当认定其没有落入专利权的保护范围。在本题中，该项电子锁专利的

权利要求所保护的技术方案由N、O、P三个技术特征构成,因此其保护范围就是含有该三个技术特征的技术方案。A选项中的电子锁由于包含了N、O、P三个技术特征,故落入了该项专利的保护范围,A选项正确。B选项中的电子锁由于仅包含了N、O两个技术特征,而没有包含P这个技术特征,故没有落入该项专利的保护范围,B选项错误。C选项中的电子锁由于包含了N、O'、P三个技术特征,O'是O的等同特征,因此,C选项中的电子锁落入了该专利的保护范围,C选项正确。D选项中的电子锁由于含有N、O、Q三个技术特征,且Q不等同于P,故没有落入该项专利的保护范围,D选项错误。

综上,本题答案为:A、C。

87. 下列关于说明书的说法哪些是正确的?
 A. 说明书第一页第一行应当写明发明名称
 B. 说明书中涉及核苷酸或者氨基酸序列的,应当将该序列表作为说明书的一个单独部分
 C. 说明书文字部分可以有化学式、数学式或者表格,必要时可以有插图
 D. 说明书应当用阿拉伯数字顺序编写页码

【答案】ABD

【知识点】申请文件的格式审查

【解析】《专利法实施细则》第十七条第一款规定,发明或者实用新型专利申请的说明书应当写明发明或者实用新型的名称,该名称应当与请求书中的名称一致。《专利审查指南2010》第一部分第一章第4.2节中规定,说明书第一页第一行应当写明发明名称,该名称应当与请求书中的名称一致,并左右居中。由此可知,A选项正确。《专利法实施细则》第十七条第四款规定,发明专利申请包含一个或者多个核苷酸或者氨基酸序列的,说明书应当包括符合国务院专利行政部门规定的序列表。申请人应当将该序列表作为说明书的一个单独部分提交,并按照国务院专利行政部门的规定提交该序列表的计算机可读形式的副本。由此可知,B选项正确。《专利审查指南2010》第一部分第一章第4.2节中规定,说明书文字部分可以有化学式、数学式或者表格,但不得有插图。由此可知,C选项错误。《专利法实施细则》第一百二十一条第二款规定,请求书、说明书、权利要求书、附图和摘要应当分别用阿拉伯数字顺序编号。由此可知,D选项正确。

综上,本题答案为:A、B、D。

88. 下列关于专利登记簿的说法哪些是正确的?
 A. 自国家知识产权局公告授予专利权之日起,任何人均可请求出具专利登记簿副本
 B. 专利权转让之后,专利登记簿与专利证书上记载的内容应当一致
 C. 专利登记簿中不登记专利实施许可合同的备案
 D. 授予专利权时,专利登记簿与专利证书在法律上具有同等效力

【答案】AD

【知识点】专利登记簿

【解析】《专利法实施细则》第一百一十八条第一款规定，经国务院专利行政部门同意，任何人均可以查阅或者复制已经公布或者公告的专利申请的案卷和专利登记簿，并可以请求国务院专利行政部门出具专利登记簿副本。《专利审查指南2010》第五部分第九章第1.3.2节中规定，专利权授予公告之后，任何人都可以向专利局请求出具专利登记簿副本。由此可知，A选项正确。《专利审查指南2010》第五部分第九章第1.3.2节中规定，授予专利权时，专利登记簿与专利证书上记载的内容是一致的，在法律上具有同等效力；专利权授予之后，专利的法律状态的变更仅在专利登记簿上记载，由此导致专利登记簿与专利证书上记载的内容不一致的，以专利登记簿上记载的法律状态为准。由此可知，B选项错误，D选项正确。《专利法实施细则》第八十九条规定，国务院专利行政部门设置专利登记簿，登记下列与专利申请和专利权有关的事项：（一）专利权的授予；（二）专利申请权、专利权的转移；（三）专利权的质押、保全及其解除；（四）专利实施许可合同的备案；（五）专利权的无效宣告；（六）专利权的终止；（七）专利权的恢复；（八）专利实施的强制许可；（九）专利权人的姓名或者名称、国籍和地址的变更。由此可知，C选项错误。

综上，本题答案为：A、D。

89. 下列哪些情形会导致复审程序终止？
    A. 复审程序涉及的专利申请出现权属纠纷
    B. 复审请求人在指定期限内未对复审通知书进行答复而被视为撤回
    C. 复审请求人在指定期限内未提交口头审理通知书回执
    D. 复审请求人在专利复审委员会作出复审决定前撤回复审请求

【答案】B D
【知识点】复审程序的终止
【解析】《专利审查指南2010》第四部分第二章第9节中规定了复审程序终止的情形，具体包括：复审请求因期满未答复而被视为撤回的，复审程序终止。在作出复审决定前，复审请求人撤回其复审请求的，复审程序终止。已受理的复审请求因不符合受理条件而被驳回请求的，复审程序终止。复审决定作出后复审请求人不服该决定的，可以根据《专利法》第四十一条第二款的规定在收到复审决定之日起3个月内向人民法院起诉；在规定的期限内未起诉或者人民法院的生效判决维持该复审决定的，复审程序终止。由此可知，A、C选项中的情形不会导致复审程序终止，B、D选项中的情形会导致复审程序终止。

综上，本题答案为：B、D。

90. 济南市的甲公司拥有一项产品专利权，未经甲公司许可，成都市的乙公司在杭州市生产该产品并在南京市销售。甲公司可以在下列哪些人民法院起诉乙公司？
    A. 济南市中级人民法院
    B. 成都市中级人民法院
    C. 杭州市中级人民法院

D. 南京市中级人民法院

【答案】BCD

【知识点】专利案件的管辖

【解析】《最高人民法院关于审理专利纠纷案件适用法律问题的若干规定》第五条规定，因侵犯专利权行为提起的诉讼，由侵权行为地或者被告住所地人民法院管辖。侵权行为地包括：被控侵犯发明、实用新型专利权的产品的制造、使用、许诺销售、销售、进口等行为的实施地；专利方法使用行为的实施地，依照该专利方法直接获得的产品的使用、许诺销售、销售、进口等行为的实施地；外观设计专利产品的制造、销售、进口等行为的实施地；假冒他人专利的行为实施地。上述侵权行为的侵权结果发生地。在本题中，由于被告乙公司的住所地在成都，侵权行为地在杭州和南京，因此，甲公司可以在成都市中级人民法院、杭州市中级人民法院或者南京市中级人民法院提起诉讼。由此可知，本题的答案为：B、C、D。

91. 某权利要求中记载了数值范围 X＝30～250，说明书中还记载了 X＝30，100，200，250 的实施例。某对比文件中公开了数值范围 X＝10～90 和 X＝30 的实施例，该对比文件破坏了该权利要求的新颖性。申请人对该数值范围进行的下列哪些修改既满足了新颖性的要求，又未超出原始申请文件公开的范围？

A. X＝100～250

B. 30≤X≤200

C. X＝200～250

D. X＝95～250

【答案】AC

【知识点】专利申请文件的修改

【解析】《专利法》第三十三条规定，申请人可以对其专利申请文件进行修改，但是，对发明和实用新型专利申请文件的修改不得超出原说明书和权利要求书记载的范围，对外观设计专利申请文件的修改不得超出原图片或者照片表示的范围。《专利审查指南2010》第二部分第八章第5.2.2.1节中规定，对于含有数值范围技术特征的权利要求中数值范围的修改，只有在修改后数值范围的两个端值在原说明书和/或权利要求书中已确实记载且修改后的数值范围在原数值范围之内的前提下，才是允许的。A选项中，X＝100～250 在原权利要求记载的数值范围 X＝30～250 之内，且两个端点在原说明书中均有记载，同时满足了新颖性的要求，故A选项正确。B选项中，由于对比文件中公开了 X＝30 的实施例，因此申请人修改后的范围 30≤X≤200 不能满足新颖性的要求，B选项错误。C选项中，X＝200～250 在原权利要求记载的数值范围 X＝30～250 之内，且两个端点在原说明书中均有记载，同时满足了新颖性的要求，故C选项正确。D选项中，由于修改后的范围 X＝95～250 的端点 X＝95 在原说明书和权利要求书中均未记载，故D选项错误。

综上，本题答案为：A、C。

92. 某公司就一项技术方案向国家知识产权局提出了发明专利申请,并欲获得香港标准专利的保护。下列说法哪些是正确的?

　　A. 该公司应当在向国家知识产权局提出申请的同时声明要求获得香港标准专利保护

　　B. 该公司应当自该申请的申请日起六个月内向香港知识产权署办理记录请求手续

　　C. 该公司应当自该申请的公布之日起六个月内向香港知识产权署办理记录请求手续

　　D. 该公司应当自该申请的授权之日起六个月内向香港知识产权署办理注册与批予请求手续

【答案】CD

【知识点】申请在香港特别行政区获得专利保护

【解析】《关于香港回归后中国内地和香港专利申请若干问题的说明》第三条规定,向中国专利局提出发明专利申请的申请人,为获得香港标准专利的保护,应当按照香港《专利条例》的有关规定,向香港知识产权署办理标准专利的注册手续,即:自该申请由中国专利局公布之日起6个月内向香港知识产权署办理记录请求手续;并自该申请由中国专利局授予专利权之日起6个月内向香港知识产权署办理注册与批予请求手续。以上程序适用于公布日是在1997年6月27日或之后的申请。由此可知,C、D选项正确。

综上,本题答案为:C、D。

93. 下列关于无效宣告程序中证据的说法哪些是正确的?

　　A. 没有证据或者证据不足以证明当事人的事实主张的,由负有举证责任的当事人承担不利后果

　　B. 对方当事人对证据的中文译文内容存在异议时,应当在指定的期限内对有异议的部分提交中文译文

　　C. 公证文书的结论均可以作为认定案件事实的依据

　　D. 申请日后形成的记载有使用公开内容的书证不能用于证明专利在申请日前使用公开

【答案】AB

【知识点】无效宣告程序中有关证据问题的规定

【解析】《专利审查指南2010》第四部分第八章第2.1节中规定,没有证据或者证据不足以证明当事人的事实主张的,由负有举证责任的当事人承担不利后果。由此可知,A选项正确。《专利审查指南2010》第四部分第八章第2.2.1节中规定,对方当事人对中文译文内容有异议的,应当在指定的期限内对有异议的部分提交中文译文。没有提交中文译文的,视为无异议。由此可知,B选项正确。《专利审查指南2010》第四部分第八章第4.3.4节中规定,如果公证文书的结论明显缺乏依据或者公证文书的内容存在自相矛盾之处,则相应部分的内容不能作为认定案件事实的依据。例如,公证文书仅根据证人的陈述而得出证人陈述内容具有真实性的结论,则该公证文书的结论不能作为认定案件事实的依据。由此可知,C选项错误。《专利审查指南2010》第四部分第八章第5.2节中规定,申请日后(含申请日)形成的记载有使用公开或者口头公开内容的书证,或者其他形式的证据可以用来证明专利在申请日

前使用公开或者口头公开。由此可知，D 选项错误。

综上，本题答案为：A、B。

94. 在满足其他条件的情况下，下列关于发明专利申请优先权的说法哪些是正确的？
    A. 在判断能否享有优先权时，应当判断在后申请要求保护的技术方案是否记载在在先申请的说明书、权利要求书和摘要中
    B. 在后申请记载两个技术方案，在先申请的只记载了其中的一个技术方案，则在后申请的两个技术方案都不能享有优先权
    C. 在后申请记载了两个技术方案，这两个技术方案分别记载在不同的在先申请中，则该在后申请的两个技术方案都能享有优先权
    D. 如果在后申请的技术方案仅记载在在先申请的说明书中，而没有记载在权利要求书中，该技术方案也能享有优先权

【答案】C D
【知识点】优先权的核实
【解析】《专利法》第二十九条规定，申请人自发明或者实用新型在外国第一次提出专利申请之日起12个月内，或者自外观设计在外国第一次提出专利申请之日起6个月内，又在中国就相同主题提出专利申请的，依照该外国同中国签订的协议或者共同参加的国际条约，或者依照相互承认优先权的原则，可以享有优先权。申请人自发明或者实用新型在中国第一次提出专利申请之日起12个月内，又向国务院专利行政部门就相同主题提出专利申请的，可以享有优先权。《专利审查指南2010》第二部分第八章第4.6.2节中规定，核实作为要求优先权的基础的在先申请是否涉及与要求优先权的在后申请相同的主题，即判断在后申请中各项权利要求所述的技术方案是否清楚地记载在上述在先申请的文件（说明书和权利要求书，不包括摘要）中。为此，审查员应当把在先申请作为一个整体进行分析研究，只要在先申请文件清楚地记载了在后申请权利要求所述的技术方案，就应当认定该在先申请与在后申请涉及相同的主题。审查员不得以在先申请的权利要求书中没有包含该技术方案为理由，而拒绝给予优先权。由此可知，A、B 选项错误。《专利审查指南2010》第二部分第八章第4.6.2.2节中规定，如果一件具有单一性的专利申请要求了多项优先权，审查员在核实优先权时，应当检查该申请的权利要求书中所反映的各种技术方案，是否分别在作为优先权基础的多件外国或者本国的专利申请中已有清楚的记载。此外，审查员还要核实所有的在先申请的申请日是否都在在后申请的优先权期限之内。满足上述两个条件的，在后申请的多项优先权成立，并且其记载上述各种技术方案的各项权利要求具有不同的优先权日。由此可知，C 选项正确。根据《专利审查指南2010》第二部分第八章第4.6.2节中的规定，审查员不得以在先申请的权利要求书中没有包含在后申请的技术方案为理由，而拒绝给予优先权。由此可知，如果在后申请的技术方案仅记载在在先申请的说明书中，而没有记载在权利要求书中，该技术方案也能享有优先权，D 选项正确。

综上，本题答案为：C、D。

95. 甲向人民法院起诉乙侵犯其于2008年10月1日申请并于2010年10月10日被授权的产品发明专利权。该专利的权利要求包括特征L、M、N，乙实施的技术包含特征L、M、N、O。乙证明存在下列哪些事实之一，就足以认定其不侵犯甲的专利权？
   A. 乙实施的技术已经记载在2008年8月30日公布的丙的发明专利申请中
   B. 乙实施的技术已经记载在2008年3月1日申请、2008年10月16日公告授权的丙的实用新型专利申请中
   C. 含有特征L、M、O的技术方案已经记载在2007年1月10日公告授权的丙的专利中，含有特征L、N、O的技术方案已经记载在2008年3月10日公告授权的丙的专利中
   D. 乙实施的技术已经在2008年3月1日出版的某科技期刊上刊载

【答案】AD

【知识点】现有技术抗辩

【解析】《专利法》第六十二条规定，在专利侵权纠纷中，被控侵权人有证据证明其实施的技术或者设计属于现有技术或者现有设计的，不构成侵犯专利权。《专利法》第二十二条第五款规定，本法所称现有技术，是指申请日以前在国内外为公众所知的技术。A选项中，由于记载了乙实施技术的发明专利申请已在甲专利申请申请日前公布，该技术属于现有技术，故能认定乙不侵犯甲的专利权，A选项正确。B选项中，由于乙提出证明的实用新型专利申请在甲专利申请申请日前还未公告授权，并不为公众所知，不属于现有技术，故不能认定乙不侵犯甲的专利权，B选项错误。C选项中的两项专利申请，虽然都在甲专利申请申请日前公告授权，但由于每件专利申请都不包含乙实施技术的全部技术特征，根据《最高人民法院关于审理侵犯专利权纠纷案件应用法律若干问题的解释》第十四条第一款的规定，被诉落入专利权保护范围的全部技术特征，与一项现有技术方案中的相应技术特征相同或者无实质性差异的，人民法院应当认定被诉侵权人实施的技术属于《专利法》第六十二条规定的现有技术。乙实施技术不属于现有技术，不能认定乙不侵犯甲的专利权，C选项错误。D选项中，由于乙实施技术已经在甲专利申请申请日前出版的某科技期刊上刊载，属于现有技术，故能认定乙不侵犯甲的专利权，D选项正确。

综上，本题答案为：A、D。

96. 在满足其他条件的情况下，下列哪些人员仍然不具备申请专利代理人的资格？
   A. 毕业于清华大学的美国人托马斯
   B. 仅具有中文专业大学学历的李某
   C. 17周岁的张某
   D. 无工作经历的在校本科生孙某

【答案】ABCD

【知识点】申请专利代理人资格的条件

【解析】《专利代理条例》第十五条规定，拥护中华人民共和国宪法，并具备下列条件的中国公民，可以申请专利代理人资格：（一）十八周岁以上，具有完全的民事行为能力；

(二) 高等院校理工科专业毕业（或者具有同等学历），并掌握一门外语；（三）熟悉专利法和有关的法律知识；（四）从事过两年以上的科学技术工作或者法律工作。在本题中，托马斯由于不是中国公民，故不具备申请专利代理人的资格，A选项正确。李某不是高等院校理工科专业毕业，故不具备申请专利代理人的资格，B选项正确。张某由于未满十八岁，故不具备申请专利代理人的资格，C选项正确。孙某由于不具有两年以上的科学技术工作或者法律工作经历，故不具备申请专利代理人的资格，D选项正确。

综上，本题答案为：A、B、C、D。

97. 下列说法哪些是正确的？
   A．权利要求书请求保护一种制造某产品的方法及通过该方法制造出的产品，如果其方法权利要求得到说明书的支持，则应当认为其产品权利要求也得到说明书的支持
   B．由于独立权利要求的保护范围大于其从属权利要求，因此如果独立权利要求得到说明书的支持，则应当认为其从属权利要求也得到说明书的支持
   C．在判断权利要求是否得到说明书的支持时，应当考虑说明书的全部内容，而不是仅限于具体实施方式部分的内容
   D．如果一项权利要求是纯功能性的，则该项权利要求得不到说明书的支持

【答案】CD
【知识点】权利要求的撰写要求
【解析】《专利法》第二十六条第四款规定，权利要求书应当以说明书为依据，清楚、简要地限定要求专利保护的范围。《专利审查指南2010》第二部分第二章第3.2.1节中规定，对于包括独立权利要求和从属权利要求或者不同类型权利要求的权利要求书，需要逐一判断各项权利要求是否都得到了说明书的支持。独立权利要求得到说明书支持并不意味着从属权利要求也必然得到支持；方法权利要求得到说明书支持也并不意味着产品权利要求必然得到支持。由此可知，A、B选项错误。《专利审查指南2010》第二部分第二章第3.2.1节中规定，在判断权利要求是否得到说明书的支持时，应当考虑说明书的全部内容，而不是仅限于具体实施方式部分的内容。由此可知，C选项正确。《专利审查指南2010》第二部分第二章第3.2.1节中规定，如果说明书中仅以含糊的方式描述了其他替代方式也可能适用，但对所属技术领域的技术人员来说，并不清楚这些替代方式是什么或者怎样应用这些替代方式，则权利要求中的功能性限定也是不允许的。另外，纯功能性的权利要求得不到说明书的支持，因而也是不允许的。由此可知，D选项正确。

综上，本题答案为：C、D。

98. 宋某委托专利代理机构提交了一件发明专利申请，现欲撤回该申请。下列说法哪些是正确的？
   A．撤回专利申请声明可以在专利申请被授予专利权之前随时提出
   B．宋某可以不通过专利代理机构自行办理撤回专利申请的手续

C. 宋某撤回其专利申请应当缴纳相应的费用

D. 撤回专利申请声明在作好公布专利申请文件的印刷准备工作后提出的，申请文件仍予公布

【答案】A D

【知识点】撤回专利申请声明

【解析】《专利法》第三十二条规定，申请人可以在被授予专利权之前随时撤回其专利申请。由此可知，A选项正确。《专利审查指南2010》第一部分第一章第6.6节中规定，申请人撤回专利申请的，应当提交撤回专利申请声明，并附具全体申请人签字或者盖章同意撤回专利申请的证明材料，或者仅提交由全体申请人签字或者盖章的撤回专利申请声明。委托专利代理机构的，撤回专利申请的手续应当由专利代理机构办理，并附具全体申请人签字或者盖章同意撤回专利申请的证明材料，或者仅提交由专利代理机构和全体申请人签字或者盖章的撤回专利申请声明。由此可知，B选项错误。《专利法实施细则》第九十三条规定了向国务院专利行政部门申请专利和办理其他手续时应当缴纳的费用，其中并不包含撤回专利申请应当缴纳的费用，由此可知，撤回专利申请不需要缴纳费用，C选项错误。《专利法实施细则》第三十六条第二款规定，撤回专利申请的声明在国务院专利行政部门作好公布专利申请文件的印刷准备工作后提出的，申请文件仍予公布；但是，撤回专利申请的声明应当在以后出版的专利公报上予以公告。由此可知，D选项正确。

综上，本题答案为：A、D。

99. 王某未经外观设计专利权人许可，依照该外观设计专利制造了100件产品，其中10件送朋友，5件放家里摆放，80件用于出售，5件在展销会上展出。王某的哪些行为侵犯了该外观设计专利权？

A. 送朋友

B. 在家里摆放

C. 出售

D. 在展销会上展出

【答案】C D

【知识点】禁止他人未经许可实施专利的权利

【解析】《专利法》第十一条第二款规定，外观设计专利权被授予后，任何单位或者个人未经专利权人许可，都不得实施其专利，即不得为生产经营目的制造、许诺销售、销售、进口其外观设计专利产品。在本题中，由于王某将其制造的外观设计专利产品送朋友和在家里摆放都不是为生产经营的目的，其行为不侵犯该外观设计专利权，故A、B选项错误。王某未经外观设计专利权人许可，将其制造的外观设计专利产品出售和在展销会上展出，都是以生产经营为目的，故侵犯了该外观设计专利权，C、D选项正确。

综上，本题答案为：C、D。

100. 下列关于专利分类号 H01C1/00 或 C08F110/02 中含义的说法哪些是正确的？

    A. H 代表部

    B. C08F 代表大类

    C. H01C1/00 代表小组

    D. C08F110/02 代表小组

【答案】A D

【知识点】发明和实用新型的分类

【解析】国际专利分类法（IPC）的分类体系是由高至低依次排列的等级式结构，是把与发明创造有关的全部技术领域按不同的技术范围设置成部、大类、小类、大组或小组，由大到小的递降次序排列。其中，部是用英文大写字母 A～H 表示；大类的类号是由部的类号及在其后加上两位数字组成；小类的类号由大类类号加上一个英文大写字母组成；大组的类号由小类类号加上一个 1～3 位的阿拉伯数字及"/00"组成；小组的类号由小类类号加上一个 1～3 位数，后面跟着斜线"/"，再加上一个除"00"以外的至少两位的数组成。由此可知，在本题中，H 代表部，A 选项正确。C08F 代表小类，B 选项错误。H01C1/00 代表大组，C 选项错误。C08F110/02 代表小组，D 选项正确。

    综上，本题答案为：A、D。

相关法律知识

答题须知：

1. 本试卷共有 100 题，每题 1 分，总分 100 分。
2. 本试卷要求使用考场配发的机读答题卡，并按照其上注明的要求填涂答案。应试者将答案标注在试卷上或者未按要求填涂机读答题卡的，不予计分。
3. 本试卷所有试题的正确答案均以现行的法律、法规、规章、相关司法解释和我国加入的国际条约为准。

一、单项选择题（每题所设选项中只有一个正确答案，请将正确答案填涂在答题卡上，多选、错选或不选均不得分）。本部分含 1－30 题，每题 1 分，共 30 分。

1. 企业法人甲公司的法定代表人赵某以甲公司名义从事经营活动，给他人造成了经济损失。根据民法通则及相关规定，应由谁就该经济损失承担民事责任？

 A. 赵某
 B. 甲公司
 C. 赵某和甲公司
 D. 赵某和甲公司均无须承担

【答案】B

【知识点】法人的能力和责任

【解析】《民法通则》第四十三条规定，企业法人对它的法定代表人和其他工作人员的经营活动，承担民事责任。同时，《最高人民法院关于贯彻执行〈中华人民共和国民法通则〉若干问题的意见（试行）》第五十八条规定，企业法人的法定代表人和其他工作人员，以法人名义从事的经营活动，给他人造成经济损失的，企业法人应当承担民事责任。在本题中，甲公司的法定代表人赵某以公司名义从事经营活动给他人造成的经济损失，应由甲公司承担民事责任。因此，本题正确答案为：B。

2. 下列哪项不属于我国著作权法保护的客体？

 A. 通过互联网发布的时事新闻
 B. 建筑物的工程设计图
 C. 未发表的小说
 D. 用文字记录的舞蹈动作设计

【答案】A

【知识点】著作权的客体

【解析】根据《著作权法》第五条的规定，该法不适用于：（一）法律、法规，国家机关的决议、决定、命令和其他具有立法、行政、司法性质的文件，及其官方正式译文；（二）时事新闻；（三）历法、通用数表、通用表格和公式。本题选项 A 为该条规定的"时事新闻"，不属于我国《著作权法》保护的客体。因此，本题正确答案为：A。

3. 行为人超越代理权以被代理人名义订立合同，相对人有理由相信行为人有代理权的，根据合同法及相关规定，该代理行为的效力如何？

   A. 有效

   B. 无效

   C. 经被代理人追认后才有效

   D. 对被代理人不发生法律效力

【答案】A

【知识点】表见代理

【解析】《合同法》第四十九条规定，行为人没有代理权、超越代理权或者代理权终止后以被代理人名义订立合同，相对人有理由相信行为人有代理权的，该代理行为有效。因此，本题正确答案为：A。

4. 甲县的周某与乙县的郑某在丙县签订了一份合同，将周某位于丁县的厂房卖给郑某。后双方发生纠纷，周某欲起诉郑某。根据民事诉讼法及相关规定，周某应向何地人民法院起诉？

   A. 甲县

   B. 乙县

   C. 丙县

   D. 丁县

【答案】D

【知识点】民事诉讼管辖

【解析】《民事诉讼法》第三十三条规定了民事诉讼的专属管辖，其中第（一）项规定，因不动产纠纷提起的诉讼，由不动产所在地人民法院管辖。本题中的诉讼因不动产厂房纠纷提起，应由厂房所在地丁县的人民法院管辖。因此，本题正确答案为：D。

5. 某省知识产权局对职务发明人姚某与其所在单位的职务发明报酬纠纷作出了调解，姚某对该调解不服。根据行政复议法及相关规定，姚某可以通过下列哪种途径解决该纠纷？

   A. 向该省知识产权局提出申诉

   B. 向国家知识产权局申请行政复议

   C. 向该省人民政府申请行政复议

   D. 向人民法院提起诉讼

【答案】D

【知识点】行政复议的排除范围

【解析】《行政复议法》第八条第二款规定，不服行政机关对民事纠纷作出的调解或者其他处理，依法申请仲裁或者向人民法院提起诉讼。在本题中，姚某与其所在单位的职务发明报酬纠纷为民事纠纷，省知识产权局对此作出的调解属于"对民事纠纷作出的调解"。根据上述规定，当事人对该调解不服的，可依法申请仲裁或者向人民法院提起诉讼，不能申请行政复议，选项D正确，选项B和C错误。此外，根据《行政复议法》第八条第一款规定，不服行政机关作出的行政处分或者其他人事处理决定的，依照有关法律、行政法规的规定提出申诉。因此，《行政复议法》中的申诉适用于当事人不服行政机关作出的行政处分或者其他人事处理决定的情形，不适用于本题的情形，故A选项也不当选。

综上，本题正确答案为：D。

6. 根据商标法及相关规定，下列哪种说法是正确的？
   A. 在市场上销售的任何商品均须使用注册商标
   B. 两个以上的自然人、法人或其他组织不得共同申请注册同一商标
   C. 商标使用人应当对其使用商标的商品质量负责
   D. 商标中有商品地理标志的，不予注册并禁止使用

【答案】C

【知识点】商标注册 商标使用

【解析】《商标法》第六条规定，国家规定必须使用注册商标的商品，必须申请商标注册，未经核准注册的，不得在市场销售。因此，并非在市场上销售的任何商品均须使用注册商标，选项A的说法错误。《商标法》第五条规定，两个以上的自然人、法人或者其他组织可以共同向商标局申请注册同一商标，共同享有和行使该商标专用权。据此，选项B的说法错误。《商标法》第七条规定，商标使用人应当对其使用商标的商品质量负责。据此，选项C的说法正确。《商标法》第十六条第一款规定，商标中有商品的地理标志，而该商品并非来源于该标志所标示的地区，误导公众的，不予注册并禁止使用；但是，已经善意取得注册的继续有效。据此，商标中有商品地理标志的，只有在该商品不是来源于该标志所标示的地区且误导公众的情况下才不予注册并禁止使用，而非一律不予注册并禁止使用，故选项D的说法错误。

综上，本题正确答案为：C。

7. 王某不服县卫生局对其作出的某具体行政行为，依法向县人民政府申请行政复议。县人民政府经过复议后，维持了原具体行政行为。王某仍不服，拟向人民法院提起行政诉讼。根据行政诉讼法及相关规定，关于该行政诉讼被告的下列哪种说法是正确的？
   A. 王某应以该县人民政府作为被告
   B. 王某应以该县卫生局作为被告
   C. 王某应以该县人民政府和卫生局作为共同被告

D. 王某可选择该县人民政府或卫生局作为被告

【答案】B

【知识点】诉讼参加人

【解析】《行政诉讼法》第二十五条第二款规定，经复议的案件，复议机关决定维持原具体行政行为的，作出原具体行政行为的行政机关是被告；复议机关改变原具体行政行为的，复议机关是被告。在本题中，县人民政府维持了原具体行政行为，因此王某应以作出原具体行政行为的行政机关即县卫生局作为被告提起诉讼。因此，本题正确答案为：B。

8. 下列哪项不属于《保护工业产权巴黎公约》规定的工业产权？

A. 专利权
B. 商标权
C. 版权
D. 外观设计权

【答案】C

【知识点】工业产权的定义

【解析】《保护工业产权巴黎公约》第一条（2）规定，工业产权的保护对象有专利、实用新型、工业品外观设计、商标、服务标记、厂商名称、货源标记或原产地名称，和制止不正当竞争。据此，《保护工业产权巴黎公约》规定的工业产权包括专利权、商标权、外观设计权，但不包括版权。因此，本题正确答案为：C。

9. 王某以胁迫的手段，使李某在违背真实意思的情况下与其订立了一买卖合同。根据合同法及相关规定，下列哪种说法是正确的？

A. 该合同为无效合同
B. 李某有权请求人民法院变更该合同
C. 王某有权请求人民法院撤销该合同
D. 人民法院可以依职权主动撤销该合同

【答案】B

【知识点】合同效力

【解析】《合同法》第五十四条第二款规定，一方以欺诈、胁迫的手段或者乘人之危，使对方在违背真实意思的情况下订立的合同，受损害方有权请求人民法院或者仲裁机构变更或者撤销。在本题中，该合同是王某以胁迫的手段使李某在违背真实意思的情况下订立的，属于可撤销或可变更合同，选项A错误。同时，只有受损害方李某有权请求人民法院或者仲裁机构变更或者撤销该合同，王某无权请求，人民法院也不能依职权撤销或变更，因此选项B正确，选项C和D均错误。

综上，本题正确答案为：B。

10. 根据行政复议法及相关规定，下列哪种说法是正确的？
    A. 行政复议决定书一经作出，即发生法律效力
    B. 行政复议决定书一经发出，即发生法律效力
    C. 行政复议决定书一经送达，即发生法律效力
    D. 行政复议决定书自法定起诉期限届满时发生法律效力

【答案】C

【知识点】行政复议决定生效的时间

【解析】《行政复议法》第三十一条第三款规定，行政复议决定书一经送达，即发生法律效力。据此，本题正确答案为：C。

11. 编剧王某和李某共同创作完成了一部不可分割使用的电影剧本。对于是否许可或转让该剧本的摄制权，王某和李某有不同意见，李某在无正当理由的情况下既不同意许可也不同意转让。根据著作权法及相关规定，下列哪种说法是正确的？
    A. 王某不能许可他人将该剧本拍摄成电影
    B. 王某可以许可他人将该剧本拍摄成电影，所得收益归王某所有
    C. 王某可以许可他人将该剧本拍摄成电影，但所得收益应当与李某合理分配
    D. 王某可以将该剧本的摄制权转让给他人，但所得收益应当与李某合理分配

【答案】C

【知识点】合作作品著作权的行使

【解析】《著作权法》第十三条规定，两人以上合作创作的作品，著作权由合作作者共同享有。据此，本题中电影剧本的著作权应由合作作者王某和李某共同享有。《著作权法实施条例》第九条规定，合作作品不可以分割使用的，其著作权由各合作作者共同享有，通过协商一致行使；不能协商一致，又无正当理由的，任何一方不得阻止他方行使除转让以外的其他权利，但是所得收益应当合理分配给所有合作作者。据此，本题中李某无正当理由不得阻止王某许可他人将该剧本拍摄成电影，但王某所得收益应当与李某合理分配，选项C的说法正确，A和B错误。同时，未经与李某协商一致，王某不能单独转让该剧本的摄制权，因此选项D错误。

综上，本题正确答案为：C。

12. 根据集成电路布图设计保护条例及相关规定，侵犯布图设计专有权，引起纠纷的，布图设计权利人或者利害关系人可以向下列哪一部门请求处理？
    A. 国务院工商行政管理部门
    B. 国务院知识产权行政部门
    C. 国务院科学技术行政部门
    D. 省级管理专利工作的部门

【答案】B

【知识点】布图设计专有权的保护

【解析】根据《集成电路布图设计保护条例》第三十一条的规定，未经布图设计权利人许可，使用其布图设计，即侵犯其布图设计专有权，引起纠纷的，由当事人协商解决；不愿协商或者协商不成的，布图设计权利人或者利害关系人可以向人民法院起诉，也可以请求国务院知识产权行政部门处理。据此，本题正确答案为：B。

13. 甲公司自 2010 年底在其生产的洗涤剂上使用 X 商标，并于 2012 年 9 月 20 日向商标局申请注册该商标用于其生产的洗涤剂上。乙公司自 2011 年底在其生产的洗涤剂上使用相同的 X 商标，并于 2012 年 7 月 10 日向商标局申请注册 X 商标用于其生产的洗涤剂上。根据商标法及相关规定，在符合其他条件的情况下，下列哪种说法是正确的？

  A. 商标局应当初步审定并公告甲公司申请的商标
  B. 商标局应当初步审定并公告乙公司申请的商标
  C. 商标局应当要求甲公司和乙公司协商确定商标注册申请人
  D. 商标局应当要求甲公司和乙公司抽签确定商标注册申请人

【答案】B

【知识点】商标注册申请在先原则

【解析】《商标法》第二十九条规定，两个或者两个以上的商标注册申请人，在同一种商品或者类似商品上，以相同或者近似的商标申请注册的，初步审定并公告申请在先的商标；同一天申请的，初步审定并公告使用在先的商标，驳回其他人的申请，不予公告。在本题中，甲公司和乙公司在同一种商品即洗涤剂上以相同的 X 商标申请注册，因此商标局应初步审定并公告申请在先的商标，即乙公司于 2012 年 7 月 10 日（早于甲公司申请日 2012 年 9 月 20 日）申请的商标。因此，本题正确答案为：B。

14. 甲公司对某直辖市人民政府对其作出的具体行政行为不服，欲提起行政诉讼。根据行政诉讼法及相关规定，甲公司应向哪级人民法院提起诉讼？

  A. 基层人民法院
  B. 中级人民法院
  C. 高级人民法院
  D. 最高人民法院

【答案】B

【知识点】行政诉讼的管辖

【解析】《行政诉讼法》第十四条规定，中级人民法院管辖下列第一审行政案件：（一）确认发明专利权的案件、海关处理的案件；（二）对国务院各部门或者省、自治区、直辖市人民政府所作的具体行政行为提起诉讼的案件；（三）本辖区内重大、复杂的案件。根据该条第（二）项规定，本题中甲公司应向中级人民法院提起该行政诉讼。因此，本题正确答案为：B。

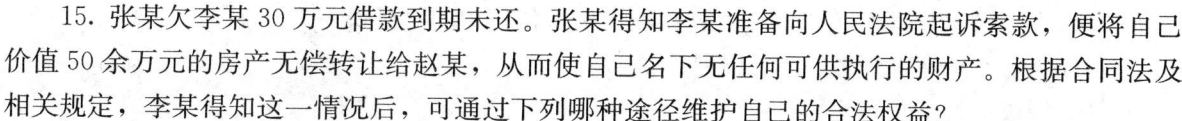

15. 张某欠李某 30 万元借款到期未还。张某得知李某准备向人民法院起诉索款，便将自己价值 50 余万元的房产无偿转让给赵某，从而使自己名下无任何可供执行的财产。根据合同法及相关规定，李某得知这一情况后，可通过下列哪种途径维护自己的合法权益？

　　A. 请求人民法院撤销张某的无偿转让行为

　　B. 向人民法院请求以自己的名义代位要求赵某支付房产对价

　　C. 向人民法院请求赵某代张某偿还所欠借款

　　D. 向人民法院请求赵某承担侵权责任

【答案】A

【知识点】债权人的撤销权

【解析】根据《合同法》第七十四条的规定，因债务人放弃其到期债权或者无偿转让财产，对债权人造成损害的，债权人可以请求人民法院撤销债务人的行为。本题中，张某无偿转让其房产对债权人李某造成了损害，因此李某可以请求人民法院撤销张某的无偿转让行为，选项 A 正确。本题 B 选项涉及债权人的代位权。代位权规定在《合同法》第七十三条中，该条规定，因债务人怠于行使其到期债权，对债权人造成损害的，债权人可以向人民法院请求以自己的名义代位行使债务人的债权，但该债权专属于债务人自身的除外。因此，债权人行使代位权和撤销权的前提条件明显不同。在本题中，张某对债权人李某造成损害的原因是"无偿转让财产"而非"怠于行使其到期债权"，因此李某只能行使撤销权，而不能行使代位权。

　　综上，本题正确答案为：A。

16. 某行政复议机关受理王某提出的行政复议申请后，发现王某在申请行政复议之前已向人民法院提起行政诉讼并被受理。根据行政复议法及相关规定，该行政复议机关应当如何处理？

　　A. 通知人民法院中止审理该行政诉讼

　　B. 将该案移送人民法院一并审理

　　C. 中止审理，在人民法院作出生效判决后继续审理

　　D. 驳回该行政复议申请

【答案】D

【知识点】复议与诉讼的关系

【解析】《行政复议法》第十六条第二款规定，公民、法人或者其他组织向人民法院提起行政诉讼，人民法院已经依法受理的，不得申请行政复议。同时，根据《行政复议法实施条例》第四十八条第（二）项的规定，行政复议机关受理行政复议申请后发现该行政复议申请不符合行政复议法和该条例规定的受理条件的，应当决定驳回行政复议申请。在本题中，王某在申请行政复议之前已向人民法院提起行政诉讼并被受理，不符合行政复议申请条件，但行政复议机关是在受理该申请后才发现其不符合受理条件，因此应驳回该行政复议申请。因此，本题正确答案为：D。

17. 根据著作权法及相关规定，下列哪项属于著作权中的财产权？

　　A. 决定作品是否公之于众的权利

　　B. 授权他人修改作品的权利

　　C. 公开陈列美术作品复制件的权利

　　D. 表明作者身份，在作品上署名的权利

【答案】C

【知识点】著作权中的财产权

【解析】根据《著作权法》第十条的规定，发表权（决定作品是否公之于众的权利）、修改权（修改或者授权他人修改作品的权利）、署名权（表明作者身份，在作品上署名的权利）均属于著作权中的人身权；而展览权（公开陈列美术作品、摄影作品的原件或者复制件的权利）则属于财产权。因此，本题正确答案为：C。

18. 甲公司为某注册商标的商标注册人，现其已连续三年停止使用该商标。根据商标法及相关规定，下列哪种说法是正确的？

　　A. 任何人均可向商标局提出异议

　　B. 任何人均可向商标局申请撤销该注册商标

　　C. 任何人均可向商标评审委员会提出异议

　　D. 任何人均可向商标评审委员会申请撤销该注册商标

【答案】B

【知识点】注册商标的使用

【解析】《商标法》第四十四条规定，使用注册商标，有下列行为之一的，由商标局责令限期改正或者撤销其注册商标：（一）自行改变注册商标的；（二）自行改变注册商标的注册人名义、地址或者其他注册事项的；（三）自行转让注册商标的；（四）连续3年停止使用的。同时，根据《商标法实施条例》第三十九条第二款的规定，有《商标法》第四十四条第（四）项行为的，任何人可以向商标局申请撤销该注册商标，并说明有关情况。在本题中，商标注册人甲公司连续3年停止使用其注册商标，有《商标法》第四十四条第（四）项行为，因此任何人均可向商标局申请撤销该注册商标。因此，本题正确答案为：B。

19. 甲公司与乙公司互负债务，但标的物种类、品质不相同。根据合同法及相关规定，下列哪种说法是正确的？

　　A. 这两项债务不可能抵销

　　B. 这两项债务可自然抵销

　　C. 经双方协商一致，这两项债务可以抵销

　　D. 经任何一方主张，这两项债务即可抵销

【答案】C

【知识点】债务的抵销

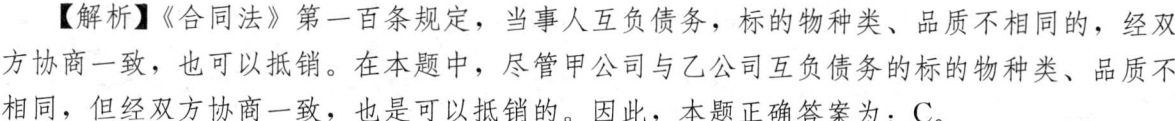

【解析】《合同法》第一百条规定，当事人互负债务，标的物种类、品质不相同的，经双方协商一致，也可以抵销。在本题中，尽管甲公司与乙公司互负债务的标的物种类、品质不相同，但经双方协商一致，也是可以抵销的。因此，本题正确答案为：C。

20. 根据刑法及相关规定，下列哪种行为构成侵犯知识产权罪？

    A. 未经注册商标所有人许可，在同一种商品上使用与其注册商标近似的商标，情节严重的

    B. 以营利为目的，出版他人享有专有出版权的图书，违法所得数额巨大的

    C. 未经集成电路布图设计权利人许可，为商业目的销售受保护的布图设计，情节严重的

    D. 未经植物新品种权人许可，以商业目的销售授权品种的繁殖材料，违法所得数额较大的

【答案】B

【知识点】侵犯知识产权罪

【解析】根据《刑法》第二百一十三条的规定，构成假冒注册商标罪的要件之一是在同一种商品上使用与其注册商标相同的商标，因此选项A的情形不构成犯罪，该选项错误。根据《刑法》第二百一十七条第（二）项的规定，以营利为目的，出版他人享有专有出版权的图书，违法所得数额较大或者有其他严重情节的，即构成侵犯著作权罪。因此选项B正确。本题选项C和D中的行为未被规定为犯罪行为，根据罪刑法定原则，不构成犯罪。但需要注意的是，选项C和D所列行为尽管不构成犯罪，但仍属于侵犯知识产权的行为，需承担相应的民事责任。

综上，本题正确答案为：B。

21. 赵某不服某具体行政行为，向两个有管辖权的人民法院分别提起了行政诉讼。根据行政诉讼法及相关规定，该行政诉讼应由下列哪个人民法院管辖？

    A. 该两个人民法院协商确定的人民法院

    B. 最先收到起诉状的人民法院

    C. 该两个人民法院的共同上级人民法院

    D. 该两个人民法院的共同上级人民法院指定的人民法院

【答案】B

【知识点】行政诉讼管辖

【解析】《行政诉讼法》第二十条规定，两个以上人民法院都有管辖权的案件，原告可以选择其中一个人民法院提起诉讼；原告向两个以上有管辖权的人民法院提起诉讼的，由最先收到起诉状的人民法院管辖。在本题中，赵某向两个有管辖权的人民法院分别提起了行政诉讼，应由最先收到起诉状的人民法院管辖。因此，本题正确答案为：B。

22. 根据商标法及相关规定，商标在中国政府主办或承认的国际展览会展出的商品上首次使

用的，自该商品展出之日起多长时间内，就该商标提出注册申请的，该申请人可以享有优先权？

　　A. 3 个月

　　B. 6 个月

　　C. 12 个月

　　D. 18 个月

【答案】B

【知识点】商标优先权

【解析】《商标法》第二十五条第一款规定，商标在中国政府主办的或者承认的国际展览会展出的商品上首次使用的，自该商品展出之日起 6 个月内，该商标的注册申请人可以享有优先权。因此，本题正确答案为：B。

23. 2010 年作家钟某创作完成了一部小说，但未发表，也未明确表示不发表。后钟某将该小说的手稿送给好友李某收藏。2011 年钟某因病去世，立下遗嘱由其唯一的儿子继承全部遗产。根据著作权法及相关规定，有关该小说发表权的下列哪种说法是正确的？

　　A. 该小说的发表权应由李某行使

　　B. 该小说的发表权可由钟某之子行使

　　C. 该小说的发表权应由钟某之子和李某共同行使

　　D. 该小说的发表权已不受著作权法保护

【答案】B

【知识点】作品发表权的行使

【解析】《著作权法实施条例》第十七条规定，作者生前未发表的作品，如果作者未明确表示不发表，作者死亡后 50 年内，其发表权可由继承人或者受遗赠人行使；没有继承人又无人受遗赠的，由作品原件的所有人行使。在本题中，钟某小说的发表权可由其继承人即其儿子行使，故选项 B 正确。需要注意的是，尽管钟某将该小说的手稿送给李某收藏，但该作品的发表权并未随之发生转移，而且李某也不属于上述规定中的"受遗赠人"，因此李某不能行使该小说的发表权。

　　综上，本题正确答案为：B。

24. 12 岁的周某在其某项发明专利申请获得授权后，接受了某基金会给予的一万元奖励。根据民法通则及相关规定，关于周某接受该奖励的行为，下列哪种说法是正确的？

　　A. 经周某法定代理人追认后，该行为才有效

　　B. 因周某为限制民事行为能力人，该行为无效

　　C. 他人不得以周某为限制民事行为能力人为由，主张该行为无效

　　D. 基金会可以周某为限制民事行为能力人为由，主张该行为无效

【答案】C

【知识点】民事权利能力和民事行为能力

【解析】《最高人民法院关于贯彻执行〈中华人民共和国民法通则〉若干问题的意见（试行）》第六条规定，无民事行为能力人、限制民事行为能力人接受奖励、赠与、报酬，他人不得以行为人无民事行为能力、限制民事行为能力为由，主张以上行为无效。在本题中，尽管周某为限制民事行为能力人，但他人不得以其限制民事行为能力为由主张其接受奖励的行为无效。因此，本题正确答案为：C。

25. 根据民事诉讼法及相关规定，当事人对人民法院在第一审程序中作出的下列哪种裁定不服的，可以上诉？

  A. 驳回起诉

  B. 不准许撤诉

  C. 采取保全措施

  D. 终结诉讼

【答案】A

【知识点】可以上诉的裁定

【解析】根据《民事诉讼法》第一百五十四条的规定，对有关不予受理、管辖权异议、驳回起诉的裁定，可以上诉。因此，本题正确答案为：A。

26. 根据著作权法及相关规定，下列哪种说法是正确的？

  A. 为个人学习而使用他人已经发表的作品，可以不经著作权人许可，不向其支付报酬

  B. 为说明某一问题在作品中适当引用他人已经发表的作品，应当经著作权人许可，但可以不向其支付报酬

  C. 在商业晚会上表演他人已发表的作品，仅向表演者支付了报酬，但未向公众收取费用的，可以不经著作权人许可，不向其支付报酬

  D. 国家机关为执行公务在合理范围内使用已经发表的作品，可以不经著作权人同意，但应向其支付报酬

【答案】A

【知识点】著作权权利的限制

【解析】根据《著作权法》第二十二条的规定，在下列情况下使用作品，可以不经著作权人许可，不向其支付报酬，但应当指明作者姓名、作品名称，并且不得侵犯著作权人依照本法享有的其他权利：（一）为个人学习、研究或者欣赏，使用他人已经发表的作品；（二）为介绍、评论某一作品或者说明某一问题，在作品中适当引用他人已经发表的作品；……（七）国家机关为执行公务在合理范围内使用已经发表的作品；……（九）免费表演已经发表的作品，该表演未向公众收取费用，也未向表演者支付报酬；……据此，选项A的说法正确。为说明某一问题在作品中适当引用他人已经发表的作品，可以不经著作权人许可，因此选项B的说法错误。免费表演已经发表的作品，该表演未向公众收取费用，也未向表演者支付报酬的，才可以不经著作权人许可，不向其支付报酬，故选项C的说法错误。国

家机关为执行公务在合理范围内使用已经发表的作品,可以不经著作权人许可,不向其支付报酬,因此选项D的说法错误。

综上,本题正确答案为:A。

27. 根据《与贸易有关的知识产权协定》,下列哪种说法是正确的?
    A. 世界贸易组织成员不得对注册商标所有人享有的权利规定任何例外
    B. 世界贸易组织成员授予注册商标所有人享有的排他权不应损害任何现有的在先权利
    C. 世界贸易组织成员必要时可以规定商标的强制许可
    D. 世界贸易组织成员可以规定商标所有人只能将商标连同其所属的企业一起转让

【答案】B

【知识点】商标权利的范围、权利的例外、许可和转让

【解析】《与贸易有关的知识产权协定》第十七条规定,各成员可以对商标所授予的权利规定有限的例外,诸如说明性词语的合理使用,但是以这些例外考虑了商标所有人和第三方的合法利益为限。因此,选项A的说法错误。《与贸易有关的知识产权协定》第十六条规定,注册商标所有人应当享有排他权,以制止所有第三方未得所有人同意而在贸易中将与注册商标相同或类似的标记使用于与该商标所注册的商品或服务相同或类似的商品或服务,而这种使用是有造成混淆的可能的;但上述权利不应损害任何现有的在先权利,也不应当影响各成员根据使用授予权利的可能性。据此,选项B的说法正确。《与贸易有关的知识产权协定》第二十一条规定,各成员可以规定商标的许可和转让的条件;这应理解为,商标的强制许可是不允许的,并且注册商标所有人有权将商标连同或不连同其所属的企业一起转让。据此,选项C和D的说法均错误。

综上,本题正确答案为:B。

28. 甲公司与乙公司签订合同,由甲公司为乙公司翻译一批技术资料,约定完成全部翻译工作后再支付报酬。后甲公司有确切证据证明乙公司经营状况严重恶化,濒临破产。根据合同法及相关规定,下列哪种说法是正确的?
    A. 甲公司应当无条件地继续履行该合同
    B. 甲公司可以中止履行该合同,并及时通知对方
    C. 甲公司可以直接解除该合同
    D. 甲公司可以要求乙公司承担违约责任

【答案】B

【知识点】不安抗辩权

【解析】《合同法》第六十八条规定,应当先履行债务的当事人,有确切证据证明对方有下列情形之一的,可以中止履行:(一)经营状况严重恶化;(二)转移财产、抽逃资金,以逃避债务;(三)丧失商业信誉;(四)有丧失或者可能丧失履行债务能力的其他情形。在本题中,甲公司有确切证据证明乙公司经营状况严重恶化,濒临破产,因此可以中止履行该合

同。同时，根据《合同法》第六十九条的规定，当事人依照该法第六十八条的规定中止履行的，应当及时通知对方。因此，本题正确答案为：B。

29. 根据商标法及相关规定，注册商标有效期从下列哪一日期起算？

   A. 核准注册之日
   B. 申请注册之日
   C. 初审公告之日
   D. 初审合格之日

【答案】A
【知识点】注册商标的期限
【解析】《商标法》第三十七条规定，注册商标的有效期为10年，自核准注册之日起计算。因此，本题正确答案为：A。

30. 民事诉讼第二审人民法院对上诉案件进行调解后达成协议，并依法制作了调解书。根据民事诉讼法及相关规定，对于原审人民法院的判决，下列哪种说法是正确的？

   A. 第二审人民法院应作出裁定，撤销原审人民法院的判决
   B. 第二审人民法院应在调解书中注明撤销原审人民法院的判决
   C. 原审人民法院应主动撤销原判决
   D. 调解书送达后，原审人民法院的判决即视为撤销

【答案】D
【知识点】民事诉讼第二审程序
【解析】《民事诉讼法》第一百七十二条规定，第二审人民法院审理上诉案件，可以进行调解；调解达成协议，应当制作调解书，由审判人员、书记员署名，加盖人民法院印章；调解书送达后，原审人民法院的判决即视为撤销。据此，本题正确答案为：D。

二、多项选择题（每题所设选项中至少有两个正确答案，请将正确答案填涂在答题卡上，多选、少选、错选或不选均不得分）。本部分含31-100题，每题1分，共70分。

31. 根据民法通则及相关规定，因下列哪些行为所产生的当事人之间的关系属于民法调整的范围？

   A. 某交通管理局对张某作出违章停车罚款决定
   B. 赵某委托某律师事务所办理诉讼事务
   C. 某公司与某高校合作研发新技术
   D. 海关检查入关者王某的可疑行李

【答案】BC
【知识点】民法的调整范围

【解析】《民法通则》第二条规定，中华人民共和国民法调整平等主体的公民之间、法人之间、公民和法人之间的财产关系和人身关系。选项A和D均属于行政机关与行政相对人之间的行政法律关系，不属于民法调整的范围。选项B和C中的法律关系均属于平等民事主体之间的财产关系，属于民法调整范围。

综上，本题正确答案为：B、C。

32. 根据合同法及相关规定，下列哪些属于要约邀请？
    A. 拍卖公告
    B. 招标公告
    C. 寄送的价目表
    D. 招股说明书

【答案】A B C D

【知识点】要约邀请

【解析】《合同法》第十五条第一款规定，要约邀请是希望他人向自己发出要约的意思表示；寄送的价目表、拍卖公告、招标公告、招股说明书、商业广告等为要约邀请。据此，选项A、B、C、D所列均属于要约邀请，本题正确答案为：A、B、C、D。

33. 根据民事诉讼法及相关规定，下列哪些说法是正确的？
    A. 民事诉讼当事人有平等的诉讼权利
    B. 民事诉讼应当遵循诚实信用原则
    C. 在民事诉讼中，人民法院进行审理和发布法律文书均应使用汉语
    D. 人民检察院有权对民事诉讼实行法律监督

【答案】A B D

【知识点】民事诉讼基本原则

【解析】根据《民事诉讼法》第八条的规定，民事诉讼当事人有平等的诉讼权利，故选项A的说法正确。《民事诉讼法》第十三条第一款规定，民事诉讼应当遵循诚实信用原则。据此，选项B的说法正确。《民事诉讼法》第十一条第二款规定，在少数民族聚居或者多民族共同居住的地区，人民法院应当用当地民族通用的语言、文字进行审理和发布法律文书。据此，选项C的说法错误。《民事诉讼法》第十四条规定，人民检察院有权对民事诉讼实行法律监督。因此，选项D的说法正确。

综上，本题正确答案为：A、B、D。

34. 甲行政机关依照相关法律规定，经其上级乙行政机关批准，对股份制企业丙公司作出行政处罚决定，丙公司董事会认为该具体行政行为侵犯了企业合法权益，欲申请行政复议。根据行政复议法及相关规定，下列哪些说法是正确的？
    A. 丙公司董事会可以以自己的名义申请行政复议

B. 丙公司董事会可以以企业的名义申请行政复议
C. 该行政复议申请应以甲行政机关为行政复议被申请人
D. 该行政复议申请应以乙行政机关为行政复议被申请人

【答案】BD

【知识点】行政复议的申请人和被申请人

【解析】《行政复议法实施条例》第七条规定，股份制企业的股东大会、股东代表大会、董事会认为行政机关作出的具体行政行为侵犯企业合法权益的，可以以企业的名义申请行政复议。在本题中，丙公司董事会认为行政机关作出的具体行政行为侵犯企业合法权益，根据上述规定，可以以企业的名义申请行政复议，故选项B的说法正确，A的说法错误。《行政复议法实施条例》第十三条规定，下级行政机关依照法律、法规、规章规定，经上级行政机关批准作出具体行政行为的，批准机关为被申请人。在本题中，甲行政机关对丙公司作出的行政处罚决定是依照相关法律规定经其上级乙行政机关批准后作出的，因此乙行政机关是被申请人，选项D的说法正确，C的说法错误。

综上，本题正确答案为：B、D。

35. 根据著作权法及相关规定，下列哪些说法是正确的？
    A. 作品应当具有独创性并能以某种有形形式复制
    B. 文字作品，是指小说、诗词、散文、论文等以文字形式表现的作品
    C. 为生产绘制的产品设计图属于图形作品
    D. 为展示、试验或者观测等用途，根据物体的形状和结构按照一定比例制成的模型不属于作品

【答案】ABC

【知识点】作品

【解析】《著作权法实施条例》第二条规定，《著作权法》所称作品，是指文学、艺术和科学领域内具有独创性并能以某种有形形式复制的智力成果。因此选项A的说法正确。《著作权法实施条例》第四条第（一）项规定，文字作品，是指小说、诗词、散文、论文等以文字形式表现的作品。故选项B的说法正确。《著作权法实施条例》第四条第（十二）项规定，图形作品，是指为施工、生产绘制的工程设计图、产品设计图，以及反映地理现象、说明事物原理或者结构的地图、示意图等作品。故选项C的说法正确。《著作权法实施条例》第四条第（十三）项规定，模型作品，是指为展示、试验或者观测等用途，根据物体的形状和结构，按照一定比例制成的立体作品。因此选项D所述的模型属于《著作权法》规定的"作品"中的模型作品，选项D的说法错误。

综上，本题正确答案为：A、B、C。

36. 根据行政诉讼法及相关规定，人民法院审理行政案件时以下列哪些作为依据？
    A. 法律

B. 国务院部、委制订和发布的规章
C. 本行政区域内的地方政府规章
D. 本行政区域内的地方性法规

【答案】A D

【知识点】人民法院审理行政案件时的依据

【解析】《行政诉讼法》第五十二条第一款规定，人民法院审理行政案件，以法律和行政法规、地方性法规为依据；地方性法规适用于本行政区域内发生的行政案件。因此，选项A和D的说法正确。《行政诉讼法》第五十三条第一款规定，人民法院审理行政案件，参照国务院部、委根据法律和国务院的行政法规、决定、命令制定、发布的规章以及省、自治区、直辖市和省、自治区的人民政府所在地的市和经国务院批准的较大的市的人民政府根据法律和国务院的行政法规制定、发布的规章。因此，人民法院审理行政案件时仅"参照"而非"依据"国务院部门规章和地方政府规章，选项B和C的说法错误。

综上，本题正确答案为：A、D。

37. 根据商标法及相关规定，下列哪些说法是正确的？
   A. 申请注册的商标应当具有独创性
   B. 申请注册的商标应当有显著特征，便于识别
   C. 申请注册的商标不得与他人在先取得的合法权利相冲突
   D. 申请注册的商标应当富有美感

【答案】B C

【知识点】申请注册的商标的条件

【知识点】《商标法》第九条规定，申请注册的商标，应当有显著特征，便于识别，并不得与他人在先取得的合法权利相冲突。因此选项B和C的说法正确。独创性和富有美感均不是《商标法》及相关规定对商标的要求，因此选项A和D的说法错误。

综上，本题正确答案为：B、C。

38. 根据《保护工业产权巴黎公约》，巴黎联盟成员国的法律可对下列哪些事项作出国民待遇原则的例外规定？
   A. 司法和行政程序管辖权
   B. 指定送达地址
   C. 委派代理人
   D. 权利受侵犯时法律上的救济手段

【答案】A B C

【知识点】国民待遇原则

【解析】《保护工业产权巴黎公约》第二条规定了国民待遇原则。该条（1）规定，该联盟任何国家的国民，在保护工业产权方面，在本联盟所有其他国家内应享有各该国法律现在

授予或今后可能授予国民的各种利益；一切都不应损害本公约特别规定的权利；因此，他们应和国民享有同样的保护，对侵犯他们的权利享有同样的法律上的救济手段，但是以他们遵守对国民规定的条件和手续为限。该条（3）规定，本联盟每一国家法律中关于司法和行政程序管辖权，以及指定送达地址或委派代理人的规定，工业产权法律中可能有要求的，均明确地予以保留。据此可知，巴黎联盟成员国的法律可对司法和行政程序管辖权、指定送达地址和委派代理人这三项事项作出国民待遇原则的例外规定，而对权利受侵犯时法律上的救济手段不能作出例外规定。

综上，本题正确答案为：A、B、C。

39. 根据民法通则及相关规定，关于民事权利能力和民事行为能力，下列哪些说法是正确的？

　　A. 公民从出生时起到死亡时止，具有民事权利能力，依法享有民事权利，承担民事义务
　　B. 公民的民事权利能力一律平等
　　C. 限制民事行为能力人可以进行与其年龄、智力相适应的民事活动
　　D. 无民事行为能力人的民事活动由其法定代理人代理

【答案】A B C D

【知识点】民事权利能力 民事行为能力

【解析】《民法通则》第九条规定，公民从出生时起到死亡时止，具有民事权利能力，依法享有民事权利，承担民事义务。故选项A的说法正确。《民法通则》第十条规定，公民的民事权利能力一律平等。故选项B的说法正确。《民法通则》第十二条第一款规定，10周岁以上的未成年人是限制民事行为能力人，可以进行与他的年龄、智力相适应的民事活动；其他民事活动由他的法定代理人代理，或者征得他的法定代理人的同意。因此选项C的说法正确。《民法通则》第十二条第二款规定，不满10周岁的未成年人是无民事行为能力人，由他的法定代理人代理民事活动；《民法通则》第十三条第一款规定，不能辨认自己行为的精神病人是无民事行为能力人，由他的法定代理人代理民事活动。因此选项D的说法正确。

综上，本题正确答案为：A、B、C、D。

40. 下列哪些协议适用合同法的规定？

　　A. 张某与李某签订的转让二手汽车的协议
　　B. 甲出版社与蒋某签订的出版蒋某专著的协议
　　C. 孙某与乙公司签订的专利实施许可协议
　　D. 韩某与丙福利院签订的收养该福利院孤儿的协议

【答案】A B C

【知识点】合同法调整范围

【解析】《合同法》第二条规定，该法所称合同是平等主体的自然人、法人、其他组织之间设立、变更、终止民事权利义务关系的协议。婚姻、收养、监护等有关身份关系的协议，

适用其他法律的规定。在本题中，选项A、B、C中的协议均为平等主体之间设立民事权利义务关系的协议，适用《合同法》的规定。而选项D中的协议属于有关身份关系的协议，不适用《合同法》的规定。

综上，本题正确答案为：A、B、C。

41. 行政复议期间，行政复议机构认为申请人以外的公民管某与被审查的具体行政行为有利害关系。根据行政复议法及相关规定，下列哪些说法是正确的？
    A. 该行政复议机构可以追加管某为行政复议申请人，通知其参加行政复议
    B. 该行政复议机构可以通知管某作为第三人参加行政复议
    C. 管某不参加行政复议的，该行政复议终止
    D. 管某不参加行政复议的，不影响该行政复议案件的审理

【答案】BD

【知识点】行政复议第三人

【解析】《行政复议法》第十条第三款规定，同申请行政复议的具体行政行为有利害关系的其他公民、法人或者其他组织，可以作为第三人参加行政复议。《行政复议法实施条例》第九条第一款规定，行政复议期间，行政复议机构认为申请人以外的公民、法人或者其他组织与被审查的具体行政行为有利害关系的，可以通知其作为第三人参加行政复议。根据上述规定，本题中的行政复议机构可以通知管某作为第三人参加行政复议，而非追加管某为行政复议申请人，因此选项B的说法正确，A的说法错误。《行政复议法实施条例》第九条第三款规定，第三人不参加行政复议，不影响行政复议案件的审理。本题中管某参加行政复议的身份是第三人，故其不参加行政复议的，不影响该行政复议案件的审理。因此选项D的说法正确，C的说法错误。

综上，本题正确答案为：B、D。

42. 根据民事诉讼法及相关规定，有关管辖权异议的下列哪些说法是正确的？
    A. 人民法院受理案件后，当事人对管辖权有异议的，应当在提交答辩状期间提出
    B. 当事人未提出管辖权异议，并应诉答辩的，视为受诉人民法院有管辖权，但违反级别管辖和专属管辖规定的除外
    C. 经审查管辖权异议成立的，人民法院裁定将案件移送有管辖权的法院
    D. 经审查管辖权异议不成立的，人民法院裁定驳回

【答案】ABCD

【知识点】民事诉讼管辖权异议

【解析】《民事诉讼法》第一百二十七条第一款规定，人民法院受理案件后，当事人对管辖权有异议的，应当在提交答辩状期间提出。人民法院对当事人提出的异议，应当审查。异议成立的，裁定将案件移送有管辖权的人民法院；异议不成立的，裁定驳回。据此，选项A、C、D的说法均正确。《民事诉讼法》第一百二十七条第二款规定，当事人未提出管辖异

议,并应诉答辩的,视为受诉人民法院有管辖权,但违反级别管辖和专属管辖规定的除外。据此选项B的说法也正确。

综上,本题正确答案为:A、B、C、D。

43. 根据商标法及相关规定,下列哪些标志不得作为商标使用?
   A. 有害于社会主义道德风尚的
   B. 带有民族歧视性的
   C. 同政府间国际组织的名称近似,但经该组织同意的
   D. 同"红新月"标志相近似的

【答案】A B D

【知识点】不得作为商标使用或注册的标志

【解析】《商标法》第十条规定,下列标志不得作为商标使用:……(三)同政府间国际组织的名称、旗帜、徽记相同或者近似的,但经该组织同意或者不易误导公众的除外;……(五)同"红十字""红新月"的名称、标志相同或者近似的;(六)带有民族歧视性的;……(八)有害于社会主义道德风尚或者有其他不良影响的。据此,选项A、B、D中的标志均不得作为商标使用。而对于选项C,尽管其同政府间国际组织的名称近似,但已经得该组织同意,属于该条第(三)项规定的"除外"情形,可以作为商标使用。

综上,本题正确答案为:A、B、D。

44. 根据《保护工业产权巴黎公约》的规定,对在巴黎联盟任何成员国领土内举办的官方国际展览会展出商品中的下列哪些工业产权保护对象,其他成员国应按其本国法律给予临时保护?
   A. 实用新型
   B. 集成电路布图设计
   C. 商标
   D. 植物新品种

【答案】A C

【知识点】临时保护

【解析】《保护工业产权巴黎公约》第十一条(1)规定,本联盟国家应按其本国法律对在本联盟任何国家领土内举办的官方的或经官方承认的国际展览会展出的商品中可以取得专利的发明、实用新型、工业品外观设计和商标,给予临时保护。据此,《保护工业产权巴黎公约》规定了实用新型、商标的临时保护,但不涉及集成电路布图设计、植物新品种。因此,本题正确答案为:A、C。

45. 经营者的下列哪些行为属于反不正当竞争法规定的不正当竞争行为?
   A. 擅自使用他人的企业名称或者姓名,引人误认为是他人的商品
   B. 广告的经营者在明知或者应知的情况下,代理、设计、制作、发布虚假广告

C. 以低于成本的价格销售处理有效期限即将到期的商品

D. 从事最高奖的金额为三千元的抽奖式有奖销售

【答案】A B

【知识点】不正当竞争行为

【解析】《反不正当竞争法》第五条规定，经营者不得采用下列不正当手段从事市场交易，损害竞争对手：……（三）擅自使用他人的企业名称或者姓名，引人误认为是他人的商品；……因此，选项A的行为属于不正当竞争行为。《反不正当竞争法》第九条规定，经营者不得利用广告或者其他方法，对商品的质量、制作成分、性能、用途、生产者、有效期限、产地等作引人误解的虚假宣传；广告的经营者不得在明知或者应知的情况下，代理、设计、制作、发布虚假广告。因此，选项B的行为也属于不正当竞争行为。《反不正当竞争法》第十一条第一款规定，经营者不得以排挤竞争对手为目的，以低于成本的价格销售商品；但该条第二款第（二）项规定，处理有效期限即将到期的商品或者其他积压的商品不属于不正当竞争行为。因此选项C的行为不属于不正当竞争行为。《反不正当竞争法》第十三条规定，经营者不得从事下列有奖销售：……（三）抽奖式的有奖销售，最高奖的金额超过五千元。选项D为最高奖金额低于五千元的抽奖式有奖销售，不属于不正当竞争行为。

综上，本题正确答案为：A、B。

46. 某县工商局和卫生局共同对张某的餐厅进行查封，给其造成了损失。张某认为该查封行为违法，欲要求国家赔偿。根据国家赔偿法及相关规定，下列哪些说法是正确的？

A. 该县工商局和卫生局为共同赔偿义务机关

B. 该县人民政府为赔偿义务机关

C. 张某可以在提起行政诉讼时一并提出赔偿要求

D. 张某可以在申请行政复议时一并提出赔偿要求

【答案】A C D

【知识点】行政赔偿请求的提出

【解析】《国家赔偿法》第七条第二款规定，两个以上行政机关共同行使行政职权时侵犯公民、法人和其他组织的合法权益造成损害的，共同行使行政职权的行政机关为共同赔偿义务机关。在本题中，张某认为该县工商局和卫生局共同行使行政职权时侵犯了其合法权益，因此应以这两个单位为共同赔偿义务机关，选项A的说法正确，选项B的说法错误。《国家赔偿法》第九条第二款规定，赔偿请求人要求赔偿，应当先向赔偿义务机关提出，也可以在申请行政复议或者提起行政诉讼时一并提出。据此，张某既可以在申请行政复议时，也可以在提起行政诉讼时一并提出赔偿要求，选项C和D的说法均正确。

综上，本题正确答案为：A、C、D。

47. 根据著作权法及相关规定，下列哪些说法是正确的？

A. 无国籍人的作品首先在中国境内出版的，依法享有著作权

B. 外国人的作品首先在中国境内出版的，依法享有著作权

C. 外国人的作品根据其作者经常居住地国同中国签订的协议享有的著作权，受著作权法保护

D. 无国籍人的作品首次在中国参加的国际条约的成员国出版的，受著作权法保护

【答案】A B C D

【知识点】著作权的主体

【解析】《著作权法》第二条第二款规定，外国人、无国籍人的作品根据其作者所属国或者经常居住地国同中国签订的协议或者共同参加的国际条约享有的著作权，受本法保护。据此，选项C的说法正确。《著作权法》第二条第三款规定，外国人、无国籍人的作品首先在中国境内出版的，依照本法享有著作权。据此，选项A和B的说法正确。《著作权法》第二条第四款规定，未与中国签订协议或者共同参加国际条约的国家的作者以及无国籍人的作品首次在中国参加的国际条约的成员国出版的，或者在成员国和非成员国同时出版的，受本法保护。据此，选项D的说法正确。

综上，本题正确答案为：A、B、C、D。

48. 根据民事诉讼法及相关规定，下列哪些情况下当事人可以在诉讼过程中向人民法院申请保全证据？

　　A. 证据涉及个人隐私

　　B. 证据涉及商业秘密

　　C. 证据可能灭失

　　D. 证据以后难以取得

【答案】C D

【知识点】证据保全

【解析】《民事诉讼法》第八十一条第一款规定，在证据可能灭失或者以后难以取得的情况下，当事人可以在诉讼过程中向人民法院申请保全证据，人民法院也可以主动采取保全措施。据此可知，只有在证据可能灭失或者以后难以取得的情况下，当事人才可以在诉讼过程中向人民法院申请保全证据，而与证据是否涉及个人隐私或商业秘密无关。因此，本题正确答案为：C、D。

49. 根据合同法及相关规定，下列关于技术转让合同的哪些说法是正确的？

　　A. 技术秘密转让合同应当采用书面形式

　　B. 技术秘密转让合同的当事人未就使用技术秘密后续改进技术成果的分享办法作出约定的，一方后续改进的技术成果，其他各方均有权分享

　　C. 专利实施许可合同的被许可人应当按照约定的范围和期限，对让与人提供的技术中尚未公开的秘密部分，承担保密义务

　　D. 专利实施许可合同只在该专利权的存续期间内有效

【答案】ACD

【知识点】技术转让合同

【解析】《合同法》第三百四十二条规定，技术转让合同包括专利权转让、专利申请权转让、技术秘密转让、专利实施许可合同。技术转让合同应当采用书面形式。由此可知，作为技术转让合同之一的技术秘密转让合同应采取书面形式，选项A的说法正确。《合同法》第三百五十四条规定，当事人可以按照互利的原则，在技术转让合同中约定实施专利、使用技术秘密后续改进的技术成果的分享办法；没有约定或者约定不明确，依照本法第六十一条的规定仍不能确定的，一方后续改进的技术成果，其他各方无权分享。由此可知，选项B的说法错误。《合同法》第三百五十条规定，技术转让合同的受让人应当按照约定的范围和期限，对让与人提供的技术中尚未公开的秘密部分，承担保密义务。根据该规定和上述第三百四十二条的规定，选项C的说法正确。根据《合同法》第三百四十四条的规定，专利实施许可合同只在该专利权的存续期间内有效，选项D的说法正确。

综上，本题正确答案为：A、C、D。

50. 根据民法通则及相关规定，下列哪些情形下法定代理终止？
    A. 被代理人取得民事行为能力
    B. 被代理人死亡
    C. 代理人死亡
    D. 代理人丧失民事行为能力

【答案】ABCD

【知识点】代理

【解析】《民法通则》第七十条规定，有下列情形之一的，法定代理或者指定代理终止：（一）被代理人取得或者恢复民事行为能力；（二）被代理人或者代理人死亡；（三）代理人丧失民事行为能力；（四）指定代理的人民法院或者指定单位取消指定；（五）由其他原因引起的被代理人和代理人之间的监护关系消灭。由此可知，选项A、B、C和D均是法定代理终止的情形，均为正确答案。因此，本题正确答案为：A、B、C、D。

51. 根据行政复议法及相关规定，在下列哪些情形下，当事人可以申请行政复议？
    A. 某工商局对张某作出没收违法所得的处罚决定，张某不服的
    B. 某公安局对其工作人员王某作出撤职的处分决定，王某不服的
    C. 某民政局拒绝给刘某发放最低生活保障费，刘某不服的
    D. 赵某认为乡人民政府违法集资的

【答案】ACD

【知识点】行政复议的范围

【解析】《行政复议法》第六条规定，有下列情形之一的，公民、法人或者其他组织可以依照本法申请行政复议：（一）对行政机关作出的警告、罚款、没收违法所得、没收非法财

物、责令停产停业、暂扣或者吊销许可证、暂扣或者吊销执照、行政拘留等行政处罚决定不服的；……（七）认为行政机关违法集资、征收财物、摊派费用或者违法要求履行其他义务的；……（十）申请行政机关依法发放抚恤金、社会保险金或者最低生活保障费，行政机关没有依法发放的；……据此，选项A、C和D所述情形下当事人均可申请行政复议。《行政复议法》第八条第一款规定，不服行政机关作出的行政处分或者其他人事处理决定的，依照有关法律、行政法规的规定提出申诉。在本题中，选项B属于行政机关对其工作人员作出的行政处分，当事人不能申请行政复议，而应依法提出申诉。

综上，本题正确答案为：A、C、D。

52. 根据著作权法及相关规定，下列关于著作权集体管理组织的哪些说法是正确的？

  A. 著作权人可以授权著作权集体管理组织行使著作权

  B. 著作权集体管理组织被授权后，可以以自己的名义为著作权人主张权利

  C. 著作权集体管理组织不得作为当事人进行涉及著作权的诉讼、仲裁活动

  D. 著作权集体管理组织是非营利性组织

【答案】A B D

【知识点】著作权集体管理组织

【解析】《著作权法》第八条规定，著作权人和与著作权有关的权利人可以授权著作权集体管理组织行使著作权或者与著作权有关的权利。著作权集体管理组织被授权后，可以以自己的名义为著作权人和与著作权有关的权利人主张权利，并可以作为当事人进行涉及著作权或者与著作权有关的权利的诉讼、仲裁活动。著作权集体管理组织是非营利性组织，其设立方式、权利义务、著作权许可使用费的收取和分配，以及对其监督和管理等由国务院另行规定。根据上述规定，选项A、B和D的说法均正确，而选项C的说法错误。因此，本题正确答案为：A、B、D。

53. 根据商标法及相关规定，针对商标局作出的下列哪些决定，当事人不服的，可以在法定期限内向商标评审委员会申请复审？

  A. 商标注册申请不予受理的决定

  B. 驳回商标注册申请、不予公告的决定

  C. 撤销注册商标的决定

  D. 商标异议申请不予受理的决定

【答案】B C

【知识点】注册申请的复审

【解析】《商标法》第三十二条第一款规定，对驳回申请、不予公告的商标，商标局应当书面通知商标注册申请人。商标注册申请人不服的，可以自收到通知之日起15日内向商标评审委员会申请复审，由商标评审委员会作出决定，并书面通知申请人。据此，商标注册申请人对驳回商标注册申请、不予公告的决定不服的，可以向商标评审委员会申请复审，选项

B正确。《商标法》第四十九条第一款规定，对商标局撤销注册商标的决定，当事人不服的，可以自收到通知之日起15日内向商标评审委员会申请复审，由商标评审委员会作出决定，并书面通知申请人。据此，当事人对撤销注册商标的决定不服的，也可以向商标评审委员会申请复审，选项C正确。而当事人对商标注册申请不予受理的决定、商标异议申请不予受理的决定不服的，《商标法》及相关规定未规定可以向商标评审委员会申请复审，当事人可根据《行政复议法》及《行政诉讼法》的相关规定申请行政复议或提起行政诉讼。故选项A、D错误。

综上，本题正确答案为：B、C。

54. 根据《与贸易有关的知识产权协定》，如果成员的法律允许未经权利持有人许可即可由政府使用、或者由政府许可第三方使用专利，则这种使用应当遵守下列哪些规定？

A. 这种使用的许可应当根据个案情况予以考虑
B. 这种使用应当在合理的期限内通知权利持有人，但无需向其支付报酬
C. 这种使用应当是独占的，权利持有人不得再许可其他人使用该专利
D. 这种使用不得转让，除非是与享有这种使用的企业或者商誉一起转让

【答案】AD

【知识点】专利的强制许可的条件

【解析】《与贸易有关的知识产权协定》第三十一条规定，如果成员的法律允许，未经权利持有人许可即可对专利的主题作其他的使用，包括政府使用或经政府许可的第三方使用，则应当尊重下列规定：(a) 这种使用的许可应当根据个案情况予以考虑；(b) 这种使用，只有在使用前，意图使用的人曾经努力按合理的商业条款和条件请求权利持有人给予许可，但在合理的期间内这种努力没有成功的，才能允许。在国家处于紧急状态或有其他极端紧急的情形，或者在公共的非商业性使用的情形，成员可以放弃这一要求。然而，在国家处于紧急状态或有其他极端紧急的情况，只要合理可行，仍应尽快通知权利持有人。在公共的非商业性使用的情形，如果政府或订约人未经专利检索，即知悉或有明显的理由应知政府或者为政府使用或者将使用某有效专利，则应迅速通知权利持有人；……(d) 这种使用应当是非独占性的；(e) 这种使用不得转让，但与享有这种使用的企业或者商誉一起转让的不在此限；……(h) 应当根据每一案的情况，并考虑许可的经济价值，向权利持有人支付足够的报酬；……据此，选项A和D的说法正确。同时，根据上述规定可知，所述使用应当向权利持有人支付足够的报酬，因此选项B的说法错误；而且这种使用应当是非独占性的，因此选项C的说法错误。

综上，本题正确答案为：A、D。

55. 根据民事诉讼法及相关规定，下列哪些说法是正确的？

A. 上级人民检察院对下级人民法院已经发生法律效力的判决，发现适用法律确有错误的，可以向下级人民法院提出检察建议，并报上级人民检察院备案

B. 上级人民检察院对下级人民法院已经发生法律效力的判决，发现适用法律确有错误的，应当提出抗诉

C. 地方各级人民检察院对同级人民法院已经发生法律效力的判决，发现适用法律确有错误的，可以向同级人民法院提出检察建议，并报上级人民检察院备案

D. 地方各级人民检察院对同级人民法院已经发生法律效力的判决，发现适用法律确有错误的，应当提出抗诉

【答案】BC

【知识点】抗诉　检察建议

【解析】《民事诉讼法》第二百零八条规定，最高人民检察院对各级人民法院已经发生法律效力的判决、裁定，上级人民检察院对下级人民法院已经发生法律效力的判决、裁定，发现有本法第二百条规定情形之一的，或者发现调解书损害国家利益、社会公共利益的，应当提出抗诉。地方各级人民检察院对同级人民法院已经发生法律效力的判决、裁定，发现有本法第二百条规定情形之一的，或者发现调解书损害国家利益、社会公共利益的，可以向同级人民法院提出检察建议，并报上级人民检察院备案；也可以提请上级人民检察院向同级人民法院提出抗诉。同时，本题选项中的"原判决、裁定适用法律确有错误的"属于该法第二百条规定的情形之一。因此，根据上述规定，上级人民检察院对下级人民法院已经发生法律效力的判决，发现适用法律确有错误的，应当提出抗诉；地方各级人民检察院对同级人民法院已经发生法律效力的判决，发现适用法律确有错误的，可以向同级人民法院提出检察建议，并报上级人民检察院备案，选项B和C的说法正确，选项A和D的说法错误。

综上，本题正确答案为：B、C。

56. 根据行政复议法及相关规定，下列有关行政复议调解的哪些说法是正确的？

A. 公民对行政机关行使法律规定的自由裁量权作出的具体行政行为不服申请行政复议的，行政复议机关可以按照自愿、合法的原则进行调解

B. 对于当事人之间的行政补偿纠纷，行政复议机关可以按照自愿、合法的原则进行调解

C. 当事人经调解达成协议的，行政复议机关应当制作行政复议调解书

D. 调解未达成协议的，行政复议机关应当及时作出行政复议决定

【答案】ABCD

【知识点】行政复议程序中的调解

【解析】《行政复议法实施条例》第五十条第一款规定，有下列情形之一的，行政复议机关可以按照自愿、合法的原则进行调解：（一）公民、法人或者其他组织对行政机关行使法律、法规规定的自由裁量权作出的具体行政行为不服申请行政复议的；（二）当事人之间的行政赔偿或者行政补偿纠纷。据此，选项A和B的说法正确。《行政复议法实施条例》第五十条第二款规定，当事人经调解达成协议的，行政复议机关应当制作行政复议调解书。调解书应当载明行政复议请求、事实、理由和调解结果，并加盖行政复议机关印章。行政复议调解书经双方当事人签字，即具有法律效力。据此，选项C的说法正确。《行政复议法实施条

例》第五十条第三款规定，调解未达成协议或者调解书生效前一方反悔的，行政复议机关应当及时作出行政复议决定。据此，选项D的说法正确。

综上，本题正确答案为：A、B、C、D。

57. 根据民法通则及相关规定，下列哪些属于民法通则中规定的近亲属？
   A. 配偶
   B. 姐妹
   C. 外孙女
   D. 堂兄弟

【答案】A B C

【知识点】近亲属

【解析】《最高人民法院关于贯彻执行〈中华人民共和国民法通则〉若干问题的意见（试行)》第十二条规定，《民法通则》中规定的近亲属，包括配偶、父母、子女、兄弟姐妹、祖父母、外祖父母、孙子女、外孙子女。据此，本题正确答案为：A、B、C。

58. 根据民事诉讼法及相关规定，当事人可以申请下列哪些人员回避？
   A. 陪审员李某，其是被告诉讼代理人近亲属
   B. 审判员刘某，其违反规定会见了原告
   C. 鉴定人陈某，其与本案有利害关系
   D. 证人张某，其与被告是母子关系

【答案】A B C

【知识点】民事诉讼的回避制度

【解析】《民事诉讼法》第四十四条规定，审判人员有下列情形之一的，应当自行回避，当事人有权用口头或者书面方式申请他们回避：（一）是本案当事人或者当事人、诉讼代理人近亲属的；（二）与本案有利害关系的；（三）与本案当事人、诉讼代理人有其他关系，可能影响对案件公正审理的。审判人员接受当事人、诉讼代理人请客送礼，或者违反规定会见当事人、诉讼代理人的，当事人有权要求他们回避。审判人员有前款规定的行为的，应当依法追究法律责任。前三款规定，适用于书记员、翻译人员、鉴定人、勘验人。据此，违反规定会见了原告的审判员刘某、与本案有利害关系的鉴定人陈某均属于回避对象，选项B和C正确。同时，《民事诉讼法》第三十九条第三款规定，陪审员在执行陪审职务时，与审判员有同等的权利义务。据此，作为被告诉讼代理人近亲属的陪审员李某也属于回避对象，选项A正确。此外，根据上述规定可知，证人不属于回避对象，选项D错误。

综上，本题正确答案为：A、B、C。

59. 根据合同法及相关规定，有下列哪些情形的，要约失效？
   A. 拒绝要约的通知到达要约人

B. 要约人依法撤销要约

C. 承诺期限届满，受要约人未作出承诺

D. 受要约人对要约的内容作出实质性变更

【答案】A B C D

【知识点】要约的失效

【解析】《合同法》第二十条，有下列情形之一的，要约失效：（一）拒绝要约的通知到达要约人；（二）要约人依法撤销要约；（三）承诺期限届满，受要约人未作出承诺；（四）受要约人对要约的内容作出实质性变更。据此，选项A、B、C和D均属于要约失效的情形。因此，本题正确答案为：A、B、C、D。

60. 林某不服县教育局对其作出的某具体行政行为，欲向行政复议机关申请行政复议。根据行政复议法及相关规定，下列哪些说法是正确的？

A. 林某可以口头申请行政复议

B. 林某可以传真的方式书面申请行政复议

C. 林某应当缴纳行政复议申请费

D. 林某可以委托代理人代为参加行政复议

【答案】A B D

【知识点】行政复议的申请

【解析】《行政复议法》第十一条规定，申请人申请行政复议，可以书面申请，也可以口头申请；口头申请的，行政复议机关应当当场记录申请人的基本情况、行政复议请求、申请行政复议的主要事实、理由和时间。同时，《行政复议法实施条例》第十八条第一款规定，申请人书面申请行政复议的，可以采取当面递交、邮寄或者传真等方式提出行政复议申请。根据上述规定，本题中林某可以口头申请行政复议，也可以通过传真的方式书面申请行政复议，选项A和B的说法正确。《行政复议法》第三十九条规定，行政复议机关受理行政复议申请，不得向申请人收取任何费用。据此，选项C的说法错误。《行政复议法》第十条第五款规定，申请人、第三人可以委托代理人代为参加行政复议。据此，选项D的说法正确。

综上，本题正确答案为：A、B、D。

61. 根据民法通则及相关规定，下列有关法人的哪些说法是正确的？

A. 法人的民事权利能力与民事行为能力的存续时间一致

B. 法人以它的主要办事机构所在地为住所

C. 企业法人分立、合并，它的权利和义务由变更后的法人享有和承担

D. 法人终止的，应当停止一切活动

【答案】A B C

【知识点】法人

【解析】《民法通则》第三十六条第二款规定，法人的民事权利能力和民事行为能力，从

法人成立时产生,到法人终止时消灭。因此,法人的民事权利能力与民事行为能力的存续时间一致,即均自成立至终止,选项A的说法正确。《民法通则》第三十九条规定,法人以它的主要办事机构所在地为住所。据此,选项B的说法正确。《民法通则》第四十四条第二款规定,企业法人分立、合并,它的权利和义务由变更后的法人享有和承担。据此,选项C的说法正确。《民法通则》第四十条规定,法人终止,应当依法进行清算,停止清算范围外的活动。据此,法人终止后,在一定时间内还应进行清算范围内的活动,选项D的说法错误。

综上,本题正确答案为:A、B、C。

62. 根据著作权法及相关规定,下列哪些说法是正确的?
  A. 电影作品的著作权由制片者享有
  B. 电影作品的著作权由导演享有
  C. 电影作品中的剧本作者有权单独行使其著作权
  D. 电影作品中的音乐作者有权单独行使其著作权

【答案】ACD

【知识点】影视作品著作权归属

【解析】《著作权法》第十五条第一款规定,电影作品和以类似摄制电影的方法创作的作品的著作权由制片者享有,但编剧、导演、摄影、作词、作曲等作者享有署名权,并有权按照与制片者签订的合同获得报酬。据此,选项A的说法正确,选项B的说法错误。《著作权法》第十五条第二款规定,电影作品和以类似摄制电影的方法创作的作品中的剧本、音乐等可以单独使用的作品的作者有权单独行使其著作权。据此,选项C和D的说法均正确。

综上,本题正确答案为:A、C、D。

63. 根据行政诉讼法及相关规定,下列哪些说法是正确的?
  A. 人民法院判决被告重新作出具体行政行为的,被告不得作出与原具体行政行为基本相同的具体行政行为
  B. 复议决定维持原具体行政行为的,人民法院判决撤销原具体行政行为,复议决定自然无效
  C. 人民法院审理行政案件不得加重对原告的处罚,但利害关系人同为原告的除外
  D. 人民法院审理行政案件不得对行政机关未予处罚的人直接给予行政处罚

【答案】BCD

【知识点】行政诉讼判决

【解析】《行政诉讼法》第五十五条规定,人民法院判决被告重新作出具体行政行为的,被告不得以同一的事实和理由作出与原具体行政行为基本相同的具体行政行为。据此,人民法院判决被告重新作出具体行政行为的,被告并非绝对不得作出与原具体行政行为基本相同的具体行政行为,而只是不能以"以同一的事实和理由"作出与原具体行政行为基本相同的具体行政行为。因此,选项A的说法错误。《最高人民法院关于执行〈中华人民共和国行政

诉讼法〉若干问题的解释》第五十三条第一款规定，复议决定维持原具体行政行为的，人民法院判决撤销原具体行政行为，复议决定自然无效。据此，选项 B 的说法正确。《最高人民法院关于执行〈中华人民共和国行政诉讼法〉若干问题的解释》第五十五条第一款规定，人民法院审理行政案件不得加重对原告的处罚，但利害关系人同为原告的除外。据此，选项 C 的说法正确。《最高人民法院关于执行〈中华人民共和国行政诉讼法〉若干问题的解释》第五十五条第二款规定，人民法院审理行政案件不得对行政机关未予处罚的人直接给予行政处罚。据此，选项 D 的说法正确。

综上，本题正确答案为：B、C、D。

64. 根据商标法及相关规定，下列关于注册商标有效期的哪些说法是正确的？

　　A. 商品注册商标的有效期为 15 年，期满可以续展
　　B. 服务注册商标的有效期为 10 年，期满可以续展
　　C. 注册商标的每次续展注册有效期为 10 年
　　D. 注册商标续展注册最多不得超过 5 次

【答案】B C

【知识点】注册商标有效期

【解析】《商标法》第三十七条规定，注册商标的有效期为 10 年，自核准注册之日起计算。《商标法》第三十八条规定，注册商标有效期满，需要继续使用的，应当在期满前 6 个月内申请续展注册；在此期间未能提出申请的，可以给予 6 个月的宽展期。宽展期满仍未提出申请的，注销其注册商标。每次续展注册的有效期为 10 年。根据上述规定可知，无论是商品注册商标还是服务注册商标，其有效期均为 10 年，期满可续展，每次续展注册有效期为 10 年。因此，选项 B 和 C 的说法正确，选项 A 的说法错误。《商标法》及相关规定未对注册商标续展注册的次数作限制性规定，因此选项 D 的说法错误。

综上，本题正确答案为：B、C。

65. 根据知识产权海关保护条例，下列哪些说法是正确的？

　　A. 海关仅对与出口货物有关的知识产权实施保护
　　B. 海关实施保护的知识产权包括专利权、商标专用权、著作权和与著作权有关的权利
　　C. 知识产权权利人请求海关实施知识产权保护的，应当向海关提出采取保护措施的申请
　　D. 海关实施知识产权保护时，应当保守有关当事人的商业秘密

【答案】B C D

【知识点】知识产权的海关保护

【解析】根据《知识产权海关保护条例》第二条的规定，该条例所称知识产权海关保护，是指海关对与进出口货物有关并受中华人民共和国法律、行政法规保护的商标专用权、著作权和与著作权有关的权利、专利权实施的保护。因此，海关不仅对与出口货物有关的知识产权实施保护，还对与进口货物有关的知识产权实施保护，选项 A 的说法错误。同时根据上

述规定可知，选项B的说法正确。《知识产权海关保护条例》第四条规定，知识产权权利人请求海关实施知识产权保护的，应当向海关提出采取保护措施的申请。据此，选项C的说法正确。《知识产权海关保护条例》第六条规定，海关实施知识产权保护时，应当保守有关当事人的商业秘密。据此，选项D的说法正确。

综上，本题正确答案为：B、C、D。

66. 根据行政诉讼法及相关规定，下列哪些说法是正确的？
　　A. 对人民法院不予受理的裁定不服的，原告可以提起上诉
　　B. 被告无正当理由拒不到庭的，人民法院可以缺席判决
　　C. 原告在人民法院对行政案件宣告判决前申请撤诉的，由人民法院裁定是否准许
　　D. 人民法院审理行政案件，不适用调解

【答案】A B C D
【知识点】行政诉讼的审理和判决
【解析】《行政诉讼法》第四十二条规定，人民法院接到起诉状，经审查，应当在7日内立案或者作出裁定不予受理；原告对裁定不服的，可以提起上诉。据此，选项A的说法正确。《行政诉讼法》第四十八条规定，经人民法院两次合法传唤，原告无正当理由拒不到庭的，视为申请撤诉；被告无正当理由拒不到庭的，可以缺席判决。据此，选项B的说法正确。《行政诉讼法》第五十一条规定，人民法院对行政案件宣告判决或者裁定前，原告申请撤诉的，或者被告改变其所作的具体行政行为，原告同意并申请撤诉的，是否准许，由人民法院裁定。据此，选项C的说法正确。《行政诉讼法》第五十条规定，人民法院审理行政案件，不适用调解。据此，选项D的说法正确。

综上，本题正确答案为：A、B、C、D。

67. 根据著作权法及相关规定，关于广播电台电视台播放他人作品，下列哪些说法是正确的？
　　A. 广播电台播放他人未发表的作品，应当取得著作权人许可，并支付报酬
　　B. 广播电台播放他人未发表的作品，应当取得著作权人许可，但无须支付报酬
　　C. 电视台播放他人已发表的作品，可以不经著作权人许可，但应当支付报酬
　　D. 电视台播放他人已发表的作品，可以不经著作权人许可，也无须支付报酬

【答案】A C
【知识点】广播电台电视台播者的权利义务
【解析】《著作权法》第四十三条第一款规定，广播电台、电视台播放他人未发表的作品，应当取得著作权人许可，并支付报酬。据此，选项A的说法正确，B的说法错误。《著作权法》第四十三条第二款规定，广播电台、电视台播放他人已发表的作品，可以不经著作权人许可，但应当支付报酬。据此，选项C的说法正确，D的说法错误。

综上，本题正确答案为：A、C。

68. 根据民事诉讼法及相关规定，在民事诉讼中，下列哪些人员可以被委托为诉讼代理人？

    A. 当事人的近亲属或者工作人员

    B. 当事人所在社区、单位推荐的公民

    C. 有关社会团体推荐的公民

    D. 基层法律服务工作者

【答案】ABCD

【知识点】诉讼代理人

【解析】《民事诉讼法》第五十八条第二款规定，下列人员可以被委托为诉讼代理人：（一）律师、基层法律服务工作者；（二）当事人的近亲属或者工作人员；（三）当事人所在社区、单位以及有关社会团体推荐的公民。据此，选项A、B、C、D所列人员均可被委托为诉讼代理人。因此，本题正确答案为：A、B、C、D。

69. 甲公司委托乙研究所为其开发一种技术，并签订了技术开发合同，但双方没有约定技术成果的归属。乙研究所按约定交付了符合要求的技术成果，甲公司按约定支付了研究开发经费和报酬。后乙研究所就该技术成果提交了专利申请。根据合同法及相关规定，下列哪些说法是正确的？

    A. 乙研究所就该技术成果申请专利的行为侵犯了甲公司就该技术成果申请专利的权利

    B. 乙研究所享有就该技术成果申请专利的权利，但若乙研究所转让该专利申请权，则甲公司享有以同等条件优先受让的权利

    C. 如果乙研究所的该专利申请被授予专利权，则甲公司未经乙研究所许可，不得以生产经营为目的实施该专利

    D. 如果乙研究所的该专利申请被授予专利权，则甲公司可以免费实施该专利

【答案】BD

【知识点】技术开发合同

【解析】《合同法》第三百三十九条规定，委托开发完成的发明创造，除当事人另有约定的以外，申请专利的权利属于研究开发人。研究开发人取得专利权的，委托人可以免费实施该专利。研究开发人转让专利申请权的，委托人享有以同等条件优先受让的权利。在本题中，甲公司委托乙研究所完成了发明创造，但未约定技术成果归属，因此该技术成果申请专利的权利属于研究开发人乙研究所，如果乙研究所转让该申请权，委托人甲公司享有以同等条件优先受让的权利。因此，选项B的说法正确，选项A的说法错误。同时，根据上述规定，如果研究开发人乙公司取得专利权，则委托人甲公司可以免费实施该专利。因此选项D的说法正确，选项C的说法错误。

    综上，本题正确答案为：B、D。

70. 根据行政诉讼法及相关规定，人民法院不受理公民、法人或者其他组织对下列哪些事项提起的行政诉讼？

    A. 国防、外交等国家行为

B. 行政机关的调解行为
C. 法律规定的仲裁行为
D. 不具有强制力的行政指导行为

【答案】ABCD

【知识点】行政诉讼不予受理的范围

【解析】《行政诉讼法》第十二条规定，人民法院不受公民、法人或者其他组织对下列事项提起的诉讼：(一) 国防、外交等国家行为；(二) 行政法规、规章或者行政机关制定、发布的具有普遍约束力的决定、命令；(三) 行政机关对行政机关工作人员的奖惩、任免等决定；(四) 法律规定由行政机关最终裁决的具体行政行为。据此，选项A属于行政诉讼不予受理的范围。《最高人民法院关于执行〈中华人民共和国行政诉讼法〉若干问题的解释》第一条第二款规定，公民、法人或者其他组织对下列行为不服提起诉讼的，不属于人民法院行政诉讼的受案范围：(一)《行政诉讼法》第十二条规定的行为；(二) 公安、国家安全等机关依照《刑事诉讼法》的明确授权实施的行为；(三) 调解行为以及法律规定的仲裁行为；(四) 不具有强制力的行政指导行为；(五) 驳回当事人对行政行为提起申诉的重复处理行为；(六) 对公民、法人或者其他组织权利义务不产生实际影响的行为。据此，选项B、C、D的行为也属于行政诉讼不予受理的范围。

综上，本题正确答案为：A、B、C、D。

71. 根据民法通则及相关规定，下列有关代理的哪些说法是正确的？
    A. 本人知道他人以本人的名义实施民事行为而不作否认表示的，视为同意
    B. 代理人不履行职责而给被代理人造成损害的，应当承担民事责任
    C. 第三人知道行为人没有代理权还与行为人实施民事行为给他人造成损害的，由第三人和行为人负连带责任
    D. 代理人和第三人串通，损害被代理人的利益的，由代理人和第三人负连带责任

【答案】ABCD

【知识点】无权代理 不当代理

【解析】《民法通则》第六十六条第一款规定，没有代理权、超越代理权或者代理权终止后的行为，只有经过被代理人的追认，被代理人才承担民事责任。未经追认的行为，由行为人承担民事责任。本人知道他人以本人名义实施民事行为而不作否认表示的，视为同意。据此，选项A的说法正确。《民法通则》第六十六条第二款规定，代理人不履行职责而给被代理人造成损害的，应当承担民事责任。据此，选项B的说法正确。《民法通则》第六十六条第三款规定，代理人和第三人串通、损害被代理人的利益的，由代理人和第三人负连带责任。据此，选项D的说法正确。《民法通则》第六十六条第四款规定，第三人知道行为人没有代理权、超越代理权或者代理权已终止还与行为人实施民事行为给他人造成损害的，由第三人和行为人负连带责任。据此，选项C的说法正确。

综上，本题正确答案为：A、B、C、D。

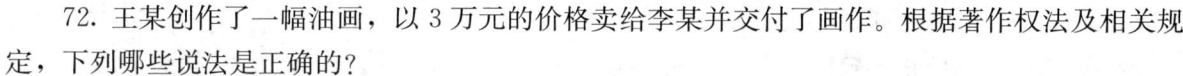

72. 王某创作了一幅油画，以3万元的价格卖给李某并交付了画作。根据著作权法及相关规定，下列哪些说法是正确的？

　　A. 李某取得该幅油画的所有权
　　B. 李某有权将该幅油画放在美术馆展出
　　C. 李某有权许可他人复制该幅油画
　　D. 李某有权许可出版社出版该幅油画

【答案】A B

【知识点】原件所有权转移的作品著作权归属

【解析】《民法通则》第七十二条第二款规定，按照合同或者其他合法方式取得财产的，财产所有权从财产交付时起转移，法律另有规定或者当事人另有约定的除外。在本题中，王某向李某交付该油画后，该油画的所有权即转移给了李某，选项A的说法正确。《著作权法》第十八条规定，美术等作品原件所有权的转移，不视为作品著作权的转移，但美术作品原件的展览权由原件所有人享有。据此，李某在取得该油画所有权的情况下，同时获得了该油画原件的展览权，但并未取得了复制权、出版权等著作权，因此选项B的说法正确，C和D的说法错误。

　　综上，本题正确答案为：A、B。

73. 某县公安局以钟某扰乱社会秩序为由对其作出行政处罚决定，钟某不服，向市公安局申请行政复议。根据行政复议法及相关规定，关于行政复议期间该行政处罚决定的执行，下列哪些说法是正确的？

　　A. 该行政处罚决定应当停止执行
　　B. 该县公安局认为需要停止执行的，可以停止执行该行政处罚决定
　　C. 该市公安局认为需要停止执行的，可以停止执行该行政处罚决定
　　D. 钟某申请停止执行，该市公安局认为其要求合理决定停止执行的，可以停止执行该行政处罚决定

【答案】B C D

【知识点】具体行政行为在行政复议期间的执行力

【解析】《行政复议法》第二十一条规定，行政复议期间具体行政行为不停止执行；但是，有下列情形之一的，可以停止执行：（一）被申请人认为需要停止执行的；（二）行政复议机关认为需要停止执行的；（三）申请人申请停止执行，行政复议机关认为其要求合理，决定停止执行的；（四）法律规定停止执行的。据此，行政复议期间具体行政行为原则上不停止执行，只有在特定情形下才停止执行，因此选项A的说法错误。选项B、C和D均属于可以停止执行具体行政行为的情形，说法均正确。

　　综上，本题正确答案为：B、C、D。

74. 根据商标法及相关规定，工商行政管理部门处理侵犯注册商标专用权纠纷，认定侵权行

为成立的，可以作出下列哪些决定？

A. 责令立即停止侵权行为

B. 没收、销毁侵权商品

C. 处以罚款

D. 判定侵权赔偿数额

【答案】A B C

【知识点】商标侵权行为的行政救济

【解析】根据《商标法》第五十三条的规定，有该法第五十二条所列侵犯注册商标专用权行为之一，引起纠纷的，由当事人协商解决；不愿协商或者协商不成的，商标注册人或者利害关系人可以向人民法院起诉，也可以请求工商行政管理部门处理。工商行政管理部门处理时，认定侵权行为成立的，责令立即停止侵权行为，没收、销毁侵权商品和专门用于制造侵权商品、伪造注册商标标识的工具，并可处以罚款。据此，责令立即停止侵权行为，没收、销毁侵权商品以及处以罚款均属于工商行政管理部门处理商标侵权案件时的职权，但工商行政管理部门无权判定侵权赔偿额，因此选项A、B和C正确，D错误。本题正确答案为：A、B、C。

75. 根据著作权法及相关规定，下列哪些行为侵犯了著作权或与著作权有关的权利？

A. 张某未经王某许可，发表了王某创作完成的小说

B. 郑某为谋取个人名利，在许某创作完成的作品上署名

C. 甲出版社未经乙出版社的许可，使用了其出版的图书的版式设计

D. 丙电视台未经歌星张某许可，录制了其表演

【答案】A B C D

【知识点】侵犯著作权或与著作权有关的权利的行为

【解析】《著作权法》第四十七条规定，有下列侵权行为的，应当根据情况，承担停止侵害、消除影响、赔礼道歉、赔偿损失等民事责任：（一）未经著作权人许可，发表其作品的；……（三）没有参加创作，为谋取个人名利，在他人作品上署名的；……（九）未经出版者许可，使用其出版的图书、期刊的版式设计的；（十）未经表演者许可，从现场直播或者公开传送其现场表演，或者录制其表演的；……。本题选项A、B、C和D的情形分别属于上述《著作权法》第四十七条第（一）项、第（三）项、第（九）项和第（十）项规定的侵犯著作权或与著作权有关的权利的行为。因此，本题正确答案为：A、B、C、D。

76. 下列哪些可作为行政诉讼中的证据？

A. 视听资料

B. 证人证言

C. 现场笔录

D. 鉴定结论

【答案】ＡＢＣＤ

【知识点】证据类型

【解析】《行政诉讼法》第三十一条第一款规定，证据有以下几种：（一）书证；（二）物证；（三）视听资料；（四）证人证言；（五）当事人的陈述；（六）鉴定结论；（七）勘验笔录、现场笔录。本题中Ａ、Ｂ、Ｃ、Ｄ四个选项分别为上述规定第（三）项、第（四）项、第（七）项、第（六）项所列证据，均为正确答案。因此本题正确答案为：Ａ、Ｂ、Ｃ、Ｄ。

77. 根据民法通则及相关规定，关于宣告失踪的下列哪些说法是正确的？

　　A. 公民下落不明满二年的，利害关系人可以向人民法院申请宣告其为失踪人

　　B. 宣告失踪是宣告死亡的必经程序

　　C. 宣告失踪后，失踪人的财产由其配偶、父母、成年子女或者关系密切的其他亲属、朋友代管

　　D. 宣告失踪后，失踪人所欠税款、债务和应付的其他费用应暂停支付

【答案】ＡＣ

【知识点】宣告失踪

【解析】《民法通则》第二十条第一款规定，公民下落不明满2年的，利害关系人可以向人民法院申请宣告他为失踪人。据此，选项A的说法正确。《民法通则》第二十三条规定，公民有下列情形之一的，利害关系人可以向人民法院申请宣告他死亡：（一）下落不明满4年的；（二）因意外事故下落不明，从事故发生之日起满2年的。战争期间下落不明的，下落不明的时间从战争结束之日起计算。据此，在该条规定的宣告死亡的条件中，并不以已经宣告失踪为必要条件，因此选项B的说法错误。《民法通则》第二十一条第一款规定，失踪人的财产由他的配偶、父母、成年子女或者关系密切的其他亲属、朋友代管。代管有争议的，没有以上规定的人或者以上规定的人无能力代管的，由人民法院指定的人代管。据此，选项C的说法正确。《民法通则》第二十一条第二款规定，失踪人所欠税款、债务和应付的其他费用，由代管人从失踪人的财产中支付。据此，选项D的说法错误。

　　综上，本题正确答案为：A、C。

78. 根据合同法及相关规定，下列哪些说法是正确的？

　　A. 合同当事人约定由第三人向债权人履行债务的，第三人不履行债务，债务人应当向债权人承担违约责任

　　B. 合同当事人约定由第三人向债权人履行债务的，第三人履行债务不符合约定，应当由第三人向债权人承担违约责任

　　C. 合同当事人约定由债务人向第三人履行债务的，债务人未向第三人履行债务，应当向债权人承担违约责任

　　D. 合同当事人约定由债务人向第三人履行债务的，债务人向第三人履行债务不符合约定，应当向第三人承担违约责任

【答案】A C

【知识点】合同的履行

【解析】《合同法》第六十五条规定,当事人约定由第三人向债权人履行债务,第三人不履行债务或者履行债务不符合约定,债务人应当向债权人承担违约责任。据此,选项A的说法正确,而选项B的说法错误。《合同法》第六十四条规定,当事人约定由债务人向第三人履行债务的,债务人未向第三人履行债务或者履行债务不符合约定,应当向债权人承担违约责任。据此,选项C的说法正确,而选项D的说法错误。

综上,本题正确答案为:A、C。

79. 甲公司将其注册商标以独占许可的方式许可给乙公司使用,并向商标局办理了备案手续。根据商标法及相关规定,下列哪些说法是正确的?

　　A. 甲公司应当监督乙公司使用该商标的商品质量
　　B. 乙公司应当在使用该商标的商品上标明自己的名称和产地
　　C. 在该注册商标专用权被侵害时,乙公司可以单独向人民法院提起诉讼
　　D. 在该注册商标专用权被侵害时,乙公司只有在甲公司不起诉的情况下才可以自行向人民法院提起诉讼

【答案】A B C

【知识点】商标许可

【解析】《商标法》第四十条第一款规定,商标注册人可以通过签订商标使用许可合同,许可他人使用其注册商标。许可人应当监督被许可人使用其注册商标的商品质量。被许可人应当保证使用该注册商标的商品质量。在本题中,甲公司将其商标许可给乙公司使用,因此应当监督乙公司使用该商标的商品质量,选项A的说法正确。《商标法》第四十条第二款规定,经许可使用他人注册商标的,必须在使用该注册商标的商品上标明被许可人的名称和商品产地。因此,本题中被许可人乙公司应当在使用该商标的商品上标明自己的名称和产地,选项B的说法正确。《最高人民法院关于审理商标民事纠纷案件适用法律若干问题的解释》第四条第二款规定,在发生注册商标专用权被侵害时,独占使用许可合同的被许可人可以向人民法院提起诉讼;排他使用许可合同的被许可人可以和商标注册人共同起诉,也可以在商标注册人不起诉的情况下,自行提起诉讼;普通使用许可合同的被许可人经商标注册人明确授权,可以提起诉讼。在本题中,乙公司是独占使用许可合同的被许可人,因此其可以在发生注册商标专用权被侵害时直接向人民法院提起诉讼,选项C的说法正确,D的说法错误。

综上,本题正确答案为:A、B、C。

80. 根据合同法及相关规定,下列关于合同权利和义务的哪些说法是正确的?

　　A. 当事人订立合同后合并的,由合并后的法人或者其他组织行使合同权利,履行合同义务
　　B. 债权人转让权利的,应当通知债务人,债务人接到债权转让通知后,债务人对让与人

的抗辩，可以向受让人主张

C. 债务人将合同的义务全部转移给第三人的，应当经债权人同意

D. 债务人转移合同义务的，新债务人不得主张原债务人对债权人的抗辩

【答案】ABC

【知识点】合同权利和义务的转让

【解析】根据《合同法》第九十条的规定，当事人订立合同后合并的，由合并后的法人或者其他组织行使合同权利，履行合同义务。据此，选项A的说法正确。《合同法》第八十条第一款规定，债权人转让权利的，应当通知债务人；未经通知，该转让对债务人不发生效力。同时，《合同法》第八十二条规定，债务人接到债权转让通知后，债务人对让与人的抗辩，可以向受让人主张。根据上述两条规定，选项B的说法正确。《合同法》第八十四条规定，债务人将合同的义务全部或者部分转移给第三人的，应当经债权人同意。据此，选项C的说法正确。《合同法》第八十五条规定，债务人转移义务的，新债务人可以主张原债务人对债权人的抗辩。据此，选项D的说法错误。

综上，本题正确答案为：A、B、C。

81. 甲公司与乙公司签订了家具买卖合同，并欲就发生合同纠纷时的管辖问题进行约定。根据民事诉讼法及相关规定，在不违反级别管辖和专属管辖规定的情况下，下列哪些约定符合规定？

A. 双方书面约定由合同签订地人民法院管辖

B. 双方口头约定由合同签订地人民法院管辖

C. 双方书面约定由原告住所地人民法院管辖

D. 双方口头约定由原告住所地人民法院管辖

【答案】AC

【知识点】民事诉讼中的协议管辖

【解析】《民事诉讼法》第三十四条规定，合同或者其他财产权益纠纷的当事人可以书面协议选择被告住所地、合同履行地、合同签订地、原告住所地、标的物所在地等与争议有实际联系的地点的人民法院管辖，但不得违反本法对级别管辖和专属管辖的规定。根据该规定可知，协议管辖中的"协议"应当是书面协议，而不能是口头协议；同时，所约定的法院应当是与争议有实际联系的地点的人民法院。在本题中，甲公司和乙公司可书面约定合同签订地、原告住所地等地人民法院管辖，但不能口头约定，因此选项A和C正确，选项B和D错误。

综上，本题正确答案为：A、C。

82. 根据行政复议法及相关规定，下列哪些说法是正确的？

A. 在行政复议过程中，被申请人可以自行向申请人收集证据

B. 在行政复议过程中，行政复议机关应当为申请人查阅有关材料提供必要条件

C. 在行政复议过程中，申请人可以查阅被申请人作出具体行政行为的证据，除涉及国家

秘密、商业秘密或者个人隐私外，行政复议机关不得拒绝

D. 在行政复议过程中，第三人可以查阅被申请人提出的书面答复，除涉及国家秘密、商业秘密或者个人隐私外，行政复议机关不得拒绝

【答案】BCD

【知识点】举证责任

【解析】《行政复议法》第二十四条规定，在行政复议过程中，被申请人不得自行向申请人和其他有关组织或者个人收集证据。据此，选项A的说法错误。《行政复议法实施条例》第三十五条规定，行政复议机关应当为申请人、第三人查阅有关材料提供必要条件。据此，选项B的说法正确。《行政复议法》第二十三条第二款规定，申请人、第三人可以查阅被申请人提出的书面答复、作出具体行政行为的证据、依据和其他有关材料，除涉及国家秘密、商业秘密或者个人隐私外，行政复议机关不得拒绝。据此，选项C和D的说法正确。

综上，本题正确答案为：B、C、D。

83. 某县公安局对张某作出了一项行政处罚决定。张某不服，遂向该县人民政府申请行政复议，但该县人民政府未在法定期限内作出复议决定。张某欲向人民法院提起行政诉讼。根据行政诉讼法及相关规定，下列哪些说法是正确的？

A. 张某因对该行政处罚决定不服提起诉讼的，应当以该县公安局为被告

B. 张某因对该行政处罚决定不服提起诉讼的，应当以该县人民政府为被告

C. 张某因对该县人民政府不作为不服提起诉讼的，应当以该县人民政府为被告

D. 张某因对该县人民政府不作为不服提起诉讼的，应当以该县人民政府和县公安局作为共同被告

【答案】AC

【知识点】行政诉讼的被告

【解析】《最高人民法院关于执行〈中华人民共和国行政诉讼法〉若干问题的解释》第二十二条规定，复议机关在法定期间内不作复议决定，当事人对原具体行政行为不服提起诉讼的，应当以作出原具体行政行为的行政机关为被告；当事人对复议机关不作为不服提起诉讼的，应当以复议机关为被告。在本题中，张某既可就该行政处罚决定提起行政诉讼，也可就复议机关即县人民政府不作为提起诉讼；就该行政处罚决定提起诉讼的，应当以作出原具体行政行为的县公安局为被告，就该县人民政府不作为提起诉讼的，应当以县人民政府作为被告，选项A和C的说法正确，B和D的说法错误。因此，本题正确答案为：A、C。

84. 根据民法通则及相关规定，下列哪些属于诉讼时效中断的事由？

A. 权利人向法院提起诉讼

B. 因不可抗力导致权利人不能行使请求权

C. 权利人向债务人提出履行债务的要求

D. 债务人同意履行债务

【答案】ACD

【知识点】诉讼时效的中断

【解析】《民法通则》第一百四十条规定，诉讼时效因提起诉讼、当事人一方提出要求或者同意履行义务而中断。从中断时起，诉讼时效期间重新计算。据此，权利人向法院提起诉讼、权利人向债务人提出履行债务的要求、债务人同意履行债务均属于诉讼时效中断的事由，即选项A、C和D均为本题正确答案。根据《民法通则》第一百三十九条的规定，因不可抗力导致权利人不能行使请求权的，诉讼时效中止，从中止时效的原因消除之日起，诉讼时效期间继续计算。因此，B选项所列情形不属于诉讼时效中断的事由，而属于诉讼时效中止事由。

综上，本题正确答案为：A、C、D。

85. 小学教师邹某将其创作的一部童话故事作品向甲杂志社投稿，未对其版权作任何声明。该童话故事被甲杂志刊出后，乙报社转载了该童话故事，某教材编写单位则将该童话故事的精彩选段收录在为实施九年制义务教育的小学教材中。根据我国著作权法及相关规定，下列哪些说法是正确的？

　　A. 乙报社可以不经邹某许可转载该童话故事，但是应当向其支付报酬

　　B. 未经邹某许可，乙报社不得转载该童话故事

　　C. 该教材编写单位可以不经邹某许可使用该童话故事选段，但是应当向其支付报酬

　　D. 该教材编写单位可以不经邹某许可使用该童话故事选段，且无须向其支付报酬

【答案】AC

【知识点】教科书的编写出版　报刊出版

【解析】《著作权法》第二十三条规定，为实施九年制义务教育和国家教育规划而编写出版教科书，除作者事先声明不许使用的外，可以不经著作权人许可，在教科书中汇编已经发表的作品片段或者短小的文字作品、音乐作品或者单幅的美术作品、摄影作品，但应当按照规定支付报酬，指明作者姓名、作品名称，并且不得侵犯著作权人依照本法享有的其他权利。在本题中，邹某未对其版权作任何声明，因此该教材编写单位可以不经邹某许可使用该童话故事选段，但是应当向其支付报酬，选项C的说法正确，选项D的说法错误。《著作权法》第三十三条第二款规定，作品刊登后，除著作权人声明不得转载、摘编的外，其他报刊可以转载或者作为文摘、资料刊登，但应当按照规定向著作权人支付报酬。在本题中，邹某未对其版权作任何声明，因此乙报社可不经邹某许可转载该童话故事，但是应当向其支付报酬，选项A的说法正确，选项B的说法错误。

综上，本题正确答案为：A、C。

86. 根据植物新品种保护条例及相关规定，下列哪些说法是正确的？

　　A. 申请品种权的植物新品种仅指经过人工培育的植物品种，不包括对发现的野生植物加以开发的植物品种

B. 申请品种权的植物新品种应当属于国家植物品种保护名录中列举的植物的属或者种
C. 授予品种权的植物新品种应当具备适当的名称，并与相同或者相近的植物属或者种中已知品种的名称相区别
D. 授予品种权的植物新品种应当同时具备新颖性、特异性、一致性和实用性

【答案】B C

【知识点】职务新品种权的授权条件

【解析】《植物新品种保护条例》第二条规定，本条例所称植物新品种，是指经过人工培育的或者对发现的野生植物加以开发，具备新颖性、特异性、一致性和稳定性并有适当命名的植物品种。据此，申请品种权的植物新品种不仅包括经过人工培育的植物品种，还包括对发现的野生植物加以开发的植物品种，因此选项A的说法错误。同时根据该条规定可知，"实用性"不是授予品种权的条件之一，选项D的说法错误。《植物新品种保护条例》第十三条规定，申请品种权的植物新品种应当属于国家植物品种保护名录中列举的植物的属或者种，植物品种保护名录由审批机关确定和公布。据此，选项B的说法正确。根据《植物新品种保护条例》第十八条的规定，授予品种权的植物新品种应当具备适当的名称，并与相同或者相近的植物属或者种中已知品种的名称相区别。据此，选项C的说法正确。

综上，本题正确答案为：B、C。

87. 根据行政诉讼法及相关规定，提起行政诉讼应当符合下列哪些条件？
A. 原告应当是认为具体行政行为侵犯其合法权益的公民、法人或者其他组织
B. 应当有明确的被告
C. 应当有具体的诉讼请求和事实根据
D. 应当属于人民法院的受案范围和受诉人民法院管辖

【答案】A B C D

【知识点】提起行政诉讼的条件

【解析】《行政诉讼法》第四十一条规定，提起诉讼应当符合下列条件：（一）原告是认为具体行政行为侵犯其合法权益的公民、法人或者其他组织；（二）有明确的被告；（三）有具体的诉讼请求和事实根据；（四）属于人民法院受案范围和受诉人民法院管辖。据此，选项A、B、C、D均属于提起行政诉讼应当符合的条件，本题正确答案为：A、B、C、D。

88. 根据民法通则及相关规定，下列哪些属于法人所享有的人身权？
A. 姓名权
B. 名称权
C. 名誉权
D. 荣誉权

【答案】B C D

【知识点】法人人身权

【解析】《民法通则》第五章第四节规定了人身权。该节下的第九十九条第一款规定，公民享有姓名权，有权决定、使用和依照规定改变自己的姓名，禁止他人干涉、盗用、假冒。该条第二款规定，法人、个体工商户、个人合伙享有名称权。据此，公民享有姓名权，而法人享有的是名称权。因此，选项A错误，选项B正确。该节第一百零一条规定，公民、法人享有名誉权，公民的人格尊严受法律保护，禁止用侮辱、诽谤等方式损害公民、法人的名誉。据此，选项C正确。该节第一百零二条规定，公民、法人享有荣誉权，禁止非法剥夺公民、法人的荣誉称号。据此，选项D正确。

综上，本题正确答案为：B、C、D。

89. 刘某与萧某由于专利权属纠纷诉至法院。人民法院作出的一审判决发生法律效力后，刘某认为一审适用法律错误，欲申请再审。根据民事诉讼法及相关规定，下列哪些说法是正确的？

  A. 刘某可以向原审人民法院申请再审

  B. 刘某可以向原审人民法院的上一级人民法院申请再审

  C. 刘某申请再审的，应当在一审判决发生法律效力后6个月内提出

  D. 刘某申请再审的，人民法院应当裁定停止原判决的执行

【答案】ABC

【知识点】民事诉讼再审

【解析】《民事诉讼法》第一百九十九条规定，当事人对已经发生法律效力的判决、裁定，认为有错误的，可以向上一级人民法院申请再审；当事人一方人数众多或者当事人双方为公民的案件，也可以向原审人民法院申请再审。当事人申请再审的，不停止判决、裁定的执行。在本题中，当事人刘某和萧某均为自然人，因此欲申请再审的，既可向原审人民法院的上一级人民法院申请，也可向原审人民法院申请，因此选项A和B均正确。同时，根据上述规定可知，刘某申请再审的，原判决不停止执行，因此选项D的说法错误。《民事诉讼法》第二百零五条规定，当事人申请再审，应当在判决、裁定发生法律效力后6个月内提出；有本法第二百条第一项、第三项、第十二项、第十三项规定情形的，自知道或者应当知道之日起6个月内提出。在本题中，刘某申请再审的理由是"一审适用法律错误"，属于该法第二百条第六项的情形，因此应当在判决发生法律效力后6个月内提出再审，选项C的说法正确。

综上，本题正确答案为：A、B、C。

90. 袁某创作完成了一部小说，并发表在某杂志上。此后，经许可，赵某将该小说改编成舞台剧剧本，陈某在某剧院公开演出该舞台剧，某电视台对该演出进行了现场录像并制作成光盘。根据著作权法及相关规定，下列哪些说法是正确的？

  A. 袁某对该小说的发行权保护期截止于首次发表后第五十年的12月31日

  B. 赵某对该舞台剧剧本的修改权保护期截止于首次公开演出后第五十年的12月31日

  C. 陈某享有许可电视台对其表演的该舞台剧进行录像并获得报酬的权利，此项权利的保

护期限截止于该表演发生后第五十年的 12 月 31 日

D. 该电视台享有许可他人对其制作的该光盘进行复制并获得报酬的权利，此项权利的保护期限截止于该光盘首次制作完成后第五十年的 12 月 31 日

【答案】CD

【知识点】著作权及与著作权有关的权利的保护期

【解析】《著作权法》第二十一条规定，公民的作品，其发表权、本法第十条第一款第（五）项至第（十七）项规定的权利的保护期为作者终生及其死亡后 50 年，截止于作者死亡后第 50 年的 12 月 31 日；如果是合作作品，截止于最后死亡的作者死亡后第 50 年的 12 月 31 日。据此，袁某对该小说的发行权保护期为作者终生及其死亡后 50 年，而非首次发表后的 50 年，因此选项 A 的说法错误。《著作权法》第二十条规定，作者的署名权、修改权、保护作品完整权的保护期不受限制。据此，本题中赵某对该舞台剧剧本的修改权保护期不受限制，而非首次公开演出后的 50 年，选项 B 的说法错误。《著作权法》第三十八条第一款规定，表演者对其表演享有下列权利：……（四）许可他人录音录像，并获得报酬；……据此，陈某享有许可电视台对其表演的舞台剧进行录像并获得报酬的权利。同时，《著作权法》第三十九条第二款规定，本法第三十八条第一款第（三）项至第（六）项规定的权利的保护期为 50 年，截止于该表演发生后第 50 年的 12 月 31 日。据此，陈某享有上述权利的保护期限为该表演发生后第 50 年的 12 月 31 日。因此，选项 C 的说法正确。《著作权法》第四十二条第一款规定，录音录像制作者对其制作的录音录像制品，享有许可他人复制、发行、出租、通过信息网络向公众传播并获得报酬的权利；权利的保护期为 50 年，截止于该制品首次制作完成后第 50 年的 12 月 31 日。据此，选项 D 的说法正确。

综上，本题正确答案为：C、D。

91. 根据民法通则及相关规定，下列哪些说法是正确的？
    A. 无效的民事行为从行为开始起就没有法律约束力
    B. 无效的民事行为从人民法院确认无效之日起无法律约束力
    C. 被撤销的民事行为从行为开始起无效
    D. 被撤销的民事行为从人民法院撤销该民事行为之日起无效

【答案】AC

【知识点】无效和可变更撤销的民事行为

【解析】《民法通则》第五十八条第二款规定，无效的民事行为，从行为开始起就没有法律约束力。据此，选项 A 的说法正确，B 的说法错误。《民法通则》第五十九条第二款规定，被撤销的民事行为从行为开始起无效。据此，选项 C 的说法正确，D 的说法错误。

综上，本题正确答案为：A、C。

92. 根据集成电路布图设计保护条例及相关规定，下列哪些说法是正确的？
    A. 受保护的集成电路布图设计应当是创作者自己的智力劳动成果，并且在其创作时该布

图设计在布图设计创作者和集成电路制造者中不是公认的常规设计

B. 受保护的集成电路布图设计应当富有美感

C. 对集成电路布图设计的保护不延及思想、处理过程、操作方法或者数学概念等

D. 集成电路布图设计专有权自创作完成之日起产生

【答案】AC

【知识点】集成电路布图设计的保护

【解析】《集成电路布图设计保护条例》第四条第一款规定，受保护的布图设计应当具有独创性，即该布图设计是创作者自己的智力劳动成果，并且在其创作时该布图设计在布图设计创作者和集成电路制造者中不是公认的常规设计。据此，选项A的说法正确。根据上述规定也可知，富有美感并非是集成电路布图设计受保护的必要条件，选项B的说法错误。《集成电路布图设计保护条例》第五条规定，本条例对布图设计的保护，不延及思想、处理过程、操作方法或者数学概念等。据此，选项C的说法正确。《集成电路布图设计保护条例》第八条规定，布图设计专有权经国务院知识产权行政部门登记产生。未经登记的布图设计不受本条例保护。据此可知，布图设计专有权经登记产生而非自创造完成之日起产生，选项D的说法错误。

综上，本题正确答案为：A、C。

93. 根据民事诉讼法及相关规定，有下列哪些情形的，民事诉讼中止？

A. 一方当事人丧失诉讼行为能力，尚未确定法定代理人的

B. 本案必须以另一案的审理结果为依据，而另一案尚未审结的

C. 一方当事人因不可抗拒的事由，不能参加诉讼的

D. 离婚案件一方当事人死亡的

【答案】ABC

【知识点】民事诉讼中止

【解析】《民事诉讼法》第一百五十条规定，有下列情形之一的，中止诉讼：（一）一方当事人死亡，需要等待继承人表明是否参加诉讼的；（二）一方当事人丧失诉讼行为能力，尚未确定法定代理人的；（三）作为一方当事人的法人或者其他组织终止，尚未确定权利义务承受人的；（四）一方当事人因不可抗拒的事由，不能参加诉讼的；（五）本案必须以另一案的审理结果为依据，而另一案尚未审结的；（六）其他应当中止诉讼的情形。本题选项A、B、C分别属于上述规定的第（二）项、第（五）项、第（四）项的情形，均为本题正确答案。根据《民事诉讼法》第一百五十一条的规定，离婚案件一方当事人死亡的，属于终结诉讼的情形，因此选项D错误。

综上，本题正确答案为：A、B、C。

94. 赵某在某专利代理事务所实习，表现优异。该事务所与赵某达成约定，如果赵某当年通过了全国专利代理人资格考试，将资助其出国进修半年。根据民法通则及相关规定，在赵某参

加全国专利代理人资格考试之前，下列哪些说法是正确的？

　　A. 该约定既未成立，也未生效

　　B. 该约定已经成立，但未生效

　　C. 该约定是附条件的民事法律行为

　　D. 该约定是附期限的民事法律行为

【答案】B C

【知识点】附条件的民事行为

【解析】《民法通则》第六十二条规定，民事法律行为可以附条件，附条件的民事法律行为在符合所附条件时生效。同时，《最高人民法院关于贯彻执行〈中华人民共和国民法通则〉若干问题的意见（试行）》第七十六条规定，附期限的民事法律行为，在所附期限到来时生效或者解除。在本题中，该事务所与赵某已经达成约定，意味着该约定已经成立。该约定附加了"赵某当年通过了全国专利代理人资格考试"的生效条件，因此该约定是附条件的民事法律行为。由于所附条件尚未符合，该约定尚未生效。因此，选项B、C的说法正确，A、D的说法错误。需要注意的是，有较多考生不能准确区分"附条件"和"附期限"民事法律行为的区别，有部分考生认为该约定中的"当年"表明该约定是附期限的。实际上，附期限的民事法律行为所附期限一定能够到来，所附期限到来时民事法律行为即生效或解除；而附条件的民事法律行为所附的条件不一定能够成就，因此民事法律行为有可能不会生效。在本题中，在考试之前，赵某能否在当年通过代理人资格考试是未知的，如果赵某未能在当年通过考试，该约定将不会生效。因此，"当年通过考试"是该约定所附的一个条件，不能机械地将"当年"单独抽离出来作为"附期限"来理解。因此，本题正确答案为B、C。

95. 根据计算机软件保护条例的规定，软件著作权人可以向国务院著作权行政管理部门认定的软件登记机构办理登记。关于软件登记，下列哪些说法是正确的？

　　A. 软件登记机构发放的登记证明文件是登记事项的初步证明

　　B. 计算机软件著作权自软件登记之日起产生

　　C. 计算机软件著作权的保护期为自软件登记之日起五十年

　　D. 办理软件登记应当缴纳费用

【答案】A D

【知识点】软件著作权登记

【解析】《计算机软件保护条例》第七条第一款规定，软件著作权人可以向国务院著作权行政管理部门认定的软件登记机构办理登记；软件登记机构发放的登记证明文件是登记事项的初步证明。据此，选项A的说法正确。根据《计算机软件保护条例》第七条第二款的规定，办理软件登记应当缴纳费用。据此，选项D的说法正确。《计算机软件保护条例》第十四条第一款规定，软件著作权自软件开发完成之日起产生。据此，选项B的说法错误。《计算机软件保护条例》第十四条第二款规定，自然人的软件著作权，保护期为自然人终生及其死亡后50年，截止于自然人死亡后第50年的12月31日；软件是合作开发的，截止于最后死亡的自然人死亡后第 50 年的 12 月 31 日;《计算机软件保护条例》第十四条第三款规定,法人或者其他组织的软件著作权,保护期为 50 年,截止于软件首次发表后第 50 年的 12 月 31 日,但软件自开发完成之日起 50 年内未发表的,本条例不再保护。因此,无论是自然人还是法人或其他组织的软件著作权,其保护期限均为自软件首次发表(前提条件是在开发完成之日起 50 年内发表)后 50 年,而非自软件登记之日起 50 年,选项 C 的说法错误。

综上,本题正确答案为:A、D。

96. 根据行政诉讼法及相关规定,下列有关行政诉讼证据的哪些说法是正确的?
    A. 原告不承担任何举证责任
    B. 被告对作出的具体行政行为负有举证责任
    C. 在诉讼过程当中,被告不得自行向原告和证人收集证据
    D. 人民法院有权向有关行政机关以及其他组织、公民调取证据

【答案】BCD

【知识点】行政诉讼证据

【解析】《最高人民法院关于执行〈中华人民共和国行政诉讼法〉若干问题的解释》第二十七条规定,原告对下列事项承担举证责任:(一)证明起诉符合法定条件,但被告认为原告起诉超过起诉期限的除外;(二)在起诉被告不作为的案件中,证明其提出申请的事实;(三)在一并提起的行政赔偿诉讼中,证明因受被诉行为侵害而造成损失的事实;(四)其他应当由原告承担举证责任的事项。据此,行政诉讼中的原告需要对特定事项承担举证责任,选项 A "不承担任何举证责任"的说法错误。《行政诉讼法》第三十二条规定,被告对作出的具体行政行为负有举证责任,应当提供作出该具体行政行为的证据和所依据的规范性文件。据此,选项 B 的说法正确。《行政诉讼法》第三十三条规定,在诉讼过程中,被告不得自行向原告和证人收集证据。据此,选项 C 的说法正确。《行政诉讼法》第三十四条第二款规定,人民法院有权向有关行政机关以及其他组织、公民调取证据。据此,选项 D 的说法正确。

综上,本题正确答案为:B、C、D。

97. 根据植物新品种保护条例及相关规定,在没有合同约定的情况下,下列哪些说法是正确的?
    A. 执行本单位的任务所完成的职务育种,植物新品种的申请权属于该单位
    B. 主要是利用本单位的物质条件所完成的职务育种,植物新品种的申请权属于完成育种的个人
    C. 合作育种,植物新品种的申请权属于共同完成育种的单位和个人
    D. 委托育种,植物新品种的申请权属于委托人

【答案】AC

【知识点】品种权的归属

【解析】《植物新品种保护条例》第七条第一款规定，执行本单位的任务或者主要是利用本单位的物质条件所完成的职务育种，植物新品种的申请权属于该单位；非职务育种，植物新品种的申请权属于完成育种的个人。申请被批准后，品种权属于申请人。据此，选项A的说法正确，B的说法错误。《植物新品种保护条例》第七条第二款规定，委托育种或者合作育种，品种权的归属由当事人在合同中约定；没有合同约定的，品种权属于受委托完成或者共同完成育种的单位或者个人。据此，在没有合同约定的情况下，委托育种或者合作育种属于完成或共同完成育种的单位和个人，选项C的说法正确，D的说法错误。

综上，本题正确答案为：A、C。

98. 根据商标法及相关规定，下列哪些属于侵犯注册商标专用权的行为？
   A. 未经商标注册人许可，在同一种商品上使用与其注册商标相同的商标
   B. 未经商标注册人同意，更换其注册商标并将该更换商标的商品又投入市场
   C. 销售伪造、擅自制造的注册商标标识
   D. 销售侵犯注册商标专用权的商品

【答案】A B C D

【知识点】侵犯注册商标专用权的行为

【解析】《商标法》第五十二条规定，有下列行为之一的，均属侵犯注册商标专用权：（一）未经商标注册人的许可，在同一种商品或者类似商品上使用与其注册商标相同或者近似的商标的；（二）销售侵犯注册商标专用权的商品的；（三）伪造、擅自制造他人注册商标标识或者销售伪造、擅自制造的注册商标标识的；（四）未经商标注册人同意，更换其注册商标并将该更换商标的商品又投入市场的；（五）给他人的注册商标专用权造成其他损害的。本题A、B、C和D选项的行为分别为上述规定中的第（一）项、第（四）项、第（三）项和第（二）项所列，均属于侵犯注册商标专用权的行为。因此，本题正确答案为：A、B、C、D。

99. 根据合同法及相关规定，有下列哪些情形的，当事人可以解除合同？
   A. 因不可抗力致使不能实现合同目的
   B. 因作为技术开发合同标的的技术已经由他人公开，致使技术开发合同的履行没有意义
   C. 当事人一方迟延履行主要债务，经催告后在合理期限内仍未履行
   D. 在履行期限届满之前，当事人一方明确表示不履行主要债务

【答案】A B C D

【知识点】合同的解除

【解析】《合同法》第九十四条规定，有下列情形之一的，当事人可以解除合同：（一）因不可抗力致使不能实现合同目的的；（二）在履行期限届满之前，当事人一方明确表示或者以自己的行为表明不履行主要债务；（三）当事人一方迟延履行主要债务，经催告后在合理期限内仍未履行；（四）当事人一方迟延履行债务或者有其他违约行为致使不能实现合同目的的；（五）法律规定的其他情形。本题A、C和D选项分别为上述规定中第（一）项、第

(三)项和第(二)项所列情形,当事人可以解除合同。《合同法》第三百三十七条规定,因作为技术开发合同标的的技术已经由他人公开,致使技术开发合同的履行没有意义的,当事人可以解除合同。据此,B选项情形下,当事人也可以解除合同。

综上,本题正确答案为:A、B、C、D。

100. 根据《与贸易有关的知识产权协定》,下列哪些应当受版权或者和版权有关的权利的保护?

　　A. 数学概念本身
　　B. 以源代码表达的计算机程序
　　C. 以目标代码表达的计算机程序
　　D. 录音制品

【答案】BCD

【知识点】版权和有关权利的保护范围

【解析】《与贸易有关的知识产权协定》第九条第二款规定,版权的保护应当及于表达,而不及于构思、程序、操作方法或者数学概念本身。据此,数学概念本身不能受到版权或者和版权有关的权利的保护,选项A错误。《与贸易有关的知识产权协定》第十条第一款规定,计算机程序,不论是以源代码还是以目标代码表达,应当根据《伯尔尼公约》(1971年)作为文字作品加以保护。据此,以源代码表达的计算机程序和以目标代码表达的计算机程序均应受到版权保护,选项B和C正确。《与贸易有关的知识产权协定》第二部分第一节"版权和有关权利"中的第十四条规定了对表演者、录音制品制作者和广播组织的保护。由此可知,录音制品受到版权或者和版权有关的权利的保护,选项D正确。

综上,本题正确答案为:B、C、D。

专利代理实务

2013 年全国专利代理人资格考试

专利代理实务考试试卷

国家知识产权局
专利代理人考核委员会监制
2013 年 11 月

本试卷包含:❶

答题须知 ……………………………………………………………………………………	1
试题说明 ……………………………………………………………………………………	2
技术交底材料 ………………………………………………………………………………	3～7
对比文件 1 …………………………………………………………………………………	8～9
对比文件 2 …………………………………………………………………………………	10～11
对比文件 3 …………………………………………………………………………………	12～13
客户公司技术人员撰写的权利要求书 ……………………………………………………	14
草稿纸 ………………………………………………………………………………………	15～19

答题须知

1. 本专利代理实务试题总分 150 分。

2. 所有试题的正确答案均以现行、有效的法律和法规为准。

3. 作为考试,考生在完成题目时应当接受并仅限于本试卷所提供的事实,并且无需考虑素材的真实性、有效性问题。

4. 考生应当将各题答案按顺序清楚地答写在正式答题卡相对应的答题区域内:

   第一题的答案按顺序清楚地答写在答题卡第 1—3 页上;
   第二题的答案按顺序清楚地答写在答题卡第 4—5 页上;
   第三题的答案按顺序清楚地答写在答题卡第 6—7 页上;
   第四题的答案按顺序清楚地答写在答题卡第 8 页上。

   考生将答案写在试卷上、草稿纸上或者未按上述要求写在答题卡相应区域内的,不予计分。

5. 为方便答题,考试时,考生可将试卷第 15～19 页的草稿纸沿虚线撕下来使用;考试结束时,草稿纸需随试卷、答题卡一同由监考老师收回,请勿带出考场,否则一律给予零分。

6. 每个考生配有两张答题卡,不予增补,请认真思考后作答。

祝您取得理想的考试成绩!

---

❶ 指原考卷卷页页码。——编者注

试题说明

客户 A 公司向你所在的专利代理机构提供了技术交底材料 1 份、3 份对比文件（附件 1 至附件 3）以及公司技术人员撰写的权利要求书 1 份（附件 4）。现委托你所在的专利代理机构为其提供咨询意见并具体办理专利申请事务。

第一题：请你撰写提交给客户的咨询意见，逐一解释其自行撰写的权利要求书是否符合专利法及其实施细则的规定并说明理由。

第二题：请你综合考虑附件 1 至附件 3 所反映的现有技术，为客户撰写发明专利申请的权利要求书。

第三题：简述你撰写的独立权利要求相对于现有技术具备新颖性和创造性的理由。

第四题：如果所撰写的权利要求书中包含两项或者两项以上的独立权利要求，请简述这些独立权利要求能够合案申请的理由；如果认为客户提供的技术内容涉及多项发明，应当以多份申请的方式提出，则请说明理由，并撰写分案申请的独立权利要求。

技术交底材料：

我公司致力于大型公用垃圾箱的研发与制造，产品广泛应用于小区、街道、垃圾站等场所。经调研发现，市场上常见的一种垃圾桶/箱，在桶体内设有滤水结构，能够分离垃圾中的固态物和液态物，便于垃圾清理和移动（参见对比文件1）。但是垃圾内部仍然残存湿气，尤其是对于大型垃圾桶/箱，其内部由于通风不畅容易导致垃圾缺氧而腐化发臭，不利于公共环境卫生。有厂家设计了一种家用垃圾桶，其桶底设有孔，方便空气进出（参见对比文件2）。

在上述现有技术的基础上，我公司提出改进的大型公用垃圾箱。

如图1和2所示，一种大型公用垃圾箱，主要包括箱盖1、上箱体2和下箱体3。箱盖1上设有垃圾投入口4。上箱体2和下箱体3均为顶部开口结构，箱盖1盖合在上箱体2的顶部开口处，上箱体2可分离地安装在下箱体3上，上箱体2的底部为水平设置的滤水板5。在下箱体3的侧壁上部开设有通风孔6。通风孔6最好为两组，并且分别设置在下箱体3相对的侧壁上。

在使用时，当垃圾倒入垃圾箱后，其中的固态物留在滤水板5上，而液态物则经滤水板5进入下箱体3，从而上箱体2内部构成固体垃圾存放区，下箱体3内部构成液体垃圾存放区。空气从通风孔6进入下箱体3，会同垃圾箱内的湿气向上流动，依次经上箱体2的滤水板5和固体垃圾存放区，最终从垃圾投入口4向外排出。在设置了相对的两组通风孔6的情况下，空气还可以从一侧的通风孔6进入，从另一侧的通风孔6排出。通过设置在下箱体3的侧壁上部的通风孔6以及在箱盖1上的垃圾投入口4，垃圾箱内产生由下而上的对流和内外循环，从而起到防止垃圾腐化，减少臭味，提高环境清洁度的作用。

当上箱体2内堆积的垃圾较多时，空气流动受到阻碍，不利于湿气及时排出。为解决该问题，进一步提高通风效果，如图3和4所示，在上箱体2的侧壁内侧设置多个竖直布置的空心槽状隔条7，其与上箱体2的侧壁之间限定形成多个空气通道。空心槽状隔条7上端与上箱体2的上边缘基本齐平，以避免空气通道的入口被垃圾堵塞；下端延伸至接近滤水板5。

在使用时，空气从通风孔6进入下箱体3，会同垃圾箱内的湿气向上流动，由于受到上箱体2内固体垃圾的阻碍，部分气体从空心槽状隔条7与滤水板5之间的缝隙进入到空心槽状隔条7中，并沿着空心槽状隔条7与上箱体2的侧壁之间形成的空气通道向上流动，最终从垃圾投入口4向外排出。

此外，也可以在上箱体2的侧壁上设置其他通风结构（例如通风孔）或者将两种通风结构组合在一起使用。

我公司此前设计了一种自卸式垃圾箱，将垃圾箱的底板设成活动的，该活动底板可沿着箱体底部的导轨水平拉出以便从底部卸出垃圾，从而解决了从垃圾箱顶部开口向外倾倒垃圾容易造成扬尘的缺陷（参见对比文件3）。但是这种垃圾箱的导轨容易积尘从而卡住底板。

针对该问题，滤水板5被进一步设置成可活动的。如图5所示，滤水板5一端通过铰接件8与上箱体2的侧壁底边连接，相对的另一端通过锁扣件9固定在水平闭合位置。如图6所示，当打开锁扣件9时，滤水板5在重力作用下以铰接件8为轴相对于上箱体2向下转动从而卸出垃圾。锁扣件9包括设置在上箱体2侧壁上的活动插舌91和对应设置在滤水板5上的插口92，所述活动插舌91与插口92可以互相咬合或脱离。锁扣件9还可以采用其他形式，各种现有的锁扣件均可以使用。

当垃圾箱内垃圾装满需要清理时，吊起上箱体2，使得上箱体2与下箱体3分离；当上箱体2被移至合适位置后，打开锁扣件9，滤水板5在重力作用下以铰接件8为轴向下转动，打开上箱体2的底部，内部的固体垃圾掉落到垃圾车或者传送带上运走。下箱体3内的液体垃圾则另行处理。

与导轨结构的垃圾箱相比，这种垃圾箱的底部不容易损坏，使用寿命更长。需要说明的是，垃圾箱的箱体不限于本技术交底材料所设计的具体形式，其他垃圾箱也可以采用上述底部结构。

我公司还准备充分利用公用垃圾箱进行广告宣传，通过在箱体的至少一个外侧面上印上商标、图形或文字，起到广告宣传的作用，同时又美化了城市环境。这种广告宣传方法具有成本低廉、应用范围广的优点。

技术交底材料附图

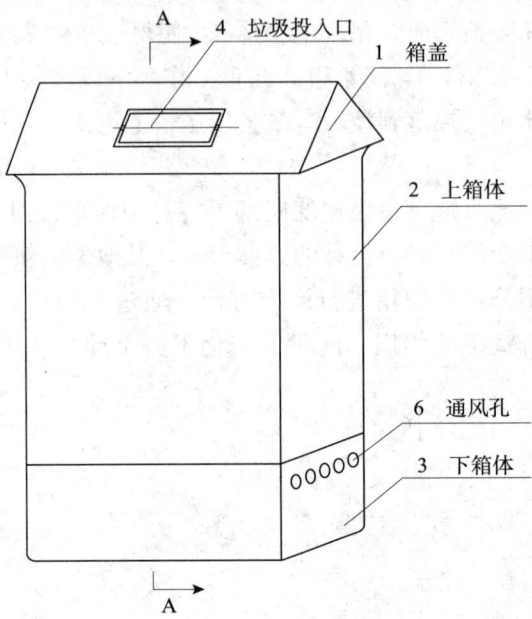

图1 正视图

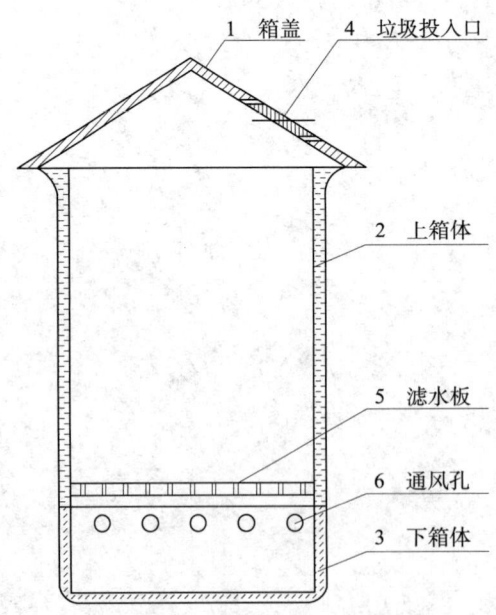

图2 A—A截面

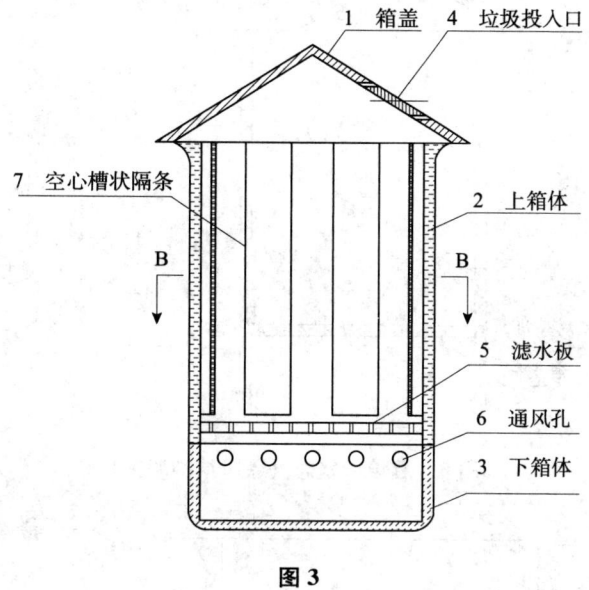

图 3

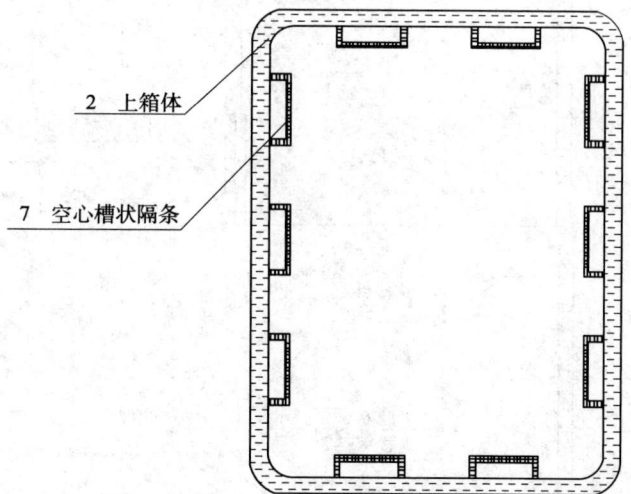

图 4 B—B 截面（滤水板略去）

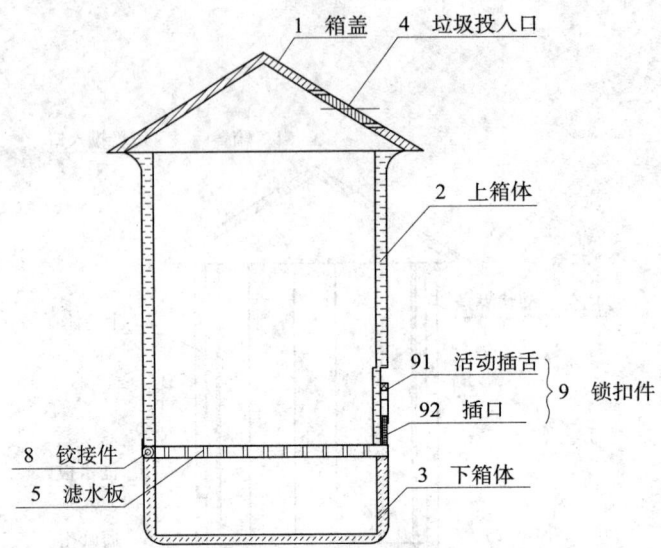

图 5 装垃圾状态（通风结构略去）

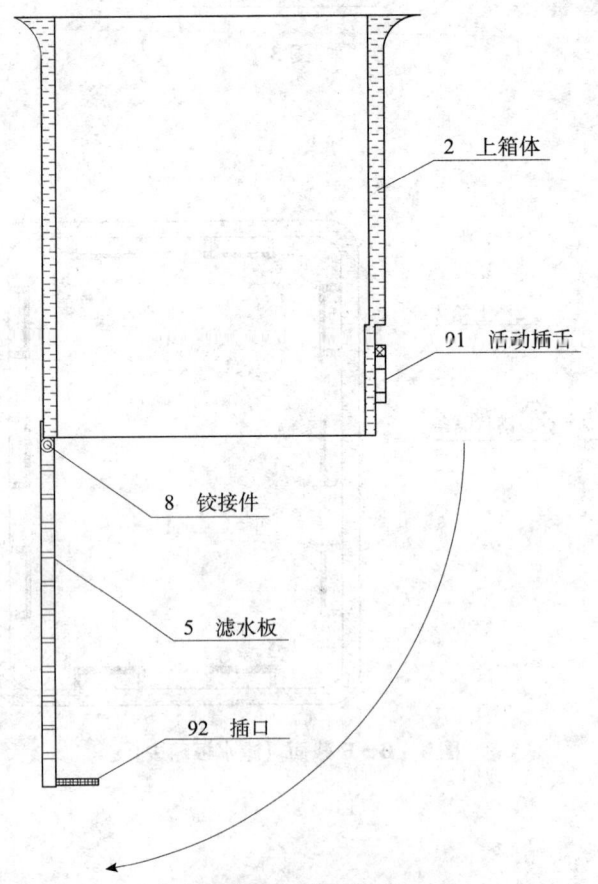

图 6 卸垃圾状态（通风结构略去）

附件1（对比文件1）：

(19) 中华人民共和国国家知识产权局

(12) 实用新型专利说明书

(45) 授权公告日 2011.09.09

(21) 申请号 201020345678.9
(22) 申请日 2010.12.22

（其余著录项目略）

说 明 书

防臭垃圾桶/箱

本实用新型涉及一种防臭垃圾桶/箱。

常用的垃圾桶/箱通常固液不分，污水积存在垃圾中容易造成垃圾腐烂，发出酸臭气味，不利于环境卫生；而且垃圾运输和处理中也存在很多问题，增加了处理成本。

为了克服上述现有技术存在的缺点，本实用新型提供了一种垃圾桶/箱，通过对垃圾进行固液分离以获得防臭的效果。

图1是本实用新型垃圾桶的正面剖视图。

如图1所示，该防臭垃圾桶包括桶盖1、上桶体2和下桶体3，桶盖1上设有垃圾投入口4。下桶体3的上边缘设置成L形台阶状，上桶体2放置在下桶体3的该L形台阶上。上桶体2的底部设有多个滤水孔5。在使用时，垃圾中的污水经上桶体2底部的滤水孔5流至下桶体3中，实现固态物和液态物分离。积存在下桶体3中的污水，在需要时集中倾倒。

这种防臭垃圾桶/箱可大可小，既可制成小型的家用垃圾桶，也可制成大型的公用垃圾桶/箱，对于大型垃圾桶/箱，可在底部设置排出阀以便于污水排出。

说 明 书 附 图

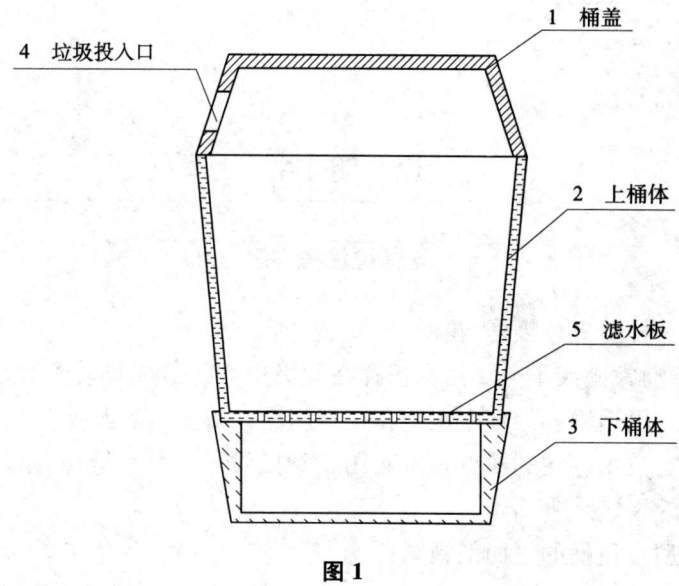

图 1

附件2（对比文件2）：

(19) 中华人民共和国国家知识产权局

(12) 实用新型专利说明书

(45) 授权公告日 2009.12.01

(21) 申请号 200920234567.8
(22) 申请日 2009.1.20

（其余著录项目略）

说 明 书

一种垃圾桶

本实用新型涉及一种家用垃圾桶。

目前人们收集日常生活垃圾的方式，普遍是使用一次性塑料垃圾袋套在垃圾桶内，但是，在套垃圾袋的过程中由于垃圾袋与桶壁之间构成封闭空间，空气留在垃圾桶里面不易排出，导致垃圾袋无法完全展开。

本实用新型的目的是提供一种家用的功能性垃圾桶。

图1是本实用新型的结构示意图。

如图1所示，本实用新型的垃圾桶由桶罩1、桶壁2和桶底3组成。桶底3上设有多个通气孔4；桶壁2和桶底3一次性注塑而成。桶口上设有可分离的桶罩1，用于固定住垃圾袋。

使用时，将垃圾袋套在垃圾桶上，通气孔4的设计方便排出垃圾袋与桶壁2、桶底3之间的空气，使垃圾袋在桶内服帖地充分展开；取垃圾袋的时候，空气经通气孔4从底部进入，避免塑料垃圾袋与桶壁2、桶底3之间产生负压，从而可以轻松地取出垃圾袋，不会摩擦弄破垃圾袋。

说 明 书 附 图

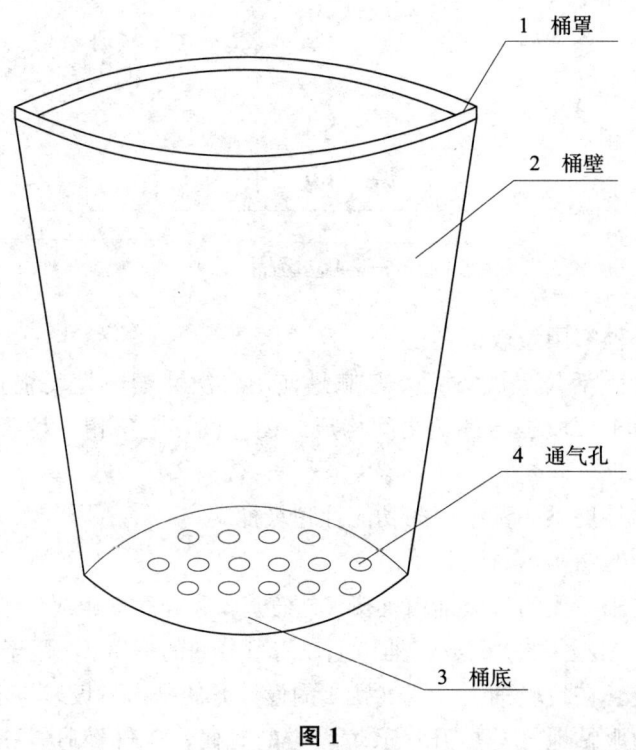

图 1

附件3（对比文件3）：

(19) 中华人民共和国国家知识产权局

(12) **实用新型专利说明书**

(45) 授权公告日 2012 年 12 月 26 日

(21) 申请号 201220123456.7
(22) 申请日 2012.1.13
(73) 专利权人　A 公司　　　　　　　　　　　　（其余著录项目略）

说　明　书

自卸式垃圾箱

本实用新型涉及一种垃圾箱，尤其是一种适合与垃圾车配合使用的自卸式垃圾箱。
（背景技术、实用新型内容部分略）
图1是本实用新型垃圾箱装垃圾状态的正视图；
图2是本实用新型垃圾箱卸垃圾状态的正视图；
在图1和2中，箱体2的下部被局部剖开。
本实用新型的自卸式垃圾箱，该垃圾箱的顶盖1可开启，垃圾箱的箱体2下部和底板3均为方形，底板3水平插接在箱体2的底部，底板3的一侧设有把手31，与把手31相对的一侧设有限位块32。箱体2的底部设有供底板3滑动的导轨4。卸垃圾时，拉住底板3的把手31，底板3向一侧水平滑动，垃圾就从箱体2底部自动卸出。所述自卸式垃圾箱不需要把箱体2翻转过来倾倒垃圾，既省力又避免灰尘飞扬。

说 明 书 附 图

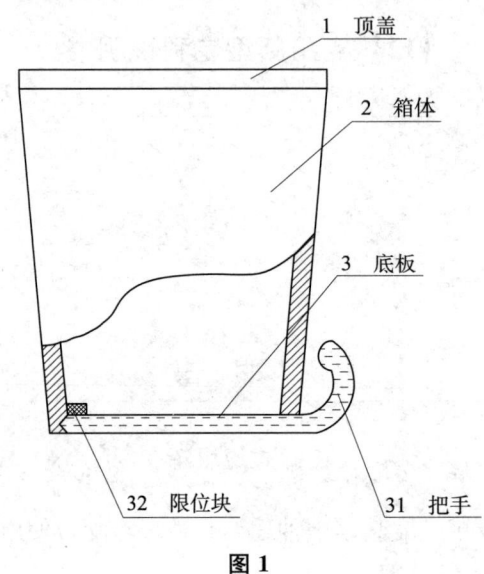

图 1

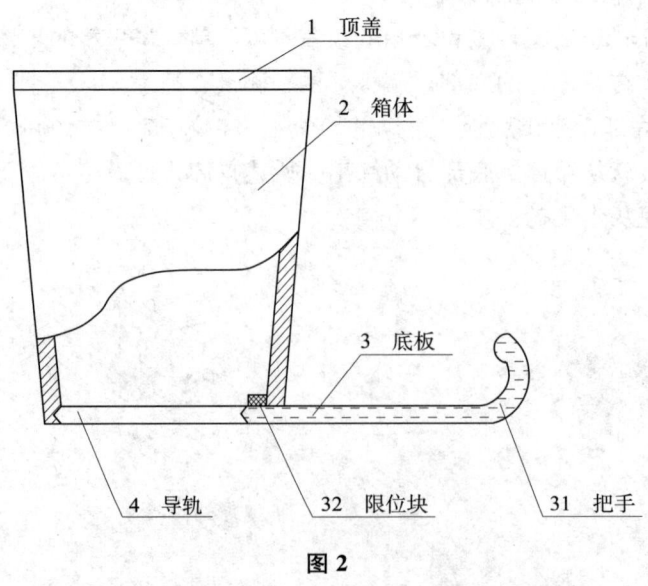

图 2

附件 4（客户公司技术人员所撰写的权利要求书）：

1. 一种大型公用垃圾箱，其特征在于：主要包括箱盖（1）、上箱体（2）和下箱体（3），箱盖（1）上设有垃圾投入口（4），上箱体（2）和下箱体（3）均为顶部开口结构，箱盖（1）盖合在上箱体（2）的顶部开口处，上箱体（2）可分离地安装在下箱体（3）上，上箱体（2）的底部为水平设置的滤水板（5）。

2. 根据权利要求 1 所述的箱体，其特征在于：所述下箱体（3）的侧壁上部开设有通风孔（6）。

3. 根据权利要求 2 所述的大型公用垃圾箱，其特征在于：所述上箱体（2）内设有数根空心槽状隔条（7）。

4. 根据权利要求 2 所述的大型公用垃圾箱，其特征在于：所述空心槽状隔条（7）的上端与上箱体（2）的上边缘基本齐平，下端延伸至接近滤水板（5）。

5. 根据权利要求 1 所述的大型公用垃圾箱，其特征在于：所述滤水板（5）是可活动的。

6. 一种利用公用垃圾箱进行广告宣传的方法，所述垃圾箱具有箱体，其特征在于：在箱体的至少一个外侧面上印有商标、图形或文字。

2013年专利代理实务题
答题要点及范文

一、总体考虑

2013年"专利代理实务"考试试题包括四道题。其中，第一题要求考生撰写提交给客户的咨询意见，逐一解释客户自行撰写的权利要求书是否符合《专利法》及《专利法实施细则》的规定并说明理由，着重考查考生对专利代理实务中经常涉及的几个基本法律概念的理解、掌握程度和灵活运用的能力。第二题采用撰写权利要求书这种专利代理实务中最基本的形式，主要考查考生是否具备根据给定的素材撰写申请文件的能力，能否在满足《专利法》及《专利法实施细则》的有关规定的前提下，撰写出既能够为委托人谋求尽可能大的保护范围，权利又相对稳定的权利要求书。第三题要求考生陈述其撰写的独立权利要求相对于现有技术具备新颖性和创造性的理由，主要考查考生对新颖性、创造性法条的掌握情况和实际运用能力。第四题要求考生撰写分案申请的独立权利要求，并陈述分案或合案理由，主要考查考生对单一性、分案申请的理解和实际运用能力。

二、撰写咨询意见

2013年"专利代理实务"考试的第一题要求考生撰写提交给客户的咨询意见，逐一解释客户自行撰写的权利要求书是否符合《专利法》及其实施细则的规定并说明理由。题目中共给出五份素材，包括技术交底材料、客户公司技术人员撰写的权利要求书和三份专利文献（对比文件1至3）。

撰写咨询意见之前，需要认真阅读题目中给出的五份素材，并按照以下思路和步骤进行分析。

1. 分析客户撰写的权利要求书中是否存在不授予专利权的申请

首先确定申请是否符合《专利法》第二条关于可授予专利权的客体的规定，是否属于《专利法》第五条、第二十五条规定的不授予专利权的情形，以及是否具有《专利法》第二十二条第四款所规定的实用性。结论是权利要求6限定的不是一项技术方案，不符合《专利法》第二条第二款关于客体的规定。

2. 分析客户撰写的权利要求是否存在新颖性、创造性问题

本试题中，对比文件1至3均为已经公开的专利文献，都构成技术交底材料的现有技术。进一步分析对比文件1至3公开的技术内容，并与客户撰写的权利要求1至5进行对比（具体分析参见咨询意见的范文），结论是对比文件1能够影响权利要求1的新颖性，对比文件1与对比文件3的结合能够影响权利要求5的创造性，对比文件1、对比文件2、对比文件3或其结合均不能影响权利要求2至4的新颖性和创造性。

3. 检查客户撰写的权利要求书是否存在其他实质性缺陷

分析可知，独立权利要求1的技术方案缺少解决技术问题的全部必要技术特征，权利要求2的主题名称与其引用的权利要求1的主题名称不一致，权利要求3得不到技术交底材料的支持，权利要求4的技术方案保护范围不清楚，权利要求5得不到技术交底材料的支持。

4. 准备咨询意见的具体撰写

在前述分析的基础上，着手撰写咨询意见，咨询意见的撰写应当条理清楚、逻辑性强、有理有据、行文流畅。可以按照如下格式进行：首先，对权利要求所涉及的法律概念为客户进行简明的解释说明；然后，具体分析客户撰写的权利要求为何不符合所述规定。对权利要求书中存在的问题，可以从多个角度进行分析，以给客户提供全面的咨询意见供其参考，例如，同时指出独立权利要求1不具备新颖性和缺少必要技术特征。

给客户的咨询意见的范文

尊敬的A公司：

很高兴贵方委托我所代为办理有关大型公用垃圾箱的专利申请案，经仔细阅读技术交底材料、技术人员撰写的权利要求书及现有技术，我认为贵公司技术人员所撰写的权利要求书存在不符合《专利法》和《专利法实施细则》规定的问题，现一一指出。

1. 关于权利要求1存在的问题

授予专利权的发明和实用新型，应当具备新颖性、创造性和实用性。《专利法》第二十二条第二款规定，新颖性，是指该发明或者实用新型不属于现有技术；也没有任何单位或者个人就同样的发明或者实用新型在申请日以前向国务院专利行政部门提出过申请，并记载在申请日以后公布的专利申请文件或者公告的专利文件中。目前撰写的权利要求1不符合《专利法》第二十二条第二款规定的新颖性，原因如下：

对比文件1公开了一种防臭垃圾桶/箱，该防臭垃圾桶可制成大型的公用垃圾桶/箱，包括桶盖1、上桶体2和下桶体3，桶盖1上设有垃圾投入口4，下桶体3的上边缘设置成L形台阶状，上桶体2放置在下桶体3的该L形台阶上（即上箱体可分离地安装在下箱体上的下位概念），从图1中可以明确看出，上桶体2和下桶体3均为顶部开口结构，桶盖1盖合在上桶体2的顶部开口处，上桶体2的底部是水平的且设有多个滤水孔5（即上箱体的底部为水平设置的滤水板）。由此可见，对比文件1公开了权利要求1所要求保护的技术方案的全部技术特征，并且它们都属于大型公用垃圾容器这一相同的技术领域，都解决了垃圾固液分离的技术问题，并能达到相同的技术效果。因此，目前的权利要求1不具备新颖性，不符合《专利法》第二十二条第二款的规定。

此外，《专利法》第二十条第二款规定，独立权利要求应当从整体上反映发明或者实用新型的技术方案，记载解决技术问题的必要技术特征。目前撰写的权利要求1也不符合《专利法实施细则》第二十条第二款的规定，原因如下：

本发明要解决的技术问题是通风防腐，通过设置在下箱体的侧壁上部的通风孔以及在箱盖上的垃圾投入口，垃圾箱产生由下而上的对流和内外循环，从而解决了上述技术问题，因此，设置在下箱体的侧壁上部的通风孔是解决技术问题的必要技术特征，而目前撰写的独立权利要求1中未记载上述必要技术特征，所以不符合《专利法实施细则》第二十条第二款的规定。

2. 关于权利要求 2 存在的问题

《专利法实施细则》第二十二条第一款规定，发明或者实用新型的从属权利要求应当包括引用部分和限定部分，按照下列规定撰写：（一）引用部分：写明引用的权利要求的编号及其主题名称；（二）限定部分：写明发明或者实用新型附加的技术特征。

目前撰写的从属权利要求 2，其主题名称"箱体"与其引用的权利要求 1 的主题名称"大型公用垃圾箱"不一致，因此不符合《专利法实施细则》第二十二条第一款的规定。

3. 关于权利要求 3 存在的问题

《专利法》第二十六条第四款规定，权利要求书应当以说明书为依据，清楚、简要地限定要求专利保护的范围。目前撰写的权利要求 3 不符合上述规定，原因如下：

从属权利要求 3 的附加技术特征为"上箱体（2）内设有数根空心槽状隔条（7）"，其采取了较宽的上位概括的方式来限定空心槽状隔条的布置，所述上位概括涵盖了空心槽状隔条不是布置在侧壁内侧的情形以及空心槽状隔条水平布置的情形，而上述两种情形显然不能解决技术交底材料（说明书的撰写就是以技术交底材料为基础）中记载的通风不好的技术问题。因此，目前撰写的权利要求 3 没有以技术交底材料为依据，得不到技术交底材料的支持，不符合《专利法》第二十六条第四款的规定。

4. 关于权利要求 4 存在的问题

权利要求 4 进一步限定的附加技术特征"所述空心槽状隔条"在所引用的权利要求 2 中没有出现，因此，目前撰写的权利要求 4 缺乏引用基础，导致该权利要求的保护范围不清楚，不符合《专利法》第二十六条第四款的规定。

5. 关于权利要求 5 存在的问题

《专利法》第二十二条第三款规定，创造性，是指与现有技术相比，该发明具有突出的实质性特点和显著的进步。目前撰写的权利要求 5 不符合《专利法》第二十二条第三款规定的创造性，原因如下：

从属权利要求 5 引用权利要求 1，其附加技术特征进一步限定了："所述滤水板（5）是可活动的"。对比文件 1 是最接近的现有技术，对比文件 1 没有公开上述附加技术特征，该区别特征实际要解决的技术问题是使垃圾从底部卸出以避免扬尘。然而，对比文件 3 公开了一种自卸式垃圾箱，其底板 3 水平插接在箱体 2 的底部，箱体 2 的底部设有供底板 3 滑动的导轨 4，倒垃圾时，拉住底板 3 的把手 31，使底板 3 向一侧水平滑动，垃圾就从箱体 2 底部自动卸出。因此，上述区别技术特征已经被对比文件 3 公开，且该特征在对比文件 3 中所起的作用与其在本申请中作用相同，都是用于使垃圾从底部卸出以避免扬尘。可见，对比文件 3 给出了将上述区别技术特征应用于对比文件 1 以解决其技术问题的启示。对本领域技术人员而言，为了解决倾倒垃圾易扬尘的问题，在对比文件 3 的启示下，容易想到将对比文件 1 中的滤水板设置成可活动的。因此，目前撰写的权利要求 5 相对于对比文件 1 和对比文件 3 的结合而言是显而易见的，不具备突出的实质性特点和显著的进步，从而不具备创造性，不符合《专利法》第二十二条第三款的规定。

此外，目前撰写的权利要求 5 也不符合《专利法》第二十六条第四款的规定，原因如下：

从属权利要求 5 的附加技术特征为"所述滤水板是可活动的",其未具体限定滤水板的活动连接方式,然而不是所有的活动滤水板都能解决底部卸垃圾的技术问题,例如,有的垃圾箱中,滤水板虽然可活动地搁置在位于垃圾箱内壁上的支撑块或条上,但需要将全部垃圾从顶部倒出后才能取下滤水板,并不能直接从底部卸垃圾。因此,权利要求 5 得不到技术交底材料的支持,不符合《专利法》第二十六条第四款的规定。

6. 关于权利要求 6 存在的问题

《专利法》第二条第二款规定,发明,是指对产品、方法或者其改进所提出的新的技术方案。目前撰写的权利要求 6 不符合上述规定,原因如下:

权利要求 6 希望保护一种利用公用垃圾箱进行广告宣传的方法,该方法不涉及垃圾箱本身的构造,垃圾箱只作为信息表述的载体,仅仅涉及广告创意和广告内容的表达,其特征不是技术特征,解决的问题也不是技术问题,因而不能构成技术方案,不符合《专利法》第二条第二款的规定。

综合上述考虑,目前贵公司撰写的权利要求书存在较多问题,难以获得授权。我方专利代理人将会与发明人进行认真沟通、在充分理解发明思路和技术方案的基础上,结合对现有技术的检索、分析和对比,为贵公司重新撰写权利要求书和说明书。

以上咨询意见供参考,有问题请与我们随时沟通。

祝好!

×××专利代理机构×××专利代理人
××××年××月××日

三、撰写权利要求书

2013 年"专利代理实务"考试的第二题要求考生根据题目给出的素材为客户撰写发明专利申请的权利要求书。

在撰写权利要求书时,考生应当认真阅读、全面了解技术交底材料和现有技术的相关内容,撰写出既符合《专利法》《专利法实施细则》和《专利审查指南 2010》相关规定,又能最大化地维护客户利益的权利要求书。在答题时可以按照以下的思路和步骤进行。

1. 确定技术交底材料相对于现有技术所解决的技术问题

技术交底材料涉及对大型公用垃圾箱的改进,由此可以以"一种大型公用垃圾箱"作为要求专利保护的主题。将技术交底材料与现有技术(对比文件 1 至 3)进行比较,可知其解决了现有技术中存在的两个技术问题:一是通过设置在垃圾箱下箱体的侧壁上部的通风孔以及箱盖上的垃圾投入口,垃圾箱内形成由下而上的对流和内外循环,从而起到防止垃圾腐化、减少臭味、提高环境清洁度的作用(第一个技术问题);二是将垃圾箱的底部设置成可以相对于箱体向下转动以卸出垃圾,从而解决了导轨式垃圾箱的底部易积尘损坏的问题(第二个技术问题)。

2. 确定独立权利要求的保护范围

为了达到使委托人的利益最大化的目标,需要独立权利要求能够从整体上反映发明的技术方案,记载解决技术问题的必要技术特征,同时避免将非必要技术特征写入独立权利要求,以使得独立权利要求的保护范围最宽。存在多个实施方式时,在不超出题目素材公开的范围的前提下,要考虑对这些实施方式进行适当概括。

对于第一个技术问题,技术交底材料中给出了唯一的实施方式,即:在垃圾箱下箱体的侧壁上部开设通风孔,其与箱盖上的垃圾投入口配合,使得垃圾箱内产生由下而上的对流和内外循环,从而防止垃圾腐化,减少臭味的产生。技术交底材料中没有给出或暗示还存在其他实施方式,本领域的技术人员也难以预测除了技术交底材料给出的实施方式之外,是否还存在其他的等同替代或明显变型的方式,可以同样解决上述技术问题。因此,考生在撰写第一组独立权利要求时,不应当对上述实施方式中的通风孔进行不恰当的概括,以免撰写的权利要求得不到技术交底材料的支持。

与第一个技术问题密切相关的技术特征,包括上箱体、下箱体、箱盖、垃圾投入口、滤水板、通风孔均属于必要技术特征,不应遗漏。而上箱体与下箱体之间是否可分离与通风无关,属于非必要技术特征,不应写入独立权利要求中,以避免独立权利要求的保护范围过窄而损害委托人的利益。

技术交底材料中还涉及将滤水板以一端铰接、另一端锁扣固定的方式与上箱体连接,以解决第二个技术问题。此外,技术交底材料中还指出垃圾箱的箱体不限于本技术交底材料所设计的具体形式,其他垃圾箱也可以采用上述底部结构。因此,不论垃圾箱的箱体采取何种结构或与底部的配合方式如何,只要底部能够向下转动从而打开箱体底部即可解决第二个技术问题。所以,可以对上述实施方式中垃圾箱的箱体结构以及与底部的配合方式进行概括,形成解决第二个技术问题的一个独立权利要求。而箱体的具体结构(包括上箱体、下箱体、滤水板、通风孔)及其与底部的配合方式(一端铰接、另一端通过锁扣件固定)等属于非必要技术特征,不应写入该独立权利要求中。

3. 确定独立权利要求之间是否符合单一性要求

由上可知,技术交底材料中涉及两个技术问题,可以形成用于分别解决每个技术问题的两个独立权利要求。此时,就需要进行独立权利要求之间是否具备单一性的判断,以确定是提出一份专利申请,还是提出两份专利申请。

经过分析,两个独立权利要求分别涉及对通风结构和底部卸垃圾结构的改进,不属于一个总的发明构思,彼此之间在技术上无相互关联,不存在相同或相应的特定技术特征。所以,应将两个独立权利要求分别单独提交一份专利申请。

4. 根据具体实施方式确定从属权利要求

为了形成较好的保护梯度,使得专利申请在面临不得不缩小独立权利要求保护范围的情况时具有充分的修改余地,还应根据技术交底材料中给出的实施方式,撰写出数量合理、适当的从属权利要求。

技术交底材料中针对在下箱体的侧壁上部开设通风孔给出了优选的实施方式,即通风孔为两组,并且分别设置在下箱体相对的侧壁上。因此,可以将上述优选实施方式撰写成一个从属权利要求(从属权利要求2)。

在技术交底材料的第5段至第7段中指出,为了解决上箱体内垃圾堆积阻碍空气流动的技术问题,进一步提高通风效果,可以在上箱体的侧壁内侧设置多个竖直布置的空心槽状隔条,或设置其他通风结构(例如通风孔),或者将两种通风结构组合在一起使用,即技术交底材料给出了更有利于上箱体通风的三种实施方式:空心槽状隔条、通风孔、通风孔与空心槽状隔条的组合。虽然上述三种实施方式的具体结构有差异,但其均是设置在上箱体侧壁上的通风结构,由此可以将上述三种实施方式概括成一个从属权利要求(从属权利要求3)。

接下来,针对上箱体侧壁的通风结构的三种实施方式,可以以从属权利要求3为引用基础,撰写出一个从属权利要求,该从属权利要求包括三个并列技术方案(从属权利要求4)。然后,再以从属权利要求4为基础,对空心槽状隔条的上下端位置作进一步限定来撰写相对应的从属权利要求(从属权利要求5),以形成有层次的保护。在分析和撰写的过程中,要注意避免因引用关系问题而出现保护范围实质相同的从属权利要求。

此外,针对技术交底材料中提及的第二个技术问题,将上箱体与下箱体设置成可分离的以及上箱体与滤水板的具体配合方式也可以作为附加技术特征,形成从属权利要求,作为对上述权利要求的进一步限定。

撰写的权利要求书范文

1. 一种大型公用垃圾箱,主要包括:箱盖(1)、上箱体(2)和下箱体(3),箱盖(1)上设有垃圾投入口(4),所述上箱体(2)和下箱体(3)均为顶部开口结构,箱盖(1)盖合在上箱体(2)的顶部开口处,上箱体(2)安装在下箱体(3)上,上箱体(2)底部为水平设置的滤水板(5),其特征在于:所述垃圾箱还包括开设在下箱体(3)侧壁上部的通风孔(6)。

2. 如权利要求1所述的大型公用垃圾箱,其特征在于:所述通风孔(6)为两组,并且分别设置在下箱体(3)的相对侧壁上。

3. 如权利要求1或2所述的大型公用垃圾箱,其特征在于:所述垃圾箱还包括设置在上箱体(2)侧壁上的通风结构。

4. 如权利要求3所述的大型公用垃圾箱,其特征在于:所述通风结构为开设在上箱体(2)侧壁上的通风孔和/或竖直布置在上箱体(2)的侧壁内侧的空心槽状隔条(7),所述空心槽状隔条(7)与上箱体(2)的侧壁之间限定形成空气通道。

5. 如权利要求4所述的大型公用垃圾箱,其特征在于:所述空心槽状隔条(7)的上端与上箱体(2)的上边缘基本齐平,下端延伸至接近滤水板(5)。

6. 如权利要求1、2、4、5中任一项所述的大型公用垃圾箱,其特征在于:所述上箱体(2)可分离地安装在下箱体(3)上。

7. 如权利要求6所述的大型公用垃圾箱,其特征在于:所述滤水板(5)可以相对于上箱体(2)运动从而打开上箱体(2)的底部以卸出垃圾。

8. 如权利要求 7 所述的大型公用垃圾箱，其特征在于：所述滤水板（5）可以相对于上箱体（2）向下转动从而打开上箱体（2）的底部。

9. 如权利要求 8 所述的大型公用垃圾箱，其特征在于：所述滤水板（5）的一端通过铰接件（8）与上箱体（2）的侧壁底边连接，相对的另一端通过锁扣件（9）固定在水平闭合位置。

10. 如权利要求 9 所述的大型公用垃圾箱，其特征在于：所述锁扣件（9）包括设置在上箱体（2）侧壁上的活动插舌（91）和对应设置在滤水板（5）上的插口（92），所述活动插舌（91）与插口（92）互相咬合或脱离。

11. 如权利要求 7 所述的大型公用垃圾箱，其特征在于：所述滤水板（5）可以沿着上箱体（2）底部的导轨水平滑动从而打开上箱体（2）的底部。

12. 如权利要求 1、2、4、5、7 至 11 中任一项所述的大型公用垃圾箱，其特征在于：所述下箱体（3）上设置排水阀。

四、论述新颖性和创造性

2013 年"专利代理实务"考试的第三题要求考生陈述其撰写的独立权利要求相对于现有技术具备新颖性和创造性的理由。

在本次考试中设置该题目，实质上是要求考生将其撰写第二题中的权利要求书时所进行的思考、分析和判断过程还原出来。从而，一方面能够考查考生是否掌握了撰写权利要求书的上述基本思路和步骤，另一方面也能够考查在申请进入实质审查阶段时，考生作为专利代理人能否针对审查意见通知书中提出的新颖性、创造性问题进行答辩和陈述意见。

新颖性论述注意遵循单独对比原则，相对于每一篇对比文件找出至少一个区别技术特征即可。创造性论述要运用"三步法"。

新颖性和创造性论述范文

1. 权利要求 1 的新颖性

对比文件 1 没有公开权利要求 1 中的特征"所述垃圾箱还包括设置在下箱体（3）侧壁上部的通风孔（6）"。因此，二者属于不同的技术方案，权利要求 1 相对于对比文件 1 具备新颖性。

对比文件 2 并没有公开权利要求 1 中的上箱体、下箱体、滤水板等诸多特征，因此，二者属于不同的技术方案，权利要求 1 相对于对比文件 2 具备新颖性。

对比文件 3 并没有公开权利要求 1 中的上箱体、下箱体、滤水板、通风孔等诸多特征，因此，二者属于不同的技术方案，权利要求 1 相对于对比文件 3 具备新颖性。

2. 权利要求 1 的创造性

对比文件 1 公开的技术特征最多，可作为最接近的现有技术。对比文件 1 没有公开权利要求1中的特征"所述垃圾箱还包括设置在下箱体（3）侧壁上部的通风孔（6）"。该特征与垃圾投入口配合能够解决垃圾箱内通风不畅、垃圾易腐化发臭的技术问题，起到了促使垃圾箱内空气对流、防腐防臭的作用。而对比文件2虽然公开了"通气孔"，但是该通气孔是设置在桶底上，解决的是家用垃圾桶套装和取出垃圾袋不方便的技术问题，通过在桶底上设置通气孔，使垃圾袋在桶内服帖地充分展开以及轻松取出。可见，对比文件2的家用垃圾桶与本发明的大型公用垃圾箱应用领域存在差别；对比文件2的"通气孔"与本发明的"通风孔"设置位置、解决的技术问题和所起的作用均不相同。即对比文件2没有公开权利要求1中的技术特征"所述垃圾箱还包括设置在下箱体（3）侧壁上部的通风孔（6）"，也未给出在下箱体的侧壁上部设置通风孔以解决上述技术问题的启示。因此，权利要求1所要求保护的技术方案相对于现有技术不是显而易见的。

权利要求1的技术方案通过在下箱体的侧壁上部设置通风孔，从而促进了垃圾箱内形成由下而上的空气对流，避免垃圾腐烂，减少臭味的产生，具有有益的技术效果。因此，权利要求1相对于对比文件1、2或者其结合，具有突出的实质性特点和显著的进步，符合《专利法》第二十二条第三款关于创造性的规定。

五、分案申请

根据前面第二题的分析可知，技术交底材料中涉及两个技术问题，可以撰写出两个独立权利要求，并且，这两个独立权利要求分别涉及对通风结构和底部卸垃圾结构的改进，不属于一个总的发明构思，彼此之间在技术上无相互关联，不存在相同或相应的特定技术特征。所以，应将第二项独立权利要求另案提出申请来获得保护。

另案申请的独立权利要求范文

1. 一种垃圾箱，包括箱体和底部，其特征在于：所述底部可以相对于箱体向下转动从而打开箱体的底部以卸出垃圾。

需要提出两份专利申请的理由

第一份专利申请的独立权利要求1相对于现有技术作出贡献的技术特征为"开设在下箱体的侧壁上部的通风孔"，从而解决通风不畅垃圾腐烂发臭的问题。

第二份专利申请的独立权利要求1相对于现有技术作出贡献的技术特征为"底部可以相对于箱体向下转动从而打开箱体的底部以卸出垃圾"，从而解决导轨积尘卡住底板的技术问题。

由此可见，两个独立权利要求对现有技术作出贡献的技术特征既不相同，彼此之间在技术上也无相互关联，从而两个独立权利要求之间并不包含相同或相应的特定技术特征，不属于一个总的发明构思，彼此之间不具备单一性，因此应当分别作为两份专利申请提出。

2014年全国专利代理人资格考试试题解析

目 录

专利法律知识 ……………………………………………………………（1）
相关法律知识 ……………………………………………………………（67）
专利代理实务 ……………………………………………………………（117）
　专利代理实务考试试卷 …………………………………………………（119）
　2014年专利代理实务题答题要点及撰写例 ……………………………（135）

专利法律知识

答题须知：

1. 本试卷共有 100 题，每题 1.5 分，总分 150 分。
2. 本试卷要求使用考场配发的机读答题卡，并按照其上注明的要求填涂答案。应试者将答案标注在试卷上或者未按要求填涂机读答题卡的，不予计分。
3. 本试卷所有试题的正确答案均以现行的法律、法规、规章、相关司法解释和国际条约为准。

一、单项选择题（每题所设选项中只有一个正确答案，多选、错选或不选均不得分。本部分含1—30题，每题1.5分，共45分。）

1. 下列说法哪个是正确的？
   A．发明专利权授予先完成发明的人
   B．发明专利申请经初步审查合格，自申请日起满18个月公告授权
   C．发明专利申请的优先权期限是12个月
   D．发明专利仅保护针对产品或者其改进所提出的技术方案

【答案】C

【知识点】先申请原则　审查制度　优先权　保护客体

【解析】《专利法》第九条第二款规定，两个以上的申请人分别就同样的发明创造申请专利的，专利权授予最先申请的人。由此可知，A选项错误。《专利法》第三十四条规定，国务院专利行政部门收到发明专利申请后，经初步审查认为符合该法要求的，自申请日起满18个月，即行公布。国务院专利行政部门可以根据申请人的请求早日公布其申请。《专利法》第三十九条规定，发明专利申请经实质审查没有发现驳回理由的，由国务院专利行政部门作出授予发明专利权的决定，发给发明专利证书，同时予以登记和公告。发明专利权自公告之日起生效。由此可知，B选项错误。《专利法》第二十九条第一款规定，申请人自发明或者实用新型在外国第一次提出专利申请之日起12个月内，或者自外观设计在外国第一次提出专利申请之日起6个月内，又在中国就相同主题提出专利申请的，依照该外国同中国签订的协议或者共同参加的国际条约，或者依照相互承认优先权的原则，可以享有优先权。由此可知，C选项正确。《专利法》第二条第二款规定，发明，是指对产品、方法或者其改进所提出的新的技术方案。由此可知，D选项错误。

综上，本题答案为：C。

2. 下列哪个是发明专利申请的申请号？
   A．201120276239.3

B. 201210233747.2
C. 201330498971.X
D. 201290000806.5

【答案】B

【知识点】申请号的组成及含义

【解析】《专利申请号标准》第4.1条规定，专利申请号用12位阿拉伯数字表示，包括申请年号、申请种类号和申请流水号三个部分。按照由左向右的次序，专利申请号中的第1～4位数字表示受理专利申请的年号，第5位数字表示专利申请的种类，第6～12位数字（共7位）为申请流水号，表示受理专利申请的相对顺序。专利申请号中使用的每一位阿拉伯数字均为十进制。第4.3条规定，专利申请号的申请种类号用1位数字表示，所使用数字的含义规定如下：1表示发明专利申请；2表示实用新型专利申请；3表示外观设计专利申请；8表示进入中国国家阶段的PCT发明专利申请；9表示进入中国国家阶段的PCT实用新型专利申请。由此可知，A选项中的专利申请为实用新型专利申请，B选项中的申请为发明专利申请，C选项中的申请为外观设计专利申请，D选项中的申请为进入中国国家阶段的PCT实用新型专利申请。

综上，本题答案为：B。

3. 甲公司职工王某在执行本公司任务的过程中，于2011年1月20日完成了一项发明创造，王某2012年6月1日从甲公司辞职。就该发明创造申请专利的权利属于谁？

　　A. 王某
　　B. 甲公司
　　C. 甲公司和王某
　　D. 经甲公司和王某协商确定

【答案】B

【知识点】职务发明

【解析】《专利法》第六条第一款规定，执行本单位的任务或者主要是利用本单位的物质技术条件所完成的发明创造为职务发明创造。职务发明创造申请专利的权利属于该单位；申请被批准后，该单位为专利权人。本题中，王某完成的发明创造是在执行本公司任务的过程中完成的，因此该发明创造为职务发明创造，申请专利的权利属于其所在的甲公司，故B选项正确。

综上，本题答案为：B。

4. 下列哪个外观设计专利申请中写明的使用外观设计产品名称是正确的？

　　A. 手机
　　B. 中型书柜
　　C. 电子设备

D. 人体增高鞋垫

【答案】A

【知识点】外观设计产品名称

【解析】《专利审查指南2010》第一部分第三章第4.1.1节规定，使用外观设计的产品名称对图片或者照片中表示的外观设计所应用的产品种类具有说明作用。使用外观设计的产品名称应当与外观设计图片或者照片中表示的外观设计相符合，准确、简明地表明要求保护的产品的外观设计。产品名称一般应当符合《国际外观设计分类表》中小类列举的名称。产品名称一般不得超过20个字。产品名称通常还应当避免下列情形：(1) 含有人名、地名、国名、单位名称、商标、代号、型号或以历史时代命名的产品名称；(2) 概括不当、过于抽象的名称，例如"文具""炊具""乐器""建筑用物品"等；(3) 描述技术效果、内部构造的名称，例如"节油发动机""人体增高鞋垫""装有新型发动机的汽车"等；(4) 附有产品规格、大小、规模、数量单位的名称，例如"21英寸电视机""中型书柜""一副手套"等；(5) 以外国文字或无确定的中文意义的文字命名的名称，例如"克莱斯酒瓶"，但已经众所周知并且含义确定的文字可以使用，例如"DVD播放机""LED灯""USB集线器"等。

本题中，A选项的"手机"，准确、简明地表明了要求保护的产品的外观设计，同时也符合《国际外观设计分类表》中小类列举的名称，故可以作为外观设计的产品名称，A选项正确。B选项的"中型书柜"，由于附有产品的大小，故不能作为外观设计的产品名称，B选项错误。C选项的"电子设备"，由于过于抽象，故不能作为外观设计的产品名称，C选项错误。D选项的"人体增高鞋垫"，由于是描述技术效果的名称，故不能作为外观设计的产品名称，D选项错误。

综上，本题答案为：A。

5. 某发明专利申请的申请日为2010年3月25日，优先权日为2009年3月26日。国家知识产权局于2012年11月23日发出授权通知书，2013年2月27日公告授予专利权。该专利权的期限何时届满？

A. 2029年3月26日
B. 2030年3月25日
C. 2032年11月23日
D. 2033年2月27日

【答案】B

【知识点】申请日　专利权的保护期限

【解析】《专利法》第四十二条规定，发明专利权的期限为20年，实用新型专利权和外观设计专利权的期限为10年，均自申请日起计算。《专利法实施细则》第十一条第一款规定，除《专利法》第二十八条和第四十二条规定的情形外，《专利法》所称申请日，有优先权的，指优先权日。由上述规定可知，发明专利权的期限应当自实际申请日起20年。本题中，由于该发明专利申请的申请日为2010年3月25日，故该专利权的保护期限应当在2030

年3月25日届满，B选项正确。

综上，本题答案为：B。

6. 因当事人延误了下列哪个期限而导致其权利丧失的，可以予以恢复？
   A. 优先权期限
   B. 不丧失新颖性的宽限期
   C. 侵犯专利权的诉讼时效
   D. 提交优先权文件副本的期限

【答案】D

【知识点】权利恢复程序

【解析】《专利法实施细则》第六条规定，当事人因不可抗拒的事由而延误专利法或者该细则规定的期限或者国务院专利行政部门指定的期限，导致其权利丧失的，自障碍消除之日起2个月内，最迟自期限届满之日起2年内，可以向国务院专利行政部门请求恢复权利。除前款规定的情形外，当事人因其他正当理由延误《专利法》或者该细则规定的期限或者国务院专利行政部门指定的期限，导致其权利丧失的，可以自收到国务院专利行政部门的通知之日起2个月内向国务院专利行政部门请求恢复权利。该条第一款和第二款的规定不适用《专利法》第二十四条、第二十九条、第四十二条、第六十八条规定的期限。

由上述规定可知，除了《专利法》第二十四条、第二十九条、第四十二条、第六十八条规定的期限外，延误其他期限导致权利丧失的，在符合相关规定的情况下，都可以予以恢复。《专利法》第二十四条规定了不丧失新颖性的宽限期，第二十九条规定了优先权期限，第四十二条规定了专利权的保护期限，第六十八条规定了侵犯专利权的诉讼时效。因此，A、B、C选项错误，D选项正确。

综上，本题答案为：D。

7. 下列关于单一性的说法哪个是正确的？
   A. 申请人可以通过多缴费用而将不具备单一性的多项发明保留在同一件申请中
   B. 如果不具备单一性的多项发明属于同一个专利分类号，则允许在一件专利申请中提出
   C. 如果两项发明属于一个总的发明构思，则它们具备单一性
   D. 如果两项发明的主题名称完全相同，则它们必然具备单一性

【答案】C

【知识点】单一性的基本规则

【解析】《专利法》第三十一条第一款规定，一件发明或者实用新型专利申请应当限于一项发明或者实用新型。属于一个总的发明构思的两项以上的发明或者实用新型，可以作为一件申请提出。《专利法实施细则》第三十四条规定，依照《专利法》第三十一条第一款规定，可以作为一件专利申请提出的属于一个总的发明构思的两项以上的发明或者实用新型，应当在技术上相互关联，包含一个或者多个相同或者相应的特定技术特征，其中特定技术特征是

指每一项发明或者实用新型作为整体，对现有技术作出贡献的技术特征。

对于 A、B 选项，由于只有具备单一性的两项以上的发明才能在一件发明专利申请中提出，因此，通过多缴费用或者将属于同一个专利分类号但不具备单一性的多项发明在一件专利申请中提出都是不被允许的，故 A、B 选项错误。对于 C、D 选项，由于具备单一性的两项以上发明应当属于一个总的发明构思，因此 C 选项正确；两项发明的主题名称完全相同，并不意味着这两项发明属于一个总的发明构思，二者并不必然具备单一性，故 D 选项错误。

综上，本题答案为：C。

8. 下列关于诉前证据保全的说法哪个是正确的？
  A. 专利权人可以在对侵权行为请求处理前向管理专利工作的部门申请保全证据
  B. 申请人在起诉前申请保全证据的，必须提供担保
  C. 人民法院应当自接受诉前证据保全申请之时起四十八小时内作出裁定；有特殊情况需要延长的，可以延长四十八小时
  D. 申请人自人民法院采取保全措施之日起十五日内不起诉的，人民法院应当解除该措施

【答案】D

【知识点】诉前证据保全

【解析】《专利法》第六十七条规定，为了制止专利侵权行为，在证据可能灭失或者以后难以取得的情况下，专利权人或者利害关系人可以在起诉前向人民法院申请保全证据。人民法院采取保全措施，可以责令申请人提供担保；申请人不提供担保的，驳回申请。人民法院应当自接受申请之时起48小时内作出裁定；裁定采取保全措施的，应当立即执行。申请人自人民法院采取保全措施之日起15日内不起诉的，人民法院应当解除该措施。由上述规定可知，诉前证据保全申请应当向人民法院提出，故 A 选项错误。对于人民法院责令提供担保的，申请人应当提供担保，对于人民法院没有责令担保的，申请人无须提供担保，故 B 选项错误。上述规定中明确了人民法院应当自接受诉前证据保全申请之时起48小时内作出裁定，并没有规定延长的情形，故 C 选项错误。根据上述规定，申请人自人民法院采取保全措施之日起15日内不起诉的，人民法院应当解除该措施，D 选项正确。

综上，本题答案为：D。

9. 下列关于答复审查意见通知书的说法哪个是正确的？
  A. 申请人可以通过电子邮件的方式答复审查意见通知书
  B. 申请人可以将意见陈述书直接寄给审查其申请的审查员
  C. 申请人委托了专利代理机构的，仍然可以自行答复审查意见通知书
  D. 申请人未委托专利代理机构的，其提交的意见陈述书应当有申请人的签字或者盖章

【答案】D

【知识点】答复

【解析】《专利法》第三十七条规定，国务院专利行政部门对发明专利申请进行实质审查

后，认为不符合该法规定的，应当通知申请人，要求其在指定的期限内陈述意见，或者对其申请进行修改；无正当理由逾期不答复的，该申请即被视为撤回。《专利审查指南2010》第五部分第一章第2.1节中规定，以口头、电话、实物等非书面形式办理各种手续的，或者以电报、电传、传真、电子邮件等通讯手段办理各种手续的，均视为未提出，不产生法律效力。由此可知，A选项错误。《专利审查指南2010》第二部分第八章第5.1.1节中规定，申请人的答复应当提交给专利局受理部门。直接提交给审查员的答复文件或征询意见的信件不视为正式答复，不具备法律效力。由此可知，B选项错误。《专利法实施细则》第一百一十九条第一款规定，向国务院专利行政部门提交申请文件或者办理各种手续，应当由申请人、专利权人、其他利害关系人或者其代表人签字或者盖章；委托专利代理机构的，由专利代理机构盖章。由此可知，C选项错误。《专利审查指南2010》第二部分第八章第5.1.2节中规定，申请人未委托专利代理机构的，其提交的意见陈述书或者补正书，应当有申请人的签字或者盖章；申请人是单位的，应当加盖公章；申请人有两个以上的，可以由其代表人签字或者盖章。由此可知，D选项正确。

综上，本题答案为：D。

10. 下列哪个单位或者个人可以作为专利法规定的发明人或者设计人？
    A. 某电视台
    B. 某大学教务处
    C. 李某
    D. 某课题组

【答案】C

【知识点】发明人　设计人的主体

【解析】《专利法实施细则》第十三条规定，《专利法》所称发明人或者设计人，是指对发明创造的实质性特点作出创造性贡献的人。在完成发明创造过程中，只负责组织工作的人、为物质技术条件的利用提供方便的人或者从事其他辅助工作的人，不是发明人或者设计人。《专利审查指南2010》第一部分第一章第4.1.2节中规定，发明人应当是个人，请求书中不得填写单位或者集体，例如不得写成"××课题组"等。本题中，由于"某电视台""某大学教务处""某课题组"都不是个人，故不能作为发明人或者设计人，A、B、D选项错误。由于李某是个人，可以作为《专利法》规定的发明人或者设计人，故C选项正确。

综上，本题答案为：C。

11. 下列哪项从属权利要求的撰写符合相关规定？
    A. 根据权利要求1所述的冷水机，其特征是所述蒸发器包括一大一小两个导管
    B. 根据权利要求1所述的冷水机，其特征是所述蒸发器由金属、铜或铝制成
    C. 根据权利要求1所述的冷水机，其特征是所述蒸发器最长不短于100厘米
    D. 根据权利要求1所述的冷水机，其特征是所述蒸发器的表面上有一凹块，该凹块的大

小和形状与信用卡相同

【答案】A

【知识点】权利要求的撰写要求

【解析】《专利法》第二十六条第四款规定,权利要求书应当以说明书为依据,清楚、简要地限定要求专利保护的范围。A 选项中的权利要求清楚、简要地限定了要求专利保护的范围,因此符合相关规定,A 选项正确。

《专利审查指南 2010》第二部分第二章第 3.2.2 节中规定,权利要求中不得出现"例如""最好是""尤其是""必要时"等类似用语。因为这类用语会在一项权利要求中限定出不同的保护范围,导致保护范围不清楚。当权利要求中出现某一上位概念后面跟一个由上述用语引出的下位概念时,应当要求申请人修改权利要求,允许其在该权利要求中保留其中之一,或将两者分别在两项权利要求中予以限定。由于金属是铜、铝的上位概念,根据上述规定,B 选项中的权利要求撰写不符合规定,B 选项错误。

C 选项的权利要求中,"最长不短于 100 厘米"是一种不清楚的表述,无法确定所要限定的蒸发器是最长为 100 厘米,还是最短为 100 厘米,故 C 选项错误。

D 选项的权利要求中,由于使用了信用卡来限定凹块的大小和形状,而信用卡并没有标准的大小和形状,故该权利要求存在不清楚的缺陷,D 选项错误。

综上,本题答案为:A。

12. 下列关于专利权评价报告的说法哪个是正确的?
  A. 对发明专利可以请求作出专利权评价报告
  B. 任何单位或者个人都可以请求制作专利权评价报告
  C. 专利权评价报告只能由国家知识产权局作出
  D. 专利权人对专利权评价报告的结论不服的,可以申请行政复议

【答案】C

【知识点】专利权评价报告

【解析】《专利法实施细则》第五十六条第一款规定,授予实用新型或者外观设计专利权的决定公告后,《专利法》第六十条规定的专利权人或者利害关系人可以请求国务院专利行政部门作出专利权评价报告。由上述规定可知,可以请求作出专利权评价报告的是实用新型或者外观设计专利权,而不包括发明专利权,A 选项错误。只有《专利法》第六十条规定的专利权人或者利害关系人可以请求国务院专利行政部门作出专利权评价报告,B 选项错误。《专利法》第六十一条第二款规定,专利侵权纠纷涉及实用新型专利或者外观设计专利的,人民法院或者管理专利工作的部门可以要求专利权人或者利害关系人出具由国务院专利行政部门对相关实用新型或者外观设计进行检索、分析和评价后作出的专利权评价报告,作为审理、处理专利侵权纠纷的证据。由此可知,专利权评价报告只能由国家知识产权局作出,C 选项正确。《专利审查指南 2010》第五部分第十章第 1 节中规定,专利权评价报告不是行政决定,因此专利权人或者利害关系人不能就此提起行政复议和行政诉讼。由此可知,专利权

人对专利权评价报告的结论不服的,不能申请行政复议,D 选项错误。

综上,本题答案为:C。

13. 一件优先权日为 2008 年 9 月 27 日、申请日为 2009 年 9 月 27 日的 PCT 国际申请,进入中国国家阶段的日期为 2010 年 9 月 27 日,要求的保护类型为发明专利。申请人应当在哪个日期前向国家知识产权局提出实质审查请求?
 A. 2011 年 9 月 27 日
 B. 2012 年 9 月 27 日
 C. 2013 年 9 月 27 日
 D. 2010 年 11 月 27 日

【答案】A

【知识点】实质审查请求的提出

【解析】《专利法》第三十五条规定,发明专利申请自申请日起三年内,国务院专利行政部门可以根据申请人随时提出的请求,对其申请进行实质审查;申请人无正当理由逾期不请求实质审查的,该申请即被视为撤回。《专利法实施细则》第十一条第一款规定,除《专利法》第二十八条和第四十二条规定的情形外,专利法所称申请日,有优先权的,指优先权日。《专利审查指南 2010》第三部分第一章第 5.9 节中规定,进入国家阶段的国际申请,如果指定了中国的发明专利,自优先权日起三年内应当提出实质审查请求,并缴纳实质审查费。根据上述规定,由于本题中的专利申请所享有的优先权日为 2008 年 9 月 27 日,故申请人应当在 2011 年 9 月 27 日前向国家知识产权局提出实质审查请求,A 选项正确。

综上,本题答案为:A。

14. 甲乙二人共同提交的专利申请被授予了专利权。甲乙事先没有任何约定,在未经乙同意的情形下,甲的下列哪种做法符合相关规定?
 A. 单独实施该专利
 B. 放弃该专利权
 C. 将该专利权质押给丙
 D. 将该专利赠与丁

【答案】A

【知识点】共有权利的行使

【解析】《专利法》第十五条规定,专利申请权或者专利权的共有人对权利的行使有约定的,从其约定。没有约定的,共有人可以单独实施或者以普通许可方式许可他人实施该专利;许可他人实施该专利的,收取的使用费应当在共有人之间分配。除前款规定的情形外,行使共有的专利申请权或者专利权应当取得全体共有人的同意。本题中,由于甲、乙事先没有任何约定,根据上述规定,在未经乙同意的情形下,甲可以单独实施该专利,但不能放弃、质押、转让该专利权。故 A 选项正确,B、C、D 选项错误。

综上，本题答案为：A。

15. 张某向国家知识产权局提交一件要求德国优先权的发明专利申请，该德国专利申请的申请人为张某和于某。下列说法哪个是正确的？

　　A. 由于该申请与德国专利申请的申请人不完全一致，因此应当提交优先权转让证明文件
　　B. 张某应当在提出在后申请之日起 4 个月内提交在先申请文件副本
　　C. 若张某未在请求书中声明要求优先权，可以请求恢复该德国优先权
　　D. 若张某未在规定期限内提交在先申请文件副本，该优先权要求将被视为未要求

【答案】D

【知识点】要求外国优先权

【解析】《专利法实施细则》第三十一条第三款规定，要求优先权的申请人的姓名或者名称与在先申请文件副本中记载的申请人姓名或者名称不一致的，应当提交优先权转让证明材料，未提交该证明材料的，视为未要求优先权。《专利审查指南2010》第一部分第一章第6.2.1.4节中规定，要求优先权的在后申请的申请人与在先申请文件副本中记载的申请人应当一致，或者是在先申请文件副本中记载的申请人之一。本题中，由于在后申请的申请人张某是在先申请的申请人之一，故其无须提交优先权转让证明，A选项错误。《专利法》第三十条规定，申请人要求优先权的，应当在申请的时候提出书面声明，并且在 3 个月内提交第一次提出的专利申请文件的副本；未提出书面声明或者逾期未提交专利申请文件副本的，视为未要求优先权。由此可知，B、C选项错误，D选项正确。

综上，本题答案为：D。

16. 国家知识产权局驳回了一件申请人为甲、乙，发明人为丙、丁的发明专利申请，下列关于复审请求的说法哪个是正确的？

　　A. 甲单独提出复审请求应当被受理
　　B. 丙、丁共同提出复审请求应当被受理
　　C. 甲、乙共同提出复审请求应当被受理
　　D. 只有甲、乙、丙、丁共同提出复审请求才应当被受理

【答案】C

【知识点】复审请求人资格

【解析】《专利审查指南2010》第四部分第二章第2.2节中规定，被驳回申请的申请人可以向专利复审委员会提出复审请求。复审请求人不是被驳回申请的申请人的，其复审请求不予受理。被驳回申请的申请人属于共同申请人的，如果复审请求人不是全部申请人，专利复审委员会应当通知复审请求人在指定期限内补正；期满未补正的，其复审请求视为未提出。本题中，由于专利申请是由甲、乙二人共同提出的，因此复审请求也应当由甲、乙二人共同提出，故C选项正确。

综上，本题答案为：C。

17. 专利权人王某发现李某未经许可而实施其专利，遂向人民法院起诉。李某主张其实施的技术方案属于现有技术，因而不侵犯王某的专利权，同时李某还主张，该专利权不具备新颖性和创造性应当被宣告无效，并提供了充足的证据。下列说法哪个是正确的？

　　A. 人民法院应当就该专利权是否有效进行审理
　　B. 人民法院应当中止诉讼，告知李某向专利复审委员会请求宣告该专利权无效
　　C. 人民法院认定李某实施的技术方案为现有技术的，可以直接宣告该专利权无效
　　D. 人民法院认定李某实施的技术方案为现有技术的，可以直接判决李某不侵权

【答案】D

【知识点】现有技术抗辩

【解析】《专利法》第四十五条规定，自国务院专利行政部门公告授予专利权之日起，任何单位或者个人认为该专利权的授予不符合该法有关规定的，可以请求专利复审委员会宣告该专利权无效。由此可知，对于专利权的无效宣告，应当由专利复审委员会审查，故A选项错误。《专利法》第六十二条规定，在专利侵权纠纷中，被控侵权人有证据证明其实施的技术或者设计属于现有技术或者现有设计的，不构成侵犯专利权。由此可知，在侵权纠纷中，被控侵权人提出现有技术抗辩的，受理侵权纠纷的法院或者管理专利工作的部门在认定该抗辩成立的情况下可认定不构成侵权，但无权宣告专利权无效。故C选项错误，D选项正确。《最高人民法院关于审理专利纠纷案件适用法律问题的若干规定》第九条规定，人民法院受理的侵犯实用新型、外观设计专利权纠纷案件，被告在答辩期间内请求宣告该项专利权无效的，人民法院应当中止诉讼，但具备下列情形之一的，可以不中止诉讼：（一）原告出具的检索报告未发现导致实用新型专利丧失新颖性、创造性的技术文献的；（二）被告提供的证据足以证明其使用的技术已经公知的；（三）被告请求宣告该项专利权无效所提供的证据或者依据的理由明显不充分的；（四）人民法院认为不应当中止诉讼的其他情形。根据《专利法》第六十二条和前述规定，在被告提出现有技术抗辩的情况下，人民法院可以不中止诉讼，而是对被告的抗辩是否成立进行认定从而作出是否构成侵权的判决，故B选项错误。

综上，本题答案为：D。

18. 某公司就申请日为2013年8月21日、优先权日为2013年5月21日的专利申请提出分案申请，该分案申请通过邮局邮寄到国家知识产权局受理处，寄出的邮戳日为2014年4月15日，受理处于2014年4月18日收到该分案申请。下列哪个日期为该分案申请的申请日？

　　A. 2014年4月15日
　　B. 2014年4月18日
　　C. 2013年8月21日
　　D. 2013年5月21日

【答案】C

【知识点】申请日的确定

【解析】《专利法实施细则》第四十三条第一款规定，依照该细则第四十二条规定提出的

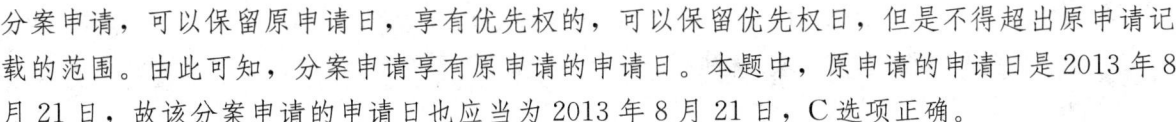

分案申请,可以保留原申请日,享有优先权的,可以保留优先权日,但是不得超出原申请记载的范围。由此可知,分案申请享有原申请的申请日。本题中,原申请的申请日是2013年8月21日,故该分案申请的申请日也应当为2013年8月21日,C选项正确。

综上,本题答案为:C。

19. 下列关于"抵触申请"的说法哪个是正确的?
    A. 实用新型专利必然不构成发明专利申请的抵触申请
    B. 同一申请人在先提出的发明专利申请必然不构成其在后提出的发明专利申请的抵触申请
    C. 同一日提出的两件发明专利申请必然互不构成抵触申请
    D. 两件发明专利申请若权利要求不同,则前一申请必然不构成后一申请的抵触申请

【答案】C

【知识点】抵触申请

【解析】《专利法》第二十二条第二款规定,新颖性,是指该发明或者实用新型不属于现有技术;也没有任何单位或者个人就同样的发明或者实用新型在申请日以前向国务院专利行政部门提出过申请,并记载在申请日以后公布的专利申请文件或者公告的专利文件中。《专利审查指南2010》第二部分第三章第2.2节中规定,根据《专利法》第二十二条第二款的规定,在发明或者实用新型新颖性的判断中,由任何单位或者个人就同样的发明或者实用新型在申请日以前向专利局提出并且在申请日以后(含申请日)公布的专利申请文件或者公告的专利文件损害该申请日提出的专利申请的新颖性。为描述简便,在判断新颖性时,将这种损害新颖性的专利申请,称为抵触申请。由上述规定可知,除了发明专利申请外,实用新型专利申请也可以构成发明专利申请的抵触申请,故A选项错误。由《专利审查指南2010》第二部分第三章第2.2节中的规定可知,任何单位或者个人的发明专利都可能构成在后发明专利申请的抵触申请,这里的任何人包括在后申请的申请人,故B选项错误。《专利审查指南2010》第二部分第三章第2.2节中规定,抵触申请仅指在申请日以前提出的,不包含在申请日提出的同样的发明或者实用新型专利申请。由此可知,C选项正确。《专利审查指南2010》第二部分第三章第2.2节中规定,审查员在检索时应当注意,确定是否存在抵触申请,不仅要查阅在先专利或专利申请的权利要求书,而且要查阅其说明书(包括附图),应当以其全文内容为准。由此可知,两件专利申请如果仅仅是权利要求不同,并不必然得出前一申请不构成后一申请抵触申请的结论,D选项错误。

综上,本题答案为:C。

20. 某专利申请原始提交的权利要求书和说明书中仅记载了一种可以用于汽车、摩托车等机动车上的轮胎,并说明了该轮胎用橡胶等弹性材料制成。在专利实质审查程序中,下列针对权利要求书进行的修改哪个会超出原权利要求书和说明书记载的范围?
    A. 将"一种轮胎"修改成"一种可以用于汽车上的轮胎"

B. 将"一种轮胎"修改成"一种可以用于自行车上的轮胎"
C. 将"弹性材料"修改成"橡胶"
D. 将"橡胶"修改成"弹性材料"

【答案】B

【知识点】允许的修改　不允许的修改

【解析】《专利法》第三十三条规定，申请人可以对其专利申请文件进行修改，但是，对发明和实用新型专利申请文件的修改不得超出原说明书和权利要求书记载的范围，对外观设计专利申请文件的修改不得超出原图片或者照片表示的范围。A选项将"一种轮胎"修改成"一种可以用于汽车上的轮胎"，由于"一种可以用于汽车上的轮胎"在原权利要求书和说明书中有记载，故不会超出原权利要求书和说明书记载的范围，A选项错误。B选项中将"一种轮胎"修改成"一种可以用于自行车上的轮胎"，由于原权利要求书和说明书中并没有记载"一种可以用于自行车上的轮胎"，故超出了原权利要求书和说明书记载的范围，B选项正确。由于原权利要求书和说明书中记载了"弹性材料"和"橡胶"，因此无论是将"弹性材料"修改成"橡胶"，或者是将"橡胶"修改成"弹性材料"，都不会超出原权利要求书和说明书记载的范围，D选项错误。

综上，本题答案为：B。

21. 李某欲以电子申请方式提交一件发明专利申请。下列说法哪个是正确的？
   A. 李某必须委托专利代理机构提交专利电子申请
   B. 李某通过电子申请方式提交申请的，可以减免一定比例的申请费
   C. 若李某认为其申请应按照保密专利申请处理的，则不应当通过电子专利申请系统提交
   D. 李某未及时接收电子文件形式的通知书，国家知识产权局应当公告送达

【答案】C

【知识点】电子申请

【解析】《专利审查指南2010》第五部分第十一章第2节中规定，电子申请用户是指已经与国家知识产权局签订电子专利申请系统用户注册协议，办理了有关注册手续，获得用户代码和密码的申请人和专利代理机构。由此可知，申请人也可以与国家知识产权局签订电子专利申请系统用户注册协议，成为电子申请用户，自行提交专利申请，故A选项错误。《专利费用减缓办法》第四条规定，申请人或者专利权人为个人的，可以请求减缓缴纳85%的申请费、发明专利申请审查费和年费及80%的发明专利申请维持费和复审费。申请人或者专利权人为单位的、两个或者两个以上的个人或者个人与单位共同申请专利的，可以请求减缓缴纳70%的申请费、发明专利申请审查费和年费及60%的发明专利申请维持费和复审费。两个或者两个以上的单位共同申请专利的，不予减缓专利费用。由此可知，申请费的减缓与通过何种方式申请无关，故B选项错误。《关于专利电子申请的规定》第五条第一款规定，申请专利的发明创造涉及国家安全或者重大利益需要保密的，应当以纸件形式提出专利申请。由此可知，申请人李某认为其专利申请需要保密，则不应当通过电子专利申请系统提交申请，C选项正确。《专利审查指南

2010》第五部分第十一章第 6 节中规定，专利局以电子文件形式通过电子专利申请系统向电子申请用户发送各种通知书和决定。电子申请用户应当及时接收专利局电子文件形式的通知书和决定。电子申请用户未及时接收的，不作公告送达。由此可知，D 选项错误。

综上，本题答案为：C。

22. 下列哪个属于可以授予专利权的主题？
   A. 一种抗干扰的电波信号
   B. 一种抗干扰的电波信号的发生装置
   C. 一种可对室内环境进行有效消毒的光
   D. 一种通过环保无污染的方式获得的能量

【答案】B

【知识点】专利保护的对象和主题

【解析】《专利法》第二条第二款规定，发明，是指对产品、方法或者其改进所提出的新的技术方案。《专利审查指南 2010》第二部分第一章第 2 节规定，《专利法》所称的发明，是指对产品、方法或者其改进所提出的新的技术方案，这是对可申请专利保护的发明客体的一般性定义，不是判断新颖性、创造性的具体审查标准。技术方案是对要解决的技术问题所采取的利用了自然规律的技术手段的集合。技术手段通常是由技术特征来体现的。未采用技术手段解决技术问题，以获得符合自然规律的技术效果的方案，不属于《专利法》第二条第二款规定的客体。气味或者诸如声、光、电、磁、波等信号或者能量也不属于《专利法》第二条第二款规定的客体。但利用其性质解决技术问题的，则不属此列。由此可知，A、C、D 选项错误，B 选项正确。

综上，本题答案为：B。

23. 甲大学李教授以个人名义接受乙公司委托，利用业余时间在家完成了一项发明创造。在未作任何约定的情形下，就该发明创造申请专利的权利属于谁？
   A. 李教授
   B. 甲大学
   C. 乙公司
   D. 乙公司和李教授

【答案】A

【知识点】委托完成的发明创造申请专利权利的归属

【解析】《专利法》第八条规定，两个以上单位或者个人合作完成的发明创造、一个单位或者个人接受其他单位或者个人委托所完成的发明创造，除另有协议的以外，申请专利的权利属于完成或者共同完成的单位或者个人；申请被批准后，申请的单位或者个人为专利权人。本题中，李教授是以个人的名义接受乙公司委托，且乙公司与李教授之间并没有就申请专利的事项进行约定，依照《专利法》第八条的规定，李教授完成的发明创造申请专利的权利应当属于其自己,故 A 选项正确。

综上,本题答案为:A。

24. 某公司拥有一项 3D 打印机的专利权。下列哪个行为侵犯了该公司的专利权?
   A. 为了改进该打印机的性能,甲自行制造了一台该种 3D 打印机用于实验
   B. 乙未获得该公司的许可而在报纸上发布出售该种 3D 打印机的信息
   C. 丙从该公司购买了一台 3D 打印机,未经该公司同意,公开出售由该 3D 打印机打印出的产品
   D. 丁从该公司批发了一批 3D 打印机,并以高价出口到该公司未获得专利权的国家

【答案】B

【知识点】专利侵权行为

【解析】《专利法》第十一条第一款规定,发明和实用新型专利权被授予后,除该法另有规定的以外,任何单位或者个人未经专利权人许可,都不得实施其专利,即不得为生产经营目的制造、使用、许诺销售、销售、进口其专利产品,或者使用其专利方法以及使用、许诺销售、销售、进口依照该专利方法直接获得的产品。《专利法》第六十九条对不视为侵犯专利权的情形进行了规定,"专利产品或者依照专利方法直接获得的产品,由专利权人或者经其许可的单位、个人售出后,使用、许诺销售、销售、进口该产品"和"专为科学研究和实验而使用有关专利"属于不视为侵犯专利权的情形。

由上述规定可知,A 选项中的甲自行制造和使用该 3D 打印机是为了科学实验,故其行为不侵犯该公司的专利权,A 选项错误。B 选项中的乙在报纸上发布出售该种 3D 打印机信息的行为属于许诺销售,由于乙未获得该公司许可,故其行为侵犯了该公司的专利权,B 选项正确。C 选项中的丙由于是从该公司购买的该种 3D 打印机用于商业应用,故其行为不侵犯该公司的专利权,C 选项错误。D 选项中的丁由于是从该公司批发的该种 3D 打印机用于出口,故其行为不侵犯该公司的专利权,D 选项错误。

综上,本题答案为:B。

25. 某发明专利申请有多个申请人且未委托专利代理机构,第一署名申请人为代表人。该代表人能代表全体申请人办理下列哪项手续?
   A. 缴纳专利申请费
   B. 转让专利申请权
   C. 撤回专利申请
   D. 委托专利代理机构

【答案】A

【知识点】代表人的权利

【解析】《专利审查指南2010》第一部分第一章第4.1.5节中规定,除直接涉及共有权利的手续外,代表人可以代表全体申请人办理在专利局的其他手续。直接涉及共有权利的手续

包括：提出专利申请，委托专利代理，转让专利申请权、优先权或者专利权，撤回专利申请，撤回优先权要求，放弃专利权等。由此可知，本题中A选项的缴纳专利申请费可以由代表人代为办理，A选项正确。B选项的转让专利申请权、C选项的撤回专利申请、D选项的委托专利代理机构由于直接涉及共有权利，代表人不能代为办理，B、C、D选项错误。

综上，本题答案为：A。

26. 下列关于撤回无效宣告请求的说法哪个是正确的？
　　A. 请求人在口头审理中提出撤回请求的，无效宣告程序终止
　　B. 请求人在口头审理结束后提出的撤回请求，专利复审委员会不予考虑
　　C. 请求人在专利复审委员会做出无效宣告请求审查决定前撤回请求的，无效宣告审查程序终止
　　D. 请求人在专利复审委员会已发出书面审查决定后撤回请求的，不影响审查决定的有效性

【答案】D

【知识点】无效宣告请求的撤回

【解析】《专利法实施细则》第七十二条规定，专利复审委员会对无效宣告的请求作出决定前，无效宣告请求人可以撤回其请求。专利复审委员会作出决定之前，无效宣告请求人撤回其请求或者其无效宣告请求被视为撤回的，无效宣告请求审查程序终止。但是，专利复审委员会认为根据已进行的审查工作能够作出宣告专利权无效或者部分无效的决定的，不终止审查程序。由此可知，A、B、C选项错误，D选项正确。

综上，本题答案为：D。

27. 下列哪个权利要求主题名称的撰写方式符合相关规定？
　　A. 一种关于钢化玻璃的发明
　　B. 一种关于钢化玻璃的设计
　　C. 一种制造钢化玻璃的方法
　　D. 一种关于钢化玻璃的配方

【答案】C

【知识点】权利要求的撰写要求

【解析】《专利审查指南2010》第二部分第二章第3.2.2节中规定，每项权利要求的类型应当清楚。权利要求的主题名称应当能够清楚地表明该权利要求的类型是产品权利要求还是方法权利要求。不允许采用模糊不清的主题名称，例如，"一种……技术"，或者在一项权利要求的主题名称中既包含有产品又包含有方法，例如，"一种……产品及其制造方法"。由上述规定可知，A选项中"一种……发明"、B选项中"一种……设计"、D选项中"一种……配方"的表述方式使主题名称模糊不清，故不符合相关规定，A、B、D选项错误。C选项中的"一种制造钢化玻璃的方法"清楚地表明了该权利要求为方法权利要求，且表述清楚，

故符合相关规定，C 选项正确。

综上，本题答案为：C。

28. 某发明专利申请的权利要求如下：

"1. 一种饮用水净化装置，其特征在于包含外壳和滤芯。

2. 根据权利要求 1 所述的装置，其特征在于所述外壳由材料 X 制成。

3. 根据权利要求 1 所述的装置，其特征在于所述滤芯由材料 Y 制成。

4. 制备权利要求 1 所述的装置的方法，其特征在于包括将外壳和由材料 Y 制成的滤芯组装的步骤。

5. 用权利要求 1 所述的装置净化水的方法，其特征在于包括步骤 Z。"

已知权利要求 1 不具备新颖性和创造性，X、Y、Z 均为特定技术特征且互不相关。下列说法哪个是正确的？

  A. 权利要求 2、3 之间具有单一性
  B. 权利要求 2、4 之间具有单一性
  C. 权利要求 3、4 之间具有单一性
  D. 权利要求 4、5 之间具有单一性

【答案】C

【知识点】单一性

【解析】根据《专利法实施细则》第三十四条的规定，可以作为一件专利申请提出的属于一个总的发明构思的两项以上的发明或者实用新型，应当在技术上相互关联，包含一个或者多个相同或者相应的特定技术特征，其中特定技术特征是指每一项发明或者实用新型作为整体，对现有技术作出贡献的技术特征。《专利审查指南2010》第二部分第六章就"单一性和分案申请"作了进一步的解释和说明。其中明确指出，判断一件专利申请中要求保护的两项以上发明是否满足发明单一性的要求，就是要看权利要求中记载的技术方案的实质性内容是否属于一个总的发明构思，即判断这些权利要求中是否包含使它们在技术上相互关联的一个或者多个相同或者相应的特定技术特征。

本题中，由于权利要求 1 不具备新颖性和创造性，X、Y、Z 均为特定技术特征且互不相关，故权利要求之间只有具有相同或相应的特定技术特征，才具有单一性。权利要求 2 和权利要求 3、权利要求 2 和权利要求 4、权利要求 4 和权利要求 5 这三组权利要求中，每组权利要求中的两项权利要求都不含有相同或相应的特定技术特征，故不具有单一性，A、B、D 选项错误。权利要求 3 和权利要求 4 中由于都含有特定技术特征 Y，故这两项权利要求具有单一性，C 选项正确。

综上，本题答案为：C。

29. 某专利申请日为 2006 年 5 月 10 日，国家知识产权局于 2012 年 6 月 15 日发出缴费通知书，通知专利权人缴纳第 7 年度的年费及滞纳金。专利权人逾期未缴纳年费及滞纳金，国家知识产权局于2013年1月25日发出专利权终止通知书，专利权人未提出恢复权利的请求。该专利权应当自哪日起终止？

A. 2012年5月9日
B. 2012年5月10日
C. 2012年6月15日
D. 2013年1月25日

【答案】B

【知识点】专利权的终止

【解析】《专利法实施细则》第九十八条规定，授予专利权当年以后的年费应当在上一年度期满前缴纳。专利权人未缴纳或者未缴足的，国务院专利行政部门应当通知专利权人自应当缴纳年费期满之日起6个月内补缴，同时缴纳滞纳金；滞纳金的金额按照每超过规定的缴费时间1个月，加收当年全额年费的5%计算；期满未缴纳的，专利权自应当缴纳年费期满之日起终止。《专利审查指南2010》第五部分第九章第2.2.1.1节中规定，专利年度从申请日起算，与优先权日、授权日无关，与自然年度也没有必然联系。本题中，专利申请的申请日为2006年5月10日，由于专利权人未缴纳第7年度的年费及滞纳金，故该专利应当自缴纳第7年度年费期满之日起终止，即自2012年5月10日起终止，故B选项正确。

30. 下表为国际专利分类表的节选：

"H01G 4/00　　固定电容器：及其制造方法
H01G 4/002　　·零部件
H01G 4/018　　··电介质
H01G 4/04　　···液体电介质
H01G 4/06　　···固体电介质
H01G 4/08　　····无机电介质
H01G 4/10　　·····金属氧化物电介质
H01G 4/12　　·····陶瓷电介质"

对于一件技术主题为"一种以二氧化钛薄膜为电介质的电容器"的专利申请，下列哪个分类是正确的？

A. H01G 4/08
B. H01G 4/10
C. H01G 4/08、H01G 4/10
D. H01G 4/00、H01G 4/002、H01G 4/018、H01G 4/06、H01G 4/08

【答案】B

【知识点】发明和实用新型的国际专利分类

【解析】根据《国际专利分类表》，H01G 4/00表示固定电容器及其制造方式，H01G 4/08表示无机液体电解质的固定容器及其制造方法，H01G 4/10表示金属氧化物无机液体电解质的固定容器及其制造方法。要确定某一技术主题合适的分类，首先应确定相关的部，然后确定大类和小类，最后是大组或范围足以包括待分类技术主题实质特点的最低一级小组。对于本题中的"一种以二氧化钛薄膜为电介质的电容器"，其对应的最低一级小组是4/10，故B选项中的分类是正确的，A、C、D选项不正确。

综上，本题答案为：B。

二、多项选择题（每题所设选项中至少有两个正确答案，多选、少选、错选或不选均不得分。本部分含31—100题，每题1.5分，共105分。）

31. 李某就其在中国完成的发明创造向国家知识产权局提交了实用新型专利申请，下列说法哪些是正确的？
    A. 该实用新型专利申请须经过实质审查才能被授予专利权
    B. 该实用新型专利申请须经过初步审查才能被授予专利权
    C. 该实用新型专利申请被受理后，李某可以请求国家知识产权局作出专利权评价报告
    D. 李某就该发明创造向外国申请专利的，应当提出保密审查请求

【答案】BD

【知识点】实用新型的审查制度　专利权评价报告　保密审查

【解析】《专利法》第四十条规定，实用新型和外观设计专利申请经初步审查没有发现驳回理由的，由国务院专利行政部门作出授予实用新型专利权或者外观设计专利权的决定，发给相应的专利证书，同时予以登记和公告。实用新型专利权和外观设计专利权自公告之日起生效。由此可知，A选项错误，B选项正确。《专利法实施细则》第五十六条第一款规定，授予实用新型或者外观设计专利权的决定公告后，《专利法》第六十条规定的专利权人或者利害关系人可以请求国务院专利行政部门作出专利权评价报告。由此可知，C选项错误。《专利法》第二十条第一款规定，任何单位或者个人将在中国完成的发明或者实用新型向外国申请专利的，应当事先报经国务院专利行政部门进行保密审查。保密审查的程序、期限等按照国务院的规定执行。由此可知，D选项正确。

综上，本题答案为：B、D。

32. 下列哪些不属于可授予专利权的主题？
    A. 一种可有效识别抑郁症的心理测验方法
    B. 一种可有效驯服野马的方法
    C. 一种可有效提高婴儿体质的食谱
    D. 一种可有效开发计算机软件的计算机编程语言

【答案】ABCD

【知识点】专利保护的对象和主题

【解析】《专利法》第二十五条规定，对下列各项，不授予专利权：（一）科学发现；

（二）智力活动的规则和方法；（三）疾病的诊断和治疗方法；（四）动物和植物品种；（五）用原子核变换方法获得的物质；（六）对平面印刷品的图案、色彩或者二者的结合作出的主要起标识作用的设计。对前款第（四）项所列产品的生产方法，可以依照该法规定授予专利权。《专利审查指南2010》第二部分第一章第4.2节对智力活动的规则和方法进行了规定，并列举了相关的智力活动的规则和方法，这其中包括"心理测验方法""教学、授课、训练和驯兽的方法""乐谱、食谱、棋谱"和"计算机的语言及计算规则"。由此可知，本题A、B、C、D选项中的主题不属于可授予专利权的主题，故A、B、C、D选项正确。

33. 下列哪些发明名称符合相关规定？

　　A. 一种北京电器设备

　　B. 一种手表及其生产方法

　　C. 一种具有引线端的电器元件

　　D. 一种橡胶绝缘材料及其他

【答案】BC

【知识点】说明书的撰写要求

【解析】《专利审查指南2010》第二部分第二章第2.2.1节中规定，发明或者实用新型的名称应当清楚、简要，写在说明书首页正文部分的上方居中位置。发明或者实用新型的名称应当按照以下各项要求撰写：(1)说明书中的发明或者实用新型的名称与请求书中的名称应当一致，一般不得超过25个字，特殊情况下，例如，化学领域的某些申请，可以允许最多到40个字；(2)采用所属技术领域通用的技术术语，最好采用国际专利分类表中的技术术语，不得采用非技术术语；(3)清楚、简要、全面地反映要求保护的发明或者实用新型的主题和类型（产品或者方法），以利于专利申请的分类，例如一件包含拉链产品和该拉链制造方法两项发明的申请，其名称应当写成"拉链及其制造方法"；(4)不得使用人名、地名、商标、型号或者商品名称等，也不得使用商业性宣传用语。A选项"一种北京电器设备"中，由于使用了地名，故不符合规定，A选项错误。B、C选项中的发明名称由于符合上述规定，故B、C选项正确。D选项中的"一种橡胶绝缘材料及其他"，由于"其他"的含义不清楚，故不符合规定，D选项错误。

　　综上，本题答案为：B、C。

34. 王某向国家知识产权局提交了一件申请日为2014年5月7日，优先权日为2013年5月8日的发明专利申请，受理通知书的发文日为2014年5月12日。下列关于该申请费用的说法哪些是正确的？

　　A. 王某最迟应当在2014年7月7日缴纳申请费

　　B. 王某在缴纳申请费的同时，还应当缴纳优先权要求费和实质审查费

　　C. 若王某在2014年5月28日提出费用减缓请求，则申请费不能减缓

　　D. 若王某未在规定期限内缴纳优先权要求费，该申请将被视为撤回

【答案】A C

【知识点】申请费缴纳期限　费用的减缓

【解析】《专利法实施细则》第九十五条规定，申请人应当自申请日起 2 个月内或者在收到受理通知书之日起 15 日内缴纳申请费、公布印刷费和必要的申请附加费；期满未缴纳或者未缴足的，其申请视为撤回。申请人要求优先权的，应当在缴纳申请费的同时缴纳优先权要求费；期满未缴纳或者未缴足的，视为未要求优先权。本题中，由于王某专利申请的申请日是 2014 年 5 月 7 日，故其最迟应当缴纳申请费和优先权要求费的日期为 2014 年 7 月 7 日，故 A 选项正确。《专利法》第三十五条规定，发明专利申请自申请日起 3 年内，国务院专利行政部门可以根据申请人随时提出的请求，对其申请进行实质审查；申请人无正当理由逾期不请求实质审查的，该申请即被视为撤回。国务院专利行政部门认为必要的时候，可以自行对发明专利申请进行实质审查。《专利法实施细则》第九十六条规定，当事人请求实质审查或者复审的，应当在《专利法》及该细则规定的相关期限内缴纳费用；期满未缴纳或者未缴足的，视为未提出请求。由此可知，实质审查费可以在自申请日起 3 年内缴纳，故 B 选项的说法错误。《专利费用减缓办法》第五条规定，专利申请人可以在提出专利申请的同时一并请求减缓缴纳本办法第三条规定的五种费用。在专利局受理专利申请后，申请费不再减缓。申请人或者专利权人只能就尚未到期的费用请求减缓缴纳，并且应当在有关费用缴纳期限届满日的二个半月之前提出费用减缓请求。由此可知，王某在申请日，即 2014 年 5 月 7 日之后提出费用减缓请求，则申请费不能减缓，C 选项正确。根据《专利法实施细则》第九十五条的规定可知，若王某未在规定期限内缴纳优先权要求费，则其申请视为未要求优先权，故 D 选项错误。

综上，本题答案为：A、C。

35. 甲公司和乙公司共同拥有一项外观设计专利权，现甲公司欲以该专利权质押给银行进行融资。下列说法哪些是正确的？

A. 甲公司可以自行将该专利权质押，无需取得乙公司的同意
B. 甲公司与乙公司可以通过协议约定任何一方无需取得对方同意即可质押该专利权
C. 只有经国家知识产权局登记，该专利权的质押才能生效
D. 甲公司请求国家知识产权局进行质押登记的，应当提交该专利权的评价报告

【答案】B C

【知识点】专利权质押

【解析】《专利法》第十五条规定，专利申请权或者专利权的共有人对权利的行使有约定的，从其约定。没有约定的，共有人可以单独实施或者以普通许可方式许可他人实施该专利；许可他人实施该专利的，收取的使用费应当在共有人之间分配。除前款规定的情形外，行使共有的专利申请权或者专利权应当取得全体共有人的同意。由此可知，甲公司如需将该外观设计专利权质押，则必须经乙公司同意，A 选项错误。根据《专利法》第十五条的规定，共有权利人可以对专利申请权或者专利权的行使进行约定，故甲、乙二公司可以约定任何一方无须取得对方同意即可质押该专利权，B 选项正确。《专利权质押登记办法》第十二

条第一款规定,专利权质押登记申请经审查合格的,国家知识产权局在专利登记簿上予以登记,并向当事人发送《专利权质押登记通知书》。质权自国家知识产权局登记时设立。由此可知,C选项正确。《专利权质押登记办法》第七条第一款规定,申请专利权质押登记的,当事人应当向国家知识产权局提交下列文件:(一)出质人和质权人共同签字或者盖章的专利权质押登记申请表;(二)专利权质押合同;(三)双方当事人的身份证明;(四)委托代理的,注明委托权限的委托书;(五)其他需要提供的材料。由此可知,在办理质押登记手续时,无须提交专利权评价报告,D选项错误。

综上,本题答案为:B、C。

36. 国家知识产权局于2011年3月1日向张某发出了驳回其专利申请的决定。张某不服该驳回决定欲提出复审请求,下列做法哪些是符合相关规定的?

A. 在2011年6月1日提出复审请求,并同时缴足复审费

B. 在2011年6月16日提出复审请求,并同时缴足复审费

C. 在2011年6月1日提出复审请求,并在2011年6月14日缴足复审费

D. 在2011年6月16日提出复审请求,并在2011年6月20日缴足复审费

【答案】A B C

【知识点】复审请求的期限

【解析】《专利法》第四十一条第一款规定,国务院专利行政部门设立专利复审委员会。专利申请人对国务院专利行政部门驳回申请的决定不服的,可以自收到通知之日起3个月内,向专利复审委员会请求复审。专利复审委员会复审后,作出决定,并通知专利申请人。《专利法实施细则》第四条第三款规定,国务院专利行政部门邮寄的各种文件,自文件发出之日起满15日,推定为当事人收到文件之日。《专利法实施细则》第九十六条规定,当事人请求实质审查或者复审的,应当在《专利法》及该细则规定的相关期限内缴纳费用;期满未缴纳或者未缴足的,视为未提出请求。本题中,国家知识产权局于2011年3月1日向张某发出了驳回决定,张某应当在2011年6月16日前提出复审请求并缴纳复审费,因此,A、B、C选项正确。

综上,本题答案为:A、B、C。

37. 专利代理机构有下列哪些情形的,不能设立办事机构?

A. 专利代理机构设立的时间为1年

B. 有12名执业的专利代理人

C. 未通过上一年度的年检

D. 上一年度专利代理数量为200件

【答案】A C

【知识点】专利代理机构办事机构的设立条件

【解析】《专利代理管理办法》第十三条规定,申请设立办事机构的专利代理机构应当符

合下列条件：（一）设立时间满 2 年以上；（二）具有 10 名以上专利代理人；（三）通过上一年度年检。由此可知，A、C 选项正确。

综上，本题答案为：A、C。

38. 下列关于 PCT 国际申请相关费用的说法哪些是正确的？
   A. 中国港澳台地区的申请人不能享受国际申请费的减免
   B. 在国际阶段符合一定条件的 PCT 国际申请可以减免国际申请费
   C. 由国家知识产权局作为受理局受理的英文国际申请，在进入中国国家阶段时不能减免申请费及申请附加费
   D. PCT 国际申请进入中国国家阶段后，申请人改正译文错误的，应当提交书面请求、译文改正页，并缴纳译文改正费

【答案】B D

【知识点】PCT 国际申请的费用

【解析】《专利合作条约实施细则》第 96.1 条 4 中规定了 PCT 国际申请的费用减少情形，其中对于以电子形式提交的 PCT 国际申请，按照不同的情形规定了费用的减少数额。由此可知，无论何地的申请人采用电子形式提交 PCT 国际申请都能享受申请费的减免，A 选项错误。由《专利合作条约实施细则》第 96.1 条的规定可知，B 选项正确。《专利审查指南 2010》第三部分第一章第 7.2.1 节规定，由专利局作为受理局受理的国际申请在进入国家阶段时免缴申请费及申请附加费。由此可知，C 选项错误。《专利法实施细则》第一百一十三条第二款规定，申请人改正译文错误的，应当提出书面请求并缴纳规定的译文改正费。《专利审查指南 2010》第三部分第二章第 5.7 节中规定，申请人改正译文错误，应当提出书面请求，同时提交译文的改正页和缴纳规定的改正译文错误手续费。未按规定缴纳费用的，视为未提出改正请求。由此可知，D 选项正确。

综上，本题答案为：B、D。

39. 某专利申请涉及一种玻璃杯，其申请日是 2010 年 11 月 1 日，优先权日是 2010 年 5 月 8 日。下列哪些属于该申请的现有技术？
   A. 印刷日为 2010 年 4 月的一份出版物，内容涉及一种陶瓷杯
   B. 2010 年 4 月 2 日公开的一件美国专利申请，该申请涉及一种特殊色彩的玻璃杯
   C. 2010 年 5 月 8 日公开的一件中国专利申请，该申请涉及一种陶瓷杯
   D. 2010 年 9 月 2 日由德国进口到中国的玻璃杯

【答案】A B

【知识点】现有技术

【解析】《专利法》第二十二条第五款规定，该法所称现有技术，是指申请日以前在国内外为公众所知的技术。《专利审查指南 2010》第二部分第三章第 2.1 节中规定，现有技术包括在申请日（有优先权的，指优先权日）以前在国内外出版物上公开发表、在国内外公开使

用或者以其他方式为公众所知的技术。现有技术应当是在申请日以前公众能够得知的技术内容。换句话说，现有技术应当在申请日以前处于能够为公众获得的状态，并包含有能够使公众从中得知实质性技术知识的内容。

《专利审查指南2010》第二部分第三章第2.1.2.1节中规定，出版物的印刷日视为公开日，有其他证据证明其公开日的除外。印刷日只写明年月或者年份的，以所写月份的最后一日或者所写年份的12月31日为公开日。由此可知，A选项中出版物的公开日为2010年4月30日，在优先权日之前，故其记载的技术构成该申请的现有技术，A选项正确。

对于B选项，由于该美国专利申请公开的日期是2010年4月2日，在2010年5月8日之前，故该美国专利申请公开的技术构成本题中的专利申请的现有技术，B选项正确。

《专利审查指南2010》第二部分第三章第2.1.1节中规定，现有技术的时间界限是申请日，享有优先权的，则指优先权日。申请日当天公开的技术内容不包括在现有技术范围内。由此可知，2010年5月8日公开的专利申请所记载的技术不构成本题中专利申请的现有技术，C选项错误。

对于D选项，由于进口的行为发生在2010年9月2日，晚于本题中专利申请的优先权日，故不构成本题中专利申请的现有技术，D选项错误。

综上，本题答案为：A、B。

40. 某专利申请的权利要求书如下：
"1. 一种茶杯，包括特征H和I。
2. 根据权利要求1所述的茶杯，还包括特征J。
3. 根据权利要求1或2所述的茶杯，还包括特征K。
4. 根据权利要求1和2所述的茶杯，还包括特征L。
5. 根据权利要求1或3所述的茶壶，还包括特征M。"
上述哪些从属权利要求的引用方式不正确？
A. 权利要求2
B. 权利要求3
C. 权利要求4
D. 权利要求5

【答案】CD

【知识点】从属权利要求的撰写

【解析】《专利法实施细则》第二十二条规定，发明或者实用新型的从属权利要求应当包括引用部分和限定部分，按照下列规定撰写：（一）引用部分：写明引用的权利要求的编号及其主题名称；（二）限定部分：写明发明或者实用新型附加的技术特征。从属权利要求只能引用在前的权利要求。引用两项以上权利要求的多项从属权利要求，只能以择一方式引用在前的权利要求，并不得作为另一项多项从属权利要求的基础。《专利审查指南2010》第二部分第二章第3.3.2节中规定，当从属权利要求是多项从属权利要求时，其引用的权利要求的编号应当用"或"或者其他与"或"同义的择一引用方式表达。本题中,权利要求4是多项从属权利要求,其引用时由于采用了非择一引用的表达方式,故不正确,C选项正确。权利要求5中所引用的主题名称"茶壶",在其引用的权利要求1和权利要求3中并没有出现过,故该引用方式不正确,D选项正确。

综上,本题答案为:C、D。

41. 下列关于请求书中所填写事项的说法哪些是正确的?
    A. 发明人在提出专利申请后请求国家知识产权局不公布其姓名的,应当提交发明人签字或盖章的书面声明
    B. 国家知识产权局认为请求书中填写的外国申请人的国籍有疑义时,可以通知申请人提供国籍证明
    C. 申请人是单位的,必须指定本单位的一名工作人员作为联系人
    D. 无论申请人是中国人还是外国人,其填写的地址都应当是中国境内的地址

【答案】A B
【知识点】申请文件的形式审查
【解析】《专利审查指南2010》第一部分第一章第4.1.2节中规定,发明人可以请求专利局不公布其姓名。提出专利申请时请求不公布发明人姓名的,应当在请求书"发明人"一栏所填写的相应发明人后面注明"(不公布姓名)"。不公布姓名的请求提出之后,经审查认为符合规定的,专利局在专利公报、专利申请单行本、专利单行本以及专利证书中均不公布其姓名,并在相应位置注明"请求不公布姓名"字样,发明人也不得再请求重新公布其姓名。提出专利申请后请求不公布发明人姓名的,应当提交由发明人签字或者盖章的书面声明,但是专利申请进入公布准备后才提出该请求的,视为未提出请求,审查员应当发出视为未提出通知书。由此可知,A选项正确。

《专利法实施细则》第三十三条规定,在中国没有经常居所或者营业所的申请人,申请专利或者要求外国优先权的,国务院专利行政部门认为必要时,可以要求其提供下列文件:(一)申请人是个人的,其国籍证明;(二)申请人是企业或者其他组织的,其注册的国家或者地区的证明文件;(三)申请人的所属国,承认中国单位和个人可以按照该国国民的同等条件,在该国享有专利权、优先权和其他与专利有关的权利的证明文件。由此可知,B选项正确。

《专利审查指南2010》第一部分第一章第4.1.5节中规定,申请人是单位且未委托专利代理机构的,应当填写联系人,联系人是代替该单位接收专利局所发信函的收件人。联系人应当是本单位的工作人员,必要时审查员可以要求申请人出具证明。由此可知,只有在申请人是单位且未委托专利代理机构时,才必须指定联系人,对于委托了专利代理机构的单位,不需要指定联系人,故C选项错误。

《专利法实施细则》第十六条对发明、实用新型或者外观设计专利申请的请求书应当写明的事项进行了规定,其中第(二)项规定,申请人是外国人、外国企业或者外国其他组织

的，应当写明其姓名或者名称、国籍或者注册的国家或者地区。《专利审查指南2010》第一部分第一章第4.1.7节中规定，外国的地址应当注明国别、市（县、州），并附具外文详细地址。由此可知，D选项错误。

综上，本题答案为：A、B。

42. 下列哪些不能作为宣告专利权无效的理由？
   A. 专利权人未在规定期限内缴纳年费
   B. 权利要求之间不具备单一性
   C. 权利要求没有得到说明书的支持
   D. 专利申请委托手续不符合相关规定

【答案】ＡＢＤ

【知识点】无效宣告的理由

【解析】《专利法实施细则》第六十五条第二款规定，无效宣告请求的理由，是指被授予专利的发明创造不符合《专利法》第二条、第二十条第一款、第二十二条、第二十三条、第二十六条第三款、第四款、第二十七条第二款、第三十三条或者该细则第二十条第二款、第四十三条第一款的规定，或者属于《专利法》第五条、第二十五条的规定，或者依照《专利法》第九条规定不能取得专利权。在上述无效宣告请求理由的条款中，C选项中的理由属于《专利法实施细则》第六十五条列出的请求宣告该专利权无效的理由。由于A、B、D选项中的理由并不在《专利法实施细则》第六十五条规定的范围之列，故不能作为请求宣告该专利权无效的理由。

综上，本题答案为：A、B、D。

43. 广州市的甲公司发现天津市的乙公司未经其许可在重庆市销售涉嫌侵犯其专利权的产品。甲公司可以请求哪些知识产权局处理？
   A. 天津市知识产权局
   B. 重庆市知识产权局
   C. 广州市知识产权局
   D. 广东省知识产权局

【答案】ＡＢ

【知识点】专利侵权纠纷的处理管辖

【解析】《专利法实施细则》第八十一条规定，当事人请求处理专利侵权纠纷或者调解专利纠纷的，由被请求人所在地或者侵权行为地的管理专利工作的部门管辖。两个以上管理专利工作的部门都有管辖权的专利纠纷，当事人可以向其中一个管理专利工作的部门提出请求；当事人向两个以上有管辖权的管理专利工作的部门提出请求的，由最先受理的管理专利工作的部门管辖。管理专利工作的部门对管辖权发生争议的，由其共同的上级人民政府管理专利工作的部门指定管辖；无共同上级人民政府管理专利工作的部门的，由国务院专利行政部门指定管辖。本题中，由于被请求人乙公司的所在地为天津，侵权行为发生在重庆，故甲公司可以向天津市知识产权局或者重庆市知识产权局请求处理专利侵权纠纷，故 A、B 选项正确。

44. 下列哪些情形可以将两件产品的外观设计认定为实质相同的外观设计？
    A. 互为镜像对称的两把椅子
    B. 难以察觉细微差异的两扇百叶窗，其差异仅在于具体叶片数不同
    C. 图案、色彩相同的两个长方体包装盒，其设计差别仅在于盒体的高度略有不同
    D. 形状、图案和色彩均相同的铅笔和巧克力

【答案】A B C

【知识点】外观设计实质相同的判断

【解析】《专利审查指南2010》第四部分第五章第5.1.2节中规定，如果一般消费者经过对涉案专利与对比设计的整体观察可以看出，二者的区别仅属于下列情形，则涉案专利与对比设计实质相同：(1) 其区别在于施以一般注意力不能察觉到的局部的细微差异，例如，百叶窗的外观设计仅有具体叶片数不同；(2) 其区别在于使用时不容易看到或者看不到的部位，但有证据表明在不容易看到部位的特定设计对于一般消费者能够产生引人瞩目的视觉效果的情况除外；(3) 其区别在于将某一设计要素整体置换为该类产品的惯常设计的相应设计要素，例如，将带有图案和色彩的饼干桶的形状由正方体置换为长方体；(4) 其区别在于将对比设计作为设计单元按照该种类产品的常规排列方式作重复排列或者将其排列的数量作增减变化，例如，将影院座椅成排重复排列或者将其成排座椅的数量作增减；(5) 其区别在于互为镜像对称。由此可知，A、B、C 选项中的外观设计可以认定为实质相同的外观设计，A、B、C 选项正确。D 选项中的铅笔和巧克力由于产品种类不相同也不相近似，根据《专利审查指南2010》第四部分第五章第5.1.2节中的规定，对于产品种类不相同也不相近似的外观设计，不进行涉案专利与对比设计是否实质相同的比较和判断，即可认定涉案专利与对比设计不构成实质相同。故形状、图案和色彩均相同的铅笔和巧克力不构成实质相同的外观设计，D 选项错误。

综上，本题答案为：A、B、C。

45. 下列关于专利审查程序中会晤和电话讨论的说法哪些是正确的？
    A. 会晤地点可以由申请人选择
    B. 会晤应当是在审查员已发出第一次审查意见通知书之后进行
    C. 申请人（或者代理人）签字或盖章的会晤记录可以代替申请人的正式书面答复或者修改
    D. 电话讨论仅适用于解决次要的且不会引起误解的形式方面的缺陷所涉及的问题

【答案】B D

【知识点】会晤与电话讨论

【解析】《专利审查指南2010》第二部分第八章第4.12.2节中规定，会晤应当在专利局指定的地点进行，审查员不得在其他地点同申请人就有关申请的问题进行会晤。由此可知，A选项错误。《专利审查指南2010》第二部分第八章第4.12.1节中规定，举行会晤的条件是：（1）审查员已发出第一次审查意见通知书；并且（2）申请人在答复审查意见通知书的同时或者之后提出了会晤要求，或者审查员根据案情的需要向申请人发出了约请。由此可知，B选项正确。《专利审查指南2010》第二部分第八章第4.12.3节中规定，会晤记录不能代替申请人的正式书面答复或者修改。即使在会晤中，双方就如何修改申请达成了一致的意见，申请人也必须重新提交正式的修改文件，审查员不能代为修改。由此可知，C选项错误。《专利审查指南2010》第二部分第八章第4.13节中规定，审查员可以与申请人就申请文件中存在的问题进行电话讨论，但电话讨论仅适用于解决次要的且不会引起误解的形式方面的缺陷所涉及的问题。由此可知，D选项正确。

综上，本题答案为：B、D。

46. 国家知识产权局于2013年12月16日针对某发明专利申请发出第二次审查意见通知书，要求申请人在收到该通知书之日起2个月内陈述意见，申请人于2013年12月20日收到该通知书。若申请人请求延长该答复期限，下列说法哪些是正确的？

A. 申请人应当于2014年2月20日前提交延长期限请求书
B. 申请人可以于2014年2月28日提交延长期限请求书
C. 申请人可以请求将该答复期限延长6个月
D. 申请人应当在答复期限届满前缴纳延长期限请求费

【答案】BD
【知识点】期限的延长
【解析】《专利法实施细则》第六条第四款规定，当事人请求延长国务院专利行政部门指定的期限的，应当在期限届满前，向国务院专利行政部门说明理由并办理有关手续。《专利法实施细则》第四条第三款规定，国务院专利行政部门邮寄的各种文件，自文件发出之日起满15日，推定为当事人收到文件之日。《专利法实施细则》第五条规定，《专利法》和该细则规定的各种期限的第一日不计算在期限内。期限以年或者月计算的，以其最后一月的相应日为期限届满日；该月无相应日的，以该月最后一日为期限届满日；期限届满日是法定休假日的，以休假日后的第一个工作日为期限届满日。本题中，国家知识产权局发出第二次审查意见通知书的日期是2013年12月16日，申请人的推定收到日为2013年12月31日，故申请人应当在2014年2月28日前办理延长期限的手续，故A选项错误，B、D选项正确。《专利审查指南2010》第五部分第七章第4.2节中规定，延长期限请求由作出相应通知和决定的部门或者流程管理部门进行审批。延长的期限不足1个月的，以1个月计算。延长的期限不得超过2个月。对同一通知或者决定中指定的期限一般只允许延长一次。由此可知，C选项错误。

综上，本题答案为：B、D。

47. 在无效宣告程序中，专利权人对其权利要求进行了删除式修改，同时针对请求人所提交的证据提交了三份反证。请求人采取的下列哪些应对措施是被允许的？

　　A. 在专利复审委员会指定期限内，针对专利权人修改后的权利要求书增加新的无效宣告理由

　　B. 在专利复审委员会指定期限内，针对专利权人提交的三份反证补充新的证据，并在该期限内结合该证据具体说明相关的无效宣告理由

　　C. 对明显与提交的证据不相对应的无效宣告理由进行变更

　　D. 在口审辩论终结前提交教科书等公知常识性证据，并在该期限内结合该证据具体说明相关无效宣告理由

【答案】ＢＣＤ

【知识点】无效宣告理由的增加　无效宣告请求的举证期限

【解析】《专利法实施细则》第六十七条规定，在专利复审委员会受理无效宣告请求后，请求人可以在提出无效宣告请求之日起1个月内增加理由或者补充证据。逾期增加理由或者补充证据的，专利复审委员会可以不予考虑。《专利审查指南2010》第四部分第三章第4.2节中规定，(1)请求人在提出无效宣告请求之日起1个月内增加无效宣告理由的，应当在该期限内对所增加的无效宣告理由具体说明；否则，专利复审委员会不予考虑。(2)请求人在提出无效宣告请求之日起一个月后增加无效宣告理由的，专利复审委员会一般不予考虑，但下列情形除外：(i)针对专利权人以合并方式修改的权利要求，在专利复审委员会指定期限内增加无效宣告理由，并在该期限内对所增加的无效宣告理由具体说明的；(ii)对明显与提交的证据不相对应的无效宣告理由进行变更的。由此可知，B、C选项正确。对于A选项，如果请求人是在提出无效宣告请求之日起1个月内增加新的无效理由，则需要在该期限内对新增加的理由具体说明，但A选项中请求人没有作出说明；而在自无效请求之日起1个月后，专利权人只进行删除式修改而不是合并式修改的情况下，请求人增加的理由专利复审委员会一般不予考虑，因此A选项错误。《专利审查指南2010》第四部分第三章第4.3.1节中规定，……(2)请求人在提出无效宣告请求之日起1个月后补充证据的，专利复审委员会一般不予考虑，但下列情形除外：(i)针对专利权人以合并方式修改的权利要求或者提交的反证，请求人在专利复审委员会指定的期限内补充证据，并在该期限内结合该证据具体说明相关无效宣告理由的；(ii)在口头审理辩论终结前提交技术词典、技术手册和教科书等所属技术领域中的公知常识性证据或者用于完善证据法定形式的公证文书、原件等证据，并在该期限内结合该证据具体说明相关无效宣告理由的。(3)请求人提交的证据是外文的，提交其中文译文的期限适用该证据的举证期限。由此可知，D选项正确。

　　综上，本题答案为：B、C、D。

48. 人民法院可以受理下列哪些专利纠纷案件？

　　A. 专利权权属纠纷案件

　　B. 发明人、设计人资格纠纷案件

C. 专利权、专利申请权转让合同纠纷案件

D. 诉前申请停止侵权、财产保全案件

【答案】A B C D

【知识点】专利纠纷案件的受理

【解析】《最高人民法院关于审理专利纠纷案件适用法律问题的若干规定》第一条规定，人民法院受理下列专利纠纷案件：1. 专利申请权纠纷案件；2. 专利权权属纠纷案件；3. 专利权、专利申请权转让合同纠纷案件；4. 侵犯专利权纠纷案件；5. 假冒他人专利纠纷案件；6. 发明专利申请公布后、专利权授予前使用费纠纷案件；7. 职务发明创造发明人、设计人奖励、报酬纠纷案件；8. 诉前申请停止侵权、财产保全案件；9. 发明人、设计人资格纠纷案件；10. 不服专利复审委员会维持驳回申请复审决定案件；11. 不服专利复审委员会专利权无效宣告请求决定案件；12. 不服国务院专利行政部门实施强制许可决定案件；13. 不服国务院专利行政部门实施强制许可使用费裁决案件；14. 不服国务院专利行政部门行政复议决定案件；15. 不服管理专利工作的部门行政决定案件；16. 其他专利纠纷案件。由此可知，A、B、C、D 选项正确。

综上，本题答案为：A、B、C、D。

49. 胡某向国家知识产权局提交了一件发明专利申请，其申请日为 2010 年 5 月 5 日，公布日为 2010 年 12 月 1 日。若下列向国家知识产权局提交的申请记载了与该申请完全相同的技术方案，则哪些破坏该申请的新颖性？

A. 申请日：2010 年 4 月 10 日，公布日：2010 年 7 月 1 日，申请人：胡某

B. 申请日：2010 年 5 月 5 日，公布日：2010 年 9 月 1 日，申请人：朱某

C. 申请日：2009 年 5 月 5 日，公布日：2010 年 5 月 5 日，申请人：胡某、朱某

D. 申请日：2009 年 7 月 31 日，公布日：2010 年 1 月 5 日，申请人：胡某

【答案】A C D

【知识点】新颖性的判断

【解析】《专利法》第二十二条规定，新颖性，是指该发明或者实用新型不属于现有技术；也没有任何单位或者个人就同样的发明或者实用新型在申请日以前向国务院专利行政部门提出过申请，并记载在申请日以后公布的专利申请文件或者公告的专利文件中。《专利法》第二十二条第五款规定，该法所称现有技术，是指申请日以前在国内外为公众所知的技术。《专利审查指南 2010》第二部分第三章第 2.2 节中规定，在发明或者实用新型新颖性的判断中，由任何单位或者个人就同样的发明或者实用新型在申请日以前向专利局提出并且在申请日以后（含申请日）公布的专利申请文件或者公告的专利文件损害该申请日提出的专利申请的新颖性。为描述简便，在判断新颖性时，将这种损害新颖性的专利申请，称为抵触申请。抵触申请仅指在申请日以前提出的，不包含在申请日提出的同样的发明或者实用新型专利申请。本题中，A、C 选项中的专利申请都是在胡某的专利申请日之前向专利局提出并且在申请日以后和申请日当天公布的，故都构成了胡某专利申请的抵触申请，破坏了胡某专利申请

的新颖性，A、C 选项正确。B 选项中的专利申请由于和胡某的专利申请申请日相同，不构成现有技术，故不破坏胡某专利申请的新颖性，B 选项错误。D 选项中的专利申请由于是在胡某专利申请的申请日前公布的，其技术构成了胡某专利申请的现有技术，故破坏了胡某专利申请的新颖性，D 选项正确。

综上，本题答案为：A、C、D。

50. 在发出授予专利权的通知书前，允许审查员对准备授权的文本依职权作出下列哪些修改？

　　A. 修改摘要中明显的错误
　　B. 修改明显不适当的发明名称
　　C. 将权利要求中洗衣机的高度 850m 修改为本领域技术人员能够确定的 850mm
　　D. 根据说明书的内容，将权利要求中的"氯化纳"修改为"氯化钠"

【答案】A B D
【知识点】依职权修改
【解析】《专利法实施细则》第五十一条第四款规定，国务院专利行政部门可以自行修改专利申请文件中文字和符号的明显错误。国务院专利行政部门自行修改的，应当通知申请人。《专利审查指南2010》第二部分第八章第6.2.2节中规定，在发出授予专利权的通知书前，允许审查员对准备授权的文本依职权作如下的修改：(1) 说明书方面：修改明显不适当的发明名称和/或发明所属技术领域；改正错别字、错误的符号、标记等；修改明显不规范的用语；增补说明书各部分所遗漏的标题；删除附图中不必要的文字说明等。(2) 权利要求书方面：改正错别字、错误的标点符号、错误的附图标记、附图标记增加括号。但是，可能引起保护范围变化的修改，不属于依职权修改的范围。(3) 摘要方面：修改摘要中不适当的内容及明显的错误。由此可知，A、B、D选项正确。C选项中的修改由于会导致保护范围变化，故审查员不能依职权修改，C选项错误。

综上，本题答案为：A、B、D。

51. 某公司欲撤回其自行提交的一件发明专利申请。下列说法哪些是正确的？

　　A. 该公司应当提交撤回专利申请声明，并缴纳相应费用
　　B. 该申请被撤回后，不能作为任何在后申请的优先权基础
　　C. 该公司撤回该专利申请不得附有任何条件
　　D. 撤回专利申请的生效日为撤回手续合格通知书的发文日

【答案】C D
【知识点】撤回专利申请
【解析】《专利法》第三十二条规定，申请人可以在被授予专利权之前随时撤回其专利申请。《专利法实施细则》第三十六条第一款规定，申请人撤回专利申请的，应当向国务院专利行政部门提出声明，写明发明创造的名称、申请号和申请日。《专利法实施细则》第九十三条规定了申请专利和办理其他手续时应当缴纳的费用种类，其中并不存在一种与撤回专利

申请相关的费用,由此可知,撤回专利申请并不需要缴纳相关的费用,故 A 选项错误。《保护工业产权巴黎公约》第四条中规定,已经在本联盟的一个国家正式提出专利申请的任何人或其权利继受人,为了在其他国家提出申请,在自提出申请之日起 12 个月的期间内应享有优先权。正规的国家申请是指在有关国家中足以确定提出申请日的任何申请,而不问该申请以后的结局如何。由此可知,被撤回的申请可以作为在后申请的优先权基础,故 B 选项错误。《专利审查指南2010》第一部分第一章第6.6节中规定,撤回专利申请不得附有任何条件。撤回专利申请声明不符合规定的,审查员应当发出视为未提出通知书;符合规定的,审查员应当发出手续合格通知书。撤回专利申请的生效日为手续合格通知书的发文日。由此可知,C、D 选项正确。

综上,本题答案为:C、D。

52. 甲拟就其被驳回的专利申请提出复审请求。下列说法哪些是正确的?
   A. 若甲未在提出复审请求同时缴足复审费,则其复审请求视为未提出
   B. 若甲提交的复审请求书不符合规定格式,则其复审请求将被不予受理
   C. 若甲委托专利代理机构乙仅为其办理复审程序有关事务,则应当向专利复审委员会提交专利代理委托书
   D. 若甲与多个专利代理机构同时存在委托关系,则应当以书面方式指定其中一个专利代理机构作为收件人

【答案】C D
【知识点】复审请求的文件形式　费用　委托手续
【解析】《专利法实施细则》第九十六条规定,当事人请求实质审查或者复审的,应当在《专利法》及该细则规定的相关期限内缴纳费用;期满未缴纳或者未缴足的,视为未提出请求。由此可知,复审费并不需要与复审请求书同时提交,A 选项错误。《专利法实施细则》第六十条第三款规定,复审请求书不符合规定格式的,复审请求人应当在专利复审委员会指定的期限内补正;期满未补正的,该复审请求视为未提出。由此可知,B 选项错误。《专利审查指南2010》第四部分第二章第2.6节中规定,复审请求人在复审程序中委托专利代理机构,且委托书中写明其委托权限仅限于办理复审程序有关事务的,其委托手续或者解除、辞去委托的手续应当参照上述规定在专利复审委员会办理,无须办理著录项目变更手续。由此可知,C 选项正确。《专利审查指南2010》第四部分第二章第2.6节中规定,复审请求人与多个专利代理机构同时存在委托关系的,应当以书面方式指定其中一个专利代理机构作为收件人。由此可知,D 选项正确。

综上,本题答案为:C、D。

53. 下列有关专利推广应用的说法哪些是正确的?
   A. 被推广应用的专利应当是对国家利益或者公共利益具有重大意义的发明或者实用新型专利

B. 被推广应用专利的专利权人应当是国有企业事业单位

C. 专利的推广应用应当由国务院有关主管部门批准

D. 专利被推广应用后,应当由实施单位按照国家规定向专利权人支付使用费

【答案】BD

【知识点】发明专利的推广应用

【解析】《专利法》第十四条规定,国有企业事业单位的发明专利,对国家利益或者公共利益具有重大意义的,国务院有关主管部门和省、自治区、直辖市人民政府报经国务院批准,可以决定在批准的范围内推广应用,允许指定的单位实施,由实施单位按照国家规定向专利权人支付使用费。由此可知,专利推广应用仅适用于发明专利,A 选项错误。被推广应用专利的专利权人应当是国有企业事业单位,B 选项正确。专利的推广应用应当由国务院批准,C 选项错误。专利被推广应用后,应当由实施单位按照国家规定向专利权人支付使用费,D 选项正确。

综上,本题答案为:B、D。

54. 下列关于 PCT 国际申请进入中国国家阶段手续的说法哪些是正确的?

A. 在进入中国国家阶段时,申请人可以同时选择发明和实用新型作为获得专利权的类型

B. 国际申请以外文提出的,申请人应当提交原始国际申请的说明书和权利要求书的中文译文

C. 在国际阶段向国际局已办理申请人变更手续的,申请人应当提供变更后的申请人享有申请权的证明材料

D. 国际申请以中文提出的,申请人应当提交国际公布文件中的摘要和摘要附图副本

【答案】BCD

【知识点】PCT 国际申请进入中国国家阶段的手续

【解析】《专利审查指南2010》第三部分第一章第3.1.2节规定,《专利法》第九条第一款规定:同样的发明创造只能授予一项专利权。国际申请指定中国的,办理进入国家阶段手续时,应当选择要求获得的是"发明专利"或者"实用新型专利",两者择其一,不允许同时要求获得"发明专利"和"实用新型专利"。不符合规定的,审查员应当发出国际申请不能进入中国国家阶段通知书。由此可知,A 选项错误。《专利法实施细则》第一百零四条第一款规定,申请人依照该细则第一百零三条的规定办理进入中国国家阶段的手续的,应当符合下列要求:(一)以中文提交进入中国国家阶段的书面声明,写明国际申请号和要求获得的专利权类型;(二)缴纳该细则第九十三条第一款规定的申请费、公布印刷费,必要时缴纳该细则第一百零三条规定的宽限费;(三)国际申请以外文提出的,提交原始国际申请的说明书和权利要求书的中文译文;(四)在进入中国国家阶段的书面声明中写明发明创造的名称,申请人姓名或者名称、地址和发明人的姓名,上述内容应当与世界知识产权组织国际局(以下简称国际局)的记录一致;国际申请中未写明发明人的,在上述声明中写明发明人的姓名;(五)国际申请以外文提出的,提交摘要的中文译文,有附图和摘要附图的,提交

附图副本和摘要附图副本，附图中有文字的，将其替换为对应的中文文字；国际申请以中文提出的，提交国际公布文件中的摘要和摘要附图副本；（六）在国际阶段向国际局已办理申请人变更手续的，提供变更后的申请人享有申请权的证明材料；（七）必要时缴纳该细则第九十三条第一款规定的申请附加费。由上述第（三）项、第（六）项和第（五）项的规定可知，B、C、D 选项正确。

55. 下列关于发明创造性的说法哪些是正确的？
 A. 抵触申请可以用来评价一项发明的创造性
 B. 如果发明相对于现有技术具有突出的实质性特点，并具有显著的进步，则一定具备创造性
 C. 如果选择发明是可以从现有技术中直接推导出来的，则该发明不具备创造性
 D. 如果某项从属权利要求具备创造性，则从属于同一独立权利要求的其他权利要求一定具备创造性

【答案】B C
【知识点】判断创造性的原则和基准
【解析】《专利法》第二十二条第三款规定，创造性，是指与现有技术相比，该发明具有突出的实质性特点和显著的进步，该实用新型具有实质性特点和进步。

《专利审查指南2010》第二部分第四章第2.1节中规定，《专利法》第二十二条第二款中所述的，在申请日以前由任何单位或个人向专利局提出过申请并且记载在申请日以后公布的专利申请文件或者公告的专利文件中的内容，不属于现有技术，因此，在评价发明创造性时不予考虑。由此可知，A 选项错误。

由《专利法》第二十二条第三款的规定可知，发明相对于现有技术具有突出的实质性特点，并具有显著的进步，则一定具备创造性，故 B 选项正确。

《专利审查指南2010》第二部分第四章第4.3节中规定，如果发明仅是从一些已知的可能性中进行选择，或者发明仅仅是从一些具有相同可能性的技术方案中选出一种，而选出的方案未能取得预料不到的技术效果，则该发明不具备创造性。由此可知，C 选项正确。

《专利法实施细则》第二十二条第一款规定，发明或者实用新型的从属权利要求应当包括引用部分和限定部分，按照下列规定撰写：（一）引用部分：写明引用的权利要求的编号及其主题名称；（二）限定部分：写明发明或者实用新型附加的技术特征。由此可知，每项从属权利要求都有其附加技术特征。当一项独立权利要求不具备创造性时，其从属权利要求需要分别判断是否具备创造性。由于每项从属权利要求的附加技术特征不同，则会导致有的从属权利要求具备创造性，有的不具备，故 D 选项的说法错误。

综上，本题答案为：B、C。

56. 一件发明专利申请的说明书记载了数值范围 20mm～100mm 和特定值 60mm、110mm 并且在说明书摘要中公开了特定值 30mm。下列哪些修改是允许的？
 A. 将权利要求中的数值范围修改成 20mm～60mm

B. 将权利要求中的数值范围修改成 30mm~60mm
C. 将权利要求中的数值范围修改成 60mm~100mm
D. 将权利要求中的数值范围修改成 20mm~110mm

【答案】A C

【知识点】允许的修改

【解析】《专利法》第三十三条规定，申请人可以对其专利申请文件进行修改，但是，对发明和实用新型专利申请文件的修改不得超出原说明书和权利要求书记载的范围，对外观设计专利申请文件的修改不得超出原图片或者照片表示的范围。《专利审查指南2010》第二部分第八章第5.2.2.1节中规定，对于含有数值范围技术特征的权利要求中数值范围的修改，只有在修改后数值范围的两个端值在原说明书和/或权利要求书中已确实记载且修改后的数值范围在原数值范围之内的前提下，才是允许的。本题中，由于原说明书记载了数值范围20mm~100mm和特定值60mm、110mm，因此根据上述规定，A、C选项中的数值范围由于两个端值在原说明书中都已确实记载且修改后的数值范围在原数值范围之内，故该种修改是被允许的，A、C选项正确。B选项中的数值范围，由于30mm这个端值在原说明书中没有记载，故该种修改不被允许，B选项错误。D选项中的数值范围，由于修改后的范围不在原数值范围之内，故该种修改不被允许，D选项错误。

综上，本题答案为：A、C。

57. 国家知识产权局对下列哪些专利申请不予受理？
   A. 使用英文提交的实用新型专利申请
   B. 从香港直接邮寄来的发明专利申请
   C. 改变申请类别的分案申请
   D. 请求书中未写明发明人信息的发明专利申请

【答案】A B C

【知识点】受理条件不受理的情形

【解析】《专利法实施细则》第三十九条规定，专利申请文件有下列情形之一的，国务院专利行政部门不予受理，并通知申请人：（一）发明或者实用新型专利申请缺少请求书、说明书（实用新型无附图）或者权利要求书的，或者外观设计专利申请缺少请求书、图片或者照片、简要说明的；（二）未使用中文的；（三）不符合该细则第一百二十一条第一款规定的；（四）请求书中缺少申请人姓名或者名称，或者缺少地址的；（五）明显不符合专利法第十八条或者第十九条第一款的规定的；（六）专利申请类别（发明、实用新型或者外观设计）不明确或者难以确定的。A选项中用英文提交申请属于上述第（二）项规定的情形，故不予受理，A选项正确。《专利法》第十九条第一款规定，在中国没有经常居所或者营业所的外国人、外国企业或者外国其他组织在中国申请专利和办理其他专利事务的，应当委托依法设立的专利代理机构。《专利法实施细则》第四十二条第三款规定，分案的申请不得改变原申请的类别。《专利审查指南2010》第五部分第三章第2.2节对不受理的情形进行了进一步规定，其中专利申请"直接从香港、澳门或者台湾地区向专利局邮寄"和"分案申请改变申请类别"被明确规定为不予受理的情形，故B、C选项正确。根据《专利审查指南2010》第一部分第一章第4.1.2节的规定，发明人的填写不符合规定的，审查员应当发出补正通知书。申请人改正请求书中所填写的发明人姓名的，应当提交补正书、当事人的声明及相应的证明文件。由此可知，请求书中未写明发明人信息的，审查员应当发出补正通知书，而不是不受理该专利申请，D选项错误。

综上，本题答案为：A、B、C。

58. 吴某于2011年4月10日针对某专利提出无效宣告请求。下列哪些情形下专利复审委员会对该无效宣告请求不予受理？

　　A. 王某就该专利于2011年4月5日向专利复审委员会提出过无效宣告请求
　　B. 该专利权于2011年4月8日终止
　　C. 该专利权自申请日起放弃
　　D. 该专利权已被专利复审委员会的生效决定宣告全部无效

【答案】CD
【知识点】无效宣告请求客体
【解析】《专利法》第四十五条规定，自国务院专利行政部门公告授予专利权之日起，任何单位或者个人认为该专利权的授予不符合该法有关规定的，可以请求专利复审委员会宣告该专利权无效。《专利审查指南2010》第四部分第三章第3.1节中规定，无效宣告请求的客体应当是已经公告授权的专利，包括已经终止或者放弃（自申请日起放弃的除外）的专利。无效宣告请求不是针对已经公告授权的专利的，不予受理。专利复审委员会作出宣告专利权全部或者部分无效的审查决定后，当事人未在收到该审查决定之日起3个月内向人民法院起诉或者人民法院生效判决维持该审查决定的，针对已被该决定宣告无效的专利权提出的无效宣告请求不予受理。本题中，对于A选项，虽然王某在2011年4月5日已就该专利提出过无效宣告请求，根据《专利法实施细则》第六十六条第二款的规定，只要专利复审委员会没有就该无效宣告请求作出决定，或者吴某不是以同样的理由和证据请求无效宣告的，专利复审委员会就应当受理其无效宣告请求，故A选项错误。根据《专利审查指南2010》第四部分第三章第3.1节的规定，对于已经终止的专利，任何单位或者个人都可以请求宣告该专利无效，B选项错误；针对自申请日起放弃或已被专利复审委员会的生效决定宣告全部无效的专利提出的无效宣告请求，专利复审委员会应当不予受理，故C、D选项正确。

综上，本题答案为：C、D。

59. 下列哪些未经专利权人许可的行为构成了侵犯专利权的行为？
　　A. 某大学使用专利方法制造了扩音设备用于教学
　　B. 某汽车制造厂将实用新型专利产品用作汽车内部零部件
　　C. 某电视机厂将外观设计专利产品用作电视机内部不可见的零部件

D. 某药厂为药品上市提供行政审批所需要的信息而制造了专利药品

【答案】AB

【知识点】侵权行为的判定

【解析】《专利法》第十一条第一款规定，发明和实用新型专利权被授予后，除该法另有规定的以外，任何单位或者个人未经专利权人许可，都不得实施其专利，即不得为生产经营目的制造、使用、许诺销售、销售、进口其专利产品，或者使用其专利方法以及使用、许诺销售、销售、进口依照该专利方法直接获得的产品。A选项中，由于该大学制造扩音设备用于教学的行为是属于生产经营行为，故侵犯了专利权，A选项正确。

《最高人民法院关于审理侵犯专利权纠纷案件应用法律若干问题的解释》第十二条第一款规定，将侵犯发明或者实用新型专利权的产品作为零部件，制造另一产品的，人民法院应当认定属于《专利法》第十一条规定的使用行为；销售该另一产品的，人民法院应当认定属于《专利法》第十一条规定的销售行为。由此可知，B选项正确。

《最高人民法院关于审理侵犯专利权纠纷案件应用法律若干问题的解释》第十二条第二款规定，将侵犯外观设计专利权的产品作为零部件，制造另一产品并销售的，人民法院应当认定属于《专利法》第十一条规定的销售行为，但侵犯外观设计专利权的产品在该另一产品中仅具有技术功能的除外。C选项中的外观设计专利产品由于是放置在电视机内部，其用途并不是为了满足美感，仅可能起到具体的技术功能，故不侵犯专利权，C选项错误。

《专利法》第六十九条对不视为侵犯专利权的情形进行了规定，其中"为提供行政审批所需要的信息，制造、使用、进口专利药品或者专利医疗器械的，以及专门为其制造、进口专利药品或者专利医疗器械的"不视为侵犯专利权的情形。由此可知，D选项错误。

综上，本题答案为：A、B。

60. 在判断是否享有优先权时，下列关于"相同主题的发明创造"的说法哪些是错误的？
 A. 对发明或者实用新型而言，相同主题的发明创造仅指权利要求相同
 B. 技术领域相同、技术方案相似的发明或者实用新型属于相同主题的发明创造
 C. 能够解决完全相同的技术问题的发明或者实用新型都属于相同主题的发明创造
 D. 能够达到完全相同的预期效果的发明或者实用新型都属于相同主题的发明创造

【答案】ABCD

【知识点】相同主题的发明创造

【解析】《专利审查指南2010》第二部分第三章第4.1.2节中规定，《专利法》第二十九条所述的相同主题的发明或者实用新型，是指技术领域、所解决的技术问题、技术方案和预期的效果相同的发明或者实用新型。但应注意这里所谓的相同，并不意味在文字记载或者叙述方式上完全一致。审查员应该注意，对于中国在后申请权利要求中限定的技术方案，只要已记载在外国首次申请中就可享有该首次申请的优先权，而不必要求其包含在该首次申请的权利要求书中。由此可知，A、B、C、D选项正确。

61. 甲执行本单位任务完成了一项发明创造，其单位就该发明获得了实用新型专利权。在没有约定的情形下，下列说法哪些是正确的？

    A. 单位应当在收到授权通知书之日起 3 个月内发给甲奖金

    B. 单位应给予甲不少于 1000 元的奖金

    C. 单位自己实施该专利的，应当从实施该专利的营业利润中提取不低于 2% 作为报酬给予甲

    D. 单位许可他人实施该专利的，应当从收取的使用费中提取不低于 10% 作为报酬给予甲

【答案】BCD

【知识点】职务发明创造的奖酬

【解析】《专利法实施细则》第七十七条第一款规定，被授予专利权的单位未与发明人、设计人约定也未在其依法制定的规章制度中规定《专利法》第十六条规定的奖励的方式和数额的，应当自专利权公告之日起 3 个月内发给发明人或者设计人奖金。一项发明专利的奖金最低不少于 3000 元；一项实用新型专利或者外观设计专利的奖金最低不少于 1000 元。由此可知，A 选项错误，B 选项正确。《专利法实施细则》第七十八条规定，被授予专利权的单位未与发明人、设计人约定也未在其依法制定的规章制度中规定《专利法》第十六条规定的报酬的方式和数额的，在专利权有效期限内，实施发明创造专利后，每年应当从实施该项发明或者实用新型专利的营业利润中提取不低于 2% 或者从实施该项外观设计专利的营业利润中提取不低于 0.2%，作为报酬给予发明人或者设计人，或者参照上述比例，给予发明人或者设计人一次性报酬；被授予专利权的单位许可其他单位或者个人实施其专利的，应当从收取的使用费中提取不低于 10%，作为报酬给予发明人或者设计人。由此可知，C、D 选项正确。

综上，本题答案为：B、C、D。

62. 下列说法哪些是正确的？

    A. 申请专利的发明涉及公众不能得到的新的生物材料，并且对该生物材料的说明不足以使所属领域的技术人员实施其发明的，则应当在申请日前或者最迟在申请日（有优先权的，指优先权日）将该生物材料的样品提交国家知识产权局认可的保藏单位保藏

    B. 涉及生物材料样品保藏的专利申请应当在请求书和说明书中写明该生物材料的分类命名（注明拉丁文名称）、保藏该生物材料样品的单位名称、地址、保藏日期和保藏编号

    C. 依赖遗传资源完成的发明创造，申请人应当在专利申请文件中说明该遗传资源的直接来源和原始来源；申请人无法说明原始来源的，应当陈述理由

    D. 遗传资源来源披露登记表中的内容可被视为原申请记载的内容，可以作为修改说明书和权利要求书的基础

【答案】ABC

【知识点】涉及生物材料申请的要求　涉及遗传资源申请的要求

【解析】《专利法实施细则》第二十四条规定，申请专利的发明涉及新的生物材料，该生物材料公众不能得到，并且对该生物材料的说明不足以使所属领域的技术人员实施其发明的，除应当符合《专利法》和该细则的有关规定外，申请人还应当办理下列手续：（一）在申请日前或者最迟在申请日（有优先权的，指优先权日），将该生物材料的样品提交国务院专利行政部门认可的保藏单位保藏，并在申请时或者最迟自申请日起4个月内提交保藏单位出具的保藏证明和存活证明；期满未提交证明的，该样品视为未提交保藏；（二）在申请文件中，提供有关该生物材料特征的资料；（三）涉及生物材料样品保藏的专利申请应当在请求书和说明书中写明该生物材料的分类命名（注明拉丁文名称）、保藏该生物材料样品的单位名称、地址、保藏日期和保藏编号；申请时未写明的，应当自申请日起4个月内补正；期满未补正的，视为未提交保藏。由此可知，A、B选项正确。

《专利法》第二十六条第五款规定，依赖遗传资源完成的发明创造，申请人应当在专利申请文件中说明该遗传资源的直接来源和原始来源；申请人无法说明原始来源的，应当陈述理由。由此可知，C选项正确。

《专利审查指南2010》第二部分第十章第9.5.3节中规定，登记表中的内容不属于原说明书和权利要求书记载的内容，因此不能作为判断说明书是否充分公开的依据，也不得作为修改说明书和权利要求书的基础。由此可知，D选项错误。

综上，本题答案为：A、B、C。

63. 下列哪些情形下，申请人在申请专利前应当事先报经国务院专利行政部门进行保密审查？
　　A. 某外资企业将其在中国完成的发明向日本申请专利
　　B. 李某将其在中国完成的外观设计向美国申请专利
　　C. 某中资企业将其在南非完成的发明向韩国申请专利
　　D. 某中国研究院将其在中国完成的实用新型向世界知识产权组织国际局提出PCT国际申请

【答案】AD
【知识点】保密审查
【解析】《专利法》第二十条规定，任何单位或者个人将在中国完成的发明或者实用新型向外国申请专利的，应当事先报经国务院专利行政部门进行保密审查。保密审查的程序、期限等按照国务院的规定执行。中国单位或者个人可以根据中华人民共和国参加的有关国际条约提出专利国际申请。申请人提出专利国际申请的，应当遵守前款规定。《专利法实施细则》第八条规定，《专利法》第二十条所称在中国完成的发明或者实用新型，是指技术方案的实质性内容在中国境内完成的发明或者实用新型。任何单位或者个人将在中国完成的发明或者实用新型向外国申请专利的，应当按照下列方式之一请求国务院专利行政部门进行保密审查：（一）直接向外国申请专利或者向有关国外机构提交专利国际申请的，应当事先向国务院专利行政部门提出请求，并详细说明其技术方案；（二）向国务院专利行政部门申请专利后拟向外国申请专利或者向有关国外机构提交专利国际申请的，应当在向外国申请专利或者向有关国外机构提交专利国际申请前向国务院专利行政部门提出请求。向国务院专利行政部门提交专利国际申请的，视为同时提出了保密审查请求。由此可知，A、D选项中的发明创造由于是在中国完成的，故就其向日本和世界知识产权组织提出申请前，应当事先报经国务院专利行政部门进行保密审查，A、D选项正确。由于保密审查仅适用于在中国完成的发明或者实用新型向外国申请专利的情形，故B选项中就在中国完成的外观设计向美国申请专利无须进行保密审查，B选项错误。C选项中由于发明创造是在南非完成的，故就其向韩国申请专利也无须国务院专利行政部门进行保密审查，C选项错误。

综上，本题答案为：A、D。

64. 国家知识产权局以权利要求1相对于对比文件1和公知常识的结合不具备创造性为由驳回了某申请。申请人提出了复审请求，专利复审委员会成立合议组进行审查。在下列哪些情形下应当发出复审通知书或者进行口头审理？

  A. 合议组认为复审请求人在提出复审请求时对权利要求1所作的修改超出原申请记载的范围
  B. 合议组经审查认定权利要求1相对于对比文件1不具备新颖性
  C. 合议组经审查认定权利要求1相对于对比文件1和公知常识的结合不具备创造性
  D. 合议组经审查认定驳回理由不成立

【答案】A B C
【知识点】复审请求的审查
【解析】《专利法实施细则》第六十三条第一款规定，专利复审委员会进行复审后，认为复审请求不符合《专利法》和该细则有关规定的，应当通知复审请求人，要求其在指定期限内陈述意见。期满未答复的，该复审请求视为撤回；经陈述意见或者进行修改后，专利复审委员会认为仍不符合《专利法》和该细则有关规定的，应当作出维持原驳回决定的复审决定。《专利审查指南2010》第四部分第二章第4.3节中规定，根据《专利法实施细则》第六十三条第一款的规定，有下列情形之一的，合议组应当发出复审通知书（包括复审请求口头审理通知书）或者进行口头审理：(1) 复审决定将维持驳回决定。(2) 需要复审请求人依照《专利法》及其实施细则和审查指南有关规定修改申请文件，才有可能撤销驳回决定。(3) 需要复审请求人进一步提供证据或者对有关问题予以说明。(4) 需要引入驳回决定未提出的理由或者证据。本题中，A选项的情形合议组需要复审请求人进一步提供证据或者对有关问题予以说明，故应当发出复审通知书或者进行口头审理，A选项正确。在B、C选项的情况下，专利复审委员会有可能维持驳回决定，故应当发出复审通知书或者进行口头审理，B、C选项正确。D选项中由于合议组经审查认定驳回理由不成立，其结果对复审请求人有利，故无须发出复审通知书或者进行口头审理，D选项错误。

综上，本题答案为：A、B、C。

65. 甲拥有一项产品发明专利权，为了扩大产能，甲欲在自行生产的同时许可乙公司生产该专利产品。下列说法哪些是正确的？

A．甲可以将该专利权独占许可给乙
B．甲可以将该专利权排他许可给乙
C．甲可以将该专利权普通许可给乙
D．甲与乙订立实施许可合同的，应自合同生效之日起3个月内向国家知识产权局备案

【答案】BCD

【知识点】许可他人实施专利的权利

【解析】《专利法》第十二条规定，任何单位或者个人实施他人专利的，应当与专利权人订立实施许可合同，向专利权人支付专利使用费。被许可人无权允许合同规定以外的任何单位或者个人实施该专利。本题中，由于甲欲在自行生产的同时许可乙公司生产该专利产品，故可以采取排他许可或普通许可的方式，A选项错误，B、C选项正确。《专利法实施细则》第十四条第二款规定，专利权人与他人订立的专利实施许可合同，应当自合同生效之日起3个月内向国务院专利行政部门备案。由此可知，D选项正确。

综上，本题答案为：B、C、D。

66．下列关于实用新型专利保护客体的说法哪些是正确的？

A．一种"多层雪糕"。由于雪糕在常温下会融化，没有固定形状，所以不属于实用新型专利保护客体
B．一种"涂有氧化层的铁锅"。由于氧化层在铁锅表面形成了氧化层结构，所以属于实用新型专利保护客体
C．一种"内部装有导流装置的烟囱"。由于烟囱由混凝土或砖砌成，属于一种固定建筑物，所以不属于实用新型专利保护客体
D．一种"植物盆栽"。由于盆栽的形状是植物自然生长形成的，所以不属于实用新型保护的客体

【答案】BD

【知识点】实用新型专利保护的客体

【解析】《专利法》第二条第三款规定，实用新型，是指对产品的形状、构造或者其结合所提出的适于实用的新的技术方案。《专利审查指南2010》第一部分第二章第6.2.1节中规定，产品的形状可以是在某种特定情况下所具有的确定的空间形状。由于雪糕在冷冻的情况下具有确定的空间形态，故属于实用新型专利保护客体，A选项的说法错误。《专利审查指南2010》第一部分第二章第6.2.2节中规定，复合层可以认为是产品的构造，产品的渗碳层、氧化层等属于复合层结构。由此可知，B选项中的氧化层属于复合结构，涂有该氧化层的铁锅属于实用新型专利保护客体，B选项正确。根据《专利法》第二条第三款的规定可知，实用新型专利保护的客体包括对产品的构造提出的适于应用的新的技术方案，C选项中的一种"内部装有导流装置的烟囱"，其对烟囱内部的构造进行了改进，因此属于实用新型专利保护的客体，C选项错误。《专利审查指南2010》第一部分第二章第6.2.1节中规定，

不能以生物的或者自然形成的形状作为产品的形状特征。例如，不能以植物盆景中植物生长所形成的形状作为产品的形状特征，也不能以自然形成的假山形状作为产品的形状特征。由此可知，D选项正确。

综上，本题答案为：B、D。

67. 申请人耽误下列哪些期限将导致专利申请被视为撤回？
   A. 缴纳申请费的期限
   B. 提出实质审查请求的期限
   C. 答复第一次审查意见通知书的期限
   D. 办理授予专利权登记手续的期限

【答案】A B C
【知识点】耽误期限的处分
【解析】《专利法实施细则》第九十五条第一款规定，申请人应当自申请日起2个月内或者在收到受理通知书之日起15日内缴纳申请费、公布印刷费和必要的申请附加费；期满未缴纳或者未缴足的，其申请视为撤回。由此可知，A选项正确。《专利法》第三十五条第一款规定，发明专利申请自申请日起三年内，国务院专利行政部门可以根据申请人随时提出的请求，对其申请进行实质审查；申请人无正当理由逾期不请求实质审查的，该申请即被视为撤回。由此可知，B选项正确。《专利法》第三十七条规定，国务院专利行政部门对发明专利申请进行实质审查后，认为不符合该法规定的，应当通知申请人，要求其在指定的期限内陈述意见，或者对其申请进行修改；无正当理由逾期不答复的，该申请即被视为撤回。由此可知，C选项正确。《专利法实施细则》第五十四条规定，国务院专利行政部门发出授予专利权的通知后，申请人应当自收到通知之日起2个月内办理登记手续。申请人按期办理登记手续的，国务院专利行政部门应当授予专利权，颁发专利证书，并予以公告。期满未办理登记手续的，视为放弃取得专利权的权利。由此可知，D选项错误。

综上，本题答案为：A、B、C。

68. 某发明专利申请的权利要求如下：
"1. 一种产品，包括特征L。
2. 如权利要求1所述的产品，还包括特征M。
3. 如权利要求1或2所述的产品，还包括特征N。"
国家知识产权局经审查以权利要求1、2不具备创造性为由作出驳回决定。复审请求人在复审程序中所做的下列哪些修改或者意见陈述可能会使专利复审委员会作出撤销驳回决定的决定？
   A. 删除权利要求1和2
   B. 合并权利要求1和2
   C. 在意见陈述书中详细说明了权利要求1和2具备创造性的理由
   D. 修改说明书，完善对应权利要求3产品的技术方案

【答案】ＡＣ

【知识点】复审请求的审查

【解析】《专利法实施细则》第六十三条第二款规定，专利复审委员会进行复审后，认为原驳回决定不符合《专利法》和该细则有关规定的，或者认为经过修改的专利申请文件消除了原驳回决定指出的缺陷的，应当撤销原驳回决定，由原审查部门继续进行审查程序。本题中，由于驳回的理由是权利要求1、2不具备创造性，因此申请人"删除权利要求1和2"消除了原驳回决定指出的缺陷，故专利复审委员会作出撤销驳回决定的决定，A选项正确。申请人"合并权利要求1和2"或者"修改说明书，完善对应权利要求3产品的技术方案"都没有消除原驳回决定指出的缺陷，故专利复审委员不会作出撤销驳回决定的决定，B、D选项错误。申请人"在意见陈述书中详细说明了权利要求1和2具备创造性的理由"，有可能使专利复审委员会认定驳回理由不成立而撤销驳回决定，故C选项正确。

综上，本题答案为：A、C。

69．下列关于专利行政执法的说法哪些是正确的？

A．管理专利工作的部门可以委托有实际处理能力的市、县级人民政府设立的专利管理部门查处假冒专利行为、调解专利纠纷

B．专利权人已就专利侵权纠纷向人民法院起诉的，不能再请求管理专利工作的部门处理该纠纷

C．符合立案规定的，管理专利工作的部门应当在收到请求书之日起5个工作日内立案并通知请求人，同时指定2名或者2名以上承办人员处理该专利侵权纠纷

D．管理专利工作的部门处理专利侵权纠纷，应当自立案之日起4个月内结案，经管理专利工作的部门负责人批准，延长的期限最多不超过2个月

【答案】ＡＢ

【知识点】专利侵权纠纷的处理

【解析】《专利行政执法办法》第六条第一款规定，管理专利工作的部门可以依据本地实际，委托有实际处理能力的市、县级人民政府设立的专利管理部门查处假冒专利行为、调解专利纠纷。由此可知，A选项正确。《专利行政执法办法》第八条第一款规定，请求管理专利工作的部门处理专利侵权纠纷的，应当符合下列条件：（一）请求人是专利权人或者利害关系人；（二）有明确的被请求人；（三）有明确的请求事项和具体事实、理由；（四）属于受案管理专利工作的部门的受案和管辖范围；（五）当事人没有就该专利侵权纠纷向人民法院起诉。由上述第（五）项规定可知，B选项正确。《专利行政执法办法》第十一条规定，请求符合本办法第八条规定条件的，管理专利工作的部门应当在收到请求书之日起5个工作日内立案并通知请求人，同时指定3名或者3名以上单数承办人员处理该专利侵权纠纷；请求不符合本办法第八条规定条件的，管理专利工作的部门应当在收到请求书之日起5个工作日内通知请求人不予受理，并说明理由。由此可知，C选项错误。《专利行政执法办法》第十九条第一款规定，管理专利工作的部门处理专利侵权纠纷，应当自立案之日起4个月内结

案。案件特别复杂需要延长期限的,应当由管理专利工作的部门负责人批准。经批准延长的期限,最多不超过1个月。由此可知,D选项错误。

综上,本题答案为:A、B。

70. 下列哪些情形一定会导致申请专利的发明创造丧失新颖性?
   A. 该发明创造于申请日前8个月在我国政府主办的某国际展览会上首次公开展出
   B. 该发明创造于申请日前3个月在某全国性学术团体组织召开的技术会议上首次公开
   C. 该发明创造于申请日前2个月在国务院有关主管部门主办的核心期刊上首次公开发表
   D. 该发明创造于申请日前1个月被他人未经申请人同意发布在互联网上

【答案】A C

【知识点】新颖性　不丧失新颖性的宽限期

【解析】《专利法》第二十二条第二款规定,新颖性,是指该发明或者实用新型不属于现有技术;也没有任何单位或者个人就同样的发明或者实用新型在申请日以前向国务院专利行政部门提出过申请,并记载在申请日以后公布的专利申请文件或者公告的专利文件中。《专利法》第二十二条第五款规定,该法所称现有技术,是指申请日以前在国内外为公众所知的技术。《专利法》第二十四条规定,申请专利的发明创造在申请日以前6个月内,有下列情形之一的,不丧失新颖性:(一)在中国政府主办或者承认的国际展览会上首次展出的;(二)在规定的学术会议或者技术会议上首次发表的;(三)他人未经申请人同意而泄露其内容的。对于A选项中的展出,由于是在申请日前8个月的行为,已超出了不丧失新颖性的宽限期,故该展出使技术方案公开,导致申请专利的发明创造丧失了新颖性,A选项正确。根据《专利法实施细则》第三十条第二款的规定,《专利法》第二十四条第(二)项所称学术会议或者技术会议,是指国务院有关主管部门或者全国性学术团体组织召开的学术会议或者技术会议。由此可知,B选项中的情形由于可能享有不丧失新颖性的宽限期,故不一定会导致申请专利的发明创造丧失新颖性,B选项错误。由于以出版物的方式公开技术方案并不能享有不丧失新颖性的宽限期,因此,C选项中在期刊上公开发表的行为将会导致申请专利的发明创造丧失新颖性,C选项正确。根据《专利法》第二十四条第(三)项的规定可知,发明创造于申请日前1个月被他人未经申请人同意发布在互联网上,专利申请可能享有不丧失新颖性的宽限期,故不一定会导致申请专利的发明创造丧失新颖性,D选项错误。

综上,本题答案为:A、C。

71. 吴某2011年通过了全国专利代理人资格考试,2012年3月到甲专利代理机构实习,2013年6月领取了专利代理人执业证。2014年8月吴某到乙专利代理机构工作。下列说法哪些是正确的?
   A. 吴某离开甲专利代理机构前,必须妥善处理尚未办结的专利代理案件
   B. 吴某到乙专利代理机构工作时,不能取得专利代理人执业证
   C. 吴某到乙专利代理机构工作时,不能成为合伙人或者股东

D. 吴某到乙专利代理机构工作后，可以兼职在甲专利代理机构从事专利代理业务

【答案】ＡＣ

【知识点】专利代理

【解析】《专利代理条例》第十八条规定，专利代理人不得同时在两个以上专利代理机构从事专利代理业务。专利代理人调离专利代理机构前，必须妥善处理尚未办理的专利代理案件。由此可知，A选项正确，D选项错误。《专利代理管理办法》第二十一条规定，有下列情形之一的，不予颁发专利代理人执业证：（一）不具有完全民事行为能力的；（二）申请前在另一专利代理机构执业，尚未被该专利代理机构解聘并未办理专利代理人执业证注销手续的；（三）领取专利代理执业证后不满1年又转换专利代理机构的；（四）受到《专利代理惩戒规则（试行）》第五条规定的收回专利代理人执业证的惩戒不满3年的；（五）受刑事处罚的（过失犯罪除外）。由于吴某并不存在上述情形，故其到乙专利代理机构工作时，应当能取得专利代理人执业证，B选项错误。《专利代理管理办法》第五条规定，专利代理机构的合伙人或者股东应当符合下列条件：（一）具有专利代理人资格；（二）具有２年以上在专利代理机构执业的经历；（三）能够专职从事专利代理业务；（四）申请设立专利代理机构时的年龄不超过６５周岁；（五）品行良好。由于吴某在专利代理机构执业的经历未到２年，因此其不能成为合伙人或者股东，C选项正确。

综上，本题答案为：A、C。

72. 一项专利权的权利要求由X、Y、Z三个技术特征构成，则下列哪些技术方案落入了该专利权的保护范围？

　　A. 一项由X、Y两个技术特征构成的技术方案

　　B. 一项由X、Y、Z三个技术特征构成的技术方案

　　C. 一项由W、X、Y、Z四个技术特征构成的技术方案

　　D. 一项由X、Y、Z'三个技术特征构成的技术方案，其中Z'是Z的等同技术特征

【答案】ＢＣＤ

【知识点】专利侵权的判定原则

【解析】《专利法》第五十九条第一款规定，发明或者实用新型专利权的保护范围以其权利要求的内容为准，说明书及附图可以用于解释权利要求的内容。《最高人民法院关于审理侵犯专利权纠纷案件应用法律若干问题的解释》第七条规定，人民法院判定被诉侵权技术方案是否落入专利权的保护范围，应当审查权利人主张的权利要求所记载的全部技术特征。被诉侵权技术方案包含与权利要求记载的全部技术特征相同或者等同的技术特征的，人民法院应当认定其落入专利权的保护范围；被诉侵权技术方案的技术特征与权利要求记载的全部技术特征相比，缺少权利要求记载的一个以上的技术特征，或者有一个以上技术特征不相同也不等同的，人民法院应当认定其没有落入专利权的保护范围。由此可知，A选项错误，B、C、D选项正确。

73. 下列哪些专利申请不能作为就相同主题提出的专利申请的本国优先权基础？
　　A. 外观设计专利申请
　　B. 已享受过外国优先权的专利申请
　　C. 已享受过本国优先权的专利申请
　　D. 已被授予专利权的专利申请
【答案】A B C D
【知识点】享有本国优先权的条件
【解析】《专利法实施细则》第三十二条第二款规定，申请人要求本国优先权，在先申请是发明专利申请的，可以就相同主题提出发明或者实用新型专利申请；在先申请是实用新型专利申请的，可以就相同主题提出实用新型或者发明专利申请。但是，提出后一申请时，在先申请的主题有下列情形之一的，不得作为要求本国优先权的基础：（一）已经要求外国优先权或者本国优先权的；（二）已经被授予专利权的；（三）属于按照规定提出的分案申请的。由此可知，A、B、C、D选项正确。

74. 下列关于无效宣告程序口头审理的说法哪些是正确的？
　　A. 专利权人未出席口头审理的，口头审理中止，改期进行
　　B. 出庭作证的证人不能旁听案件的审理
　　C. 旁听人员可以向参加口头审理的当事人传递有关信息
　　D. 合议组和双方当事人均可以对证人进行提问
【答案】B D
【知识点】口头审理的其他事项
【解析】《专利审查指南2010》第四部分第四章第8节中规定，有当事人未出席口头审理的，只要一方当事人的出庭符合规定，合议组按照规定的程序进行口头审理。由此可知，A选项错误。《专利审查指南2010》第四部分第四章第10节中规定，证人出庭作证时，应当出示证明其身份的证件。合议组应当告知其诚实作证的法律义务和作伪证的法律责任。出庭作证的证人不得旁听案件的审理。询问证人时，其他证人不得在场，但需要证人对质的除外。由此可知，B选项正确。《专利审查指南2010》第四部分第四章第12节中规定，在口头审理中允许旁听，旁听者无发言权；未经批准，不得拍照、录音和录像，也不得向参加口头审理的当事人传递有关信息。由此可知，C选项错误。《专利审查指南2010》第四部分第四章第10节中规定，合议组可以对证人进行提问。在双方当事人参加的口头审理中，双方当事人可以对证人进行交叉提问。证人应当对合议组提出的问题作出明确回答，对于当事人提出的与案件无关的问题可以不回答。由此可知，D选项正确。
　　综上，本题答案为：B、D。

75. 下列说法哪些是正确的？
　　A. 专利权人与取得实施强制许可的单位或者个人就使用费不能达成协议的，由国务院专

利行政部门裁决

B. 取得实施强制许可的单位或者个人享有独占的实施权

C. 专利权人对给予实施强制许可的决定不服的，可以依法申请行政复议

D. 强制许可的理由消除并不再发生时，国务院专利行政部门可以自行作出终止实施强制许可的决定

【答案】A C

【知识点】强制许可被许可人的义务

【解析】《专利法》第五十七条规定，取得实施强制许可的单位或者个人应当付给专利权人合理的使用费，或者依照中华人民共和国参加的有关国际条约的规定处理使用费问题。付给使用费的，其数额由双方协商；双方不能达成协议的，由国务院专利行政部门裁决。由此可知，A选项正确。《专利法》第五十六条规定，取得实施强制许可的单位或者个人不享有独占的实施权，并且无权允许他人实施。由此可知，B选项错误。《国家知识产权局行政复议规程》第四条规定，除本规程第五条另有规定外，有下列情形之一的，可以依法申请行政复议：（一）对国家知识产权局作出的有关专利申请、专利权的具体行政行为不服的；（二）对国家知识产权局作出的有关集成电路布图设计登记申请、布图设计专有权的具体行政行为不服的；（三）对国家知识产权局专利复审委员会作出的有关专利复审、无效的程序性决定不服的；（四）对国家知识产权局作出的有关专利代理管理的具体行政行为不服的；（五）认为国家知识产权局作出的其他具体行政行为侵犯其合法权益的。由于实施强制许可的决定是国家知识产权局作出的有关专利权的具体行政行为，因此根据上述第（一）项的规定，专利权人可以申请行政复议，C选项正确。《专利法》第五十五条第二款规定，给予实施强制许可的决定，应当根据强制许可的理由规定实施的范围和时间。强制许可的理由消除并不再发生时，国务院专利行政部门应当根据专利权人的请求，经审查后作出终止实施强制许可的决定。由此可知，D选项错误。

综上，本题答案为：A、C。

76. 下列关于实用性的说法哪些是正确的？

A. 具备实用性的发明或者实用新型必须已经实施

B. 具备实用性的发明或者实用新型必须符合自然规律

C. 具备实用性的发明或者实用新型必须具备较高的成品率

D. 具备实用性的发明或者实用新型不能是由自然条件限定的独一无二的产品

【答案】B D

【知识点】实用性的相关原则和基准

【解析】《专利法》第二十二条第四款规定，实用性，是指该发明或者实用新型能够制造或者使用，并且能够产生积极效果。《专利审查指南2010》第二部分第五章第3.1节中规定，实用性与所申请的发明或者实用新型是怎样创造出来的或者是否已经实施无关。由此可知，A选项错误。《专利审查指南2010》第二部分第五章第3.2.2节中规定，具有实用性的发明

或者实用新型专利申请应当符合自然规律。违背自然规律的发明或者实用新型专利申请是不能实施的，因此，不具备实用性。由此可知，B选项正确。《专利审查指南2010》第二部分第五章第3.2.1节中规定，申请发明或者实用新型专利的产品的成品率低与不具有再现性是有本质区别的。前者是能够重复实施，只是由于实施过程中未能确保某些技术条件（例如环境洁净度、温度等）而导致成品率低；后者则是在确保发明或者实用新型专利申请所需全部技术条件下，所属技术领域的技术人员仍不可能重复实现该技术方案所要求达到的结果。由此可知，C选项错误。《专利审查指南2010》第二部分第五章第3.2.3节中规定，具备实用性的发明或者实用新型专利申请不得是由自然条件限定的独一无二的产品。利用特定的自然条件建造的自始至终都是不可移动的唯一产品不具备实用性。由此可知，D选项正确。

综上，本题答案为：B、D。

77. 北京的甲公司委托某专利代理机构向国家知识产权局提交了一件外观设计专利申请，现欲将该申请的申请人变更为德国的乙公司，乙公司仍委托该专利代理机构。则该专利代理机构在办理著录项目变更手续时，应当提交下列哪些文件？

　　A. 著录项目变更申报书
　　B. 双方签字或盖章的转让合同
　　C. 乙公司签字或盖章的委托书
　　D. 国务院商务主管部门颁发的《技术出口许可证》

【答案】A B C

【知识点】著录项目变更手续

【解析】《专利法》第十条规定，专利申请权和专利权可以转让。中国单位或者个人向外国人、外国企业或者外国其他组织转让专利申请权或者专利权的，应当依照有关法律、行政法规的规定办理手续。转让专利申请权或者专利权的，当事人应当订立书面合同，并向国务院专利行政部门登记，由国务院专利行政部门予以公告。专利申请权或者专利权的转让自登记之日起生效。《专利审查指南2010》第一部分第一章第6.7节中规定，专利申请权（或专利权）转让或者因其他事由发生转移的，申请人（或专利权人）应当以著录项目变更的形式向专利局登记。

《专利审查指南2010》第一部分第一章第6.7.1.1节中规定，办理著录项目变更手续应当提交著录项目变更申报书。由此可知，A选项正确。《专利审查指南2010》第一部分第一章第6.7.2.2节中规定，申请人（或专利权人）因权利的转让或者赠与发生权利转移提出变更请求的，应当提交转让或者赠与合同。该合同是由单位订立的，应当加盖单位公章或者合同专用章。公民订立合同的，由本人签字或者盖章。有多个申请人（或专利权人）的，应当提交全体权利人办理同意转让或者赠与的证明材料。由此可知，B选项正确。由于乙公司委托了某专利代理机构办理著录项目变更手续，根据《专利法实施细则》第十五条第三款的规定，申请人委托专利代理机构向国务院专利行政部门申请专利和办理其他专利事务的，应当同时提交委托书，写明委托权限。由此可知，C选项正确。《专利审查指南2010》第一部分第一章第6.7.2.2节中规定，对于发明或者实用新型专利申请（或专利），转让方是中国内地的个人或者单位，受让方是外国人、外国企业或者外国其他组织的，应当出具国务院商务主管部门颁发的《技术出口许可证》或者《自由出口技术合同登记证书》，或者地方商务主管部门颁发的《自由出口技术合同登记证书》，以及双方签字或者盖章的转让合同。由于本题中转让的是外观设计专利，因此无需提交国务院商务主管部门颁发的《技术出口许可证》，D选项错误。

综上，本题答案为：A、B、C。

78. 刘某不服国家知识产权局针对其专利申请作出的驳回决定，向专利复审委员会提出复审请求。在下列哪些情形下复审程序终止？

　　A. 刘某未在指定期限内答复审通知书，其复审请求被视为撤回
　　B. 专利复审委员会作出了维持驳回决定的复审决定
　　C. 一审人民法院依法撤销了专利复审委员会针对刘某复审请求作出的复审决定
　　D. 在作出复审决定前，刘某撤回了其复审请求

【答案】AD

【知识点】复审程序的终止

【解析】《专利法实施细则》第六十四条第二款规定，复审请求人在专利复审委员会作出决定前撤回其复审请求的，复审程序终止。《专利审查指南2010》第四部分第二章第9节中规定，复审请求因期满未答复而被视为撤回的，复审程序终止。在作出复审决定前，复审请求人撤回其复审请求的，复审程序终止。已受理的复审请求因不符合受理条件而被驳回请求的，复审程序终止。复审决定作出后复审请求人不服该决定的，可以根据《专利法》第四十一条第二款的规定在收到复审决定之日起3个月内向人民法院起诉；在规定的期限内未起诉或者人民法院的生效判决维持该复审决定的，复审程序终止。由此可知，A、D选项正确，B、C选项错误。

79. 在专利申请日前已经制造相同产品、使用相同方法或者已经作好制造、使用的必要准备，并且仅在原有范围内继续制造、使用的，不视为侵犯专利权。下列关于上述作好必要准备和原有范围的说法哪些是正确的？

　　A. 已经完成实施发明创造所必需的主要技术图纸属于专利法所规定的作好了制造、使用的必要准备
　　B. 已经购买实施发明创造所必需的主要设备属于专利法所规定的作好了制造、使用的必要准备
　　C. 原有范围包括专利申请日前已有的生产规模
　　D. 原有范围包括利用专利申请日前已有的生产设备可以达到的生产规模

【答案】ABCD

【知识点】先用权

【解析】《最高人民法院关于审理侵犯专利权纠纷案件应用法律若干问题的解释》第十五条规定，被诉侵权人以非法获得的技术或者设计主张先用权抗辩的，人民法院不予支持。有下列情形之一的，人民法院应当认定属于《专利法》第六十九条第（二）项规定的已经作好制造、使用的必要准备：（一）已经完成实施发明创造所必需的主要技术图纸或者工艺文件；（二）已经制造或者购买实施发明创造所必需的主要设备或者原材料。《专利法》第六十九条第（二）项规定的原有范围，包括专利申请日前已有的生产规模以及利用已有的生产设备或者根据已有的生产准备可以达到的生产规模。先用权人在专利申请日后将其已经实施或作好实施必要准备的技术或设计转让或者许可他人实施，被诉侵权人主张该实施行为属于在原有范围内继续实施的，人民法院不予支持，但该技术或设计与原有企业一并转让或者承继的除外。由此可知，A、B、C、D选项正确。

80. 独立权利要求1为"包含部件X和Y的散热器"。下列哪些权利要求是其从属权利要求？
    A. 根据权利要求1所述的散热器，其中还包括部件Z。
    B. 根据权利要求1所述的散热器，其中不包括部件Y。
    C. 根据权利要求1所述的散热器，其中用部件Z来替代部件Y。
    D. 根据权利要求1所述的散热器，其中部件X由铜制成。

【答案】AD
【知识点】从属权利要求的撰写要求
【解析】《专利法实施细则》第二十条第三款规定，从属权利要求应当用附加的技术特征，对引用的权利要求作进一步限定。《专利法实施细则》第二十二条第一款规定，发明或者实用新型的从属权利要求应当包括引用部分和限定部分，按照下列规定撰写：（一）引用部分：写明引用的权利要求的编号及其主题名称；（二）限定部分：写明发明或者实用新型附加的技术特征。《专利审查指南2010》第二部分第二章第3.1.2节中规定，如果一项权利要求包含了另一项同类型权利要求中的所有技术特征，且对该另一项权利要求的技术方案作了进一步的限定，则该权利要求为从属权利要求。由于从属权利要求用附加的技术特征对所引用的权利要求作了进一步的限定，所以其保护范围落在其所引用的权利要求的保护范围之内。

A选项和D选项中的权利要求包含了权利要求1中的所有技术特征，并且对权利要求1中的技术方案作了进一步的限定，故这两项权利要求是权利要求1的从属权利要求，A、D选项正确。B选项中的权利要求由于未包含权利要求1中的部件Y，故其不是权利要求1的从属权利要求，B选项错误。根据《专利审查指南2010》第二部分第二章第3.1.2节中的规定，在某些情况下，形式上的从属权利要求（即其包含有从属权利要求的引用部分），实质上不一定是从属权利要求。例如，独立权利要求1为："包括特征X的机床。"在后的另一项权利要求为："根据权利要求1所述的机床，其特征在于用特征Y代替特征X。"在这种情况下，后一权利要求也是独立权利要求。审查员不得仅从撰写的形式上判定在后的权利要求为从属权利要求。由此可知，C选项中的权利要求不是权利要求1的从属权利要求，C选项错误。

综上，本题答案为：A、D。

81. 下列哪些情形下，申请人应当委托依法设立的专利代理机构办理专利事务？

A. 中国内地居民向国家知识产权局提出 PCT 国际申请

B. 在中国内地没有营业所的香港公司向国家知识产权局提出专利申请

C. 中国内地居民作为第一署名申请人与澳门居民共同向国家知识产权局提出专利申请

D. 在中国内地没有营业所的外国公司作为第一署名申请人与中国内地公司共同向国家知识产权局提出专利申请

【答案】B D

【知识点】委托专利代理

【解析】《专利法》第十九条第一款和第二款规定，在中国没有经常居所或者营业所的外国人、外国企业或外国其他组织在中国申请专利和办理其他专利事务的，应当委托依法设立的专利代理机构办理。中国单位或者个人在国内申请专利和办理其他专利事务的，可以委托依法设立的专利代理机构办理。由此可知，中国内地居民向国家知识产权局提出 PCT 国际申请可以不委托专利代理机构，A 选项错误。《专利审查指南2010》第一部分第一章第 6.1.1 节中规定，在中国内地没有经常居所或者营业所的香港、澳门或者台湾地区的申请人向专利局提出专利申请和办理其他专利事务，或者作为第一署名申请人与中国内地的申请人共同申请专利和办理其他专利事务的，应当委托专利代理机构办理。由此可知，B 选项正确，C 选项错误。《专利审查指南2010》第一部分第一章第 6.1.1 节中还规定，在中国内地没有经常居所或者营业所的外国人、外国企业或者外国其他组织在中国申请专利和办理其他专利事务，或者作为第一署名申请人与中国内地的申请人共同申请专利和办理其他专利事务的，应当委托专利代理机构办理。由此可知，D 选项正确。

综上，本题答案为：B、D。

82. 甲针对乙的专利权提出无效宣告请求，主张权利要求1相对于对比文件1不具备新颖性，权利要求2相对于对比文件2不具备创造性。专利复审委员会在审查了上述全部无效宣告请求的理由和证据后，以权利要求1缺乏新颖性为由作出了宣告权利要求1无效、在权利要求2的基础上维持专利权有效的决定。该无效决定已生效。此后，乙主动放弃了专利权。下列说法哪些是正确的？

A. 针对已被宣告无效的权利要求1所提出的任何无效宣告请求均不应当被受理

B. 鉴于乙已主动放弃了专利权，故任何人针对该专利再次提出的无效宣告请求，均不应当被受理

C. 甲以权利要求2相对于对比文件1不具备创造性为由再次提出无效宣告请求，应当被受理

D. 丙以权利要求2相对于对比文件2不具备创造性为由再次提出无效宣告请求，不应当被受理

【答案】A C D

【知识点】无效宣告请求客体 一事不再理原则

【解析】《专利法实施细则》第六十六条第二款规定，在专利复审委员会就无效宣告请求作出决定之后，又以同样的理由和证据请求无效宣告的，专利复审委员会不予受理。本题中，由于权利要求1已被生效的决定宣告无效，故就该权利要求提出的无效宣告请求都应当不被受理，A选项正确。《专利法》第四十五条规定，自国务院专利行政部门公告授予专利权之日起，任何单位或者个人认为该专利权的授予不符合该法有关规定的，可以请求专利复审委员会宣告该专利权无效。《专利审查指南2010》第四部分第三章第3.1节中规定，无效宣告请求的客体应当是已经公告授权的专利，包括已经终止或者放弃（自申请日起放弃的除外）的专利。由此可知，B选项错误。在C选项中，由于甲以不同的理由请求宣告权利要求2无效，其无效宣告请求应当被受理，C选项正确。D选项中，丙以同样的理由和证据请求宣告权利要求2无效，按照一事不再理的原则，其无效宣告请求不应当被受理，D选项正确。

综上，本题答案为：A、C、D。

83. 某中国公司以中文向国家知识产权局提交了一件PCT国际申请，其优先权日为2013年8月8日，国际申请日为2014年8月8日。下列关于该申请国际公布的说法哪些是正确的？

   A. 国际公布应当以英文或法文进行，因此国际局还需将该申请全部内容翻译成英文或法文进行国际公布
   B. 申请人想通过撤回国际申请来避免国际公布，则该撤回通知应在国际公布的技术准备完成之前到达国际局
   C. 如果申请人不要求提前公布，则该申请将在2015年2月8日之后迅速进行国际公布
   D. 国际检索报告在国际公布的技术准备工作完成前已作出的，国际公布应当公布国际检索报告

【答案】BCD
【知识点】国际公布的语言　避免国际公布　国际公布的期限　国际公布的内容
【解析】《专利合作条约实施细则》第48.3条（a）规定，如果国际申请是用阿拉伯语、中文、英语、法语、德语、日语、韩语、葡萄牙语、俄语或者西班牙语（"公布语言"）提出的，该申请应以其提出时使用的语言公布。由此可知，A选项错误。

《专利合作条约实施细则》第90条之二.1（c）规定，如果申请人提交的，或者由受理局或者国际初步审查单位送交的撤回通知是在国际公布的技术准备完成前到达国际局的，不应进行国际申请的国际公布。由此可知，B选项正确。

《专利合作条约》第21条（2）规定，(a)除本款（b）和第64条（3）规定的例外以外，国际申请的国际公布应在自该申请的优先权日起满18个月后迅速予以办理。(b)申请人可以要求国际局在本款（a）所述的期限届满之前的任何时候公布其国际申请。国际局应当按照细则的规定予以办理。《专利合作条约》第64条（3）规定，(a)任何国家可以声明，就该国而言，不要求国际申请的国际公布。(b)如果在自优先权日起18个月期满时，国际申请只包含对作出本款（a）项声明的国家的指定，该国际申请不应按第21条（2）的规定予以公布。(c)在适用本款（b）项规定时，如遇下列情况，国际申请仍应由国际局公布：

(i) 按细则的规定，根据申请人的请求；(ii) 当已经按（a）规定作出了声明的任何以国际申请为基础的国家申请或专利已被指定国的国家局或代表该国的国家局公布，立即在该公布后并在不早于自优先权日起 18 个月届满前。由此可知，本题中的 PCT 国际申请应当自优先权日起满 18 个月后迅速公布，即 2015 年 2 月 8 日之后迅速进行国际公布，C 选项正确。

《专利合作条约实施细则》第 48.2 条（a）对国际申请公布的内容进行了规定，其中（v）的内容是，除（g）另有规定外，国际检索报告或者条约第 17 条（2）（a）所述的宣布。《专利合作条约实施细则》第 48.2 条（g）的规定是，如果在国际公布的技术准备工作完成时，尚不能得到国际检索报告，则扉页应当包括不能得到国际检索报告的说明，以及国际检索报告（在其可以得到时）将连同修订后的扉页另行公布的说明。由此可知，国际检索报告在国际公布的技术准备工作完成前已作出的，国际公布应当公布国际检索报告，D 选项正确。

综上，本题答案为：B、C、D。

84. 下列说法哪些是正确的？
A. 同样的发明创造可以同时被授予一项实用新型专利权和一项发明专利权
B. 在两件发明专利中存在保护范围相同的权利要求就构成重复授权
C. 为防止权利冲突，对于同样的发明创造，不能将多项专利权分别授予不同的申请人，但可以授予同一申请人
D. 两个以上的申请人同日（有优先权的，指优先权日）分别就同样的发明创造申请专利的，应当在收到国家知识产权局的通知后自行协商确定申请人

【答案】B D
【知识点】同样的发明创造
【解析】《专利法》第九条第一款规定，同样的发明创造只能授予一项专利权。但是，同一申请人同日对同样的发明创造既申请实用新型专利又申请发明专利，先获得的实用新型专利权尚未终止，且申请人声明放弃该实用新型专利权的，可以授予发明专利权。由此可知，A 选项错误。《专利审查指南 2010》第二部分第三章第 6 节中规定，对于发明或实用新型，《专利法》第九条或《专利法实施细则》第四十一条中所述的"同样的发明创造"是指两件或两件以上申请（或专利）中存在的保护范围相同的权利要求。由此可知，B 选项正确。根据《专利法》第九条的规定，同样的发明创造只能授予一项专利权。这意味着就同样的专利权既不能授予不同的申请人，也不能授予同一申请人，C 选项错误。《专利法实施细则》第四十一条规定，两个以上的申请人同日（指申请日；有优先权的，指优先权日）分别就同样的发明创造申请专利的，应当在收到国务院专利行政部门的通知后自行协商确定申请人。由此可知，D 选项正确。

综上，本题答案为：B、D。

85. 丁某于 2012 年 1 月 20 日向专利复审委员会提出无效宣告请求，专利复审委员会于 2012

年1月27日受理了该无效宣告请求。下列说法哪些是正确的?

A. 丁某在2012年2月19日补充证据是符合规定的

B. 丁某在2012年2月25日补充证据是符合规定的

C. 丁某提交外文证据中文译文的期限是在口头审理辩论终结前

D. 丁某提交用于完善证据法定形式的公证文书的期限是在口头审理辩论终结前

【答案】AD

【知识点】请求人举证期限

【解析】《专利审查指南2010》第四部分第三章第4.3.1节中规定,(1)请求人在提出无效宣告请求之日起1个月内补充证据的,应当在该期限内结合该证据具体说明相关的无效宣告理由,否则,专利复审委员会不予考虑。(2)请求人在提出无效宣告请求之日起1个月后补充证据的,专利复审委员会一般不予考虑,但下列情形除外:(i)针对专利权人以合并方式修改的权利要求或者提交的反证,请求人在专利复审委员会指定的期限内补充证据,并在该期限内结合该证据具体说明相关无效宣告理由的;(ii)在口头审理辩论终结前提交技术词典、技术手册和教科书等所属技术领域中的公知常识性证据或者用于完善证据法定形式的公证文书、原件等证据,并在该期限内结合该证据具体说明相关无效宣告理由的。(3)请求人提交的证据是外文的,提交其中文译文的期限适用该证据的举证期限。本题中,丁某2012年1月20日提出无效宣告请求,根据上述(1)中的规定,丁某在2012年2月20日前补充证据都是符合规定,故A选项正确,B选项错误。根据上述(3)的规定可知,丁某应当在2012年2月20日前提交外文证据的中文译文,故C选项错误。根据上述(ii)的规定可知,D选项正确。

综上,本题答案为:A、D。

86. 下列哪些发明不具备实用性?

A. 一种利用喜马拉雅山上的冰雪制造的无污染冰水

B. 一种通过对皮肤进行喷水和按摩而使皮肤焕发光泽的美容方法

C. 一种测量人体对极限严寒的耐受程度的方法

D. 一种测量企鹅对极限严寒的耐受程度的方法

【答案】CD

【知识点】实用性的相关原则和基准

【解析】《专利法》第二十二条第四款规定,实用性,是指该发明或者实用新型能够制造或者使用,并且能够产生积极效果。《专利审查指南2010》第二部分第五章第3.2.3节中规定,具备实用性的发明或者实用新型专利申请不得是由自然条件限定的独一无二的产品。但通常情况下,利用特定自然条件的原材料所获得的产品不能被认为是利用独一无二的自然条件的产品。A选项中的无污染冰水仅是将喜马拉雅山上的冰雪作为原料,因此不能被认为是利用独一无二的自然条件的产品,该无污染冰水具备实用性,A选项错误。

《专利审查指南2010》第二部分第五章第2节中规定,授予专利权的发明或者实用新型,必须是能够解决技术问题,并且能够应用的发明或者实用新型。换句话说,如果申请的是一种产品（包括发明和实用新型），那么该产品必须在产业中能够制造，并且能够解决技术问题；如果申请的是一种方法（仅限发明），那么这种方法必须在产业中能够使用，并且能够解决技术问题。B选项中的美容方法在产业中能够使用，并且使皮肤焕发光泽，因此具备实用性，B选项错误。

《专利审查指南2010》第二部分第五章第3.2.5节中规定，测量人体或动物体在极限情况下的生理参数需要将被测对象置于极限环境中，这会对人或动物的生命构成威胁，不同的人或动物个体可以耐受的极限条件是不同的，需要有经验的测试人员根据被测对象的情况来确定其耐受的极限条件，因此这类方法无法在产业上使用，不具备实用性。以下测量方法属于不具备实用性的情况：（1）通过逐渐降低人或动物的体温，以测量人或动物对寒冷耐受程度的测量方法；（2）利用降低吸入气体中氧气分压的方法逐级增加冠状动脉的负荷，并通过动脉血压的动态变化观察冠状动脉的代偿反应，以测量冠状动脉代谢机能的非侵入性的检查方法。由此可知，C、D选项中的发明不具备实用性，C、D选项正确。

综上，本题答案为：C、D。

87. 下列各图是净水器产品的外观设计专利申请视图。已知主视图和立体图正确，下列哪些视图明显错误？

  A．俯视图
  B．左视图
  C．后视图
  D．仰视图

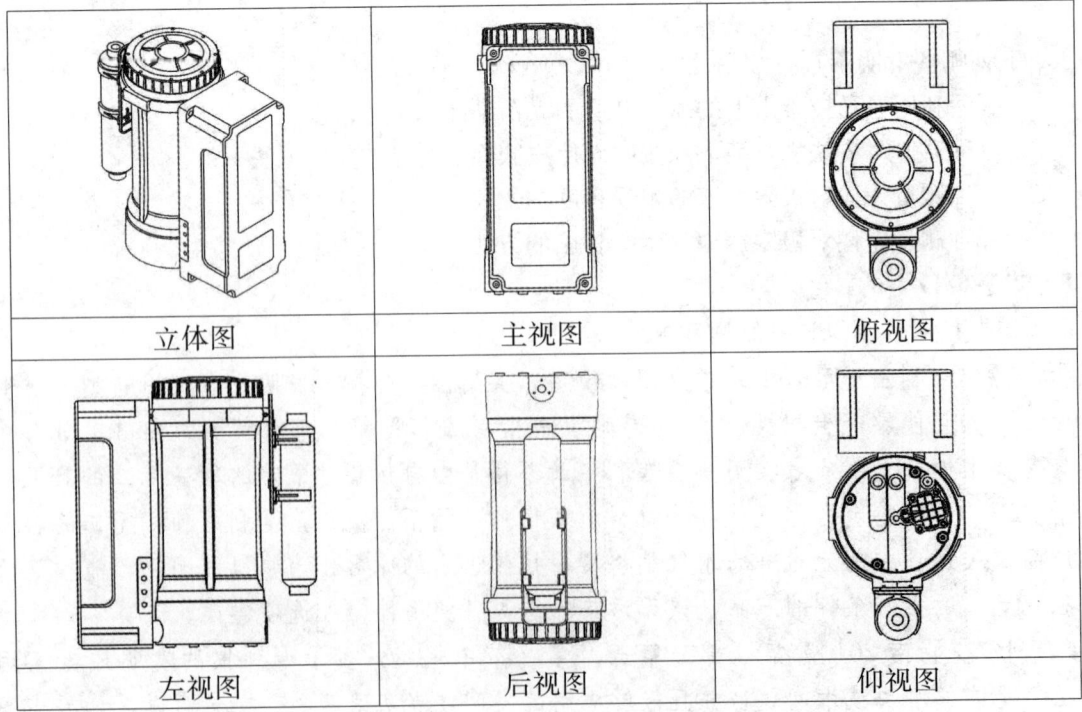

【答案】ＡＢＣ

【知识点】外观设计专利申请的图片或者照片

【解析】《专利法》第二十七条第二款规定，申请人提交的有关图片或者照片应当清楚地显示要求专利保护的产品的外观设计。《专利审查指南2010》第一部分第三章第4.2节中对外观设计图片或者照片作了进一步的说明。在本题中，已知主视图和立体图正确，俯视图中产品的前后颠倒，故Ａ选项正确。左视图中产品的前后颠倒，故Ｂ选项正确。后视图中产品的上下颠倒，故Ｃ选项正确。仰视图的绘制正确，故Ｄ选项错误。

综上，本题答案为：Ａ、Ｂ、Ｃ。

88. 下列关于专利证书副本的说法哪些是正确的？

   A. 一件专利有两名以上专利权人的，根据共同权利人的请求，国家知识产权局可以颁发专利证书副本
   B. 无论有多少共同权利人，对同一专利权只能颁发一份专利证书副本
   C. 专利权终止后，国家知识产权局不再颁发专利证书副本
   D. 颁发专利证书后，因专利权转移发生专利权人变更的，国家知识产权局不再向新专利权人颁发专利证书副本

【答案】ＡＣＤ

【知识点】专利证书副本

【解析】《专利审查指南2010》第五部分第九章第1.2.2节中规定，一件专利有两名以上专利权人的，根据共同权利人的请求，专利局可以颁发专利证书副本。对同一专利权颁发的专利证书副本数目不能超过共同权利人的总数。专利权终止后，专利局不再颁发专利证书副本。颁发专利证书后，因专利权转移发生专利权人变更的，专利局不再向新专利权人或者新增专利权人颁发专利证书副本。由此可知，Ａ、Ｃ、Ｄ选项正确，Ｂ选项错误。

89. 一种关于油漆的发明，与现有技术的区别仅在于不含防冻剂。在下列哪些情形下，该发明可能具备创造性？

   A. 该油漆不具有防冻效果，其余性能稍有下降
   B. 该油漆不具有防冻效果，其余性能不变
   C. 该油漆仍具有防冻效果，其余性能不变
   D. 该油漆不具有防冻效果，其余性能显著提高

【答案】ＣＤ

【知识点】要素变更发明的创造性判断

【解析】《专利法》第二十二条第三款规定，创造性，是指与现有技术相比，该发明具有突出的实质性特点和显著的进步，该实用新型具有实质性特点和进步。本题中关于油漆的发明与现有技术的区别仅在于不含防冻剂，根据《专利审查指南2010》第二部分第四章第4.6.3节的规定，如果发明省去一项或多项要素后其功能也相应地消失，则该发明不具备创

造性。A 选项中，油漆的防冻效果消失，其他性能也稍有下降，故该发明不具备创造性，A 选项错误。B 选项中，油漆的防冻效果消失，故该发明不具备创造性，B 选项错误。C 选项中，油漆仍具有防冻效果，故该发明可能具备创造性，C 选项正确。根据《专利审查指南 2010》第二部分第四章第 4.6.3 节中规定，如果发明与现有技术相比，发明省去一项或多项要素（例如，一项产品发明省去了一个或多个零、部件或者一项方法发明省去一步或多步工序）后，依然保持原有的全部功能，或者带来预料不到的技术效果，则具有突出的实质性特点和显著的进步，该发明具备创造性。由此可知，D 选项正确。

综上，本题答案为：C、D。

90. 一件发明专利申请的权利要求如下：

"1. 一种含有防尘物质 X 的涂料。

2. 应用权利要求 1 所述的涂料喷涂制品的方法，包括以下步骤：

（1）用压缩空气将涂料喷成雾状；

（2）将雾状的涂料通过一个电极装置 Y 使之带电后再喷涂到制品上。

3. 一种喷涂设备，包括一个电极装置 Y。"

含有物质 X 的涂料和电极装置 Y 是体现发明对现有技术作出贡献的技术特征。但用压缩空气使涂料雾化以及使雾化涂料带电后再喷涂到制品上的方法是已知的。哪些权利要求之间具有单一性？

A. 权利要求 1 和权利要求 2
B. 权利要求 1 和权利要求 3
C. 权利要求 2 和权利要求 3
D. 权利要求 1、权利要求 2 和权利要求 3

【答案】A C
【知识点】单一性
【解析】根据《专利法实施细则》第三十四条的规定，可以作为一件专利申请提出的属于一个总的发明构思的两项以上的发明或者实用新型，应当在技术上相互关联，包含一个或者多个相同或者相应的特定技术特征，其中特定技术特征是指每一项发明或者实用新型作为整体，对现有技术作出贡献的技术特征。《专利审查指南 2010》第二部分第六章就"单一性和分案申请"作了进一步的解释和说明。其中明确指出，判断一件专利申请中要求保护的两项以上发明是否满足发明单一性的要求，就是要看权利要求中记载的技术方案的实质性内容是否属于一个总的发明构思，即判断这些权利要求中是否包含使它们在技术上相互关联的一个或者多个相同或者相应的特定技术特征。本题中，由于含有物质 X 的涂料和电极装置 Y 是特定技术特征，因此权利要求 1 和权利要求 2 之间具有单一性，权利要求 2 和权利要求 3 之间具有单一性，权利要求 1 和权利要求 3 之间不具有单一性，故 A、C 选项正确，B、D 选项错误。

91. 下列关于无效宣告程序的说法哪些是正确的？

　　A. 请求人在提出无效宣告请求时提出两项无效理由，在口头审理时可以放弃其中一项无效理由

　　B. 当事人有权自行与对方和解

　　C. 专利权人针对请求人提出的无效宣告请求主动缩小权利要求保护范围且相应的修改文本被专利复审委员会接受的，视为专利权人承认大于该保护范围的权利要求自提交修改之日起无效

　　D. 专利权人声明放弃部分权利要求的，视为专利权人承认请求人对该项权利要求的无效宣告请求

【答案】ＡＢＤ

【知识点】当事人处置原则

【解析】《专利审查指南2010》第四部分第三章第2.2节中规定，请求人可以放弃全部或者部分无效宣告请求的范围、理由及证据。对于请求人放弃的无效宣告请求的范围、理由和证据，专利复审委员会通常不再审查。在无效宣告程序中，当事人有权自行与对方和解。对于请求人和专利权人均向专利复审委员会表示有和解愿望的，专利复审委员会可以给予双方当事人一定的期限进行和解，并暂缓作出审查决定，直至任何一方当事人要求专利复审委员会作出审查决定，或者专利复审委员会指定的期限已届满。在无效宣告程序中，专利权人针对请求人提出的无效宣告请求主动缩小专利权保护范围且相应的修改文本已被专利复审委员会接受的，视为专利权人承认大于该保护范围的权利要求自始不符合《专利法》及其实施细则的有关规定，并且承认请求人对该权利要求的无效宣告请求，从而免去请求人对宣告该权利要求无效这一主张的举证责任。在无效宣告程序中，专利权人声明放弃部分权利要求或者多项外观设计中的部分项的，视为专利权人承认该项权利要求或者外观设计自始不符合《专利法》及其实施细则的有关规定，并且承认请求人对该项权利要求或者外观设计的无效宣告请求，从而免去请求人对宣告该项权利要求或者外观设计无效这一主张的举证责任。由此可知，A、B、D选项正确，C选项错误。

92. 中国的甲公司欲将其一项发明专利权转让给美国的乙公司。下列说法哪些是正确的？

　　A. 甲乙之间应当订立书面的转让合同

　　B. 甲乙应当自订立转让合同之日起3个月内，向国务院专利行政部门办理登记手续

　　C. 甲乙向国务院专利行政部门办理登记手续的，应当出具商务主管部门颁发的有关证明文件

　　D. 该专利权的转让自合同订立之日起生效

【答案】ＡＣ

【知识点】专利权的转移

【解析】《专利法》第十条规定，专利申请权和专利权可以转让。中国单位或者个人向外国人、外国企业或者外国其他组织转让专利申请权或者专利权的，应当依照有关法律、行政

法规的规定办理手续。转让专利申请权或者专利权的，当事人应当订立书面合同，并向国务院专利行政部门登记，由国务院专利行政部门予以公告。专利申请权或者专利权的转让自登记之日起生效。由此可知，A 选项正确，B、D 选项错误。《专利审查指南 2010》第一部分第一章第 6.7.2.2 节中规定，对于发明或者实用新型专利申请（或专利），转让方是中国内地的个人或者单位，受让方是外国人、外国企业或者外国其他组织的，应当出具国务院商务主管部门颁发的《技术出口许可证》或者《自由出口技术合同登记证书》，或者地方商务主管部门颁发的《自由出口技术合同登记证书》，以及双方签字或者盖章的转让合同。由此可知，C 选项正确。

综上，本题答案为：A、C。

93. 申请人张某在提交一件发明专利申请的同时提交了提前公布声明。下列说法哪些是正确的？
  A．张某可以在该提前公布声明中附加若干条件
  B．若该提前公布声明符合规定，则该申请在初步审查合格后立即进入公布准备
  C．若该提前公布声明符合规定，张某在该申请进入公布准备后要求撤销该提前公布声明的，该要求视为未提出，申请文件照常公布
  D．若该提前公布声明不符合规定，国家知识产权局应当发出补正通知书

【答案】B C
【知识点】提前公布声明
【解析】《专利法》第三十四条规定，国务院专利行政部门收到发明专利申请后，经初步审查认为符合该法要求的，自申请日起满十八个月，即行公布。国务院专利行政部门可以根据申请人的请求早日公布其申请。《专利审查指南 2010》第一部分第一章第 6.5 节中规定，提前公布声明只适用于发明专利申请。申请人提出提前公布声明不能附有任何条件。提前公布声明不符合规定的，审查员应当发出视为未提出通知书；符合规定的，在专利申请初步审查合格后立即进入公布准备。进入公布准备后，申请人要求撤销提前公布声明的，该要求视为未提出，申请文件照常公布。由此可知，A、D 选项错误，B、C 选项正确。

94. 下列关于发明或者实用新型说明书附图的说法哪些是正确的？
  A．如果发明专利申请的文字足以清楚、完整地描述其技术方案，则可以没有附图
  B．如果实用新型专利申请的文字足以清楚、完整地描述其技术方案，则可以没有附图
  C．附图中未出现的附图标记不得在说明书文字部分中提及
  D．附图中不得出现文字

【答案】A C
【知识点】说明书附图
【解析】《专利法》第二十六条第三款规定，说明书应当对发明或者实用新型作出清楚、完整的说明，以所属技术领域的技术人员能够实现为准；必要的时候，应当有附图。摘要应当简要说明发明或者实用新型的技术要点。由此可知，A 选项正确。《专利法实施细则》第

十七条第五款规定，实用新型专利申请说明书应当有表示要求保护的产品的形状、构造或者其结合的附图。由此可知，B选项错误。《专利法实施细则》第十八条第二款规定，发明或者实用新型说明书文字部分中未提及的附图标记不得在附图中出现，附图中未出现的附图标记不得在说明书文字部分中提及。申请文件中表示同一组成部分的附图标记应当一致。由此可知，C选项正确。《专利法实施细则》第十八条第三款规定，附图中除必需的词语外，不应当含有其他注释。由此可知，D选项错误。

综上，本题答案为：A、C。

95. 某实用新型专利授权公告的权利要求书为：

"1. 一种电机，特征为H。

2. 如权利要求1所述的电机，特征还有I和J。

3. 如权利要求1所述的电机，特征还有K和L。"

在无效宣告程序中，允许专利权人以下列哪些方式修改权利要求书？

A. 在针对无效宣告请求书的答复期限内，将权利要求书修改为"1. 一种电机，特征为H、I、J和L。"

B. 在针对请求人增加无效宣告理由的答复期限内，将权利要求书修改为"1. 一种电机，特征为H、I、J、K和L。"

C. 在针对专利复审委员会引入的请求人未提及的无效宣告理由的答复期限内，将权利要求书修改为"1. 一种电机，特征为H、I和J。"

D. 在口头审理辩论终结前，将权利要求书修改为"1. 一种电机，特征为H、K和L。"

【答案】BCD

【知识点】无效宣告程序中专利文件的修改

【解析】《专利法实施细则》第六十九条规定，在无效宣告请求的审查过程中，发明或者实用新型专利的专利权人可以修改其权利要求书，但是不得扩大原专利的保护范围。发明或者实用新型专利的专利权人不得修改专利说明书和附图，外观设计专利的专利权人不得修改图片、照片和简要说明。《专利审查指南2010》第四部分第三章第4.6.2节中规定，修改权利要求书的具体方式一般限于权利要求的删除、合并和技术方案的删除。权利要求的删除是指从权利要求书中去掉某项或者某些项权利要求，例如独立权利要求或者从属权利要求。权利要求的合并是指两项或者两项以上相互无从属关系但在授权公告文本中从属于同一独立权利要求的权利要求的合并。在此情况下，所合并的从属权利要求的技术特征组合在一起形成新的权利要求。该新的权利要求应当包含被合并的从属权利要求中的全部技术特征。在独立权利要求未作修改的情况下，不允许对其从属权利要求进行合并式修改。技术方案的删除是指从同一权利要求中并列的两种以上技术方案中删除一种或者一种以上技术方案。

A选项中的修改，合并了原来的三项权利要求，删除了原权利要求3中的技术特征K，由于特征K和L并不是并列的技术特征，因此该种修改既不是上述规定中的删除，也不是合并，而是提出了一个新的保护范围，该种修改不被允许，A选项错误。B选项中的修改，在删除了权利要求 1 的情况下，将同从属于原权利要求 1 的权利要求 2、3 合并，该种修改未超出原专利的保护范围，因此是被允许的，B 选项正确。C 选项中的修改，删除了原权利要求 1 和 3，该种修改未超出原专利的保护范围，因此是被允许的，C 选项正确。D 选项中的修改，删除了原权利要求 1 和 2，该种修改未超出原专利的保护范围，因此是被允许的，D 选项正确。

综上，本题答案为：B、C、D。

96. 甲公司的一件实用新型专利申请于 2012 年 11 月 20 日被授予专利权，该专利权于 2014 年 4 月 8 日终止。下列行为哪些构成假冒专利的行为？

    A. 甲公司在专利权终止后继续销售 2014 年 2 月生产并标注了该实用新型专利标识的产品
    B. 乙公司未经甲公司同意，在其生产的类似产品上标注甲公司的专利号
    C. 甲公司在 2012 年 10 月 3 日出厂的产品说明书上标明该产品是专利产品，使公众误认为该产品是专利产品
    D. 甲公司为了申报高新技术企业，将实用新型专利证书变造成发明专利证书

【答案】BCD

【知识点】假冒专利行为

【解析】《专利法实施细则》第八十四条规定，下列行为属于《专利法》第六十三条规定的假冒专利的行为：（一）在未被授予专利权的产品或者其包装上标注专利标识，专利权被宣告无效后或者终止后继续在产品或者其包装上标注专利标识，或者未经许可在产品或者产品包装上标注他人的专利号；（二）销售第（一）项所述产品；（三）在产品说明书等材料中将未被授予专利权的技术或者设计称为专利技术或者专利设计，将专利申请称为专利，或者未经许可使用他人的专利号，使公众将所涉及的技术或者设计误认为是专利技术或者专利设计；（四）伪造或者变造专利证书、专利文件或者专利申请文件；（五）其他使公众混淆，将未被授予专利权的技术或者设计误认为是专利技术或者专利设计的行为。专利权终止前依法在专利产品、依照专利方法直接获得的产品或者其包装上标注专利标识，在专利权终止后许诺销售、销售该产品的，不属于假冒专利行为。销售不知道是假冒专利的产品，并且能够证明该产品合法来源的，由管理专利工作的部门责令停止销售，但免除罚款的处罚。A 选项中甲公司的行为属于上述的在专利权终止前依法在专利产品或者其包装上标注专利标识，在专利权终止后销售该产品的情形，故不构成假冒专利行为，A 选项错误。B 选项乙公司的行为属于上述第（一）项规定的情形，故构成假冒专利行为，B 选项正确。C 选项甲公司的行为属于上述第（三）项规定的情形，故构成假冒专利行为，C 选项正确。D 选项甲公司的行为属于上述第（四）项规定的情形，故构成假冒专利行为，D 选项正确。

综上，本题答案为：B、C、D。

97. 下列关于权利要求是否得到说明书的支持的说法哪些是正确的？

    A. 在判断权利要求是否得到说明书的支持时，应当考虑说明书的全部内容

B. 为支持权利要求，说明书必须包括至少两个具体实施例

C. 如果权利要求的技术方案在说明书中存在一致性的表述，则权利要求必然得到说明书的支持

D. 纯功能性的权利要求得不到说明书的支持

【答案】A D

【知识点】权利要求应当以说明书为依据

【解析】《专利法》第二十六条第四款规定，权利要求书应当以说明书为依据，清楚、简要地限定要求专利保护的范围。《专利审查指南2010》第二部分第二章第3.2.1节中规定，在判断权利要求是否得到说明书的支持时，应当考虑说明书的全部内容，而不是仅限于具体实施方式部分的内容。由此可知，A选项正确。该节中还规定，权利要求通常由说明书记载的一个或者多个实施方式或实施例概括而成。由此可知，B选项错误。该节中还规定，权利要求的技术方案在说明书中存在一致性的表述，并不意味着权利要求必然得到说明书的支持。只有当所属技术领域的技术人员能够从说明书充分公开的内容中得到或概括得出该项权利要求所要求保护的技术方案时，记载该技术方案的权利要求才被认为得到了说明书的支持。由此可知，C选项错误。该节还明确规定，纯功能性的权利要求得不到说明书的支持，因而也是不允许的。由此可知，D选项正确。

综上，本题答案为：A、D。

98. 下列关于专利权保护范围的说法哪些是正确的？

A. 仅在发明专利说明书或者附图中描述而在权利要求中未记载的技术方案，权利人在侵犯专利权纠纷案件中将其纳入专利权保护范围的，人民法院不予支持

B. 实用新型专利权的保护范围以其权利要求的内容为准，说明书及附图可以用于解释权利要求的内容

C. 外观设计专利权的保护范围以表示在图片或者照片中的该产品的外观设计为准，简要说明可以用于解释图片或者照片所表示的该产品的外观设计

D. 人民法院判定被诉侵权技术方案是否落入专利权的保护范围，应当审查权利人主张的权利要求所记载的全部技术特征

【答案】A B C D

【知识点】专利权的保护范围

【解析】《最高人民法院关于审理侵犯专利权纠纷案件应用法律若干问题的解释》第五条规定，对于仅在说明书或者附图中描述而在权利要求中未记载的技术方案，权利人在侵犯专利权纠纷案件中将其纳入专利权保护范围的，人民法院不予支持。由此可知，A选项正确。《专利法》第五十九条第一款规定，发明或者实用新型专利权的保护范围以其权利要求的内容为准，说明书及附图可以用于解释权利要求的内容。由此可知，B选项正确。《专利法》第五十九条第二款规定，外观设计专利权的保护范围以表示在图片或者照片中的该产品的外观设计为准，简要说明可以用于解释图片或者照片所表示的该产品的外观设计。由此可知，

C选项正确。《最高人民法院关于审理侵犯专利权纠纷案件应用法律若干问题的解释》第七条第一款规定，人民法院判定被诉侵权技术方案是否落入专利权的保护范围，应当审查权利人主张的权利要求所记载的全部技术特征。由此可知，D选项正确。

综上，本题答案为：A、B、C、D。

99. 下列有关答复实用新型专利申请通知书的说法哪些是正确的？
   A. 申请人在收到补正通知书或者审查意见通知书后，应当在指定的期限内补正或者陈述意见
   B. 申请人在对补正通知书进行答复时，申请文件的修改替换页和其他文件均应提交一式两份
   C. 申请人在对专利申请文件进行修改时，其修改的内容不得超出申请日提交的说明书和权利要求书记载的范围
   D. 申请人在对补正通知书进行答复时，申请人有两个以上的，补正书上必须有全体申请人的签章

【答案】A C
【知识点】通知书的答复
【解析】《专利审查指南2010》第一部分第二章第3.4节中规定，申请人在收到补正通知书或者审查意见通知书后，应当在指定的期限内补正或者陈述意见。申请人对专利申请进行补正的，应当提交补正书和相应修改文件替换页。申请文件的修改替换页应当一式两份，其他文件只需提交一份。对申请文件的修改，应当针对通知书指出的缺陷进行修改。修改的内容不得超出申请日提交的说明书和权利要求书记载的范围。由此可知，A、C选项正确，B选项错误。《专利法实施细则》第一百一十九条第一款规定，向国务院专利行政部门提交申请文件或者办理各种手续，应当由申请人、专利权人、其他利害关系人或者其代表人签字或者盖章；委托专利代理机构的，由专利代理机构盖章。《专利审查指南2010》第一部分第一章第4.1.5节中规定，除直接涉及共有权利的手续外，代表人可以代表全体申请人办理在专利局的其他手续。直接涉及共有权利的手续包括：提出专利申请，委托专利代理，转让专利申请权、优先权或者专利权，撤回专利申请，撤回优先权要求，放弃专利权等。直接涉及共有权利的手续应当由全体权利人签字或者盖章。由于答复实用新型专利申请通知书并不是涉及共有权利的手续，故可以由代表人签章，D选项错误。

综上，本题答案为：A、C。

100. 某篇专利文献的文献号为"CN101576367B"，下列说法哪些是正确的？
   A. 这是一篇中国专利文献
   B. 这是实用新型专利单行本
   C. 这是发明专利单行本
   D. 这是发明专利申请单行本

【答案】A C

【知识点】国别代码国际标准　中国专利文献编号

【解析】《专利文献号标准》第5.2条对专利文献号与中国国家代码CN以及专利文献种类标识代码的联合使用作出了规定。由此可知，本题中的专利文献是一篇中国专利文献，A选项正确。《专利审查指南2010》第五部分第八章第2.2.2节中规定，发明专利单行本的文献种类代码为"B"。包括：扉页、权利要求书、说明书（说明书有附图的，包括说明书附图）。此外，由《专利审查指南2010》第五部分第八章第2.2.1节和第2.2.3节的规定可知，发明专利申请单行本的文献种类代码为"A"，实用新型专利单行本的文献种类代码为"U"。由此可知，"CN101576367B"应当是发明专利单行本，C选项正确，B、D选项错误。

综上，本题答案为：A、C。

相关法律知识

答题须知：

1. 本试卷共有 100 题，每题 1 分，总分 100 分。
2. 本试卷要求使用考场配发的机读答题卡，并按照其上注明的要求填涂答案。应试者将答案标注在试卷上或者未按要求填涂机读答题卡的，不予计分。
3. 本试卷所有试题的正确答案均以现行的法律、法规、规章、相关司法解释和国际条约为准。

一、单项选择题（每题所设选项中只有一个正确答案，多选、错选或不选均不得分）。本部分含 1—30 题，每题 1 分，共 30 分。

1. 根据民法通则及相关规定，下列关于代理的哪种说法是正确的？
   A. 公民、法人的任何民事法律行为，均可通过代理人实施
   B. 代理人应当在代理权限内，以自己的名义实施民事法律行为
   C. 民事法律行为的委托代理，应当采用书面形式
   D. 代理人不履行职责而给被代理人造成损害的，应当承担民事责任

【答案】D

【知识点】代理

【解析】根据《民法通则》第六十三条的规定，公民、法人可以通过代理人实施民事法律行为，依照法律规定或者按照双方当事人约定，应当由本人实施的民事法律行为，不得代理。因此，选项A的说法错误。《民法通则》第六十三条第二款规定，代理人在代理权限内，以被代理人的名义实施民事法律行为。因此，选项B的说法也错误。《民法通则》第六十五条第一款规定，民事法律行为的委托代理，可以用书面形式，也可以用口头形式。故选项C的说法错误。《民法通则》第六十六条第二款规定，代理人不履行职责而给被代理人造成损害的，应当承担民事责任。故选项D的说法正确。

综上，本题正确答案为：D。

2. 王某和赵某签订合同，向其购买法律禁止买卖的物品。根据合同法及相关规定，下列关于该合同效力的哪种说法是正确的？
   A. 该合同为无效合同
   B. 该合同为可变更合同
   C. 该合同为可撤销合同
   D. 该合同效力待定

【答案】A

【知识点】合同的效力

【解析】根据《合同法》第五十二条第（五）项规定，违反法律、行政法规的强制性规定的，合同无效。王某和赵某签订的合同涉及购买法律禁止买卖的物品，违反了法律强制性规定，属于无效合同。因此，选项 A 的说法正确。

综上，本题正确答案为：A。

3. 根据行政诉讼法及相关规定，对国务院各部门所作的具体行政行为不服提起诉讼的第一审行政案件，由下列哪级人民法院管辖？

　　A. 基层人民法院
　　B. 中级人民法院
　　C. 高级人民法院
　　D. 最高人民法院

【答案】B

【知识点】行政诉讼的管辖

【解析】《行政诉讼法》第十四条规定，中级人民法院管辖下列第一审行政案件：（一）确认发明专利权的案件、海关处理的案件；（二）对国务院各部门或者省、自治区、直辖市人民政府所作的具体行政行为提起诉讼的案件；（三）本辖区内重大、复杂的案件。根据该条第（二）项的规定可知，对国务院各部门所作的具体行政行为不服提起诉讼的第一审行政案件应由中级人民法院管辖，故选项 B 的说法正确。

综上，本题正确答案为：B。

4. 根据商标法及相关规定，下列哪种标志可以作为商标使用？
　　A. 同中华人民共和国国歌近似的
　　B. 同政府间国际组织的旗帜近似，但经该组织同意的
　　C. 带有欺骗性，容易使公众对商品的产地产生误认的
　　D. 同"红十字"的名称近似的

【答案】B

【知识点】可以作为商标使用的标志

【解析】《商标法》第十条第一款规定，下列标志不得作为商标使用：（一）同中华人民共和国的国家名称、国旗、国徽、国歌、军旗、军徽、军歌、勋章等相同或者近似的，以及同中央国家机关的名称、标志、所在地特定地点的名称或者标志性建筑物的名称、图形相同的；（二）同外国的国家名称、国旗、国徽、军旗等相同或者近似的，但经该国政府同意的除外；（三）同政府间国际组织的名称、旗帜、徽记等相同或者近似的，但经该组织同意或者不易误导公众的除外；（四）与表明实施控制、予以保证的官方标志、检验印记相同或者近似的，但经授权的除外；（五）同"红十字""红新月"的名称、标志相同或者近似的；

（六）带有民族歧视性的；（七）带有欺骗性，容易使公众对商品的质量等特点或者产地产生误认的；（八）有害于社会主义道德风尚或者有其他不良影响的。选项A、C和D分别属于前述第（一）项、第（七）项和第（五）项的情形，不得作为商标使用。根据前述第（三）项规定，选择B中所述标志可作为商标使用。

综上，本题正确答案为：B。

5. 根据行政复议法及相关规定，公民、法人或者其他组织认为行政机关具体行政行为的下列哪项依据不合法的，可以在申请行政复议时一并申请对其进行审查？

    A. 国务院部门规章
    B. 国务院部门的规定
    C. 省人民政府规章
    D. 市人民政府规章

【答案】B

【知识点】对部分抽象行政行为的附带审查

【解析】《行政复议法》第七条规定，公民、法人或者其他组织认为行政机关的具体行政行为所依据的下列规定不合法，在对具体行政行为申请行政复议时，可以一并向行政复议机关提出对该规定的审查申请：（一）国务院部门的规定；（二）县级以上地方各级人民政府及其工作部门的规定；（三）乡、镇人民政府的规定。前款所列规定不含国务院部、委员会规章和地方人民政府规章。规章的审查依照法律、行政法规办理。据此，在申请行政复议时可一并申请对国务院部门的规定进行审查，但不能申请对国务院部门、省人民政府、市人民政府的规章进行审查，选项B正确。

综上，本题正确答案为：B。

6. 根据著作权法及相关规定，下列哪项权利属于著作权中的人身权？

    A. 汇编权
    B. 改编权
    C. 修改权
    D. 发行权

【答案】C

【知识点】著作权人享有的人身权利

【解析】根据《著作权法》第十条的规定，著作权包括下列人身权和财产权：（一）发表权；（二）署名权；（三）修改权；（四）保护作品完整权；（五）复制权；（六）发行权；（七）出租权；（八）展览权；（九）表演权；（十）放映权；（十一）广播权；（十二）信息网络传播权；（十三）摄制权；（十四）改编权；（十五）翻译权；（十六）汇编权；（十七）应当由著作权人享有的其他权利。其中前述第（一）项至第（四）项为著作权中的人身权。根据上述规定，本题4个选项中，只有C选项中的修改权为著作权中的人身权，其余均为财产权。

综上，本题正确答案为：C。

7. 根据民事诉讼法及相关规定，人民法院受理案件后，当事人对管辖权有异议的，应当在何时提出？
    A. 起诉期间
    B. 提交答辩状期间
    C. 法庭调查期间
    D. 法庭辩论终结前

【答案】B
【知识点】管辖权异议
【解析】《民事诉讼法》第一百二十七条第一款规定，人民法院受理案件后，当事人对管辖权有异议的，应当在提交答辩状期间提出。据此，选项B的说法正确。

综上，本题正确答案为：B。

8. 根据民法通则及相关规定，关于民事权利能力和民事行为能力，下列哪种说法是正确的？
    A. 成立不满一年的企业法人不具备完全民事行为能力
    B. 十二岁的公民为限制民事权利能力人
    C. 十三岁的公民进行的任何民事活动均无效
    D. 十七岁的公民以自己的劳动收入为主要生活来源的，视为完全民事行为能力人

【答案】D
【知识点】民事权利能力和民事行为能力
【解析】《民法通则》第三十六条第二款规定，法人的民事权利能力和民事行为能力，从法人成立时产生，到法人终止时消灭。因此，法人自成立时起就具备民事行为能力，选项A的说法错误。《民法通则》第九条规定，公民从出生时起到死亡时止，具有民事权利能力，依法享有民事权利，承担民事义务。因此选项B的说法错误。《民法通则》第十二条第一款规定，十周岁以上的未成年人是限制民事行为能力人，可以进行与他的年龄、智力相适应的民事活动；其他民事活动由他的法定代理人代理，或者征得他的法定代理人的同意。据此，十三岁的公民可以进行与他的年龄、智力相适应的民事活动，并非进行的任何民事活动均无效，选项C的说法错误。《民法通则》第十一条第二款规定，十六周岁以上不满十八周岁的公民，以自己的劳动收入为主要生活来源的，视为完全民事行为能力人。故选项D的说法正确。

综上，本题正确答案为：D。

9. 北京市的甲公司和上海市的乙公司采用合同书形式订立合同。在合同订立过程中，双方在深圳市谈妥合同主要条款后，在广州市盖章。根据合同法及相关规定，该合同成立的地点为下列哪个城市？
    A. 北京市

B. 上海市

C. 深圳市

D. 广州市

【答案】D

【知识点】合同成立的地点

【解析】《合同法》第三十五条规定，当事人采用合同书形式订立合同的，双方当事人签字或者盖章的地点为合同成立的地点。根据题意，甲公司和乙公司采用合同书形式订立合同，并在广州市盖章，因此该合同成立地点是广州市，选项D正确。

综上，本题正确答案是：D。

10. 某公司工程师王某辞职后，非法使用了该公司的商业秘密。该公司因此向人民法院起诉王某。根据民事诉讼法及相关规定，关于该案件的审理，下列哪种说法是正确的？

　　A. 该案件应当公开审理

　　B. 该案件应当不公开审理

　　C. 该公司申请不公开审理的，该案件可以不公开审理

　　D. 只有该公司和王某协商一致，该案件才可以不公开审理

【答案】C

【知识点】开庭审理

【解析】《民事诉讼法》第一百三十四条规定，人民法院审理民事案件，除涉及国家秘密、个人隐私或者法律另有规定的以外，应当公开进行。离婚案件，涉及商业秘密的案件，当事人申请不公开审理的，可以不公开审理。本题中的民事案件为涉及商业秘密的案件，根据上述规定不属于绝对不公开审理的情形，但当事人申请不公开审理的，可以不公开审理。因此，选项C的说法正确。

综上，本题正确答案为：C。

11. 陈某和王某共同创作完成了一部长篇小说。后陈某于2000年4月6日病故，王某于2002年11月7日逝世。根据著作权法及相关规定，该小说复制权的保护期截止于何时？

　　A. 2050年4月6日

　　B. 2050年12月31日

　　C. 2052年11月7日

　　D. 2052年12月31日

【答案】D

【知识点】著作权的保护期限

【分析】《著作权法》第二十一条第一款规定，公民的作品，其发表权、该法第十条第一款第（五）项至第（十七）项规定的权利的保护期为作者终生及其死亡后50年，截止于作者死亡后第50年的12月31日；如果是合作作品，截止于最后死亡的作者死亡后第50年的

12月31日。复制权属于《著作权法》第十条第一款第（五）项规定的权利。本题中的长篇小说属于合作作品，其复制权的保护期限截止于最后死亡的作者王某死亡后第50年的12月31日，即2052年12月31日，选项D正确。

综上，本题正确答案为：D。

12. 根据行政诉讼法及相关规定，下列哪种说法是正确的？
   A. 人民法院审理行政案件，一律公开审理
   B. 行政诉讼期间，应当停止具体行政行为的执行
   C. 人民法院审理行政案件，不适用调解
   D. 人民法院对行政案件宣告判决或者裁定前，原告不得申请撤诉

【答案】C

【知识点】行政诉讼审理和判决

【解析】《行政诉讼法》第四十五条规定，人民法院公开审理行政案件，但涉及国家秘密、个人隐私和法律另有规定的除外。故选项A的说法过于绝对，不正确。《行政诉讼法》第四十四条规定，诉讼期间，不停止具体行政行为的执行，但有下列情形之一的，停止具体行政行为的执行：（一）被告认为需要停止执行的；（二）原告申请停止执行，人民法院认为该具体行政行为的执行会造成难以弥补的损失，并且停止执行不损害社会公共利益，裁定停止执行的；（三）法律、法规规定停止执行的。因此，行政诉讼期间，原则上不停止具体行政行为的执行，只有在特定情形下才停止执行。因此选项B的说法错误。《行政诉讼法》第五十条规定，人民法院审理行政案件，不适用调解。故选项C的说法正确。《行政诉讼法》第五十一条规定，人民法院对行政案件宣告判决或者裁定前，原告申请撤诉的，或者被告改变其所作的具体行政行为，原告同意并申请撤诉的，是否准许，由人民法院裁定。因此，人民法院对行政案件宣告判决或者裁定前，原告可以申请撤诉，但是否准许其撤诉应由人民法院裁定，选项D的说法错误。

综上，本题正确答案为：C。

13. 根据《保护工业产权巴黎公约》的规定，下列哪项不属于工业产权的保护对象？
   A. 专利
   B. 原产地名称
   C. 货源标记
   D. 文字作品

【答案】D

【知识点】工业产权定义

【解析】《保护工业产权巴黎公约》第一条第（2）款规定，工业产权的保护对象有专利、实用新型、工业品外观设计、商标、服务标记、厂商名称、货源标记或原产地名称，和制止不正当竞争。因此，选项A、B、C均为工业产权的保护对象。而D选项的文字作品属于著

作权保护的对象,不是工业产权的保护对象,符合题意。

综上,本题正确答案为:D。

14. 根据民法通则及相关规定,代理人和第三人串通,损害被代理人利益的,下列关于责任承担的哪种说法是正确的?

  A. 由代理人和第三人负连带责任
  B. 由代理人承担全部责任
  C. 由第三人承担全部责任
  D. 由代理人和第三人各承担百分之五十的责任

【答案】A

【知识点】代理

【解析】《民法通则》第六十六条第三款规定,代理人和第三人串通,损害被代理人的利益的,由代理人和第三人负连带责任。因此,选项A的说法正确。

综上,本题正确答案为:A。

15. 赵某因不服某行政机关对其作出的行政处罚,向对该案件都有管辖权的甲、乙两个人民法院提起了行政诉讼,甲人民法院比乙人民法院先收到起诉状。根据行政诉讼法及相关规定,该行政诉讼案件应由下列哪个人民法院管辖?

  A. 甲人民法院
  B. 乙人民法院
  C. 甲、乙两个人民法院的共同上级人民法院
  D. 甲、乙两个人民法院共同上级人民法院指定的法院

【答案】A

【知识点】行政诉讼的管辖

【解析】《行政诉讼法》第二十条规定,两个以上人民法院都有管辖权的案件,原告可以选择其中一个人民法院提起诉讼;原告向两个以上有管辖权的人民法院提起诉讼的,由最先收到起诉状的人民法院管辖。本题中赵某向对该案件都有管辖权的甲、乙两个人民法院提起了行政诉讼,应当由最先收到起诉状的甲人民法院管辖,A选项正确。

综上,本题正确答案为:A。

16. 针对商标局初步审定公告的某商标,某公司认为该商标摹仿其已经在中国注册的驰名商标,误导公众并致使公司利益受到损害。根据商标法及相关规定,该公司可以如何处理?

  A. 自公告之日起三个月内向商标局提出异议
  B. 自公告之日起三个月内向商标局申请复审
  C. 自公告之日起三个月内向商标评审委员会提出异议
  D. 自公告之日起三个月内请求商标评审委员会宣告该商标无效

【答案】A

【知识点】商标异议

【解析】《商标法》第十三条第三款规定，就不相同或者不相类似商品申请注册的商标是复制、摹仿或者翻译他人已经在中国注册的驰名商标，误导公众，致使该驰名商标注册人的利益可能受到损害的，不予注册并禁止使用。根据《商标法》第三十三条的规定，对初步审定公告的商标，自公告之日起 3 个月内，在先权利人、利害关系人认为违反该法第十三条第三款规定的，可以向商标局提出异议。因此，本题中的该公司可以自公告之日起 3 个月内向商标局提出异议，选项 A 的说法正确。

综上，本题正确答案为：A。

17. 某学院委托设计师陈某为其设计院徽，双方约定了院徽的使用范围，但未约定其著作权归属。该学院使用院徽一段时间后，双方对该院徽的著作权归属产生了争议。根据著作权法及相关规定，下列哪种说法是正确的？

　　A. 该学院享有该院徽的著作权

　　B. 该学院和陈某共同享有该院徽的著作权

　　C. 陈某享有该院徽的著作权，有权要求该学院停止使用

　　D. 陈某享有该院徽的著作权，但该学院在约定的使用范围内享有使用的权利

【答案】D

【知识点】委托作品的版权归属问题

【解析】《著作权法》第十七条规定，受委托创作的作品，著作权的归属由委托人和受托人通过合同约定；合同未作明确约定或者没有订立合同的，著作权属于受托人。因此，本题中院徽的著作权属于受托人陈某。《最高人民法院关于审理著作权民事纠纷案件适用法律若干问题的解释》第十二条规定，按照《著作权法》第十七条规定委托作品著作权属于受托人的情形，委托人在约定的使用范围内享有使用作品的权利；双方没有约定使用作品范围的，委托人可以在委托创作的特定目的范围内免费使用该作品。据此，在院徽著作权属于受托人陈某的情况下，该学院作为委托人可以在约定的使用范围内享有使用该院徽的权利。因此选项 D 的说法正确。

综上，本题正确答案为：D。

18. 刘某向某人民法院提起行政诉讼，该人民法院审查后在法定期限内作出不予受理的裁定。根据行政诉讼法及相关规定，刘某对该裁定不服的，可以选择下列哪种救济途径？

　　A. 向上一级人民法院申诉

　　B. 向上一级人民法院提起上诉

　　C. 向该人民法院申诉

　　D. 向该人民法院提起抗诉

【答案】B

【知识点】起诉与受理

【解析】《行政诉讼法》第四十二条规定，人民法院接到起诉状，经审查，应当在 7 日内立案或者作出裁定不予受理；原告对裁定不服的，可以提起上诉。因此，刘某对人民法院作出的不予受理的裁定不服的，可以向上一级人民法院提起上诉，选项 B 的说法正确。

综上，本题正确答案为：B。

19. 某公司就其培育的一个植物新品种向审批机关提出品种权申请并获得授权。该品种的育种完成日为 2010 年 8 月 8 日，申请日为 2011 年 2 月 1 日，初步审查合格公告日为 2011 年 6 月 2 日，授权日为 2012 年 12 月 1 日。根据植物新品种保护条例及相关规定，该品种权的保护期限自何日起算？

  A. 2010 年 8 月 8 日
  B. 2011 年 2 月 1 日
  C. 2011 年 6 月 2 日
  D. 2012 年 12 月 1 日

【答案】D

【知识点】品种权期限

【解析】《植物新品种保护条例》第三十四条规定，品种权的保护期限，自授权之日起，藤本植物、林木、果树和观赏树木为 20 年，其他植物为 15 年。根据该规定，品种权的保护期限自授权之日起算。题中该公司品种权的授权日为 2012 年 12 月 1 日，故其保护期限自 2012 年 12 月 1 日起算，选项 D 的说法正确。

综上，本题正确答案为：D。

20. 王某认为某注册商标侵犯了其在先的著作权，根据商标法及相关规定，王某可以如何处理？

  A. 自商标注册之日起五年内请求商标局撤销该注册商标
  B. 自商标注册之日起五年内请求商标评审委员会撤销该注册商标
  C. 自商标注册之日起五年内请求商标局宣告该注册商标无效
  D. 自商标注册之日起五年内请求商标评审委员会宣告该注册商标无效

【答案】D

【知识点】商标无效

【解析】《商标法》第三十二条规定，申请商标注册不得损害他人现有的在先权利，也不得以不正当手段抢先注册他人已经使用并有一定影响的商标。同时，根据《商标法》第四十五条的规定，已经注册的商标，违反该法第三十二条规定的，自商标注册之日起 5 年内，在先权利人或者利害关系人可以请求商标评审委员会宣告该注册商标无效。据此，王某可以自商标注册之日起 5 年内请求商标评审委员会宣告该注册商标无效，选项 D 的说法正确。

综上，本题正确答案为：D。

21. 甲公司与某专利代理机构签订合同，委托该专利代理机构为其办理专利申请事务，并约定由其子公司乙公司在年底结算时统一向该专利代理机构支付费用。但年底结算时，乙公司拒绝支付这一费用。根据合同法及相关规定，应由谁向该专利代理机构承担违约责任？

  A. 甲公司
  B. 乙公司
  C. 甲公司或乙公司
  D. 甲公司和乙公司承担连带责任

【答案】A

【知识点】合同的违约责任

【解析】《合同法》第六十五条规定，当事人约定由第三人向债权人履行债务，第三人不履行债务或者履行债务不符合约定，债务人应当向债权人承担违约责任。本题中，当事人甲公司与该专利代理机构约定由第三人乙公司向该专利代理机构履行债务，但乙公司拒绝履行债务，根据上述规定，债务人甲公司应当向该专利代理机构承担违约责任。选项 A 的说法正确。

  综上，本题正确答案为：A。

22. 根据著作权法及相关规定，以著作权出质的，由出质人和质权人向下列哪个部门办理出质登记？

  A. 国务院著作权行政管理部门
  B. 国务院工商行政管理部门
  C. 省级人民政府著作权行政管理部门
  D. 著作权集体管理组织

【答案】A

【知识点】著作权出质

【解析】《著作权法》第二十六条规定，以著作权出质的，由出质人和质权人向国务院著作权行政管理部门办理出质登记。因此，选项 A 的说法正确。

  综上，本题正确答案为：A。

23. 甲公司是某注册商标的专用权人。在甲公司申请该商标注册前，乙公司已经在同一种商品上先于甲公司使用与该注册商标相同并有一定影响的商标。根据商标法及相关规定，下列哪种说法是正确的？

  A. 甲公司有权禁止乙公司继续使用该商标并要求其赔偿损失
  B. 甲公司有权禁止乙公司继续使用该商标，但无权要求其赔偿损失
  C. 甲公司无权禁止乙公司在原使用范围内继续使用该商标，但可以要求其支付一定的使用费
  D. 甲公司无权禁止乙公司在原使用范围内继续使用该商标，但可以要求其附加适当区别

标识

【答案】D

【知识点】注册商标专用权的限制

【解析】《商标法》第五十九条第三款规定，商标注册人申请商标注册前，他人已经在同一种商品或者类似商品上先于商标注册人使用与注册商标相同或者近似并有一定影响的商标的，注册商标专用权人无权禁止该使用人在原使用范围内继续使用该商标，但可以要求其附加适当区别标识。本题案例中，在甲公司申请该商标注册前，乙公司已经在同一种商品上使用与其注册商标相同并有一定影响的商标。根据上述规定，甲公司无权禁止乙公司在原使用范围内继续使用该商标，但可以要求其附加适当区别标识，选项D的说法正确。

综上，本题正确答案为：D。

24. 根据集成电路布图设计保护条例及相关规定，布图设计登记申请人对国家知识产权局驳回其登记申请的决定不服的，可以选择下列哪种救济途径？

　　A. 自收到通知之日起3个月内向国家知识产权局申请行政复议
　　B. 自收到通知之日起3个月内向国家知识产权局专利复审委员会请求复审
　　C. 自收到通知之日起3个月内向国家知识产权局专利复审委员会申诉
　　D. 自收到通知之日起3个月内直接向人民法院提起行政诉讼

【答案】B

【知识点】对驳回布图设计登记申请的救济

【解析】《集成电路布图设计保护条例》第十九条规定，布图设计登记申请人对国务院知识产权行政部门驳回其登记申请的决定不服的，可以自收到通知之日起3个月内，向国务院知识产权行政部门请求复审。《集成电路布图设计保护条例实施细则》第二十三条规定，国家知识产权局专利复审委员会负责对国家知识产权局驳回布图设计登记申请决定不服而提出的复审请求的审查，以及负责对布图设计专有权撤销案件的审查。因此，布图设计登记申请人对国家知识产权局驳回其登记申请的决定不服的，可以自收到通知之日起3个月内向国家知识产权局专利复审委员会请求复审。选项B的说法正确。

综上，本题正确答案为：B。

25. 甲公司委托乙研究所研发一项新技术，双方签订了技术开发合同，但没有约定研发成果申请专利的权利的归属。根据合同法及相关规定，下列哪种说法是正确的？

　　A. 该研发成果申请专利的权利属于甲公司和乙研究所共有，当事人一方转让其共有的专利申请权的，另一方享有以同等条件优先受让的权利
　　B. 该研发成果申请专利的权利属于甲公司和乙研究所共有，当事人一方声明放弃其共有的专利申请权的，可以由另一方单独申请
　　C. 该研发成果申请专利的权利属于乙研究所，乙研究所取得专利权的，甲公司可以免费实施该专利

D. 该研发成果申请专利的权利属于甲公司，甲公司取得专利权的，乙研究所可以免费实施该专利

【答案】C

【知识点】技术开发合同

【解析】《合同法》第三百三十九条第一款规定，委托开发完成的发明创造，除当事人另有约定的以外，申请专利的权利属于研究开发人。研究开发人取得专利权的，委托人可以免费实施该专利。因此，在甲公司与乙研究所未约定研发成果申请专利的权利归属的情况下，申请专利的权利属于研究开发人乙研究所，但乙研究所取得专利权的，甲公司可以免费实施该专利。选项C的说法正确。

综上，本题正确答案为：C。

26. 根据行政诉讼法及相关规定，不服由行政机关委托的组织所作的具体行政行为的，应以谁为被告提起行政诉讼？

  A. 作出委托的行政机关
  B. 接受委托的组织
  C. 作出委托的行政机关的上级机关
  D. 作出委托的行政机关和接受委托的组织

【答案】A

【知识点】行政诉讼被告

【解析】《行政诉讼法》第二十五条第四款规定，由行政机关委托的组织所作的具体行政行为，委托的行政机关是被告。因此，选项A的说法正确。

综上，本题正确答案为：A。

27. 某注册商标在使用过程中成为了其核定使用的商品的通用名称。根据商标法及相关规定，下列有关该注册商标的哪种说法是正确的？

  A. 任何单位或者个人可以请求商标局宣告该注册商标无效
  B. 任何单位或者个人可以向商标局申请撤销该注册商标
  C. 任何单位或者个人可以请求商标评审委员会宣告该注册商标无效
  D. 地方工商行政管理部门可以责令限期改正；期满不改正的，由商标局撤销该注册商标

【答案】B

【知识点】商标的撤销

【解析】《商标法》第四十九条第二款规定，注册商标成为其核定使用的商品的通用名称的，任何单位或者个人可以向商标局申请撤销该注册商标。因此，选项B的说法正确。

综上，本题正确答案为：B。

28. 甲公司与乙公司签订专利实施许可合同，并约定被许可方乙公司不得就该专利提出无效

宣告请求。该合同还有独立存在的有关解决争议方法的条款。根据合同法及相关规定，下列关于该合同效力的哪种说法是正确的？

  A．该合同有效

  B．该合同效力待定

  C．该合同无效，合同中独立存在的有关解决争议方法的条款也相应无效

  D．该合同无效，但不影响合同中独立存在的有关解决争议方法的条款的效力

  【答案】D

  【知识点】合同效力　技术合同

  【解析】《合同法》第三百二十九条规定，非法垄断技术、妨碍技术进步或者侵害他人技术成果的技术合同无效。根据《最高人民法院关于审理技术合同纠纷案件适用法律若干问题的解释》第十条第（六）项规定，禁止技术接受方对合同标的技术知识产权的有效性提出异议或者对提出异议附加条件的，属于《合同法》第三百二十九条所称的"非法垄断技术、妨碍技术进步"。因此，甲公司与乙公司签订的该专利实施许可合同无效。同时，《合同法》第五十七条规定，合同无效、被撤销或者终止的，不影响合同中独立存在的有关解决争议方法的条款的效力。因此，尽管该合同无效，但不影响该合同中独立存在的有关解决争议方法的条款的效力。选项D的说法正确。

  综上，本题正确答案为：D。

29. 根据知识产权海关保护条例及相关规定，知识产权权利人可以将其知识产权向下列哪个部门申请知识产权海关保护备案？

  A．海关总署

  B．权利人所在地海关

  C．货物进出境地海关

  D．侵权人所在地海关

  【答案】A

  【知识点】知识产权备案

  【解析】根据《知识产权海关保护条例》第七条的规定，知识产权权利人可以依照该条例的规定，将其知识产权向海关总署申请备案。因此，选择A的说法正确。

  综上，本题正确答案为：A。

30. 根据《保护工业产权巴黎公约》的规定，关于专利的强制许可，下列哪种说法是正确的？

  A．成员国不得以不实施专利为由颁发强制许可

  B．强制许可在任何情况下都不可转让

  C．强制许可应当是非独占性的

  D．强制许可的被许可人无需向专利权人支付使用费

【答案】C

【知识点】《保护工业产权巴黎公约》 强制许可

【解析】《保护工业产权巴黎公约》第五条A（2）规定，本联盟各国都有权采取立法措施规定授予强制许可，以防止由于行使专利所赋予的专有权而可能产生的滥用，例如：不实施。因此，该公约允许成员国以不实施专利为由颁发实施专利强制许可，选项A的说法错误。根据《保护工业产权巴黎公约》第五条A（4）规定，这种强制许可是非独占性的，而且除与利用该许可的部分企业或商誉一起转让外，不得转让。因此，选项B的说法错误，选项C正确。就D选项而言，《保护工业产权巴黎公约》没有明确规定取得强制许可的人可以不向专利权人支付使用费。强制许可依然是许可的一种类型，而不是对专利权的撤销，因此，获得强制许可的被许可人应当向专利权人支付使用费。选项D的说法错误。

综上，本题正确答案为：C。

二、多项选择题（每题所设选项中至少有两个正确答案，多选、少选、错选或不选均不得分）。本部分含31—100题，每题1分，共70分。

31. 根据民法通则及相关规定，下列哪些法律关系属于民法调整的范围？

    A. 张某将其完成的发明创造向国家知识产权局提交专利申请

    B. 王某与某专利代理机构签订委托合同

    C. 赵某与他人签订专利权转让合同

    D. 李某依法向税务局缴纳个人所得税

【答案】BC

【知识点】民法的调整对象

【解析】《民法通则》第二条规定，中华人民共和国民法调整平等主体的公民之间、法人之间、公民和法人之间的财产关系和人身关系。本题中，选项B、C均属于平等民事主体之间的财产关系。选项A和D均属于行政机关与行政相对人之间的行政法律关系，不属于民法调整的范围。

综上，本题正确答案为：B、C。

32. 当事人之间的下列哪些协议不适用合同法的规定？

    A. 有关婚姻关系的协议

    B. 有关收养关系的协议

    C. 有关委托代理关系的协议

    D. 有关监护关系的协议

【答案】ABD

【知识点】合同法的调整范围

【解析】《合同法》第二条规定，该法所称合同是平等主体的自然人、法人、其他组织之间设立、变更、终止民事权利义务关系的协议。婚姻、收养、监护等有关身份关系的协议，适用其他法律的规定。因此，选项A、B、D中的协议均不适用于《合同法》的规定，选项C中有关委托代理关系的协议则适用于《合同法》的规定。

综上，本题正确答案为：A、B、D。

33. 王某欲以刘某和赵某为共同被告提起民事诉讼。经查，王某的住所地和经常居住地均为甲地；刘某的住所地为乙地，经常居住地为丙地；赵某的住所地和经常居住地均为丁地。根据民事诉讼法及相关规定，下列哪些人民法院对该案有管辖权？

A．甲地人民法院
B．乙地人民法院
C．丙地人民法院
D．丁地人民法院

【答案】CD

【知识点】地域管辖

【解析】《民事诉讼法》第二十一条第一款规定，对公民提起的民事诉讼，由被告住所地人民法院管辖；被告住所地与经常居住地不一致的，由经常居住地人民法院管辖。该条第三款规定，同一诉讼的几个被告住所地、经常居住地在两个以上人民法院辖区的，各该人民法院都有管辖权。根据上述规定，本题案例中，被告刘某和赵某住所地或经常居住地人民法院对该案件均有管辖权。被告刘某的住所地与经常居住地不一致，由其经常居住地丙地人民法院管辖，选项C正确。同时，被告赵某住所地丁地人民法院对该案件也有管辖权，选项D正确。

综上，本题正确答案为：C、D。

34. 根据行政复议法及相关规定，下列哪些情形可以申请行政复议？

A．张某对某行政机关作出的暂扣其许可证的行政处罚决定不服的
B．王某对某行政机关作出的限制其人身自由的行政强制措施决定不服的
C．赵某对某行政机关就其与某公司之间的民事纠纷作出的调解不服的
D．李某对某行政机关作出的撤销其资格证的决定不服的

【答案】ABD

【知识点】行政复议的范围

【解析】《行政复议法》第六条规定，有下列情形之一的，公民、法人或者其他组织可以依照该法申请行政复议：（一）对行政机关作出的警告、罚款、没收违法所得、没收非法财物、责令停产停业、暂扣或者吊销许可证、暂扣或者吊销执照、行政拘留等行政处罚决定不服的；（二）对行政机关作出的限制人身自由或者查封、扣押、冻结财产等行政强制措施决定不服的；（三）对行政机关作出的有关许可证、执照、资质证、资格证等证书变更、中止、撤销的决定不服的；（四）对行政机关作出的关于确认土地、矿藏、水流、森林、山岭、草

原、荒地、滩涂、海域等自然资源的所有权或者使用权的决定不服的;(五)认为行政机关侵犯合法的经营自主权的;(六)认为行政机关变更或者废止农业承包合同,侵犯其合法权益的;(七)认为行政机关违法集资、征收财物、摊派费用或者违法要求履行其他义务的;(八)认为符合法定条件,申请行政机关颁发许可证、执照、资质证、资格证等证书,或者申请行政机关审批、登记有关事项,行政机关没有依法办理的;(九)申请行政机关履行保护人身权利、财产权利、受教育权利的法定职责,行政机关没有依法履行的;(十)申请行政机关依法发放抚恤金、社会保险金或者最低生活保障费,行政机关没有依法发放的;(十一)认为行政机关的其他具体行政行为侵犯其合法权益的。选项A、B、D分别属于上述规定中第(一)项、第(二)项和第(三)项的规定,可以申请行政复议。《行政复议法》第八条第二款规定,不服行政机关对民事纠纷作出的调解或者其他处理,依法申请仲裁或者向人民法院提起诉讼。根据该款规定,当事人不服行政机关对民事纠纷作出的调解的,不能申请行政复议,C选项错误。

综上,本题正确答案为:A、B、D。

35.根据商标法及相关规定,下列哪些可以作为商标申请注册?

A.文字

B.气味

C.单一颜色

D.声音

【答案】AD

【知识点】商标申请的客体

【解析】《商标法》第八条规定,任何能够将自然人、法人或者其他组织的商品与他人的商品区别开的标志,包括文字、图形、字母、数字、三维标志、颜色组合和声音等,以及上述要素的组合,均可以作为商标申请注册。根据该规定,文字和声音均可作为商标申请注册,选项A、D正确。气味和单一颜色不能作为商标申请注册,选项B、C错误。

综上,本题正确答案为:A、D。

36.根据行政诉讼法及相关规定,下列关于诉讼参加人的哪些说法是正确的?

A.公民、法人或者其他组织直接向人民法院提起诉讼的,作出具体行政行为的行政机关是被告

B.经复议的案件,复议机关是被告

C.同提起诉讼的具体行政行为有利害关系的其他公民、法人或者其他组织,可以作为第三人申请参加诉讼

D.没有诉讼行为能力的公民,由其法定代理人代为诉讼

【答案】ACD

【知识点】行政诉讼参加人

【解析】《行政诉讼法》第二十五条第一款规定，公民、法人或者其他组织直接向人民法院提起诉讼的，作出具体行政行为的行政机关是被告。据此，选项A的说法正确。《行政诉讼法》第二十五条第二款规定，经复议的案件，复议机关决定维持原具体行政行为的，作出原具体行政行为的行政机关是被告；复议机关改变原具体行政行为的，复议机关是被告。因此，经复议的案件并不是一律以复议机关作为被告，选项B的说法错误。《行政诉讼法》第二十七条规定，同提起诉讼的具体行政行为有利害关系的其他公民、法人或者其他组织，可以作为第三人申请参加诉讼，或者由人民法院通知参加诉讼。据此，选项C的说法正确。《行政诉讼法》第二十八条规定，没有诉讼行为能力的公民，由其法定代理人代为诉讼。据此，选项D的说法正确。

综上，本题正确答案为：A、C、D。

37. 下列哪些不适用我国著作权法的规定？
　A. 某9岁儿童创作的短篇小说
　B. 某电视台报道的时事新闻
　C. 某城市交通电子地图
　D. 某法律的官方英文译文

【答案】BD

【知识点】著作权法适用范围

【解析】《著作权法》第五条规定，该法不适用于：（一）法律、法规，国家机关的决议、决定、命令和其他具有立法、行政、司法性质的文件，及其官方正式译文；（二）时事新闻；（三）历法、通用数表、通用表格和公式。因此，B选项的时事新闻、D选项中的法律官方译文均不适用我国《著作权法》的规定。同时，《著作权法》第三条规定，该法所称的作品，包括以下列形式创作的文学、艺术和自然科学、社会科学、工程技术等作品：（一）文字作品；（二）口述作品；（三）音乐、戏剧、曲艺、舞蹈、杂技艺术作品；（四）美术、建筑作品；（五）摄影作品；（六）电影作品和以类似摄制电影的方法创作的作品；（七）工程设计图、产品设计图、地图、示意图等图形作品和模型作品；（八）计算机软件；（九）法律、行政法规规定的其他作品。A选项中的短篇小说属于该规定中第（一）项的文字作品，且是否适用《著作权法》的规定与作者的民事行为能力无关，故选项A不是本题正确答案。选项C的电子地图属于该规定第（七）项中的图形作品，适用《著作权法》的规定，也不是本题正确答案。

综上，本题正确答案为：B、D。

38. 根据反不正当竞争法及相关规定，下列哪些属于侵犯他人商业秘密的行为？
　A. 以利诱手段获取他人商业秘密
　B. 通过自行研究开发出与他人技术秘密相同的技术
　C. 通过反向工程获得他人的技术秘密

D. 违反约定，允许他人使用其掌握的商业秘密

【答案】AD

【知识点】商业秘密的保护

【解析】《反不正当竞争法》第十条第一款规定，经营者不得采用下列手段侵犯商业秘密：（一）以盗窃、利诱、胁迫或者其他不正当手段获取权利人的商业秘密；（二）披露、使用或者允许他人使用以前项手段获取的权利人的商业秘密；（三）违反约定或者违反权利人有关保守商业秘密的要求，披露、使用或者允许他人使用其所掌握的商业秘密。选项A、D分别为该条规定中第（一）项、第（三）项规定的行为，属于侵犯他人商业秘密的行为。《最高人民法院关于审理不正当竞争民事案件应用法律若干问题的解释》第十二条第一款规定，通过自行开发研制或者反向工程等方式获得的商业秘密，不认定为《反不正当竞争法》第十条第（一）项、第（二）项❶规定的侵犯商业秘密行为。因此，选项B、C的行为不属于侵犯他人商业秘密。

综上，本题正确答案为：A、D。

39. 根据《与贸易有关的知识产权协定》的规定，受保护的工业品外观设计的所有人，对于载有或体现受保护的外观设计的复制品或者实质上是复制品的物品，至少应当有权制止第三方未经其同意而为商业目的进行下列哪些行为？

A. 制造

B. 使用

C. 销售

D. 进口

【答案】ACD

【知识点】《与贸易有关的知识产权协定》对工业品外观设计权利的规定

【解析】《与贸易有关的知识产权协定》第26条第1款规定，受保护的工业品外观设计的所有人，至少应当有权制止第三方未得同意而为商业目的制造、销售或者进口载有或体现受保护的外观设计的复制品或者实质上是复制品的物品。据此选项A、C和D的说法正确。

综上，本题正确答案为：A、C、D。

40. 某高校采用公告招标的方式选择专利代理机构为其办理专利申请事务。某专利代理机构根据该招标公告制定了一份完整的投标书参加投标。根据合同法及相关规定，下列哪些说法是正确的？

A. 该高校发布的招标公告为要约邀请

B. 该高校发布的招标公告为要约

C. 该专利代理机构提交的投标书为承诺

---

❶ 即《反不正当竞争法》第十条第一款第（一）项、第（二）项。——编者注

D. 该专利代理机构提交的投标书为要约

【答案】AD

【知识点】要约邀请和要约

【解析】《合同法》第十五条规定，要约邀请是希望他人向自己发出要约的意思表示。寄送的价目表、拍卖公告、招标公告、招股说明书、商业广告等为要约邀请。据此，该高校发布的招标公告为要约邀请，选项A的说法正确，选项B的说法错误。《合同法》第十四条规定，要约是希望和他人订立合同的意思表示，该意思表示应当符合下列规定：（一）内容具体确定；（二）表明经受要约人承诺，要约人即受该意思表示约束。该专利代理机构提交的完整投标书具有具体的内容，且该高校承诺后，该专利代理机构即应当受到该投标书的约束。因此，该投标书是针对该高校所发要约邀请的要约，选项D的说法正确，选项C的说法错误。

综上，本题正确答案为：A、D。

41. 根据民法通则及相关规定，民事法律行为应当具备下列哪些条件？
    A. 行为人具有相应的民事行为能力
    B. 采取书面形式
    C. 意思表示真实
    D. 不违反法律或者社会公共利益

【答案】ACD

【知识点】民事法律行为的要件

【解析】《民法通则》第五十五条规定，民事法律行为应当具备下列条件：（一）行为人具有相应的民事行为能力；（二）意思表示真实；（三）不违反法律或者社会公共利益。因此，选项A、C、D均是民事法律行为应当具备的条件。《民法通则》第五十六条规定，民事法律行为可以采取书面形式、口头形式或者其他形式；法律规定用特定形式的，应当依照法律规定。因此，选项B的说法错误。

综上，本题正确答案为：A、C、D。

42. 根据民事诉讼法及相关规定，下列哪些情形下可以延期开庭审理？
    A. 必须到庭的原告有正当理由没有到庭的
    B. 被告临时提出回避申请的
    C. 需要通知新的证人到庭的
    D. 需要补充调查的

【答案】ABCD

【知识点】延期开庭审理

【解析】《民事诉讼法》第一百四十六条规定，有下列情形之一的，可以延期开庭审理：（一）必须到庭的当事人和其他诉讼参与人有正当理由没有到庭的；（二）当事人临时提出回避申请的；（三）需要通知新的证人到庭，调取新的证据，重新鉴定、勘验，或者需要补充调查的；（四）其他应当延期的情形。据此，选项 A、B、C、D 中的情形均属于可以延期开庭审理的情形。

综上，本题正确答案为：A、B、C、D。

43. 根据行政复议法及相关规定，下列关于行政复议机关的哪些说法是正确的？
   A. 对乡人民政府的具体行政行为不服的，向其上一级地方人民政府申请行政复议
   B. 对县人民政府的具体行政行为不服的，向该县人民政府申请行政复议
   C. 对省人民政府的具体行政行为不服的，向该省人民政府申请行政复议
   D. 对国务院部门的具体行政行为不服的，向国务院申请行政复议

【答案】A C
【知识点】行政复议机关
【解析】《行政复议法》第十三条第一款规定，对地方各级人民政府的具体行政行为不服的，向上一级地方人民政府申请行政复议。因此，选项 A 的说法正确，选项 B 的说法错误。《行政复议法》第十四条规定，对国务院部门或者省、自治区、直辖市人民政府的具体行政行为不服的，向作出该具体行政行为的国务院部门或者省、自治区、直辖市人民政府申请行政复议。据此，选项 C 的说法正确，选项 D 的说法错误。

综上，本题正确答案为：A、C。

44. 根据商标法及相关规定，下列关于商标代理机构的哪些说法是正确的？
   A. 申请商标注册或者办理其他商标事宜，应当委托商标代理机构办理
   B. 委托人申请注册的商标可能存在商标法规定不得注册情形的，商标代理机构应当明确告知委托人
   C. 商标代理机构除对其代理服务申请商标注册外，不得申请注册其他商标
   D. 商标代理机构对在代理过程中知悉的被代理人的商业秘密，负有保密义务

【答案】B C D
【知识点】商标代理机构
【解析】《商标法》第十八条规定，申请商标注册或者办理其他商标事宜，可以自行办理，也可以委托依法设立的商标代理机构办理。外国人或者外国企业在中国申请商标注册和办理其他商标事宜的，应当委托依法设立的商标代理机构办理。因此，并非任何人申请商标注册或者办理其他商标事宜均应当委托商标代理机构办理，选项 A 的说法错误。《商标法》第十九条第一款规定，商标代理机构应当遵循诚实信用原则，遵守法律、行政法规，按照被代理人的委托办理商标注册申请或者其他商标事宜；对在代理过程中知悉的被代理人的商业秘密，负有保密义务。因此，选项 D 的说法正确。《商标法》第十九条第二款规定，委托人申请注册的商标可能存在该法规定不得注册情形的，商标代理机构应当明确告知委托人。因此，选项 B 的说法正确。《商标法》第十九条第四款规定，商标代理机构除对其代理服务申请商标注册外，不得申请注册其他商标。因此，选项 C 的说法正确。

综上，本题正确答案为：B、C、D。

45. 根据行政诉讼法及相关规定，下列哪些属于行政诉讼受案范围？
   A. 商标局不受理张某的商标注册申请，张某不服的
   B. 专利复审委员会宣告赵某的外观设计专利权无效，赵某不服的
   C. 某县教育局从个体户李某处购置文具后拖欠其货款，李某不服的
   D. 某县地方税务局对林某作出罚款1000元的处罚决定，林某不服的

【答案】ＡＢＤ

【知识点】行政诉讼受案范围

【解析】《行政诉讼法》❶第二条规定，公民、法人或者其他组织认为行政机关和行政机关工作人员的具体行政行为侵犯其合法权益，有权依照该法向人民法院提起诉讼。《行政诉讼法》第十一条规定，人民法院受理公民、法人和其他组织对下列具体行政行为不服提起的诉讼：（一）对拘留、罚款、吊销许可证和执照、责令停产停业、没收财物等行政处罚不服的；（二）对限制人身自由或者对财产的查封、扣押、冻结等行政强制措施不服的；（三）认为行政机关侵犯法律规定的经营自主权的；（四）认为符合法定条件申请行政机关颁发许可证和执照，行政机关拒绝颁发或者不予答复的；（五）申请行政机关履行保护人身权、财产权的法定职责，行政机关拒绝履行或者不予答复的；（六）认为行政机关没有依法发给抚恤金的；（七）认为行政机关违法要求履行义务的；（八）认为行政机关侵犯其他人身权、财产权的。除前款规定外，人民法院受理法律、法规规定可以提起诉讼的其他行政案件。A、B选项中，商标局不受理申请人的商标注册申请、专利复审委员会宣告外观设计专利权无效，均属于具体行政行为，根据上述第二条和第十一条第一款第（八）项的规定，当事人可以向人民法院提起诉讼。根据上述第十一条第一款第（一）项的规定，D选项中当事人林某也可以向人民法院提起诉讼。在C选项情形中，县教育局与个体户李某之间的债务纠纷属于平等民事主体之间的民事法律关系，李某可以通过向人民法院提起民事诉讼维护自己的合法权益，但这不属于行政诉讼受案范围。

综上，本题正确答案为：A、B、D。

46. 根据著作权法及相关规定，著作权人对其下列哪些作品享有出租权？
   A. 电影作品
   B. 以类似摄制电影的方法创作的作品
   C. 美术作品
   D. 摄影作品

【答案】ＡＢ

---

❶ 《行政诉讼法》已于2014年11月1日修订，本书解析依据的是《全国专利代理人资格考试指南2014》收录的最新修订前的版本。本书余同。——编者注。

【知识点】出租权

【解析】根据《著作权法》第十条第一款第（七）项的规定，出租权是指有偿许可他人临时使用电影作品和以类似摄制电影的方法创作的作品、计算机软件的权利，计算机软件不是出租的主要标的的除外。据此，著作权人对电影作品及以类似摄制电影的方法创作的作品享有出租权，但对于美术作品、摄影作品则不享有出租权。选项 A、B 正确，选项 C、D 错误。

综上，本题正确答案为：A、B。

47. 根据植物新品种保护条例及相关规定，下列哪些说法是正确的？
    A. 申请品种权的植物新品种应当属于国家植物品种保护名录中列举的植物的属或者种
    B. 授予品种权的植物新品种应当具备新颖性、特异性、一致性、稳定性
    C. 申请品种权的，应当提交请求书、说明书、该品种的照片以及权利要求书
    D. 申请人可以在品种权授予前修改或者撤回品种权申请

【答案】A B D

【知识点】授予品种权的条件　品种权的申请

【解析】《植物新品种保护条例》第十三条规定，申请品种权的植物新品种应当属于国家植物品种保护名录中列举的植物的属或者种。因此，选项 A 的说法正确。《植物新品种保护条例》第二条规定，本条例所称植物新品种，是指经过人工培育的或者对发现的野生植物加以开发，具备新颖性、特异性、一致性和稳定性并有适当命名的植物品种。同时，《植物新品种保护条例》第十四条、第十五条、第十六条、第十七条再次规定了新颖性、特异性、一致性、稳定性的要求。因此，选项 B 的说法正确。《植物新品种保护条例》第二十一条第一款规定，申请品种权的，应当向审批机关提交符合规定格式要求的请求书、说明书和该品种的照片。因此，申请品种权无须提交权利要求书，选项 C 的说法错误。《植物新品种保护条例》第二十五条规定，申请人可以在品种权授予前修改或者撤回品种权申请。因此，选项 D 的说法正确。

综上，本题正确答案为：A、B、D。

48. 根据民法通则及相关规定，下列哪些民事行为无效？
    A. 恶意串通，损害国家利益的
    B. 违反法律或者社会公共利益的
    C. 以合法形式掩盖非法目的的
    D. 显失公平的

【答案】A B C

【知识点】无效的民事行为

【解析】《民法通则》第五十八条第一款规定，下列民事行为无效：（一）无民事行为能力人实施的；（二）限制民事行为能力人依法不能独立实施的；（三）一方以欺诈、胁迫的手段或者乘人之危，使对方在违背真实意思的情况下所为的；（四）恶意串通，损害国家、集体或者第三人利益的；（五）违反法律或者社会公共利益的；（六）以合法形式掩盖非法目的

的。选项A、B、C分别属于上述第（四）项、第（五）项、第（六）项的情形，民事行为无效。《民法通则》第五十九条第一款规定，下列民事行为，一方有权请求人民法院或者仲裁机关予以变更或者撤销：（一）行为人对行为内容有重大误解的；（二）显失公平的。因此，D选项的民事行为属于可变更或可撤销的民事行为，而非无效民事行为。

综上，本题正确答案为：A、B、C。

49. 根据合同法及相关规定，在下列哪些情形下，要约不得撤销？
   A. 要约已经到达受要约人
   B. 要约人确定了承诺期限
   C. 要约人明示要约不可撤销
   D. 受要约人有理由认为要约是不可撤销的，并已经为履行合同作了准备工作

【答案】BCD

【知识点】要约的撤销

【解析】根据《合同法》第十八条的规定，要约可以撤销，但撤销要约的通知应当在受要约人发出承诺通知之前到达受要约人。因此，即使要约已经到达受要约人，只要撤销要约的通知在受要约人发出承诺通知之前到达受要约人，仍然可以撤销。选项A的说法错误。根据《合同法》第十九条的规定，有下列情形之一的，要约不得撤销：（一）要约人确定了承诺期限或者以其他形式明示要约不可撤销；（二）受要约人有理由认为要约是不可撤销的，并已经为履行合同作了准备工作。本题中，选项B、C属于前述第（一）项规定的情形，D选项属于前述第（二）项规定的情形，故B、C、D选项正确。

综上，本题正确答案为：B、C、D。

50. 赵某与其所在单位就某发明专利申请的权属产生纠纷，委托律师李某代为诉讼。根据民事诉讼法及相关规定，如无赵某的特别授权，李某在诉讼中无权实施下列哪些行为？
   A. 代为变更诉讼请求
   B. 代为放弃诉讼请求
   C. 代为申请保全证据
   D. 代为提起反诉

【答案】ABD

【知识点】委托代理人

【解析】《民事诉讼法》第五十九条第二款规定，授权委托书必须记明委托事项和权限。诉讼代理人代为承认、放弃、变更诉讼请求，进行和解，提起反诉或者上诉，必须有委托人的特别授权。因此，在没有赵某特别授权的情况下，其诉讼代理人李某无权代为变更诉讼请求、代为放弃诉讼请求、代为提起反诉。选项A、B、D正确。对于C选项中的代理申请保全证据，并不需要特别授权。

综上，本题正确答案为：A、B、D。

51. 根据行政复议法及相关规定，下列关于行政复议被申请人的哪些说法是正确的？

A. 行政机关与法律授权的组织以共同的名义作出具体行政行为的，行政机关和法律授权的组织为共同被申请人

B. 行政机关与法律授权的组织以共同的名义作出具体行政行为的，仅行政机关为被申请人

C. 行政机关设立的内设机构，未经法律、法规授权，对外以自己名义作出具体行政行为的，该内设机构为被申请人

D. 行政机关设立的内设机构，未经法律、法规授权，对外以自己名义作出具体行政行为的，该行政机关为被申请人

【答案】A D

【知识点】行政复议的被申请人

【解析】《行政复议法实施条例》第十二条第一款规定，行政机关与法律、法规授权的组织以共同的名义作出具体行政行为的，行政机关和法律授权的组织为共同被申请人。据此，选项A的说法正确，选项B的说法错误。《行政复议法实施条例》第十四条规定，行政机关设立的派出机构、内设机构或者其他组织，未经法律、法规授权，对外以自己名义作出具体行政行为的，该行政机关为被申请人。据此，选项D的说法正确，选项C的说法错误。

综上，本题正确答案为：A、D。

52. 根据行政诉讼法及相关规定，下列哪些可以作为证据？

A. 书证

B. 物证

C. 当事人的陈述

D. 勘验笔录

【答案】A B C D

【知识点】证据类型

【解析】《行政诉讼法》第三十一条第一款规定，证据有以下几种：（一）书证；（二）物证；（三）视听资料；（四）证人证言；（五）当事人的陈述；（六）鉴定结论；（七）勘验笔录、现场笔录。A、B、C和D选项分别为该款第（一）项、第（二）项、第（五）项和第（七）项所列证据，均为本题正确答案。

综上，本题正确答案为：A、B、C、D。

53. 甲公司与乙公司签订商标使用许可合同，许可乙公司使用其注册商标。根据商标法及相关规定，下列哪些说法是正确的？

A. 甲公司应当将其商标使用许可报商标局备案，未经备案该商标使用许可不得对抗善意第三人

B. 甲公司应当监督乙公司使用该注册商标的商品质量

C. 乙公司必须在其使用该注册商标的商品上标明乙公司名称

D. 乙公司必须在其使用该注册商标的商品上标明商品产地

【答案】ABCD

【知识点】商标使用许可

【解析】《商标法》第四十三条第三款规定,许可他人使用其注册商标的,许可人应当将其商标使用许可报商标局备案,由商标局公告。商标使用许可未经备案不得对抗善意第三人。据此,选项A的说法正确。根据《商标法》第四十三条第一款的规定,注册商标许可人应当监督被许可人使用其注册商标的商品质量。被许可人应当保证使用该注册商标的商品质量。据此,许可人甲公司应当监督被许可人乙公司使用其注册商标的商品质量,选项B的说法正确。《商标法》第四十三条第二款规定,经许可使用他人注册商标的,必须在使用该注册商标的商品上标明被许可人的名称和商品产地。据此,被许可人乙公司须在其使用该注册商标的商品上标明乙公司名称和商品产地,选项C和D的说法均正确。

综上,本题正确答案为:A、B、C、D。

54. 金某于2012年12月24日创作完成了某小说,并于2013年2月14日发表于某网络文学网站。经金某许可,张某将该小说改编为电影剧本,甲公司作为电影制片者将该剧本拍摄成电影,导演为周某。根据著作权法及相关规定,下列哪些说法是正确的?

A. 金某自2013年2月14日起对该小说享有著作权

B. 该电影剧本的著作权由张某享有

C. 该电影作品的著作权由甲公司享有

D. 该电影作品的著作权由张某和周某共同享有

【答案】BC

【知识点】著作权的取得 改编作品的著作权 电影著作权

【解析】《著作权法实施条例》第六条规定,著作权自作品创作完成之日起产生。因此,自该小说创作完成之日即2012年12月24日起,金某即享有该小说的著作权,选项A的说法错误。《著作权法》第十二条规定,改编、翻译、注释、整理已有作品而产生的作品,其著作权由改编、翻译、注释、整理人享有,但行使著作权时不得侵犯原作品的著作权。因此,改编金某小说而产生的剧本的著作权由改编者张某享有,选项B的说法正确。根据《著作权法》第十五条的规定,电影作品和以类似摄制电影的方法创作的作品的著作权由制片者享有。据此,该电影作品的著作权由制片者甲公司享有。选项C的说法正确,选项D的说法错误。

综上,本题正确答案为:B、C。

55. 根据《与贸易有关的知识产权协定》的规定,下列哪些说法是正确的?

A. 商标的首次注册和注册的每次续展的期间不应少于7年

B. 商标的首次注册和注册的每次续展的期间不应少于10年

C. 工业品外观设计可享有的保护期间至少为 10 年

D. 工业品外观设计可享有的保护期间至少为 15 年

【答案】A C

【知识点】知识产权的保护期间

【解析】《与贸易有关的知识产权协定》第 18 条规定，商标的首次注册和注册的每次续展的期间不应少于 7 年。据此，选项 A 的说法正确，选项 B 的说法错误。根据《与贸易有关的知识产权协定》第 26 条第 3 款的规定，工业品外观设计可享有的保护期间至少为 10 年。据此，选项 C 的说法正确，选项 D 的说法错误。

综上，本题正确答案为：A、C。

56. 根据国家赔偿法及相关规定，下列哪些说法是正确的？

　　A. 赔偿请求人根据受到的不同损害，可以同时提出数项行政赔偿请求

　　B. 赔偿请求人可以在提起行政复议时一并提出行政赔偿请求

　　C. 存在共同赔偿义务机关的，赔偿请求人应当向所有共同赔偿义务机关同时要求赔偿

　　D. 人民法院审理行政赔偿案件时，赔偿请求人对自己提出的主张，应当提供证据

【答案】A B D

【知识点】行政赔偿请求的提出

【解析】《国家赔偿法》第十一条规定，赔偿请求人根据受到的不同损害，可以同时提出数项赔偿要求。据此，选项 A 的说法正确。《国家赔偿法》第九条第二款规定，赔偿请求人要求赔偿，应当先向赔偿义务机关提出，也可以在申请行政复议或者提起行政诉讼时一并提出。据此，选项 B 的说法正确。《国家赔偿法》第十条规定，赔偿请求人可以向共同赔偿义务机关中的任何一个赔偿义务机关要求赔偿，该赔偿义务机关应当先予赔偿。据此，选项 C 的说法错误。《国家赔偿法》第十五条第一款规定，人民法院审理行政赔偿案件，赔偿请求人和赔偿义务机关对自己提出的主张，应当提供证据。据此，选项 D 的说法正确。

综上，本题正确答案为：A、B、D。

57. 根据民法通则及相关规定，下列关于法人的哪些说法是正确的？

　　A. 法人应当有自己的名称、组织机构和场所

　　B. 法人终止，应当依法进行清算，停止清算范围外的活动

　　C. 企业法人对它的法定代表人和其他工作人员的经营活动，承担民事责任

　　D. 企业法人分立、合并，它的权利和义务由变更后的法人享有和承担

【答案】A B C D

【知识点】法人

【解析】《民法通则》第三十七条规定，法人应当具备下列条件：（一）依法成立；（二）有必要的财产或者经费；（三）有自己的名称、组织机构和场所；（四）能够独立承担民事责任。根据该条第（三）项的规定，选项 A 的说法正确。《民法通则》第四十条规定，法人终

止，应当依法进行清算，停止清算范围外的活动。据此，选项B的说法正确。《民法通则》第四十三条规定，企业法人对它的法定代表人和其他工作人员的经营活动，承担民事责任。据此，选项C的说法正确。《民法通则》第四十四条第二款规定，企业法人分立、合并，它的权利和义务由变更后的法人享有和承担。据此，选项D的说法正确。

综上，本题正确答案为：A、B、C、D。

58. 根据合同法及相关规定，下列关于合同中格式条款的哪些说法是正确的？
　　A. 提供格式条款一方免除其责任的条款无效
　　B. 提供格式条款一方排除对方主要权利的条款无效
　　C. 对格式条款有两种以上解释的，应当作出不利于提供格式条款一方的解释
　　D. 格式条款和非格式条款不一致的，应当采用格式条款

【答案】A B C

【知识点】格式条款的解释

【解析】根据《合同法》第四十条的规定，提供格式条款一方免除其责任、加重对方责任、排除对方主要权利的，该条款无效。据此，选项A和B的说法均正确。《合同法》第四十一条规定，对格式条款的理解发生争议的，应当按照通常理解予以解释；对格式条款有两种以上解释的，应当作出不利于提供格式条款一方的解释；格式条款和非格式条款不一致的，应当采用非格式条款。据此，选项C的说法正确，选项D的说法错误。

综上，本题正确答案为：A、B、C。

59. 根据民事诉讼法及相关规定，当事人的下列哪些做法符合关于证据的规定？
　　A. 原告赵某以电子数据作为证据来证明自己提出的主张
　　B. 原告张某因在人民法院确定的期限内提供证据确有困难，向人民法院申请延长期限
　　C. 被告李某因提交某书证原件确有困难，提交了经人民法院核对无异的复制件
　　D. 被告王某提交外文书证作为证据，未附中文译本

【答案】A B C

【知识点】证据

【解析】《民事诉讼法》第六十三条第一款规定，证据包括：（一）当事人的陈述；（二）书证；（三）物证；（四）视听资料；（五）电子数据；（六）证人证言；（七）鉴定意见；（八）勘验笔录。因此，电子数据可作为民事诉讼证据，当事人以电子数据作为证据来证明自己提出的主张符合规定，选项A的说法正确。根据《民事诉讼法》第六十五条第二款规定，人民法院根据当事人的主张和案件审理情况，确定当事人应当提供的证据及其期限，当事人在该期限内提供证据确有困难的，可以向人民法院申请延长期限，人民法院根据当事人的申请适当延长。据此，张某在人民法院确定的期限内提供证据确有困难的，可以向人民法院申请延长期限，选项B的说法正确。《民事诉讼法》第七十条第一款规定，书证应当提交原件。物证应当提交原物。提交原件或者原物确有困难的，可以提交复制品、照片、副本、

节录本。同时,《最高人民法院关于民事诉讼证据的若干规定》第十条规定,当事人向人民法院提供证据,应当提供原件或者原物。如需自己保存证据原件、原物或者提供原件、原物确有困难的,可以提供经人民法院核对无异的复制件或者复制品。根据上述两条规定,选项C中李某的做法也符合规定。《民事诉讼法》第七十条第二款规定,提交外文书证,必须附有中文译本。选项D中王某的做法不符合该规定。

综上,本文正确答案为:A、B、C。

60. 赵某不服甲市乙区环保局对其作出的一项行政处罚决定,欲申请行政复议。根据行政复议法及相关规定,赵某可以向下列哪些行政机关申请行政复议?

  A. 乙区环保局
  B. 甲市环保局
  C. 乙区人民政府
  D. 甲市人民政府

【答案】B C

【知识点】行政复议申请

【解析】《行政复议法》第十二条第一款规定,对县级以上地方各级人民政府工作部门的具体行政行为不服的,由申请人选择,可以向该部门的本级人民政府申请行政复议,也可以向上一级主管部门申请行政复议。本题中,赵某不服区环保局具体行政行为,可以向该区人民政府申请行政复议,也可以向区环保局的上一级主管部门即市环保局申请行政复议。因此,选项B、C正确,选项A、D错误。

综上,本题正确答案为:B、C。

61. 根据商标法及相关规定,下列关于商标注册申请的哪些说法是正确的?

  A. 商标注册申请人应当按规定的商品分类表填报使用商标的商品类别和商品名称,提出注册申请
  B. 商标注册申请人可以通过一份申请就多个类别的商品申请注册同一商标
  C. 商标注册申请等有关文件,可以以书面方式或者数据电文方式提出
  D. 注册商标需要改变其标志的,应当申请更正

【答案】A B C

【知识点】注册商标的申请

【解析】《商标法》第二十二条第一款规定,商标注册申请人应当按规定的商品分类表填报使用商标的商品类别和商品名称,提出注册申请。据此,选项A的说法正确。《商标法》第二十二条第二款规定,商标注册申请人可以通过一份申请就多个类别的商品申请注册同一商标。据此,选项B的说法正确。《商标法》第二十二条第三款规定,商标注册申请等有关文件,可以以书面方式或者数据电文方式提出。据此,选项C的说法也正确。《商标法》第二十四条规定,注册商标需要改变其标志的,应当重新提出注册申请。据此,选项D的说

法错误。

综上，本题正确答案为：A、B、C。

62. 根据行政诉讼法及相关规定，人民法院不受理对下列哪些事项提起的诉讼？
    A. 法律规定由行政机关最终裁决的具体行政行为
    B. 国家制定外交政策的行为
    C. 行政机关对其工作人员的免职决定
    D. 省人民政府制定的规章

【答案】ABCD
【知识点】行政诉讼受案范围
【解析】《行政诉讼法》第十二条规定，人民法院不受理公民、法人或者其他组织对下列事项提起的诉讼：（一）国防、外交等国家行为；（二）行政法规、规章或者行政机关制定、发布的具有普遍约束力的决定、命令；（三）行政机关对行政机关工作人员的奖惩、任免等决定；（四）法律规定由行政机关最终裁决的具体行政行为。A、B、C和D选项分别属于上述规定中第（四）项、第（一）项、第（三）项和第（二）项的情形，均符合题意。

综上，本题正确答案为：A、B、C、D。

63. 根据著作权法及相关规定，下列哪些说法是正确的？
    A. 汇编若干作品的片段，对其内容的选择或者编排体现独创性的作品，属于汇编作品
    B. 汇编作品不包括对不构成作品的数据或者其他材料进行的汇编
    C. 汇编作品的著作权由汇编人和原作品的著作权人共同享有
    D. 汇编作品的著作权由汇编人享有，但行使著作权时不得侵犯原作品的著作权

【答案】AD
【知识点】汇编作品
【解析】《著作权法》第十四条规定，汇编若干作品、作品的片段或者不构成作品的数据或者其他材料，对其内容的选择或者编排体现独创性的作品，为汇编作品，其著作权由汇编人享有，但行使著作权时，不得侵犯原作品的著作权。据此，选项A的说法正确。根据上述规定可知，对于对不构成作品的数据或者其他材料的汇编，如果对其内容的选择或者编排体现独创性的作品，也构成汇编作品，因此选项B的说法错误。同时，根据上述规定可知，选项D的说法正确，选项C的说法错误。

综上，本题正确答案为：A、D。

64. 根据合同法及相关规定，下列关于专利实施许可合同的哪些说法是正确的？
    A. 除合同另有约定外，被许可人可以许可约定以外的第三人实施该专利
    B. 专利实施许可合同只在该专利权的存续期间内有效
    C. 许可人应当保证自己是所许可实施的专利的合法拥有者

D. 被许可人应当按照约定的范围和期限，对让与人提供的技术中尚未公开的秘密部分，承担保密义务

【答案】BCD

【知识点】专利实施许可合同

【解析】《合同法》第三百四十六条规定，专利实施许可合同的受让人应当按照约定实施专利，不得许可约定以外的第三人实施该专利；并按照约定支付使用费。据此，选项A的说法错误。《合同法》第三百四十四条规定，专利实施许可合同只在该专利权的存续期间内有效。据此，选项B的说法正确。《合同法》第三百四十九条规定，技术转让合同的让与人应当保证自己是所提供的技术的合法拥有者，并保证所提供的技术完整、无误、有效，能够达到约定的目标。同时，根据《合同法》第三百四十二条的规定，专利实施许可合同属于技术转让合同的一种。据此，专利许可人应当保证自己是所许可实施的专利的合法拥有者，选项C的说法正确。《合同法》第三百五十条规定，技术转让合同的受让人应当按照约定的范围和期限，对让与人提供的技术中尚未公开的秘密部分，承担保密义务。专利实施许可合同作为技术转让合同的一种，也适用这一规定，因此选项D的说法正确。

综上所述，本题正确答案为：B、C、D。

65. 根据民法通则及相关规定，下列哪些情形构成不当得利？

A. 因收银员结算错误，张某在超市购物时少付了60元
B. 因会计人员工作失误，李某多领了1000元工资
C. 王某在垃圾箱里捡到一台破旧电视机，将其搬运回家
D. 因收留了一走失的宠物狗，赵某获得失主偿付的收留期间的喂养费用

【答案】AB

【知识点】不当得利

【解析】《民法通则》第九十二条规定，没有合法根据，取得不当利益，造成他人损失的，应当将取得的不当利益返还受损失的人。据此，不当得利是指"没有合法根据，取得不当利益，造成他人损失的"情形。选项A中，张某少付了货款，实际上也就是取得不当利益，造成了超市的损失，且没有合法根据，构成不当得利。同样地，B选项中李某多领工资的情形也构成不当得利。选项C属于拾得遗弃物，尽管王某获得了利益，但这并无不当，也未造成他人损失，因此不构成不当得利。《民法通则》第九十三条规定，没有法定的或者约定的义务，为避免他人利益受损失进行管理或者服务的，有权要求受益人偿付由此而支付的必要费用。D选项中，赵某没有法定的或者约定的义务，为避免宠物狗主人利益受损失，而收留该宠物狗，有权获得失主偿付由此而支付的必要费用，不构成不当得利。

综上，本题正确答案为：A、B。

66. 根据行政复议法及相关规定，下列哪些说法是正确的？

A. 申请人申请行政复议，可以书面申请，也可以口头申请

B. 申请人申请行政复议，应当按规定缴纳申请费
　　C. 行政复议申请人可以委托代理人参加行政复议
　　D. 行政复议决定作出前，申请人不得撤回行政复议申请

【答案】A C
【知识点】行政复议申请
【解析】《行政复议法》第十一条规定，申请人申请行政复议，可以书面申请，也可以口头申请；口头申请的，行政复议机关应当当场记录申请人的基本情况、行政复议请求、申请行政复议的主要事实、理由和时间。据此，选项A的说法正确。《行政复议法》第三十九条规定，行政复议机关受理行政复议申请，不得向申请人收取任何费用。据此，选项B的说法错误。《行政复议法》第十条第五款规定，申请人、第三人可以委托代理人代为参加行政复议。据此，选项C的说法正确。《行政复议法》第二十五条规定，行政复议决定作出前，申请人要求撤回行政复议申请的，经说明理由，可以撤回；撤回行政复议申请的，行政复议终止。由此可知，选项D的说法错误。

　　综上，本题正确答案为：A、C。

67. 根据民事诉讼法及相关规定，下列关于证据保全的哪些说法是正确的？
　　A. 证据保全只能依当事人申请进行，人民法院不得主动采取保全措施
　　B. 在证据可能灭失的情况下，当事人可以在诉讼过程中申请保全证据
　　C. 因情况紧急，在证据可能灭失的情况下，利害关系人可以在提起诉讼前申请保全证据
　　D. 当事人申请保全证据的，人民法院可以要求其提供相应的担保

【答案】B C D
【知识点】证据保全
【解析】《民事诉讼法》第八十一条规定，在证据可能灭失或者以后难以取得的情况下，当事人可以在诉讼过程中向人民法院申请保全证据，人民法院也可以主动采取保全措施；因情况紧急，在证据可能灭失或者以后难以取得的情况下，利害关系人可以在提起诉讼或者申请仲裁前向证据所在地、被申请人住所地或者对案件有管辖权的人民法院申请保全证据。由此可知，诉讼过程中，证据保全可以依当事人申请进行，人民法院也可以主动采取保全措施，因此选项A的说法错误。同时，根据前述规定可知，选项B和C的说法均正确。《最高人民法院关于民事诉讼证据的若干规定》第二十三条第二款规定，当事人申请保全证据的，人民法院可以要求其提供相应的担保。因此，选项D的说法正确。

　　综上，本题正确答案为：B、C、D。

68. 根据商标法及相关规定，下列关于注册商标转让的哪些说法是正确的？
　　A. 转让人和受让人应当签订转让协议，并共同向商标局提出申请
　　B. 转让注册商标的，商标注册人对其在类似商品上注册的相同商标，应当一并转让
　　C. 对容易导致混淆的转让，商标局不予核准

D. 受让人自转让协议成立之日起享有商标专用权

【答案】A B C

【知识点】商标转让

【解析】《商标法》第四十二条第一款规定，转让注册商标的，转让人和受让人应当签订转让协议，并共同向商标局提出申请；受让人应当保证使用该注册商标的商品质量。据此，选项A的说法正确。该条第二款规定，转让注册商标的，商标注册人对其在同一种商品上注册的近似的商标，或者在类似商品上注册的相同或者近似的商标，应当一并转让。据此，选项B的说法正确。该条第三款规定，对容易导致混淆或者有其他不良影响的转让，商标局不予核准，书面通知申请人并说明理由。据此，选项C的说法也正确。该条第四款规定，转让注册商标经核准后，予以公告，受让人自公告之日起享有商标专用权。由此可知，注册商标转让的，受让人自公告之日而非转让协议成立之日起享有商标专用权，选项D的说法错误。

综上，本题正确答案为：A、B、C。

69. 根据集成电路布图设计保护条例及相关规定，布图设计权利人享有下列哪些专有权？
    A. 将受保护的布图设计投入商业利用
    B. 将含有受保护布图设计的集成电路以及含有该集成电路的物品投入商业利用
    C. 对受保护的布图设计的全部进行复制
    D. 对受保护的布图设计的任何具有独创性的部分进行复制

【答案】A B C D

【知识点】集成电路布图设计专有权的内容

【解析】《集成电路布图设计保护条例》第七条规定，布图设计权利人享有下列专有权：（一）对受保护的布图设计的全部或者其中任何具有独创性的部分进行复制；（二）将受保护的布图设计、含有该布图设计的集成电路或者含有该集成电路的物品投入商业利用。据此，选项A、B、C、D的说法均正确。

综上，本题正确答案为：A、B、C、D。

70. 根据民法通则及相关规定，下列哪些情形下委托代理终止？
    A. 代理期间届满
    B. 代理事务完成
    C. 被代理人死亡
    D. 作为被代理人的法人终止

【答案】A B D

【知识点】代理

【解析】《民法通则》第六十九条规定，有下列情形之一的，委托代理终止：（一）代理期间届满或者代理事务完成；（二）被代理人取消委托或者代理人辞去委托；（三）代理人死亡；（四）代理人丧失民事行为能力；（五）作为被代理人或者代理人的法人终止。选项A和B属于该规定中第（一）项规定的情形，为本题正确答案。选项D属于第（五）项规定的情形，也是本题正确答案。同时，《最高人民法院关于贯彻执行〈中华人民共和国民法通则〉若干问题的意见（试行）》第八十二条规定，被代理人死亡后有下列情况之一的，委托代理人实施的代理行为有效：（1）代理人不知道被代理人死亡的；（2）被代理人的继承人均予承认的；（3）被代理人与代理人约定到代理事项完成时代理权终止的；（4）在被代理人死亡前已经进行、而在被代理人死亡后为了被代理人的继承人的利益继续完成的。因此，被代理人死亡后，委托代理并不一定终止，选项C不是本题正确答案。

综上，本题正确答案为：A、B、D。

71. 甲公司欠乙公司工程款50万元，债务到期后甲公司因资金不足久拖不还。同时，李某欠甲公司的80万元货款也已到期，但甲公司未以任何方式催促李某还款，对乙公司造成了损害。根据合同法及相关规定，下列关于乙公司行使代位权的哪些说法是正确的？

　　A. 乙公司可以向人民法院请求以自己的名义代位行使甲公司对李某的债权
　　B. 乙公司可以向人民法院请求以甲公司的名义代位行使甲公司对李某的债权
　　C. 乙公司代位权行使的范围为80万元
　　D. 乙公司行使代位权的必要费用，由甲公司负担

【答案】AD
【知识点】合同履行的保全
【解析】《合同法》第七十三条第一款规定，因债务人怠于行使其到期债权，对债权人造成损害的，债权人可以向人民法院请求以自己的名义代位行使债务人的债权，但该债权专属于债务人自身的除外。本题中，甲公司怠于行使其对李某的到期债权，对乙公司造成了损害，且李某欠甲公司的货款不是专属于甲公司自身的债权，因此乙公司可以向人民法院请求以自己的名义代位行使甲公司对李某的债权，选项A的说法正确，选项B的说法错误。《合同法》第七十三条第二款规定，代位权的行使范围以债权人的债权为限，债权人行使代位权的必要费用，由债务人负担。因此，乙公司代位权行使的范围为50万元，而非80万元，选项C的说法错误。同时，根据该规定可知，选项D的说法正确。

综上，本题正确答案为：A、D。

72. 在某专利侵权诉讼中，原告张某依法向人民法院申请鉴定。具备资格的某鉴定人依法出具了鉴定意见，张某支付了鉴定费用。案件审理过程中，被告王某对该鉴定意见有异议，人民法院通知该鉴定人出庭作证，但其拒不出庭作证。据此，根据民事诉讼法及相关规定，下列哪些说法是正确的？

　　A. 人民法院应当拘传该鉴定人出庭作证
　　B. 该鉴定意见不得作为认定事实的根据
　　C. 张某可以要求该鉴定人返还鉴定费用

D. 人民法院应当责令张某确定其他鉴定人重新作出鉴定

【答案】BC

【知识点】鉴定

【解析】《民事诉讼法》第七十八条规定，当事人对鉴定意见有异议或者人民法院认为鉴定人有必要出庭的，鉴定人应当出庭作证。经人民法院通知，鉴定人拒不出庭作证的，鉴定意见不得作为认定事实的根据；支付鉴定费用的当事人可以要求返还鉴定费用。据此，选项B、C的说法均正确。而选项A和D的说法于法无据，不是本题正确答案。

综上，本题正确答案为：B、C。

73. 根据商标法及相关规定，已经注册的商标有下列哪些情形的，由商标局宣告该注册商标无效？

A. 商标标志带有民族歧视性

B. 商标标志缺乏显著特征

C. 商标注册人在使用注册商标的过程中，自行改变注册商标

D. 商标是以欺骗手段取得注册的

【答案】ABD

【知识点】商标无效

【解析】《商标法》第四十四条第一款规定，已经注册的商标，违反该法第十条、第十一条、第十二条规定的，或者是以欺骗手段或者其他不正当手段取得注册的，由商标局宣告该注册商标无效。据此，选项D属于商标局可宣告注册商标无效的情形。对于A选项，根据《商标法》第十条第（六）项的规定，带有民族歧视性的商标标志不得作为商标使用。因此，对于已经注册的其标志带有民族歧视性的商标，商标局可宣告其无效。对于B选项，根据《商标法》第十一条的规定，缺乏显著特征的标志不得作为商标注册，因此B选项也属于商标局可宣告注册商标无效的情形。对于C选项，《商标法》第四十九条第一款规定，商标注册人在使用注册商标的过程中，自行改变注册商标、注册人名义、地址或者其他注册事项的，由地方工商行政管理部门责令限期改正；期满不改正的，由商标局撤销其注册商标。因此，C选项不属于商标局可宣告注册商标无效的情形。

综上，本题正确答案为：A、B、D。

74. 根据著作权法及相关规定，下列关于著作权转让的哪些说法是正确的？

A. 著作权人可以全部或者部分转让其依法享有的著作权中的财产权

B. 著作权转让合同应当采用书面形式

C. 与著作权人订立著作权转让合同的，可以向著作权行政管理部门备案

D. 著作权转让合同中著作权人未明确转让的权利，未经著作权人同意，另一方当事人不得行使

【答案】ABCD

【知识点】著作权转让合同

【解析】《著作权法》第十条第三款规定，著作权人可以全部或者部分转让本条第一款第（五）项至第（十七）项规定的权利，并依照约定或者该法有关规定获得报酬。《著作权法》第十条第一款第（五）项至第（十七）项规定的权利即通常所说的"著作权中的财产权"，因此选项A的说法正确。根据《著作权法》第二十五条第一款的规定，转让著作权法第十条第一款第（五）项至第（十七）项规定的权利，应当订立书面合同，因此选项B的说法正确。《著作权法实施条例》第二十五条规定，与著作权人订立专有许可使用合同、转让合同的，可以向著作权行政管理部门备案。因此选项C的说法正确。《著作权法》第二十七条规定，许可使用合同和转让合同中著作权人未明确许可、转让的权利，未经著作权人同意，另一方当事人不得行使。据此，选项D的说法正确。

综上，本题正确答案为：A、B、C、D。

75. 根据民法通则及相关规定，下列关于人身权的哪些说法是正确的？
　　A. 公民享有肖像权，未经本人同意，不得以营利为目的使用公民的肖像
　　B. 公民享有姓名权，有权决定、使用和依照规定改变自己的姓名
　　C. 企业法人享有名称权，有权使用自己的名称，但不得转让
　　D. 法人享有名誉权，禁止用侮辱、诽谤等方式损害法人的名誉

【答案】ABD

【知识点】人身权

【解析】《民法通则》第一百条规定，公民享有肖像权，未经本人同意，不得以营利为目的使用公民的肖像。据此，选项A的说法正确。《民法通则》第九十九条第一款规定，公民享有姓名权，有权决定、使用和依照规定改变自己的姓名，禁止他人干涉、盗用、假冒。据此，选项B的说法正确。《民法通则》第九十九条第二款规定，法人、个体工商户、个人合伙享有名称权。企业法人、个体工商户、个人合伙有权使用、依法转让自己的名称。因此，企业法人可以依法转让其名称，选项C的说法错误。《民法通则》第一百零一条规定，公民、法人享有名誉权，公民的人格尊严受法律保护，禁止用侮辱、诽谤等方式损害公民、法人的名誉。据此，选项D的说法正确。

综上，本题正确答案为：A、B、D。

76. 根据合同法及相关规定，下列关于合同解除的哪些说法是正确的？
　　A. 因不可抗力致使不能实现合同目的的，当事人可以解除合同
　　B. 当事人协商一致，可以解除合同
　　C. 合同解除的，合同的权利义务终止
　　D. 合同解除后，尚未履行的，终止履行

【答案】ABCD

【知识点】合同解除

【解析】《合同法》第九十四条规定，有下列情形之一的，当事人可以解除合同：（一）因不可抗力致使不能实现合同目的；（二）在履行期限届满之前，当事人一方明确表示或者以自己的行为表明不履行主要债务；（三）当事人一方迟延履行主要债务，经催告后在合理期限内仍未履行；（四）当事人一方迟延履行债务或者有其他违约行为致使不能实现合同目的；（五）法律规定的其他情形。根据前述第（一）项规定，选项A的说法正确。《合同法》第九十三条第一款规定，当事人协商一致，可以解除合同。据此，选项B的说法正确。根据《合同法》第九十一条第（二）项的规定，合同解除的，合同的权利义务终止。因此选项C的说法正确。《合同法》第九十七条规定，合同解除后，尚未履行的，终止履行；已经履行的，根据履行情况和合同性质，当事人可以要求恢复原状、采取其他补救措施，并有权要求赔偿损失。据此，选项D的说法正确。

综上，本题正确答案为：A、B、C、D。

77. 根据民事诉讼法及相关规定，下列有关调解的哪些说法是正确的？
   A. 当事人起诉到人民法院的民事纠纷，一律应当先行调解
   B. 第一审普通程序中法庭辩论终结后，人民法院一律不再进行调解
   C. 第二审人民法院审理上诉案件，可以进行调解
   D. 调解达成协议的，人民法院制作的调解书经双方当事人签收后，即具有法律效力

【答案】CD

【知识点】调解

【解析】《民事诉讼法》第一百二十二条规定，当事人起诉到人民法院的民事纠纷，适宜调解的，先行调解，但当事人拒绝调解的除外。因此，人民法院并不是对所有民事诉讼均一律先行调解，选项A的说法错误。《民事诉讼法》第一百四十二条规定，法庭辩论终结，应当依法作出判决。判决前能够调解的，还可以进行调解，调解不成的，应当及时判决。因此，法庭辩论终结后，作出判决前，人民法院仍可以进行调解，选项B的说法错误。《民事诉讼法》第一百七十二条规定，第二审人民法院审理上诉案件，可以进行调解。调解达成协议，应当制作调解书，由审判人员、书记员署名，加盖人民法院印章。调解书送达后，原审人民法院的判决即视为撤销。据此，选项C的说法正确。《民事诉讼法》第九十七条规定，调解达成协议，人民法院应当制作调解书。调解书应当写明诉讼请求、案件的事实和调解结果。调解书由审判人员、书记员署名，加盖人民法院印章，送达双方当事人。调解书经双方当事人签收后，即具有法律效力。据此，选项D的说法正确。

综上，本题正确答案为：C、D。

78. 根据商标法及相关规定，下列有关注册商标撤销和无效的哪些说法是正确的？
   A. 被撤销的注册商标，由商标局予以公告，该注册商标专用权自公告之日起终止
   B. 被撤销的注册商标，由商标局予以公告，该注册商标专用权视为自始即不存在
   C. 被宣告无效的注册商标，由商标局予以公告，该注册商标专用权自公告之日起终止

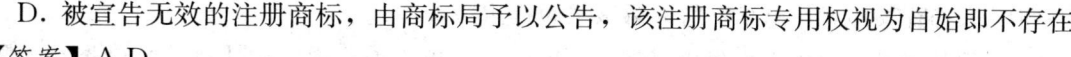

D. 被宣告无效的注册商标，由商标局予以公告，该注册商标专用权视为自始即不存在

【答案】A D

【知识点】商标的撤销　无效

【解析】《商标法》第五十五条第二款规定，被撤销的注册商标，由商标局予以公告，该注册商标专用权自公告之日起终止。因此，选项A的说法正确，选项B的说法错误。根据《商标法》第四十七条第一款的规定，依照商标法相关规定宣告无效的注册商标，由商标局予以公告，该注册商标专用权视为自始即不存在。因此，选项D的说法正确，选项C的说法错误。

综上，本题正确答案为：A、D。

79. 根据行政复议法及相关规定，下列哪些说法是正确的？

　　A. 行政复议原则上采取书面审查的办法，但是行政复议机关负责法制工作的机构认为有必要时，可以向有关组织和人员调查情况

　　B. 行政复议机关责令被申请人重新作出具体行政行为的，被申请人不得作出与原具体行政行为相同的具体行政行为

　　C. 在行政复议过程中，行政复议的第三人不得查阅被申请人提出的书面答复

　　D. 在行政复议过程中，被申请人不得自行向申请人和其他有关组织或者个人收集证据

【答案】A D

【知识点】行政复议的审理

【解析】《行政复议法》第二十二条规定，行政复议原则上采取书面审查的办法，但是申请人提出要求或者行政复议机关负责法制工作的机构认为有必要时，可以向有关组织和人员调查情况，听取申请人、被申请人和第三人的意见。因此选项A的说法正确。《行政复议法》第二十八条第二款规定，行政复议机关责令被申请人重新作出具体行政行为的，被申请人不得以同一的事实和理由作出与原具体行政行为相同或者基本相同的具体行政行为。根据该款规定，《行政复议法》禁止的是被申请人以同一的事实和理由作出与原具体行政行为相同或者基本相同的具体行政行为，而不是一律不得作出与原具体行政行为相同的具体行政行为，因此选项B的说法错误。《行政复议法》第二十三条第二款规定，申请人、第三人可以查阅被申请人提出的书面答复、作出具体行政行为的证据、依据和其他有关材料，除涉及国家秘密、商业秘密或者个人隐私外，行政复议机关不得拒绝。因此选项C的说法错误。《行政复议法》第二十四条规定，在行政复议过程中，被申请人不得自行向申请人和其他有关组织或者个人收集证据。因此选项D的说法正确。

综上，本题正确答案为：A、D。

80. 赵某和程某合作创作了一部不可分割使用的小说。某出版社与赵某联系欲出版该小说，程某表示坚决反对，两人不能协商一致。根据著作权法及相关规定，下列哪些说法是正确的？

　　A. 赵某和程某为该小说的合作作者，共同享有著作权

B. 未经程某同意，赵某不得许可该出版社出版该小说

C. 程某无正当理由不得阻止赵某许可该出版社出版该小说，赵某由此所得收益无需分配给程某

D. 程某无正当理由不得阻止赵某许可该出版社出版该小说，但赵某由此所得收益应当合理分配给程某

【答案】A D

【知识点】合作作品的著作权归属

【解析】《著作权法》第十三条第一款规定，两人以上合作创作的作品，著作权由合作作者共同享有。因此，选项A的说法正确。《著作权法实施条例》第九条规定，合作作品不可以分割使用的，其著作权由各合作作者共同享有，通过协商一致行使；不能协商一致，又无正当理由的，任何一方不得阻止他方行使除转让以外的其他权利，但是所得收益应当合理分配给所有合作作者。根据该规定，程某无正当理由不得阻止赵某许可出版该小说，但赵某由此所得收益应当合理分配给程某，选项D的说法正确，选项B和C的说法均错误。

综上，本题正确答案为：A、D。

81. 根据知识产权海关保护条例及相关规定，下列哪些知识产权的权利人可以请求海关实施知识产权海关保护？

　　A. 外观设计专利权

　　B. 注册商标专用权

　　C. 植物新品种权

　　D. 著作权

【答案】A B D

【知识点】知识产权海关保护

【解析】《知识产权海关保护条例》第二条规定，本条例所称知识产权海关保护，是指海关对与进出口货物有关并受中华人民共和国法律、行政法规保护的商标专用权、著作权和与著作权有关的权利、专利权实施的保护。根据该条规定，除植物新品种权外，本题选项中其他几种知识产权的权利人均能请求海关实施知识产权海关保护，选项A、B和D正确，选项C错误。

综上，本题正确答案为：A、B、D。

82. 根据民法通则及相关规定，下列哪些属于承担民事责任的方式？

　　A. 停止侵害

　　B. 消除危险

　　C. 赔偿损失

　　D. 赔礼道歉

【答案】A B C D

【知识点】民事责任的承担方式

【解析】《民法通则》第一百三十四条第一款规定，承担民事责任的方式主要有：（一）停止侵害；（二）排除妨碍；（三）消除危险；（四）返还财产；（五）恢复原状；（六）修理、重作、更换；（七）赔偿损失；（八）支付违约金；（九）消除影响、恢复名誉；（十）赔礼道歉。因此，选项A、B、C、D均是《民法通则》规定的承担民事责任的方式。

综上，本题正确答案为：A、B、C、D。

83. 根据民事诉讼法及相关规定，当事人不服地方人民法院第一审判决提起上诉的，下列哪些说法是正确的？
   A. 当事人应当在判决书送达之日起十五日内提起上诉
   B. 上诉状应当向第二审人民法院提出
   C. 第二审人民法院判决宣告前，上诉人不得撤回上诉
   D. 第二审人民法院的判决是终审的判决

【答案】AD

【知识点】民事诉讼第二审程序

【解析】《民事诉讼法》第一百六十四条第一款规定，当事人不服地方人民法院第一审判决的，有权在判决书送达之日起十五日内向上一级人民法院提起上诉。因此，选项A的说法正确。《民事诉讼法》第一百六十六条第一款规定，上诉状应当通过原审人民法院提出，并按照对方当事人或者代表人的人数提出副本。据此，选项B的说法错误。《民事诉讼法》第一百七十三条规定，第二审人民法院判决宣告前，上诉人申请撤回上诉的，是否准许，由第二审人民法院裁定。也就是说，第二审人民法院判决宣告前，上诉人可以撤回上诉，但应由第二审人民法院裁定是否准许，因此选项C的说法错误。《民事诉讼法》第一百七十五条规定，第二审人民法院的判决、裁定，是终审的判决、裁定。据此，选项D的说法正确。

综上，本题正确答案为：A、D。

84. 根据行政复议法及相关规定，下列有关行政复议决定的哪些说法是正确的？
   A. 行政复议机关审理行政复议案件，不适用调解
   B. 行政复议决定书一经送达，即发生法律效力
   C. 行政复议被申请人应当履行行政复议决定
   D. 行政复议机关在申请人的行政复议请求范围内，不得作出对申请人更为不利的行政复议决定

【答案】BCD

【知识点】行政复议决定

【解析】《行政复议法实施条例》第五十条第一款规定，有下列情形之一的，行政复议机关可以按照自愿、合法的原则进行调解：（一）公民、法人或者其他组织对行政机关行使法律、法规规定的自由裁量权作出的具体行政行为不服申请行政复议的；（二）当事人之间的

行政赔偿或者行政补偿纠纷。因此，在符合法定条件的情况下，行政复议机关可以按照自愿、合法的原则进行调解，选项A的说法错误。《行政复议法》第三十一条第三款规定，行政复议决定书一经送达，即发生法律效力。据此，选项B的说法正确。《行政复议法》第三十二条第一款规定，被申请人应当履行行政复议决定。据此，选项C的说法正确。《行政复议法实施条例》第五十一条规定，行政复议机关在申请人的行政复议请求范围内，不得作出对申请人更为不利的行政复议决定。因此选项D的说法也正确。

综上，本题正确答案为：B、C、D。

85. 根据商标法及相关规定，下列哪些行为属于侵犯注册商标专用权的行为？
    A. 未经商标注册人的许可，在同一种商品上使用与其注册商标相同的商标的
    B. 未经商标注册人同意，更换其注册商标并将该更换商标的商品又投入市场的
    C. 故意为侵犯他人商标专用权行为提供便利条件，帮助他人实施侵犯商标专用权行为的
    D. 未经商标注册人的许可，在类似商品上使用与其注册商标近似的商标，容易导致混淆的

【答案】A B C D

【知识点】侵犯注册商标专用权的行为

【解析】《商标法》第五十七条规定，有下列行为之一的，均属侵犯注册商标专用权：（一）未经商标注册人的许可，在同一种商品上使用与其注册商标相同的商标的；（二）未经商标注册人的许可，在同一种商品上使用与其注册商标近似的商标，或者在类似商品上使用与其注册商标相同或者近似的商标，容易导致混淆的；（三）销售侵犯注册商标专用权的商品的；（四）伪造、擅自制造他人注册商标标识或者销售伪造、擅自制造的注册商标标识的；（五）未经商标注册人同意，更换其注册商标并将该更换商标的商品又投入市场的；（六）故意为侵犯他人商标专用权行为提供便利条件，帮助他人实施侵犯商标专用权行为的；（七）给他人的注册商标专用权造成其他损害的。选项A、B、C和D分别属于上述规定中第（一）项、第（五）项、第（六）项、第（二）项规定的情形，均属于侵犯注册商标专用权的行为。

综上，本题正确答案为：A、B、C、D。

86. 根据著作权法及相关规定，表演者对其表演享有下列哪些权利？
    A. 表明表演者身份
    B. 保护表演形象不受歪曲
    C. 许可他人复制、发行录有其表演的录音录像制品，并获得报酬
    D. 许可他人从现场直播和公开传送其现场表演，并获得报酬

【答案】A B C D

【知识点】表演者的权利

【解析】《著作权法》第三十八条第一款规定，表演者对其表演享有下列权利：（一）表明表演者身份；（二）保护表演形象不受歪曲；（三）许可他人从现场直播和公开传送其现场

表演,并获得报酬;(四)许可他人录音录像,并获得报酬;(五)许可他人复制、发行录有其表演的录音录像制品,并获得报酬;(六)许可他人通过信息网络向公众传播其表演,并获得报酬。选项A、B、C和D分别属于上述规定中第(一)项、第(二)项、第(五)项和第(三)项规定的表演者享有的权利。

综上,本题正确答案为:A、B、C、D。

87. 根据民法通则及相关规定,下列关于诉讼时效的哪些说法是正确的?
   A. 向人民法院请求保护民事权利的诉讼时效期间为二年,法律另有规定的除外
   B. 超过诉讼时效期间,当事人自愿履行的,不受诉讼时效限制
   C. 诉讼时效中止的,从中止时效的原因消除之日起,诉讼时效期间重新计算
   D. 诉讼时效因提起诉讼、当事人一方提出要求或者同意履行义务而中断

【答案】A B D
【知识点】诉讼时效
【解析】《民法通则》第一百三十五条规定,向人民法院请求保护民事权利的诉讼时效期间为二年,法律另有规定的除外。因此选项A的说法正确。《民法通则》第一百三十八条规定,超过诉讼时效期间,当事人自愿履行的,不受诉讼时效限制。因此选项B的说法正确。《民法通则》第一百三十九条规定,在诉讼时效期间的最后6个月内,因不可抗力或者其他障碍不能行使请求权的,诉讼时效中止。从中止时效的原因消除之日起,诉讼时效期间继续计算。因此,诉讼时效中止的,从中止时效的原因消除之日起,诉讼时效期间继续计算,而非重新计算,选项C的说法错误。《民法通则》第一百四十条规定,诉讼时效因提起诉讼、当事人一方提出要求或者同意履行义务而中断,从中断时起,诉讼时效期间重新计算。据此,选项D的说法正确。

综上,本题正确答案为:A、B、D。

88. 根据行政诉讼法及相关规定,下列哪些说法是正确的?
   A. 被告应当提供作出被诉具体行政行为的证据
   B. 被告应当提供作出被诉具体行政行为所依据的规范性文件
   C. 在证据可能灭失的情况下,原告可以向人民法院申请保全证据
   D. 在证据可能灭失的情况下,人民法院可以主动采取保全措施

【答案】A B C D
【知识点】行政诉讼的证据
【解析】《行政诉讼法》第三十二条规定,被告对作出的具体行政行为负有举证责任,应当提供作出该具体行政行为的证据和所依据的规范性文件。据此,选项A和B的说法正确。《行政诉讼法》第三十六条规定,在证据可能灭失或者以后难以取得的情况下,诉讼参加人可以向人民法院申请保全证据,人民法院也可以主动采取保全措施。据此,选项C和D的说法也正确。

综上，本题正确答案为：A、B、C、D。

89. 根据商标法及相关规定，工商行政管理部门处理侵犯注册商标专用权纠纷，认定侵权行为成立的，可以作出下列哪些决定？

　　A. 责令立即停止侵权行为

　　B. 处以罚款

　　C. 根据侵权行为情节，判定侵权赔偿数额

　　D. 没收、销毁主要用于制造侵权商品的工具

【答案】A B D

【知识点】工商行政管理部门的职权

【解析】《商标法》第六十条第二款规定，工商行政管理部门处理时，认定侵权行为成立的，责令立即停止侵权行为，没收、销毁侵权商品和主要用于制造侵权商品、伪造注册商标标识的工具，违法经营额五万元以上的，可以处违法经营额五倍以下的罚款，没有违法经营额或者违法经营额不足五万元的，可以处二十五万元以下的罚款。对五年内实施两次以上商标侵权行为或者有其他严重情节的，应当从重处罚。销售不知道是侵犯注册商标专用权的商品，能证明该商品是自己合法取得并说明提供者的，由工商行政管理部门责令停止销售。据此，工商行政管理部门认定侵权行为成立的，责令立即停止侵权行为，没收、销毁主要用于制造侵权商品的工具，并可处以罚款，但不能判定侵权赔偿数额，选项A、B和D的说法正确，选项C的说法错误。

综上，本题正确答案为：A、B、D。

90. 根据著作权法及相关规定，下列哪些使用作品的行为可以不经著作权人许可且不向其支付报酬？

　　A. 某国家机关为执行公务在合理范围内使用赵某已经发表的作品

　　B. 某美术馆为保存版本的需要，将其收藏的白某画作进行复制

　　C. 某大学教授张某自行将美国某大学教材全文翻译成中文后低价发行

　　D. 某出版社将中国公民赵某已经发表的作品改成盲文出版

【答案】A B D

【知识点】著作权的限制与例外

【解析】《著作权法》第二十二条第一款规定，在下列情况下使用作品，可以不经著作权人许可，不向其支付报酬，但应当指明作者姓名、作品名称，并且不得侵犯著作权人依照该法享有的其他权利：（一）为个人学习、研究或者欣赏，使用他人已经发表的作品；（二）为介绍、评论某一作品或者说明某一问题，在作品中适当引用他人已经发表的作品；（三）为报道时事新闻，在报纸、期刊、广播电台、电视台等媒体中不可避免地再现或者引用已经发表的作品；（四）报纸、期刊、广播电台、电视台等媒体刊登或者播放其他报纸、期刊、广播电台、电视台等媒体已经发表的关于政治、经济、宗教问题的时事性文章，但作者声明不

许刊登、播放的除外；（五）报纸、期刊、广播电台、电视台等媒体刊登或者播放在公众集会上发表的讲话，但作者声明不许刊登、播放的除外；（六）为学校课堂教学或者科学研究，翻译或者少量复制已经发表的作品，供教学或者科研人员使用，但不得出版发行；（七）国家机关为执行公务在合理范围内使用已经发表的作品；（八）图书馆、档案馆、纪念馆、博物馆、美术馆等为陈列或者保存版本的需要，复制本馆收藏的作品；（九）免费表演已经发表的作品，该表演未向公众收取费用，也未向表演者支付报酬；（十）对设置或者陈列在室外公共场所的艺术作品进行临摹、绘画、摄影、录像；（十一）将中国公民、法人或者其他组织已经发表的以汉语言文字创作的作品翻译成少数民族语言文字作品在国内出版发行；（十二）将已经发表的作品改成盲文出版。选项A、B和D分别是该款第（七）项、第（八）项、第（十二）项规定的情形，为本题正确答案。前述第（一）项规定，为个人学习、研究或者欣赏，使用他人已经发表的作品的，属于对著作权的合理使用。但C选项中，张某发行教材译文的行为已超出了"个人学习、研究或者欣赏"范围，不属于合理使用。

综上，本题正确答案为：A、B、D。

91. 根据合同法及相关规定，下列关于合同转让的哪些说法是正确的？
    A. 债权人将合同的权利转让给第三人的，应当经债务人同意
    B. 债权人将合同的权利转让给第三人的，应当通知债务人
    C. 债务人将合同的义务转移给第三人的，应当经债权人同意
    D. 债务人将合同的义务转移给第三人的，可以不经债权人同意

【答案】BC

【知识点】合同义务的转让

【解析】《合同法》第八十条第一款规定，债权人转让权利的，应当通知债务人。未经通知，该转让对债务人不发生效力。因此，债权人将合同的权利转让给第三人的，应当通知债务人，但无须经债务人同意，选项A的说法错误，选项B的说法正确。《合同法》第八十四条规定，债务人将合同的义务全部或者部分转移给第三人的，应当经债权人同意。据此，选项C正确，选项D错误。

综上，本题正确答案为：B、C。

92. 根据著作权法及相关规定，下列哪些说法是正确的？
    A. 录音录像制作者使用他人作品制作录音录像制品，应当取得著作权人许可，并支付报酬
    B. 录音制作者使用他人已经合法录制为录音制品的音乐作品制作录音制品，可以不经著作权人许可，无需支付报酬
    C. 录音录像制作者制作录音录像制品，应当同表演者订立合同，并支付报酬
    D. 录音录像制作者对其制作的录音录像制品，享有许可他人通过信息网络向公众传播并获得报酬的权利

【答案】A C D

【知识点】录音录像

【解析】《著作权法》第四十条第一款规定，录音录像制作者使用他人作品制作录音录像制品，应当取得著作权人许可，并支付报酬。据此，选项A的说法正确。《著作权法》第四十条第三款规定，录音制作者使用他人已经合法录制为录音制品的音乐作品制作录音制品，可以不经著作权人许可，但应当按照规定支付报酬；著作权人声明不许使用的不得使用。据此，选项B的说法错误。《著作权法》第四十一条规定，录音录像制作者制作录音录像制品，应当同表演者订立合同，并支付报酬。据此，选项C的说法正确。《著作权法》第四十二条第一款规定，录音录像制作者对其制作的录音录像制品，享有许可他人复制、发行、出租、通过信息网络向公众传播并获得报酬的权利。据此，选项D的说法正确。

综上，本题正确答案为：A、C、D。

93. 张某欲将珍藏多年的古董瓷器转让给赵某。两人在合同中约定，如果一方违约，需要支付给对方违约金，同时约定赵某支付一定数额的定金给张某作为债权的担保。交付前，张某的朋友李某不慎将该瓷器摔碎。根据合同法及相关规定，下列哪些说法是正确的？

　　A. 张某不能向赵某交付瓷器，构成违约，违约责任应由张某承担
　　B. 张某不能向赵某交付瓷器，构成违约，违约责任应由李某承担
　　C. 赵某追究违约责任时，可以要求同时适用违约金和定金条款
　　D. 赵某追究违约责任时，可以选择适用违约金或者定金条款

【答案】A D

【知识点】违约责任

【解析】《合同法》第一百二十一条规定，当事人一方因第三人的原因造成违约的，应当向对方承担违约责任。当事人一方和第三人之间的纠纷，依照法律规定或者按照约定解决。本题中，张某因为第三人李某的原因造成违约，应当由其本人向对方承担违约责任，选项A的说法正确，选项B的说法错误。《合同法》第一百一十六条规定，当事人既约定违约金，又约定定金的，一方违约时，对方可以选择适用违约金或者定金条款。本题中，张某与赵某在合同中同时约定了违约金和定金，根据上述规定，赵某追究违约责任时只能选择适用违约金或者定金条款，而不能同时主张，选项C的说法错误，选项D的说法正确。

综上，本题正确答案为：A、D。

94. 根据民事诉讼法及相关规定，当事人的再审申请符合下列哪些情形的，人民法院应当再审？

　　A. 有新的证据，足以推翻原判决的
　　B. 原判决认定事实的主要证据未经质证的
　　C. 据以作出原判决的法律文书被撤销的
　　D. 原判决超出诉讼请求的

【答案】A B C D

【知识点】审判监督程序

【解析】《民事诉讼法》第二百条规定，当事人的申请符合下列情形之一的，人民法院应当再审：（一）有新的证据，足以推翻原判决、裁定的；（二）原判决、裁定认定的基本事实缺乏证据证明的；（三）原判决、裁定认定事实的主要证据是伪造的；（四）原判决、裁定认定事实的主要证据未经质证的；（五）对审理案件需要的主要证据，当事人因客观原因不能自行收集，书面申请人民法院调查收集，人民法院未调查收集的；（六）原判决、裁定适用法律确有错误的；（七）审判组织的组成不合法或者依法应当回避的审判人员没有回避的；（八）无诉讼行为能力人未经法定代理人代为诉讼或者应当参加诉讼的当事人，因不能归责于本人或者其诉讼代理人的事由，未参加诉讼的；（九）违反法律规定，剥夺当事人辩论权利的；（十）未经传票传唤，缺席判决的；（十一）原判决、裁定遗漏或者超出诉讼请求的；（十二）据以作出原判决、裁定的法律文书被撤销或者变更的；（十三）审判人员审理该案件时有贪污受贿，徇私舞弊，枉法裁判行为的。选项A、B、C和D分别属于上述第（一）项、第（四）项、第（十二）项和第（十一）项规定的情形，人民法院应当根据当事人申请再审。

综上，本题正确答案为：A、B、C、D。

95. 根据民事诉讼法及相关规定，下列有关执行程序的哪些说法是正确的？
    A. 发生法律效力的民事判决，由第一审人民法院或者与第一审人民法院同级的被执行的财产所在地人民法院执行
    B. 发生法律效力的民事判决，由作出生效判决的人民法院或者与该人民法院同级的被执行的财产所在地人民法院执行
    C. 当事人认为执行行为违反法律规定的，可以向负责执行的人民法院提出书面异议
    D. 当事人认为执行行为违反法律规定的，可以向作出生效判决的人民法院提出书面异议

【答案】A C

【知识点】执行程序

【解析】《民事诉讼法》第二百二十四条第一款规定，发生法律效力的民事判决、裁定，以及刑事判决、裁定中的财产部分，由第一审人民法院或者与第一审人民法院同级的被执行的财产所在地人民法院执行。据此，选项A的说法正确，选项B的说法错误。《民事诉讼法》第二百二十五条规定，当事人、利害关系人认为执行行为违反法律规定的，可以向负责执行的人民法院提出书面异议。据此，选项C的说法正确，选项D的说法错误。

综上，本题正确答案为：A、C。

96. 根据商标法及相关规定，下列有关驰名商标的哪些说法是正确的？
    A. 驰名商标应当根据当事人的请求，作为处理涉及商标案件需要认定的事实进行认定
    B. 在商标注册审查过程中，商标局根据审查的需要，可以主动对商标驰名情况作出认定

C. 在商标争议处理过程中，商标评审委员会根据处理案件的需要，可以主动对商标驰名情况作出认定

D. 生产、经营者不得将"驰名商标"字样用于商品、商品包装或者容器上

【答案】A D

【知识点】驰名商标

【解析】《商标法》第十四条第一款规定，驰名商标应当根据当事人的请求，作为处理涉及商标案件需要认定的事实进行认定。据此，选项A的说法正确。《商标法》第十四条第二款规定，在商标注册审查、工商行政管理部门查处商标违法案件过程中，当事人依照该法第十三条规定主张权利的，商标局根据审查、处理案件的需要，可以对商标驰名情况作出认定。同时，该条第三款规定，在商标争议处理过程中，当事人依照该法第十三条规定主张权利的，商标评审委员会根据处理案件的需要，可以对商标驰名情况作出认定。上述规定确定了驰名商标"个案认定、被动保护"的原则，商标局和商标评审委员会不能主动对商标驰名情况作出认定，选项B和C的说法错误。《商标法》第十四条第五款规定，生产、经营者不得将"驰名商标"字样用于商品、商品包装或者容器上，或者用于广告宣传、展览以及其他商业活动中。据此，选项D的说法正确。

综上，本题正确答案为：A、D。

97. 根据《保护工业产权巴黎公约》的规定，在工业产权保护方面，下列哪些人可在该公约成员国之一的美国享有国民待遇？

　　A. 在美国有住所的中国公民

　　B. 在美国没有住所的中国公民

　　C. 在美国有营业所的中国企业

　　D. 在美国没有营业所的中国企业

【答案】A B C D

【知识点】国民待遇原则

【解析】《保护工业产权巴黎公约》第二条规定了巴黎联盟各国国民的国民待遇，该条第一款规定，巴黎联盟任何国家的国民，在保护工业产权方面，在该联盟所有其他国家内应享有各该国法律现在授予或今后可能授予国民的各种利益。由于中国属于《保护工业产权巴黎公约》成员国，根据该规定，中国国民无论是否在美国有住所或营业所，均可在美国享有国民待遇。选项A、B、C、D均为本题正确答案。

综上，本题正确答案为：A、B、C、D。

98. 根据行政诉讼法及相关规定，下列哪些说法是正确的？

　　A. 上级人民法院对下级人民法院已经发生法律效力的判决，发现违反法律、法规规定的，有权提审

　　B. 上级人民法院对下级人民法院已经发生法律效力的判决，发现违反法律、法规规定

的，有权指令下级人民法院再审

C. 人民检察院对人民法院已经发生法律效力的判决，发现违反法律、法规规定的，有权裁定撤销判决

D. 人民检察院对人民法院已经发生法律效力的判决，发现违反法律、法规规定的，有权按照审判监督程序提出抗诉

【答案】A B D

【知识点】行政诉讼再审　审判监督程序

【解析】《行政诉讼法》第六十三条第二款规定，上级人民法院对下级人民法院已经发生法律效力的判决、裁定，发现违反法律、法规规定的，有权提审或者指令下级人民法院再审。据此，选项A和B的说法均正确。《行政诉讼法》第六十四条规定，人民检察院对人民法院已经发生法律效力的判决、裁定，发现违反法律、法规规定的，有权按照审判监督程序提出抗诉。据此，选项D的说法正确，选项C的说法错误。

综上，本题正确答案为：A、B、D。

99. 根据计算机软件保护条例的规定，下列哪些说法是正确的？

A. 受保护的软件必须由开发者独立开发，并已固定在某种有形物体上

B. 对软件著作权的保护不延及开发软件所用的思想、处理过程、操作方法或者数学概念

C. 软件著作权人应当向国务院著作权行政管理部门认定的软件登记机构办理登记，其著作权自登记之日起产生

D. 自然人的软件著作权保护期为50年，截止于软件首次发表后第50年的12月31日

【答案】A B

【知识点】软件著作权的客体　软件著作权登记

【解析】《计算机软件保护条例》第四条规定，受本条例保护的软件必须由开发者独立开发，并已固定在某种有形物体上。据此，选项A的说法正确。《计算机软件保护条例》第六条规定，本条例对软件著作权的保护不延及开发软件所用的思想、处理过程、操作方法或者数学概念等。据此，选项B的说法正确。《计算机软件保护条例》第七条第一款规定，软件著作权人可以向国务院著作权行政管理部门认定的软件登记机构办理登记。软件登记机构发放的登记证明文件是登记事项的初步证明。同时，《计算机软件保护条例》第十四条第一款规定，软件著作权自软件开发完成之日起产生。因此，向国务院著作权行政管理部门认定的软件登记机构办理登记不是著作权人的义务，更不是产生著作权的要件，选项C的说法错误。《计算机软件保护条例》第十四条第二款规定，自然人的软件著作权，保护期为自然人终生及其死亡后50年，截止于自然人死亡后第50年的12月31日；软件是合作开发的，截止于最后死亡的自然人死亡后第50年的12月31日。因此，自然人的软件著作权保护期限不是从软件首次发表日起算，选项D的说法错误。

综上，本题正确答案为：A、B。

100. 根据《与贸易有关的知识产权协定》的规定，下列哪些属于该协定列举的可能构成知识产权滥用的情形？

　　A. 排他性的返授条件

　　B. 强迫性的一揽子授予许可

　　C. 制止对知识产权有效性提出质疑的条件

　　D. 禁止被许可方将专利产品出口至许可方享有专利的另一成员境内

【答案】A B C

【知识点】知识产权滥用

【解析】《与贸易有关的知识产权协定》第40条第2款规定，本协定的任何规定并不阻止成员在其立法中明确规定，在特定情况下可能构成对知识产权的滥用、在有关市场上对竞争有不利影响的许可做法或条件。如上文所规定，成员可以在与本协定其他规定相符的情况下，依据该成员的有关法律和规章，采取适当措施制止或控制这类做法，其中可以包括，例如，排他性的返授条件、制止对知识产权有效性提出质疑的条件以及强迫性的一揽子授予许可。据此可知，选项A、B、C均为该协定列举的可能构成知识产权滥用的情形。对于D选项，由于《与贸易有关的知识产权协定》未对各国是否应当允许平行进口作出明确规定，根据专利权的地域性原则，权利人禁止被许可方将专利产品出口至许可方享有专利的另一成员境内的行为不构成对专利权的滥用。

　　综上，本题正确答案为：A、B、C。

专利代理实务

2014 年全国专利代理人资格考试

专利代理实务考试试卷

国家知识产权局
专利代理人考核委员会监制
2014 年 11 月

本试卷包含：

答题须知 ··· 1 ❶
试题说明 ··· 2
发明专利申请文件 ·· 3~6
第一次审查意见通知书 ·· 7
对比文件 1 ··· 8~9
对比文件 2 ··· 10~11
对比文件 3 ··· 12~13
技术交底材料 ··· 14~18
草稿纸 ·· 19~23

答题须知

1. 本专利代理实务试题总分 150 分。
2. 所有试题的正确答案均以现行、有效的法律和法规为准。
3. 作为考试，考生在完成题目时应当接受并仅限于本试卷所提供的事实，并且无需考虑素材的真实性、有效性问题。
4. 每个考生配有两张答题卡，不予增补。请认真思考后将各题答案按顺序清楚地答写在答题卡对应的答题区域内：

   第一题的答案按顺序清楚地答写在答题卡第 1—3 页上；
   第二题的答案按顺序清楚地答写在答题卡第 4 页上；
   第三题的答案按顺序清楚地答写在答题卡第 5—7 页上；
   第四题的答案按顺序清楚地答写在答题卡第 8 页上。

考生将答案写在试卷上、草稿纸上或者未按上述要求写在答题卡相应区域内的，不予计分。

5. 为方便答题，考试时，考生可将试卷第 19~23 页的草稿纸沿虚线撕下来使用；考试结束时，草稿纸需随试卷、答题卡一同由监考老师收回，请勿带出考场，否则一律给予零分。

祝您取得理想的考试成绩！

---

❶ 这些是指原考卷卷页页码。——编者注。

试题说明

客户 A 公司向你所在的专利代理机构提供了以下材料：其自行向国家知识产权局递交的发明专利申请文件（附件1）；审查员针对该发明专利申请发出的第一次审查意见通知书（附件2），以及所引用的三份对比文件（对比文件1至3）；公司进行最新技术改进和开发的技术交底材料（附件3）。现委托你所在的专利代理机构办理相关事务。

第一题：撰写咨询意见。请参考第一次审查意见通知书（附件2）的内容（为了用于考试，对通知书进行了简化和改造，隐去了详细阐述的内容），向客户逐一解释该发明专利申请（附件1）的权利要求书和说明书是否符合专利法及其实施细则的相关规定并说明理由。

第二题：撰写答复第一次审查意见通知书时提交的修改后的权利要求书。请在综合考虑对比文件1至3所反映的现有技术以及你的咨询意见的基础上进行撰写。

第三题：撰写一份新的发明专利申请的权利要求书。请根据技术交底材料（附件3）记载的内容，综合考虑附件1、对比文件1至3所反映的现有技术，撰写能够有效且合理地保护发明创造的权利要求书。

如果认为应当提出一件专利申请，则应撰写独立权利要求和适当数量的从属权利要求；如果认为应当提出多件专利申请，则应说明不能合案申请的理由，并针对其中的一件专利申请撰写独立权利要求和适当数量的从属权利要求，对于其他专利申请，仅需撰写独立权利要求；如果在一件专利申请中包含两项或两项以上的独立权利要求，则应说明这些独立权利要求能够合案申请的理由。

第四题：简述新的发明专利申请中的独立权利要求相对于附件1所解决的技术问题及取得的技术效果。如果有多项独立权利要求，请分别对比和说明。

附件1：发明专利申请文件

(19) 中华人民共和国国家知识产权局

(12) 发明专利申请

(43) 申请公布日 2013.7.25

(21) 申请号 201210345678.9
(22) 申请日 2012.2.25
(71) 申请人　A公司　　　　　　　　　　　（其余著录项目略）

权利要求书

1. 一种光催化空气净化器，它包括壳体（1）、位于壳体下部两侧的进风口（2）、位于壳体顶部的出风口（3）以及设置在壳体底部的风机（4），所述壳体（1）内设置有第一过滤网（5）和第二过滤网（6），其特征在于，该光催化空气净化器内还设有光催化剂板（7）。

2. 根据权利要求1所述的光催化空气净化器，其特征在于，所述第一过滤网（5）是具有向下凸起曲面（9）的活性炭过滤网，所述第二过滤网（6）是PM2.5颗粒过滤网。

3. 根据权利要求1所述的光催化剂板，其特征在于，所述光催化剂板（7）由两层表面负载有纳米二氧化钛涂层的金属丝网（10）和填充在两层金属丝网（10）之间的负载有纳米二氧化钛的多孔颗粒（11）组成。

4. 一种空气净化方法，其特征在于，该方法包括使空气经过光催化剂板（7）进行过滤净化的步骤。

5. 一种治疗呼吸道类疾病的方法，该方法使用权利要求1所述的光催化空气净化器。

说 明 书

一种光催化空气净化器

本发明涉及一种空气净化器,尤其涉及一种光催化空气净化器。

现有的空气净化器大多采用过滤、吸附等净化技术,没有对有害气体进行催化分解,无法有效除去空气中的甲醛等污染物。

为解决上述问题,本发明提供了一种将过滤、吸附与光催化氧化相结合的空气净化器。光催化氧化是基于光催化剂在紫外光的作用下产生活性态氧,将空气中的有害气体氧化分解为二氧化碳和水等物质。

本发明的技术方案是:一种光催化空气净化器,它包括壳体、位于壳体下部两侧的进风口、位于壳体顶部的出风口以及设置在壳体底部的风机。所述壳体内设置有第一过滤网、第二过滤网、光催化剂板和紫外灯。所述光催化空气净化器能有效催化氧化空气中的有害气体,净化效果好。

图1是本发明光催化空气净化器的正面剖视图。

图2是本发明光催化剂板的横截面图。

如图1所示,该空气净化器包括壳体1、位于壳体下部两侧的进风口2、位于壳体顶部的出风口3以及设置在壳体底部的风机4,所述壳体1内从下往上依次设置有第一过滤网5、光催化剂板7、紫外灯8和第二过滤网6。所述第一过滤网5是活性炭过滤网,其具有向下凸起的曲面9,该曲面9不仅能增大过滤网的过滤面积,而且还能使空气顺畅穿过第一过滤网5,有助于降低噪音。所述第二过滤网6是PM2.5颗粒(直径小于等于2.5微米的颗粒物)过滤网。

如图2所示,所述光催化剂板7由两层表面负载有纳米二氧化钛涂层的金属丝网10和填充在两层金属丝网10之间的负载有纳米二氧化钛的多孔颗粒11组成。

本发明的光催化空气净化器工作时,室内空气在风机4的作用下经进风口2进入,经过第一过滤网5后,其中的灰尘等较大颗粒物质被过滤掉;然后经过受到紫外灯8照射的光催化剂板7,其中的有害气体被催化氧化;随后经过第二过滤网6,PM2.5颗粒被过滤掉,净化后的空气经出风口3送出,净化效率高。

根据需要,可以在该光催化空气净化器的第二过滤网6的上部设置中草药过滤网盒,所述中草药过滤网盒内装有薄荷脑、甘草粉等中草药。净化后的空气经中草药过滤网盒排入室内,可预防或治疗呼吸道类疾病。

说 明 书 附 图

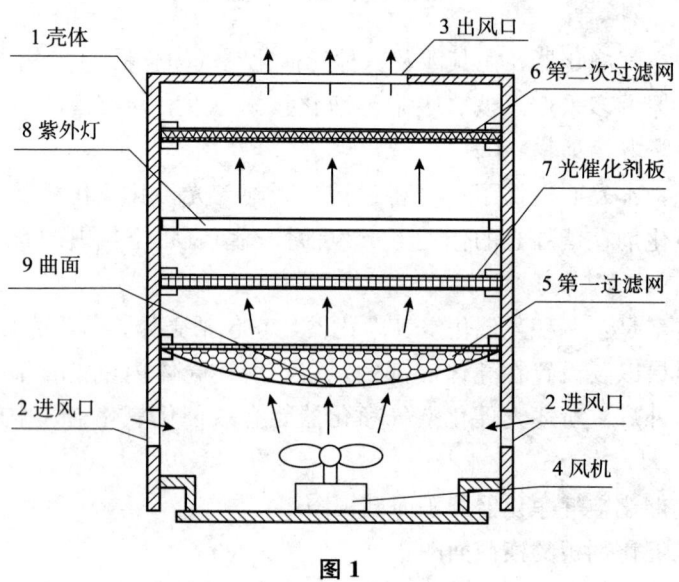

图 1

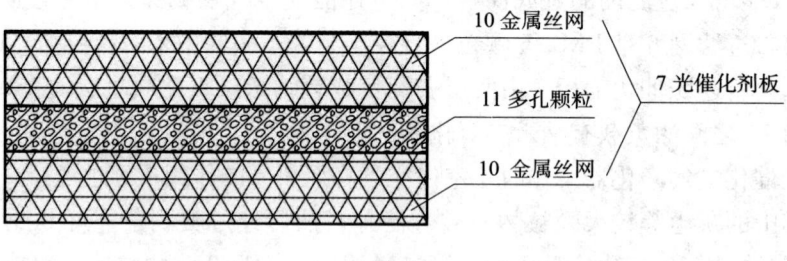

图 2

附件 2：第一次审查意见通知书

第一次审查意见通知书正文

本发明涉及一种光催化空气净化器，经审查，提出如下审查意见：

1. 独立权利要求 1 缺少解决其技术问题的必要技术特征，不符合专利法实施细则第二十条第二款的规定。

2. 权利要求 1 不具备专利法第二十二条第二款规定的新颖性。对比文件 1 公开了一种家用空气净化设备，其公开了权利要求 1 的全部技术特征。因此，权利要求 1 所要求保护的技术方案不符合专利法第二十二条第二款的规定。

3. 权利要求 2 不具备专利法第二十二条第三款规定的创造性。对比文件 1 公开了一种家用空气净化设备，对比文件 2 公开了一种车载空气清新机，对比文件 3 公开了一种空气过滤器，对比文件 1、2 和 3 属于相同的技术领域。因此，权利要求 2 所要求保护的技术方案相对于对比文件 1、2 的结合，或者相对于对比文件 2、3 的结合均不具备创造性，不符合专利法第二十二条第三款的规定。

4. 权利要求 3 不符合专利法实施细则第二十二条第一款的规定。

5. 权利要求 4 未以说明书为依据，不符合专利法第二十六条第四款的规定。

6. 权利要求 5 不符合专利法第二十五条第一款的规定。

综上所述，本申请的权利要求书和说明书存在上述缺陷。申请人应当对本通知书提出的意见予以答复。如果申请人提交修改文本，则申请文件的修改应当符合专利法第三十三条的规定，不得超出原说明书和权利要求书所记载的范围。

对比文件1：

(19) 中华人民共和国国家知识产权局

(12) 实用新型专利

(45) 授权公告日 2012年10月9日

(21) 申请号 201220133456.7
(22) 申请日 2012.1.25
(73) 专利权人　A公司　　　　　　　　　（其余著录项目略）

说　明　书

一种家用空气净化设备

本实用新型涉及一种家用空气净化设备。

图1是本实用新型家用空气净化设备的立体图。

图2是本实用新型家用空气净化设备的正面剖视图。

如图1、2所示，该家用空气净化设备包括壳体1、位于壳体下部两侧的进风口2、位于壳体顶部的出风口3以及设置在壳体底部的风机4。所述壳体1内由下向上依次设置有除尘过滤网5、活性炭过滤网6、紫外灯8和光催化剂多孔陶瓷板7。所述除尘过滤网由两层金属丝网和填充在两者之间的无纺布所组成。所述光催化剂多孔陶瓷板7上涂覆有纳米二氧化钛涂层。

该家用空气净化设备在工作时，室内空气在风机4的作用下经进风口2进入，经除尘过滤网5和活性炭过滤网6过滤后，除去其中的灰尘等颗粒物质；然后经过受到紫外灯8照射的光催化剂多孔陶瓷板7，其中的有害气体被催化分解，净化后的空气经出风口3送出。

说 明 书 附 图

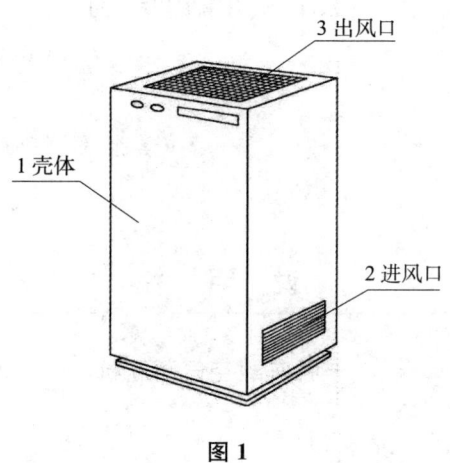

图 1

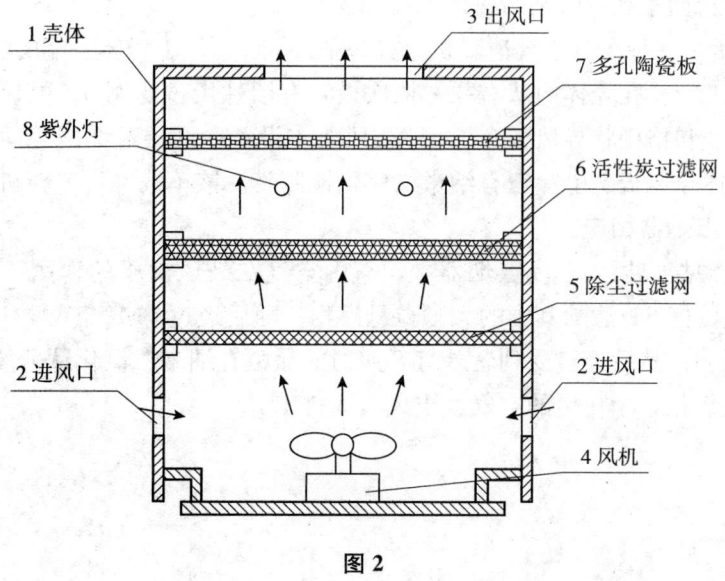

图 2

对比文件 2:

(19) 中华人民共和国国家知识产权局

(12) 实用新型专利

(45) 授权公告日 2011 年 9 月 2 日

(21) 申请号 201120123456.7
(22) 申请日 2011.1.20

(其余著录项目略)

说 明 书

一种车载空气清新机

本实用新型涉及一种车载空气清新机。

目前的车载空气清新机大都通过活性炭过滤网对车内空气进行过滤,但是活性炭过滤网仅能过滤空气中颗粒较大的悬浮物,不能对人体可吸入的细小颗粒进行过滤。

图 1 为本实用新型车载空气清新机的立体图。

图 2 为本实用新型车载空气清新机的剖视图。

如图 1、2 所示,一种车载空气清新机,其包括外壳 1、位于壳体一端的进风口 2、位于壳体另一端侧面的出风口 3。在壳体内从右往左依次设置有活性炭过滤网 5、鼓风机 4、PM2.5 颗粒过滤网 6、紫外灯 8 和格栅状导风板 7。所述鼓风机 4 设置在两层过滤网之间,所述导风板 7 靠近出风口 3,在所述导风板 7 上涂覆有纳米二氧化钛薄膜。该车载空气清新机通过电源接口(图中未示出)与车内点烟器相连。

使用时,将电源接口插入车内点烟器中,车内空气在鼓风机 4 的作用下,经由进风口 2 进入,经过活性炭过滤网 5,滤除其中的大颗粒悬浮物;随后经过 PM2.5 颗粒过滤网 6,过滤掉人体可吸入的细小颗粒;然后经过受到紫外灯 8 照射的涂覆有纳米二氧化钛薄膜的导风板 7,其中的有害气体被催化氧化,净化后的空气经出风口 3 排出。

说 明 书 附 图

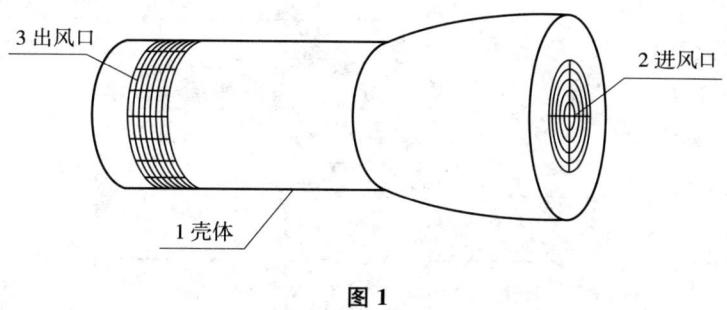

图 1

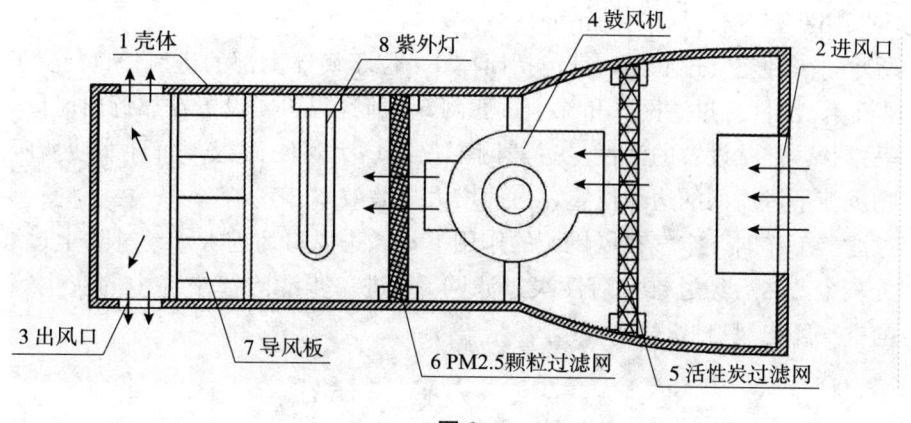

图 2

对比文件 3：

(19) 中华人民共和国国家知识产权局

(12) 实用新型专利

(45) 授权公告日 2011 年 4 月 9 日

(21) 申请号 201020123456.7
(22) 申请日 2010.7.20　　　　　　　　　　（其余著录项目略）

说　明　书

一种空气过滤器

本实用新型涉及一种应用于工矿厂房粉尘过滤的空气过滤器。通常将该空气过滤器吊装在厂房顶部以解决厂房内灰尘大的问题。

图 1 为本实用新型空气过滤器的正面剖视图。

如图 1 所示，一种空气过滤器，其包括筒体 1、位于筒体上部的进风口 2、位于筒体下部的出风口 3、风机 4、活性炭过滤网 5 和除尘过滤网 6。所述风机 4 设置在靠近出风口 3，所述活性炭过滤网 5 呈锥状，锥状设置的活性炭过滤网不仅能增大过滤面积，而且能使所吸附的灰尘等大颗粒悬浮物沉淀于过滤网的边缘位置，由此增大过滤效率。

该空气过滤器工作时，空气在风机 4 的作用下，经进风口 2 进入，经过除尘过滤网 6，除去其中的大部分灰尘，然后经过锥状活性炭过滤网 5，进一步滤除掉空气中的灰尘等大颗粒悬浮物，净化后的空气经出风口 3 送出。

说 明 书 附 图

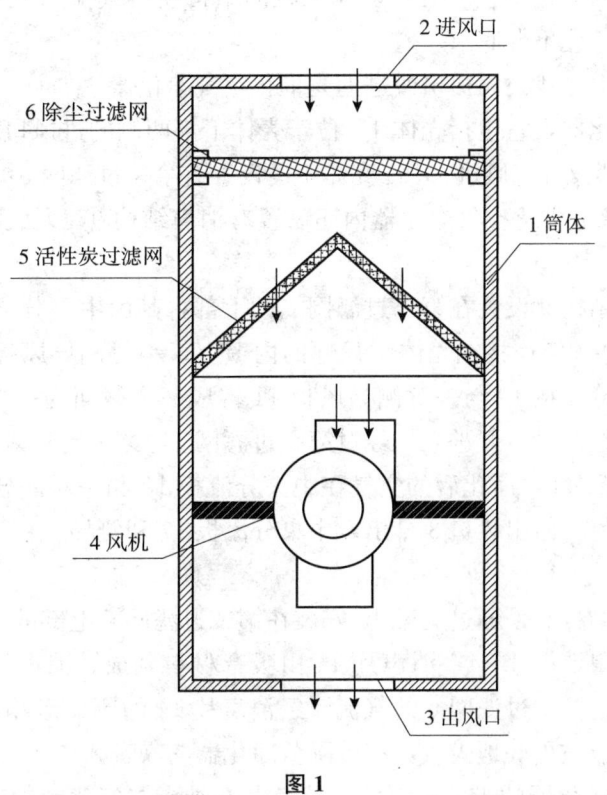

图1

附件 3：技术交底材料

现有的光催化空气净化器的光催化剂板填充的多孔颗粒阻碍了气流的流动，风阻较大，必须依靠风机的高速运转来提高气流的流动，由此导致噪音增大，特别是净化器的夜间运行更是影响人的睡眠；另一方面，金属丝网夹层多孔颗粒的结构使得气流与光催化剂的有效接触面积小，反应不充分，空气净化不彻底。

在现有技术的基础上，我公司提出改进的光催化空气净化器。

一种光催化空气净化器，它包括壳体 1、位于壳体下部两侧的进风口 2 以及位于壳体上部两侧的出风口 3。壳体底部设置有风机 4，在壳体 1 内设置有第一过滤网 5、第二过滤网 6、光催化剂板 7 和紫外灯 8。在该光催化空气净化器内还设置有消声结构 9，大大降低了风机和和气流流动所产生的噪音。

如图 1 所示，消声结构 9 设置在第二过滤网 6 的上部，其由中央分流板 10 和一对侧导风板 11 组成。中央分流板 10 固定连接在壳体 1 顶部的内壁上，一对侧导风板 11 对称地分别连接在壳体 1 内侧壁上，中央分流板 10 与一对侧导风板 11 构成一个截面为 V 字形的出风通道。室内空气在风机 4 的作用下经进风口 2 进入，经过第一过滤网 5，穿过受到紫外灯 8 照射的光催化剂板 7，然后经过第二过滤网 6，净化后的空气在中央分流板 10 和一对侧导风板 11 的作用下，从竖直气流导流成平行气流，由出风口 3 排出。中央分流板 10 和侧导风板 11 由吸音材料制成，例如玻璃纤维棉。

如图 2 所示，消声结构 9 是通过支架 13 安装在第二过滤网 6 上部的消声器 12。在消声器 12 内设置有竖直布置的一组消声片 14，消声片 14 由吸音材料制成。消声片 14 接近第二过滤网 6 的一端均为圆弧形。经过第二过滤网 6 的气流流经消声片 14 的圆弧形端面时会被分为两道以上气流，使得气流的声音能被更好地吸收，有效降低净化器的噪音。

如图 3 所示，空气净化器的光催化剂板 7 是负载有纳米二氧化钛的三维蜂窝陶瓷网 15，与多孔陶瓷板以及其它光催化剂板相比，增大了与气流的接触面积，反应充分，净化效果好。

如图 4 所示，空气净化器的光催化剂板 7 由壳体 1 内设置的螺旋导风片 16 所代替，由此在空气净化器内形成导流回旋风道。在风道内壁和螺旋导风片 16 上喷涂纳米二氧化钛涂层，将紫外灯 8 设置在风道的中央。空气进入净化器后，在螺旋导风片 16 的作用下在风道内形成回旋风，增加气流与光催化剂的接触面积和接触时间，催化反应充分，空气净化彻底。

可以将各种光催化剂板插入空气净化器中，与其它过滤网例如活性炭过滤网组合使用。

技术交底材料附图

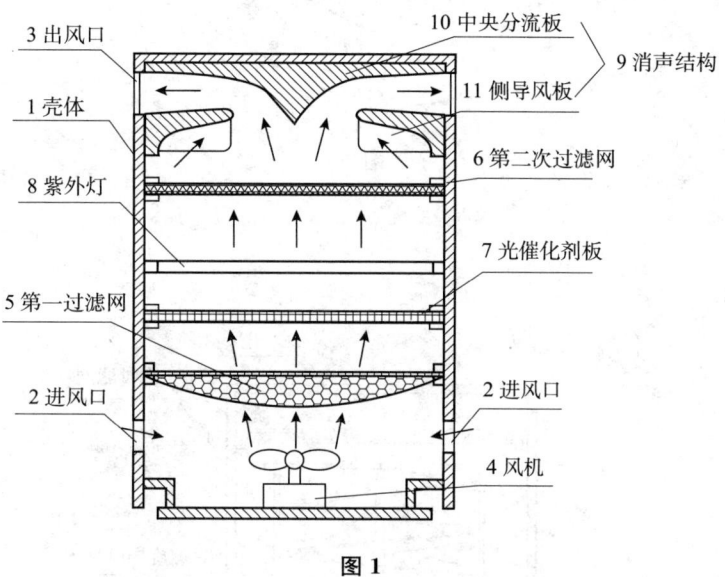

图 1

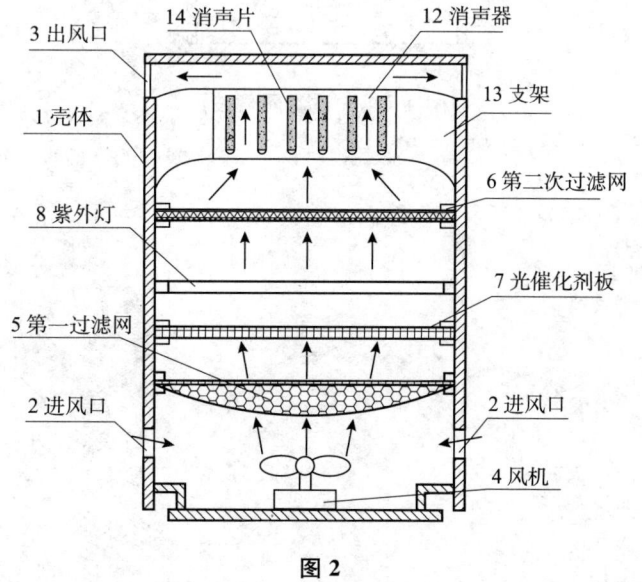

图 2

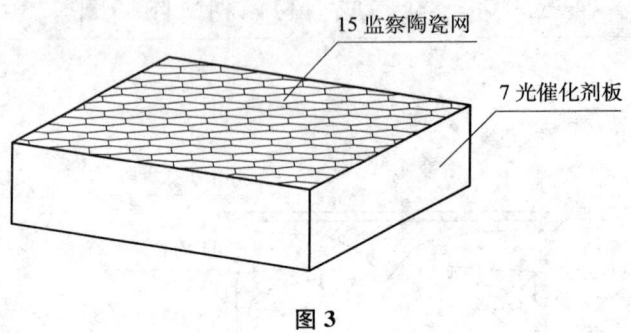

图 3

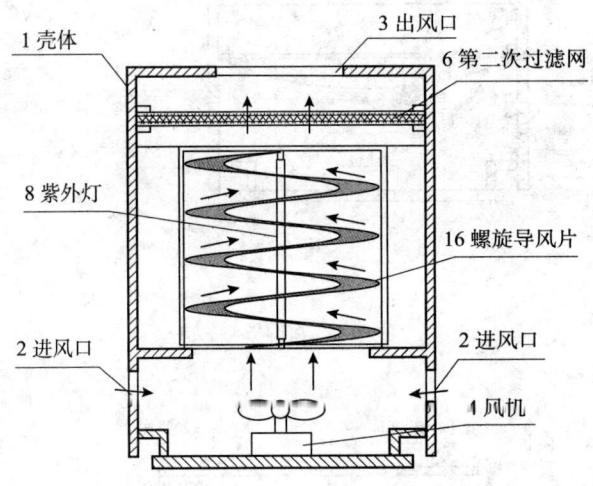

图 4（第一过滤网略去）

2014年专利代理实务题
答题要点及撰写例

一、总体考虑

2014年"专利代理实务"考试试题包括四道题。其中，第一题要求考生撰写提交给客户的咨询意见，逐一解释发明专利申请文件的权利要求书和说明书是否符合《专利法》及《专利法实施细则》的相关规定并说明理由，着重考查考生对专利代理实务中经常涉及的几个基本法律概念的理解、掌握程度和灵活运用的能力。第二题要求考生撰写答复第一次审查意见通知书时提交的修改后的权利要求书，主要考查考生对权利要求修改要求的掌握和运用情况。第三题要求考生撰写权利要求书，主要考查考生是否具备根据给定的素材撰写申请文件的能力，能否在满足《专利法》及《专利法实施细则》的有关规定的前提下，撰写出既能够为委托人谋求尽可能大的保护范围，权利又相对稳定的权利要求书。该题还要求考生撰写分案申请的独立权利要求，并陈述分案或合案理由，主要考查考生对单一性、分案申请的理解和实际运用能力。第四题主要考查考生是否掌握了分析、归纳总结专利申请相对于现有技术所解决的技术问题以及所取得的技术效果的基本功。

二、撰写咨询意见

2014年"专利代理实务"考试的第一题要求考生撰写提交给客户的咨询意见，逐一解释发明专利申请文件的权利要求书和说明书是否符合《专利法》及《专利法实施细则》的相关规定并说明理由。题目中共给出五份素材，包括发明专利申请文件、第一次审查意见通知书和三份专利文献（对比文件1~3）。

撰写咨询意见之前，需要认真阅读题目中给出的五份素材，全面了解发明专利申请文件、第一次审查意见通知书和三份对比文件的相关内容，逐条分析第一次审查意见通知书中的各项理由是否成立，针对成立的理由给出相应的权利要求修改建议。在答题时可以按照以下思路和步骤进行分析。

1. 判断第一次审查意见通知书中的各项理由是否成立

（1）权利要求1~4相对于对比文件1~3是否存在新颖性、创造性问题

在权利要求新颖性和创造性的判断中，首先要核实审查员提供的对比文件能否用于评述权利要求的新颖性和创造性。经核实，对比文件1的申请日早于该发明专利申请的申请日，但授权公告日晚于该发明专利申请的申请日，因此对比文件1不构成该发明专利申请的现有技术，仅能用于评述该发明专利申请权利要求的新颖性，而不能用于评述权利要求的创造性。对比文件2、3的授权公告日早于该发明专利申请的申请日，因此构成该发明专利申请的现有技术，能够用于评述权利要求的新颖性和创造性。

分析对比文件1~3公开的技术内容，并与该发明专利申请的权利要求1~4进行对比（具体分析参见"给客户的咨询意见的撰写例"），结论是对比文件1构成该发明专利申请中权利要求1和4的抵触申请，能够影响权利要求1和4的新颖性，但不能影响权利要求2和

3的新颖性；对比文件2和3的结合有可能影响权利要求2的创造性；对比文件2和3的结合不能影响权利要求3的创造性。

(2) 权利要求1~5是否存在其他缺陷

经分析可知，该发明专利申请的独立权利要求1的技术方案缺少解决技术问题的必要技术特征，权利要求3的主题名称与其引用的权利要求1的主题名称不一致，权利要求4有可能得不到说明书的支持，权利要求5的主题属于不授予专利权的客体。

2. 给出如何修改权利要求书的建议及理由

在前述分析的基础上，可以得出：独立权利要求1的技术方案缺少解决技术问题的必要技术特征；即使补入所缺少的必要技术特征，权利要求1相对于对比文件1也不符合《专利法》第二十二条第二款的规定；权利要求2相对于对比文件2和3的结合有可能不符合《专利法》第二十二条第三款的规定；权利要求3不符合《专利法实施细则》第二十二条第一款的规定；权利要求4有可能不符合《专利法》第二十六条第四款的规定，但通过分析发现，即使目前的权利要求4得到了说明书的支持，其所要求保护的技术方案也不符合《专利法》第二十二条第二款的规定；权利要求5不符合《专利法》第二十五条第一款的规定。由此，为克服该发明专利申请的权利要求所存在的上述缺陷，需要对权利要求书作出修改。针对第一次审查意见通知书所确定的修改策略为：将权利要求3的技术特征补入权利要求1，权利要求2引用修改后的权利要求1；对于权利要求4，将其改为引用修改后的权利要求1；删除权利要求5。

3. 准备咨询意见的具体撰写

在前述分析的基础上，着手撰写咨询意见。咨询意见的撰写应当条理清楚、逻辑性强、有理有据、行文流畅。可以按照如下格式进行：首先，对权利要求所涉及的法律概念为客户进行简明的解释说明；然后，结合第一次审查意见通知书的内容具体分析客户所撰写的发明专利申请文件中的权利要求为何不符合所述规定。对权利要求书中存在的问题，可以从多个角度进行分析，以给客户提供全面的咨询意见供其参考。

给客户的咨询意见的撰写例

尊敬的A公司：

很高兴贵方委托我所代为办理有关空气净化器的专利申请案，经仔细阅读申请文件及现有技术，我认为贵公司目前的发明专利申请文件存在一些不符合《专利法》和《专利法实施细则》规定的问题，将会影响本发明专利申请的授权前景。

1. 关于对比文件1~3的核实

首先核实审查员提供的对比文件能否用于评述权利要求的新颖性和创造性，即：用于评述权利要求新颖性或创造性的对比文件1~3是否构成该发明专利申请的现有技术；抑或相对于该发明专利申请而言，属于申请在先、公开在后的仅能用于评述权利要求新颖性的专利文献。经核实，对比文件1的申请日早于该发明专利申请的申请日，但授权公告日晚于该发明专利申请的申请日，因此对比文件1不构成该发明专利申请的现有技术，仅能用于评述权利要求的新颖性，而不能用于评述权利要求的创造性。对比文件2、3的授权公告日早于该发明专利申请的申请日，因此构成该发明专利申请的现有技术，能够用于评述权利要求的新颖性、创造性。

2. 关于权利要求1存在的问题

《专利法实施细则》第二十条第二款规定，独立权利要求应当从整体上反映发明或者实用新型的技术方案，记载解决技术问题的必要技术特征。目前本发明专利申请的权利要求1不符合《专利法实施细则》第二十条第二款的规定，原因如下：

本发明要解决的技术问题是利用空气净化器中的光催化剂板对空气中的有害气体进行催化氧化分解，然而光催化氧化是基于光催化剂在紫外光的作用下产生活性态氧，最终使空气中的有害气体进行分解，从而解决了上述技术问题。因此，在光催化空气净化器内设置紫外灯是解决技术问题的必要技术特征，而目前申请文件的独立权利要求1中未记载上述必要技术特征，所以不符合《专利法实施细则》第二十条第二款的规定。

在权利要求1中补入必要技术特征"紫外灯"，虽然能够解决权利要求1不符合《专利法实施细则》第二十条第二款的问题，但是权利要求1还会存在不具备《专利法》第二十二条第二款规定的新颖性的问题。

《专利法》第二十二条第二款规定，新颖性，是指该发明或者实用新型不属于现有技术；也没有任何单位或者个人就同样的发明或者实用新型在申请日以前向国务院专利行政部门提出过申请，并记载在申请日以后公布的专利申请文件或者公告的专利文件中。

经对比分析，权利要求1不具备《专利法》第二十二条第二款规定的新颖性，原因如下：

对比文件1的申请日早于该发明专利申请的申请日，其授权公告日晚于该申请的申请日，因此，对比文件1属于申请在先，公开在后的专利文献，可以用来评述新颖性。

对比文件1公开了一种家用空气净化设备，该家用空气净化设备包括壳体1、位于壳体下部两侧的进风口2、位于壳体顶部的出风口3以及设置在壳体底部的风机4。所述壳体1内由下向上依次设置有除尘过滤网5、活性炭过滤网6、紫外灯8和光催化剂多孔陶瓷板7。由此可见，对比文件1公开了权利要求1所要求保护的技术方案的全部技术特征，且两者的技术领域、技术方案、解决的技术问题和取得的技术效果相同。因此，权利要求1不具备新颖性，不符合《专利法》第二十二条第二款的规定。

3. 关于权利要求2存在的问题

《专利法》第二十二条第三款规定，创造性，是指与现有技术相比，该发明具有突出的实质性特点和显著的进步，该实用新型具有实质性特点和进步。

审查员认为权利要求2不具备《专利法》第二十二条第三款规定的创造性，这一结论值得商榷，我们可以与审查员作进一步的沟通、解释，原因如下：

由以上对对比文件1～3的核实可知，对比文件2、3能够用于评述本申请权利要求的创造性。

权利要求2引用权利要求1，其附加技术特征进一步限定了："所述第一过滤网（5）是具有向下凸起曲面（10）的活性炭过滤网，所述第二过滤网（6）是PM2.5颗粒过滤网"。对比文件2是最接近的现有技术，公开了一种车载空气清新机，其包括外壳1、位于壳体一端的进风口2、位于壳体另一端侧面的出风口3。在壳体内从右往左依次设置有活性炭过滤网5、鼓风机4、PM2.5颗粒过滤网6、紫外灯8和格栅状导风板7，所述导风板7靠近出风口3，在所述导风板7上涂覆有纳米二氧化钛薄膜。权利要求2相对于对比文件2的区别特征为"所述第一过滤网（5）是具有向下凸起曲面（9）的活性炭过滤网"。该区别特征实际要解决的技术问题是如何增大过滤网的过滤面积。对比文件3公开了一种空气过滤器，并具体公开了"呈锥状设置的活性炭过滤网"。审查员由此得出了权利要求2不具备《专利法》第二十二条第三款规定的创造性的结论。

我们可以在答复审查意见通知书的意见陈述中强调："对比文件3的过滤网为锥形，与本申请中的曲面过滤网形状不同，采用曲面结构相对于锥形结构除了具有相同的加大接触面积外，还起到有助于降低噪音的作用，即所起的作用并不相同，这些不同使得权利要求2具备突出的实质性特点和显著的进步，具备《专利法》第二十二条第三款规定的创造性。"争取能够说服审查员接受上述意见。

但是审查员可能会坚持认为该锥状设置的过滤网也是朝向进风口凸起，其与具有向下凸起曲面的活性炭过滤网相比属于形状的简单变型，在对比文件3中所起的作用同样是增大过滤面积，并因此认定权利要求2不具备突出的实质性特点和显著的进步，不具备《专利法》第二十二条第三款规定的创造性。

综上所述，关于权利要求2的创造性问题可以进一步与审查员争辩交流，但要做好审查员不接受时的后续修改准备。

4. 关于权利要求3存在的问题

《专利法实施细则》第二十二条第一款规定，发明或者实用新型的从属权利要求应当包括引用部分和限定部分，按照下列规定撰写：（一）引用部分：写明引用的权利要求的编号及其主题名称；（二）限定部分：写明发明或者实用新型附加的技术特征。

目前从属权利要求3的主题名称"光催化剂板"与其引用的权利要求1的主题名称"光催化空气净化器"不一致，因此不符合《专利法实施细则》第二十二条第一款的规定。这一问题通过修改权利要求3的主题名称即可解决。

5. 关于权利要求4存在的问题

《专利法》第二十六条第四款规定，权利要求书应当以说明书为依据，清楚、简要地限定要求专利保护的范围。目前撰写的权利要求4不符合上述规定，原因如下：

权利要求4要求保护一种空气净化方法，该方法包括使空气经过光催化剂板进行过滤净化的步骤。根据说明书记载的内容可知，该空气净化方法所采用的光催化剂板是利用"由两层表面负载有纳米二氧化钛涂层的金属丝网10和填充在两层金属丝网10之间的负载有纳米二氧化钛的多孔颗粒11组成"。采用该光催化剂板可以有效催化氧化空气中的有害气体，净化效果好。由说明书可知，并不是任一种包括光催化剂板的空气净化器均能解决发明所要解决的技术问题，达到本发明的技术效果。因此，权利要求4得不到说明书支持，不符合《专利法》第二十六条第四款的规定。

审查员在第一次审查意见通知书中指出权利要求4不符合《专利法》第二十六条第四款的规定，但通过对比分析发现，即使目前的权利要求4得到了说明书的支持，其所要求保护的技术方案也不具备《专利法》第二十二条第二款规定的新颖性。

对比文件1公开了一种家用空气净化设备的空气净化流程。该流程包括使空气经过光催化剂多孔陶瓷板进行过滤净化的步骤。由此可见，对比文件1公开了权利要求4所要求保护的技术方案的全部技术特征，且两者的技术领域、技术方案、解决的技术问题和取得的技术效果相同。因此，权利要求4不具备新颖性，不符合《专利法》第二十二条第二款的规定。

6. 关于权利要求5存在的问题

《专利法》第二十五条第一款规定，对于疾病的诊断和治疗方法不授予专利权。目前本发明专利申请的权利要求5不符合上述规定，原因如下：

权利要求5要求保护一种利用光催化空气净化器治疗呼吸道类疾病的方法，是以有生命的人体为直接实施对象，属于疾病的诊断和治疗方法，属于《专利法》第二十五条第一款规定的不授予专利权的客体。

综合上述分析，目前贵公司的发明专利申请文件存在较多问题，若要获得授权，需要对权利要求书进行修改。

以上咨询意见供参考，有问题请与我们随时沟通。

祝好！

×××专利代理机构×××专利代理人
××××年××月××日

三、修改权利要求书

根据《专利法》第三十三条的规定，申请人可以对其专利申请文件进行修改，但是，对发明和实用新型专利申请文件的修改不得超出原说明书和权利要求书记载的范围。根据《专利法实施细则》第五十一条第三款的规定，在答复审查意见通知书时，对申请文件进行修改的，应当针对通知书指出的缺陷进行修改。对权利要求书的修改应当遵守《专利审查指南2010》中规定的修改原则和修改方式，不能为了克服权利要求不具备新颖性或创造性的缺陷而在权利要求中增加申请文件中未记载的内容。

对于该申请权利要求书的具体修改建议是，在权利要求1中补入"紫外灯"以及原权利要求3的技术特征，以克服权利要求1的缺陷；权利要求2可以引用新修改后的独立权利要求1，以克服原权利要求2不具备创造性的缺陷；权利要求4可通过引用修改后的权利要求1来克服不具备新颖性或得不到说明书支持的缺陷；删除权利要求5。修改后的权利要求书没有超出原说明书和权利要求书记载的范围，符合《专利法》《专利法实施细则》和《专利审查指南2010》中关于答复审查意见通知书中对申请文件修改的各项规定。

修改后的权利要求书撰写例

1. 一种光催化空气净化器，包括壳体（1）、位于壳体下部两侧的进风口（2）、位于壳体顶部的出风口（3）以及设置在壳体底部的风机（4），所述壳体（1）内设置有第一过滤网（5）、光催化剂板（7）、第二过滤网（6）和紫外灯（8），其特征在于，所述光催化剂板（7）由两层表面负载有纳米二氧化钛涂层的金属丝网（10）和填充在两层金属丝网（10）之间的负载有纳米二氧化钛的多孔颗粒（11）组成。

2. 根据权利要求1所述的光催化空气净化器，其特征在于，所述第一过滤网（5）是具有向下凸起曲面（9）的活性炭过滤网，所述第二过滤网（6）是PM2.5颗粒过滤网。

3. 一种利用权利要求1所述的光催化空气净化器进行空气净化的方法，其特征在于，包括使空气经过光催化剂板（7）进行过滤净化的步骤。

四、撰写权利要求书

2014年"专利代理实务"考试的第三题要求考生根据题目给出的素材为客户撰写发明专利申请的权利要求书。

在撰写权利要求书时，考生应当认真阅读、全面了解技术交底材料和现有技术的相关内容，撰写出既符合《专利法》《专利法实施细则》和《专利审查指南2010》相关规定，又能最大化地维护客户利益的权利要求书。在答题时可以按照以下的思路和步骤进行。

1. 确定技术交底材料相对于现有技术所解决的技术问题

本试题中，附件1及对比文件1~3均构成了技术交底材料的现有技术。技术交底材料涉及对光催化空气净化器的改进，由此可以以"一种光催化空气净化器"作为要求专利保护的主题。将技术交底材料与现有技术进行比较，可知其解决了现有技术中存在的两个技术问题：一是通过设置在光催化空气净化器上部的消声器，有效降低风机和气流流动所产生的噪音（第一个技术问题）；二是通过三维蜂窝陶瓷网和螺旋导风片增大气流与光催化剂的有效接触面积和接触时间，催化反应充分，空气净化彻底（第二个技术问题）。

2. 确定独立权利要求的保护范围

为了达到使委托人的利益最大化的目标，需要独立权利要求能够从整体上反映发明的技术方案，记载解决技术问题的必要技术特征，同时避免将非必要技术特征写入独立权利要求，以使得独立权利要求的保护范围最宽。这就要求考生不能简单地照抄技术交底材料中的实施方式，应当对其中的实施方式进行适当概括，尽可能覆盖本领域技术人员在实施方式的基础上所能合理预测的所有等同替代方式或明显变型方式。

对于第一个技术问题，技术交底材料中给出了两种实施方式，即消声结构由中央分流板和一对侧导风板组成，或者是消声结构由通过支架安装在第二过滤网上部的消声器构成，这两种实施方式均能够解决上述第一个技术问题。两种实施方式的共同点是通过设置在光催化空气净化器上部的消声结构来降低光催化空气净化器的风机和气流流动所产生的噪音。因此，不论消声结构采取何种结构或与壳体的连接方式如何，只要能够实现降低噪音的功能即可解决上述第一个技术问题。所以，可以对上述实施方式中结构不同以及与壳体连接方式不同的消声结构进行概括，形成解决第一个技术问题的一个独立权利要求。而消声器的具体结构及其与壳体的连接方式等均属于非必要技术特征，不应写入独立权利要求中，以避免独立权利要求的保护范围过窄而损害委托人的利益。

技术交底材料中还涉及将光催化剂板用三维蜂窝陶瓷网和螺旋导风片代替，由此增加气流与光催化剂的接触面积和接触时间，以解决上述第二个技术问题。经过判断可知，三维蜂窝陶瓷网、螺旋导风片均为光催化剂板的具体形式，技术交底材料中没有给出或暗示还存在其他实施方式，本领域的技术人员也难以预测除了技术交底材料给出的实施方式之外，是否还存在其他的等同替代或明显变型的方式可以解决上述技术问题。因此，考生在撰写另一个独立权利要求时，不应当对上述实施方式中的光催化剂板进行不恰当的概括，以免撰写的权利要求得不到技术交底材料的支持。

3. 确定独立权利要求之间是否符合单一性要求

由上可知，技术交底材料中涉及两个技术问题和分别解决这两个技术问题的技术方案，也就是说，可以撰写两个独立权利要求来保护。此时，就需要进行独立权利要求之间是否具备单一性的判断，以确定是提出一件专利申请，还是提出两件专利申请。

经过分析，两个技术方案分别涉及对光催化空气净化器的消声结构的改进和对光催化剂板结构的改进，不属于一个总的发明构思，彼此之间在技术上无相互关联，不存在相同或相应的特定技术特征。所以，应将两个技术方案分别单独提交一件专利申请。

4. 根据具体实施方式确定从属权利要求

为了形成较好的保护梯度，使得专利申请在审查授权过程或者在日后可能面临的有效性挑战时具有充分的修改余地，还应根据技术交底材料中给出的实施方式，撰写出数量合理、适当的从属权利要求。

技术交底材料中针对消声结构给出了两种实施方式，在图1所示的实施方式（实施方式一）中，消声结构由中央分流板和一对侧导风板组成，因此可以将该实施方式撰写成一个从属权利要求（从属权利要求2），接下来以从属权利要求2为引用基础，以"中央分流板和侧导风板与壳体的连接方式以及两者形成V字形通道"作进一步限定来撰写相对应的从属权利要求。图2所示的实施方式（实施方式二）中，消声结构是通过支架安装的消声器，该消声器内设置有竖直布置的消声片。因此，可以将该实施方式作为另一个从属权利要求（从属权利要求4）。然后，再以该从属权利要求4为基础，以"消声片的一端为圆弧形"作进一步限定来撰写相对应的从属权利要求，以形成有层次的保护。在互相引用时注意符合《专利法实施细则》和《专利审查指南2010》的规定。

此外，针对技术交底材料中提及的第二个技术问题，光催化剂板的具体变型形式也可以作为附加技术特征，形成从属权利要求，作为对上述权利要求的进一步限定。

权利要求书撰写例

1. 一种光催化空气净化器，包括壳体（1）、位于壳体下部两侧的进风口（2）以及位于壳体上部两侧的出风口（3），壳体（1）底部设置有风机（4），在壳体（1）内设有第一过滤网（5）、第二过滤网（6）、光催化剂板（7）和紫外灯（8），其特征在于，在从所述第二过滤网（6）至所述出风口（3）的空气流道中设置由吸音材料制成的消声结构（9）。

2. 根据权利要求1所述的光催化空气净化器，其特征在于，所述消声结构（9）由中央分流板（10）和一对侧导风板（11）组成。

3. 根据权利要求2所述的光催化空气净化器，其特征在于，所述中央分流板（10）固定连接在壳体顶部的内壁上，所述侧导风板（11）对称地分别连接在壳体内侧壁上，所述中央分流板（10）与侧导风板（11）构成一个截面为V字形的出风通道。

4. 根据权利要求1所述的光催化空气净化器，其特征在于，所述消声结构（9）是通过支架（13）安装在第二过滤网（6）上部的消声器（12），所述消声器（12）内设置有竖直布置的一组消声片（14）。

5. 根据权利要求4所述的光催化空气净化器，其特征在于，所述消声片（14）接近第二过滤网（6）的一端均为圆弧形。

6. 根据权利要求1～5中任一项所述的光催化空气净化器，其特征在于，所述光催化剂板（7）是负载有纳米二氧化钛的三维蜂窝陶瓷网（15）。

7. 根据权利要求1～5中任一项所述的光催化空气净化器，其特征在于，所述光催化剂板（7）由壳体（1）内设置的螺旋导风片（16）所代替，由此在空气净化器内形成导流回旋风道，在风道内壁和螺旋导风片（16）上喷涂纳米二氧化钛涂层，将紫外灯（8）设置在风道的中央。

需要另案提交申请的独立权利要求撰写例

1. 一种光催化空气净化器，包括壳体（1）、位于壳体下部两侧的进风口（2）以及位于壳体上部两侧的出风口（3），壳体（1）底部设置有风机（4），在所述壳体内设有过滤网、光催化剂板（7）和紫外灯（8），其特征在于，所述光催化剂板（7）是负载有纳米二氧化钛的三维蜂窝陶瓷网（15）。

或者是：

1. 一种光催化空气净化器，包括壳体（1）、位于壳体下部两侧的进风口（2）以及位于壳体上部两侧的出风口（3），壳体（1）底部设置有风机（4），其特征在于，在壳体（1）内设置有过滤网和螺旋导风片（16），由此在空气净化器内形成导流回旋风道，在风道内壁和螺旋导风片（16）上喷涂纳米二氧化钛涂层，将紫外灯（8）设置在风道中央。

需要提出两件专利申请的理由

交底材料中涉及的第一个技术方案相对于现有技术作出贡献的技术特征为"光催化空气净化器内还设置有消声结构9"，从而解决净化器噪音大的问题。

交底材料中涉及的第二个技术方案相对于现有技术作出贡献的技术特征为"光催化剂板是负载有纳米二氧化钛的三维蜂窝陶瓷网15"，或者是"光催化剂板由壳体1内设置的螺旋导风片所代替，在净化器内形成导流回旋风道，在风道内壁和螺旋导风片上喷涂纳米二氧化钛涂层"，从而解决催化反应不充分，空气净化不彻底的技术问题。

由此可见，两个技术方案对现有技术作出贡献的技术特征既不相同，也不相应，彼此之间在技术上也无相互关联，因此两个技术方案之间并不包含相同或相应的特定技术特征，不属于一个总的发明构思，彼此之间不具备单一性，因此应当分别作为两件专利申请提出。

五、简述所撰写的独立权利要求所解决的技术问题及取得的技术效果

2014年"专利代理实务"考试的第四题要求考生简述新撰写的发明专利申请相对于附件1所解决的技术问题及取得的技术效果。

在撰写专利申请文件的过程中，关键在于准确确定发明相对于现有技术所要解决的技术问题、采用的技术方案及取得的技术效果，才能由此确定独立权利要求的保护范围，以使独立权利要求既包含解决技术问题的所有必要技术特征，相对于现有技术具备新颖性和创造性，又使其保护范围最大。

发明所要解决的技术问题，是指发明要解决的现有技术中存在的技术问题，考生应当针对现有技术中存在的缺陷或不足，用正面的、尽可能简洁的语言客观而有根据地反映发明要解决的技术问题。在简述发明解决的技术问题时，应当将技术交底材料中的技术方案与现有技术进行比较后，再进行适当的归纳和总结，既不应只是简单记载现有技术的状况，也不能使用广告式宣传用语。发明所取得的技术效果是指由构成发明的技术特征直接带来的，或者

由技术特征必然产生的技术效果，可以结合发明的结构特征和作用方式进行说明，但切不可脱离发明的技术方案，片面夸大技术效果。

所以，准确地分析、归纳总结发明所要解决的技术问题、技术方案以及所取得的技术效果是撰写申请文件的基础，该题实质是考察了考生是否具备此项基本功。

独立权利要求相对于附件1解决的技术问题及取得的技术效果

第一件专利申请的独立权利要求1相对于附件1所解决的技术问题为：空气净化器的噪音大，影响睡眠。取得的技术效果为：通过设置消声结构有效降低风机和气流流动所产生的噪音。

第二件专利申请的独立权利要求1相对于附件1所解决的技术问题为：气流与光催化剂的有效接触面积小，催化反应不充分，空气净化不彻底。所取得的技术效果为：在三维蜂窝陶瓷网上负载纳米二氧化钛涂层，增大了气流与光催化剂的有效接触面积，催化反应充分，净化效果好，或者是通过壳体内设置的螺旋导风片，在空气净化器内形成导流回旋风道，在风道内壁和螺旋导风片上喷涂纳米二氧化钛涂层，增大了气流与光催化剂的有效接触面积和接触时间，催化反应充分，空气净化彻底。

2015年全国专利代理人
资格考试试题解析

目 录

专利法律知识 ·· （1）
相关法律知识 ·· （69）
专利代理实务 ·· （121）
    专利代理实务考试试卷 ·· （123）
    2015年专利代理实务题答题要点及撰写例 ························ （143）

专利法律知识

答题须知：

1. 本试卷共有 100 题，每题 1.5 分，总分 150 分。
2. 本试卷要求应试者在机考试卷上选择答案。
3. 本试卷所有试题的正确答案均以现行的法律、法规、规章、相关司法解释和国际条约为准。

一、单项选择题（每题所设选项中只有一个正确答案，多选、错选或不选均不得分。本部分含1—30题，每题1.5分，共45分。）

1. 乙公司委托甲公司研发某产品，甲公司指定员工吕某承担此项研发任务，吕某在研发过程中完成了一项发明创造。在没有任何约定的情形下，该发明创造申请专利的权利属于谁？
   A. 吕某
   B. 甲公司
   C. 乙公司
   D. 甲公司和乙公司

【答案】B

【知识点】职务发明　委托开发

【解析】《专利法》第六条第一款规定，执行本单位的任务或者主要是利用本单位的物质技术条件所完成的发明创造为职务发明创造。职务发明创造申请专利的权利属于该单位；申请被批准后，该单位为专利权人。《专利法》第八条规定，两个以上单位或者个人合作完成的发明创造、一个单位或者个人接受其他单位或者个人委托所完成发明创造，除另有协议的以外，申请专利的权利属于完成或者共同完成的单位或者个人；申请被批准后，申请的单位或者个人为专利权人。本题中，甲公司接受乙公司的委托研发某产品，吕某完成的发明创造是在执行所属公司甲公司的任务的过程中完成的，因此该发明创造为职务发明创造，在甲公司和乙公司没有协议的情形下，申请专利的权利应当属于甲公司。B选项正确。

综上，本题正确答案为：B。

2. 甲乙二人于 2014 年 5 月 10 日就同样的面包机分别提出了发明专利申请，如果甲乙二人的专利申请均符合其他授予专利权的条件，则专利权应当授予谁？
   A. 甲
   B. 乙
   C. 甲和乙共有

D. 经甲和乙协商确定的人

【答案】D

【知识点】禁止重复授权原则

【解析】《专利法实施细则》第四十一条第一款规定，两个以上的申请人同日（指申请日，有优先权的，指优先权日）分别就同样的发明创造申请专利的，应当在收到国务院专利行政部门的通知后自行协商确定申请人。《专利审查指南2010》第二部分第三章第6.2.1.2节中规定，在审查过程中，对于不同的申请人同日（指申请日，有优先权的指优先权日）就同样的发明创造分别提出专利申请，并且这两件申请符合授予专利权的其他条件的，应当根据《专利法实施细则》第四十一条第一款的规定，通知申请人自行协商确定申请人。本题中，甲乙二人于同日就同样的发明创造申请了发明专利申请，在两件专利申请符合授予专利权的其他条件的情形下，应由甲和乙协商确定申请人。D选项正确。

综上，本题正确答案为：D。

3. 甲公司是一家光缆设备公司，王某是甲公司负责光缆设备研发的技术人员。王某在2011年3月从甲公司离职，并加入了乙公司。乙公司2012年1月就王某发明的一项光缆设备技术提交了一件专利申请，并获得专利权。下列说法哪个是正确的？

A. 专利权应归甲公司所有
B. 专利权应归乙公司所有
C. 专利权应归甲公司和乙公司共同所有
D. 王某及乙公司负责人有权主张在专利文件中写明自己是发明人

【答案】A

【知识点】职务发明 发明人 专利权所有

【解析】《专利法》第六条第一款规定，执行本单位的任务或者主要是利用本单位的物质技术条件所完成的发明创造为职务发明创造。职务发明创造申请专利的权利属于该单位；申请被批准后，该单位为专利权人。《专利法实施细则》第十二条第一款规定，《专利法》第六条所称执行本单位的任务所完成的职务发明创造，是指：（一）在本职工作中作出的发明创造；（二）履行本单位交付的本职工作之外的任务所作出的发明创造；（三）退休、调离原单位后或者劳动、人事关系终止后1年内作出的，与其在原单位承担的本职工作或者原单位分配的任务有关的发明创造。《专利法》第六条所称本单位，包括临时工作单位；《专利法》第六条所称本单位的物质技术条件，是指本单位的资金、设备、零部件、原材料或者不对外公开的技术资料等。本题中，王某所作出的发明创造为其在调离甲公司后1年内所作出的，且与其在原单位承担的本职工作相关，故申请专利的权利应属于甲公司，A选项正确。

《专利法实施细则》第十三条规定，《专利法》所称发明人或者设计人，是指对发明创造的实质性特点作出创造性贡献的人。在完成发明创造过程中，只负责组织工作的人，为物质技术条件的利用提供方便的人或者从事其他辅助工作的人，不是发明人或者设计人。本题中，对发明创造的实质性特点作出创造性贡献的人应为王某，故只有王某有权主张在专利文件中写明自己是发明人，D选项错误。

综上，本题正确答案为：A。

4. 下列哪个属于可以授予专利权的主题？
   A. 伪造人民币的设备
   B. 快速记忆德语动词规则的方法
   C. 促进种子发芽的红外光
   D. 原子核裂变的反应器

【答案】D

【知识点】专利保护的对象和主题

【解析】《专利法》第五条第一款规定，对违反法律、社会公德或者妨害公共利益的发明创造，不授予专利权。《专利审查指南2010》第二部分第一章第3.1.1节例举了与法律相违背的发明创造，其中包括"伪造国家货币、票据、公文、证件、印章、文物的设备等"，故A选项错误。

《专利法》第二条第二款规定，发明，是指对产品、方法或者其改进所提出的新的技术方案。《专利审查指南2010》第二部分第一章第2节中规定，气味或者诸如声、光、电、磁、波等信号或者能量不属于《专利法》第二条第二款规定的客体。故C选项错误。

《专利法》第二十五条第一款规定，对下列各项，不授予专利权：（一）科学发现；（二）智力活动的规则和方法；（三）疾病的诊断和治疗方法；（四）动物和植物品种；（五）用原子核变换方法获得的物质；（六）对平面印刷品的图案、色彩或者二者的结合作出的主要起标识作用的设计。本题中，快速记忆德语动词规则的方法属于智力活动的规则和方法，故B选项错误。D选项所涉主题是原子核裂变的反应器，而非原子核变换方法获得的物质，故D选项正确。

综上，本题正确答案为：D。

5. 下列哪个属于实用新型专利保护的客体？
   A. 一种复合齿轮，其特征在于将熔制的钢水浇铸到齿模内，冷却、保温后而成
   B. 一种药膏，其特征在于包含凡士林5%～20%、尿素10%～30%、水杨酸8%～30%
   C. 一种建筑沙子，其特征在于将其堆积成圆台状
   D. 一种葫芦容器，其特征在于容器主体为葫芦型，容器上口内镶有衬套

【答案】D

【知识点】实用新型专利保护的客体

【解析】《专利法》第二条第三款规定，实用新型，是指对产品的形状、构造或者其结合所提出的适于实用的新的技术方案。《专利审查指南2010》第一部分第二章第6.1节中规定，如果权利要求中既包含形状、构造特征，又包含对方法本身提出的改进，例如含有对产品制造方法、使用方法或计算机程序进行限定的技术特征，则不属于实用新型专利保护的客体。

A选项所涉及的主题包含对产品制造方法进行限定的技术特征，因而不属于实用新型专利保护的客体。故A选项错误。

《专利审查指南2010》第6.2.2节中规定，如果权利要求中既包含形状、构造特征，又包含对材料本身提出的改进，则不属于实用新型专利保护的客体。B选项所涉及的主题由于包含了对材料本身提出的改进，因而不属于实用新型专利保护的客体。故B选项错误。

《专利审查指南2010》第6.2.1节中规定，不能以摆放、堆积等方法获得的非确定的形状作为产品的形状特征。C选项所涉及的主题包含以堆积方法获得的非确定的形状作为产品的形状特征，因而不属于实用新型专利保护的客体。故C选项错误。

D选项所涉及的主题包含对产品的形状所提出的限定"容器主体为葫芦型"，以及对产品的构造，即构成产品的零部件的相对位置关系的限定"容器上口内镶有衬套"，故D选项正确。

综上，本题正确答案为：D。

6. 张某和刘某同日就同样的吸尘器分别向国家知识产权局提交了一件发明专利申请。在下列哪个情形下，张某和刘某的专利申请所要求保护的技术方案构成同样的发明创造？

    A. 张某的申请请求保护吸尘器X，刘某的申请请求保护吸尘器X'，X与X'的区别仅仅是所属技术领域的惯用手段的直接置换

    B. 张某的申请请求保护吸尘器X，刘某的申请请求保护包括吸尘器X的清洁系统Y

    C. 张某的申请请求保护吸尘器X，刘某的申请请求保护吸尘器X及包括吸尘器X的清洁系统Y

    D. 张某的申请请求保护吸尘器X，刘某的申请请求保护吸尘器X在清洁系统Y中的应用

【答案】C

【知识点】同样的发明创造

【解析】《专利法》第九条第一款规定，同样的发明创造只能授予一项专利权。但是，同一申请人同日对同样的发明创造既申请实用新型专利又申请发明专利，先获得的实用新型专利权尚未终止，且申请人声明放弃该实用新型专利权的，可以授予发明专利权。《专利审查指南2010》第二部分第三章第6.1节中规定，如果一件专利申请或专利的一项权利要求与另一件专利申请或专利的某一项权利要求保护范围相同，应当认为它们是同样的发明创造。本题中，对于A选项，吸尘器X'与吸尘器X存在区别，二者的保护范围并不相同，故A选项错误。对于B、D选项，其分别请求保护包括吸尘器X的清洁系统Y、吸尘器X在清洁系统Y中的应用，二者均不同于张某请求保护的吸尘器X，故B、D选项错误。对于C选项，刘某的申请请求保护两项权利要求，一为吸尘器X，二为包括吸尘器X的清洁系统Y，其中刘某的申请请求保护的吸尘器X，与张某的申请所请求保护吸尘器X相同，即两件申请的权利要求保护范围相同，故构成同样的发明创造，C选项正确。

综上，本题正确答案为：C。

7. 下列说法哪个是错误的？

    A. 如果一项发明与现有技术相比具有预料不到的技术效果，则该发明具备创造性

B. 如果一项发明与现有技术相比不具有预料不到的技术效果，则该发明一定不具备创造性
C. 对发明创造性的评价应当针对权利要求限定的技术方案进行，未写入权利要求中的技术特征不予考虑
D. 如果发明仅是从一些已知的可能性中进行选择，而选出的方案未能取得预料不到的技术效果，则该发明不具备创造性

【答案】B

【知识点】创造性判断

【解析】《专利法》第二十二条第三款规定，创造性，是指与现有技术相比，该发明具有突出的实质性特点和显著的进步，该实用新型具有实质性特点和进步。《专利审查指南2010》第二部分第四章第5.3节中规定，当发明产生了预料不到的技术效果时，一方面说明发明具有显著的进步，同时也反映出发明的技术方案是非显而易见的，具有突出的实质性特点，该发明具备创造性。《专利审查指南2010》第二部分第四章第6.3节中规定，按照该章第5.3节中所述，如果发明与现有技术相比具有预料不到的技术效果，则不必再怀疑其技术方案是否具有突出的实质性特点，可以确定发明具备创造性。但是，应当注意的是，如果通过该章第3.2节中所述的方法，可以判断出发明的技术方案对本领域的技术人员来说是非显而易见的，且能够产生有益的技术效果，则发明具有突出的实质性特点和显著的进步，具备创造性，此种情况不应强调发明是否具有预料不到的技术效果。故A选项正确，B选项错误。

《专利审查指南2010》第二部分第四章第6.4节中规定，发明是否具备创造性是针对要求保护的发明而言的，因此，对发明创造性的评价应当针对权利要求限定的技术方案进行。发明对现有技术作出贡献的技术特征，例如，使发明产生预料不到的技术效果的技术特征，或者体现发明克服技术偏见的技术特征，应当写入权利要求中；否则，即使说明书中有记载，评价发明的创造性时也不予考虑。故C选项正确。

《专利审查指南2010》第二部分第四章第4.3节中规定，如果发明是在可能的、有限的范围内选择具体的尺寸、温度范围或者其他参数，而这些选择可以由本领域的技术人员通过常规手段得到并且没有产生预料不到的技术效果，则该发明不具备创造性。故D选项正确。

综上，本题正确答案为：B。

8. 下列哪个发明名称符合相关规定？

A. 一种苹果牌手机
B. 一种治疗乙型肝炎的药物及其制备方法
C. 一种F—2痤疮治疗仪
D. 一种降低能耗的技术

【答案】B

【知识点】说明书的撰写要求

【解析】《专利法实施细则》第十七条第一款规定，发明或者实用新型专利申请的说明书应当写明发明或者实用新型的名称，该名称应当与请求书中的名称一致。《专利审查指南2010》第二部分第二章第2.2.1节对发明或者实用新型的名称撰写要求进行了规定，其中包括"清楚、简要、全面地反映要求保护的发明或者实用新型的主题和类型（产品或者方法），以利于专利申请的分类"；"不得使用人名、地名、商标、型号或者商品名称等，也不得使用商业性宣传用语"。本题中，A选项包括商标；C选项包括型号；D选项未明确要求保护的发明或者实用新型的类型，故A、C、D选项错误。B选项采用了所属技术领域通用的技术术语，且清楚、简要、全面地反映要求保护的发明或者实用新型的主题和类型，并且未使用人名、地名、商标、型号、商品名称，且未使用商业性宣传用语，故B选项正确。

综上，本题正确答案为：B。

9. 以下关于实用性的观点哪个是正确的？
   A. 发明的实用性，是指其申请的主题必须能够在产业上制造或者使用，并能够产生积极效果
   B. 发明必须相对于现有技术产生了更好的技术效果才具备实用性
   C. 一项发明的市场销售状况不好，可以确定该发明不具备实用性
   D. 一项发明在实施过程中成品率低，可以确定该发明不具备实用性

【答案】A

【知识点】实用性

【解析】《专利法》第二十二条第四款规定，实用性，是指该发明或者实用新型能够制造或者使用，并且能够产生积极效果。A选项正确。《专利审查指南2010》第二部分第五章第2节中规定，能够产生积极效果，是指发明或者实用新型专利申请在提出申请之日，其产生的经济、技术和社会的效果是所属技术领域的技术人员可以预料到的。这些效果应当是积极的和有益的。由上述规定可知，实用性所要求的积极效果并非是指优于现有技术的技术效果，故B选项错误。发明的市场销售情况不好，由多种因素所导致，并不意味着发明不能制造或者使用，无法产生积极效果，故C选项错误。《专利审查指南2010》第二部分第五章第3.2.1节中规定，申请发明或者实用新型专利的产品的成品率低与不具有再现性是有本质区别的。前者是能够重复实施，只是由于实施过程中未能确保某些技术条件（例如环境洁净度、温度等）而导致成品率低；后者则是在确保发明或者实用新型专利申请所需全部技术条件下，所属技术领域的技术人员仍不可能重复实现该技术方案所要求达到的结果。故D选项错误。

综上，本题正确答案为：A。

10. 关于涉及遗传资源的专利申请，下列说法哪个是错误的？
    A. 对违反法律的规定获取遗传资源，并依赖该遗传资源完成的发明创造，不授予专利权
    B. 对违反行政法规的规定利用遗传资源，并依赖该遗传资源完成的发明创造，不授予专

利权

C. 依赖遗传资源完成的发明创造，申请人应当在专利申请文件中说明遗传资源的直接来源和原始来源

D. 依赖遗传资源完成的发明创造，申请人无法说明直接来源的，应当在申请文件中陈述理由

【答案】D

【知识点】涉及遗传资源的专利申请

【解析】《专利法》第五条第二款规定，对违反法律、行政法规的规定获取或者利用遗传资源，并依赖该遗传资源完成的发明创造，不授予专利权。《专利法》第二十六条第五款规定，依赖遗传资源完成的发明创造，申请人应当在专利申请文件中说明该遗传资源的直接来源和原始来源；申请人无法说明原始来源的，应当陈述理由。根据上述规定，申请人无法说明原始来源才应当陈述理由，故D选项错误。

综上，本题正确答案为：D。

11. 关于涉及生物材料的专利申请，下列哪个情形是符合生物材料保藏要求的？

A. 申请人自申请日起第2个月在国家知识产权局认可的保藏单位进行了生物保藏，并提交了保藏及存活证明

B. 申请人于申请日前2个月在国家知识产权局认可的保藏单位进行了生物保藏，自申请日起第6个月提交了保藏及存活证明

C. 申请人于申请日前半个月在国家知识产权局认可的保藏单位进行了生物保藏，自申请日起第2个月提交了保藏及存活证明

D. 为防止泄密，申请人于申请日前2个月在其学校的国家重点生物实验室自行进行了生物保藏，自申请日起第2个月提交了保藏及存活证明

【答案】C

【知识点】生物材料保藏的要求

【解析】《专利法实施细则》第二十四条规定，申请专利的发明涉及新的生物材料，该生物材料公众不能得到，并且对该生物材料的说明不足以使所属领域的技术人员实施其发明的，除应当符合《专利法》和该细则的有关规定外，申请人还应当办理下列手续：（一）在申请日前或者最迟在申请日（有优先权的，指优先权日），将该生物材料的样品提交国务院专利行政部门认可的保藏单位保藏，并在申请时或者最迟自申请日起4个月内提交保藏单位出具的保藏证明和存活证明；期满未提交证明的，该样品视为未提交保藏；（二）在申请文件中，提供有关该生物材料特征的资料；（三）涉及生物材料样品保藏的专利申请应当在请求书和说明书中写明该生物材料的分类命名（注明拉丁文名称）、保藏该生物材料样品的单位名称、地址、保藏日期和保藏编号；申请时未写明的，应当自申请日起4个月内补正；期满未补正的，视为未提交保藏。本题中，对于A选项，申请人是自申请日起第二个月在国家知识产权局认可的保藏单位进行了生物保藏，并提交了保藏证明及存活证明，并不是在申

请日前进行了生物保藏，故 A 选项错误。对于 B 选项，申请人是自申请日起第六个月而非自申请日起 4 个月内提交提交保藏证明及存活证明，故 B 选项错误。对于 D 选项，申请人仅在其学校的国家重点生物实验室自行进行了生物保藏，而非在国务院专利行政部门认可的保藏单位保藏，故 D 选项错误。C 选项满足了申请日前在国家知识产权局认可的保藏单位进行了生物保藏，并且在自申请日起 4 个月内（自申请日起第二个月）提交了保藏证明及存活证明，故 C 选项正确。

综上，本题正确答案为：C。

12. 下列写入外观设计专利申请简要说明中的内容，哪个是错误的？
 A. 外观设计产品名称是沙发
 B. 产品内部设有加热装置
 C. 省略仰视图
 D. 本外观设计的形状是设计要点

【答案】B

【知识点】外观设计专利申请文件

【解析】《专利法》第二十七条第一款规定，申请外观设计专利的，应当提交请求书、该外观设计的图片或者照片以及对该外观设计的简要说明等文件。《专利法实施细则》第二十八条规定，外观设计的简要说明应当写明外观设计产品的名称、用途，外观设计的设计要点，并指定一幅最能表明设计要点的图片或者照片。省略视图或者请求保护色彩的，应当在简要说明中写明。对同一产品的多项相似外观设计提出一件外观设计专利申请的，应当在简要说明中指定其中一项作为基本设计。简要说明不得使用商业性宣传用语，也不能用来说明产品的性能。《专利审查指南 2010》第一部分第三章第 4.3 节中规定，简要说明不得使用商业性宣传用语，也不能用来说明产品的性能和内部结构。本题中，A 选项说明外观设计产品的名称；C 选项说明省略视图的情形；D 选项说明外观设计的设计要点，故 A、C、D 选项所涉内容均属于应写入外观设计专利申请简要说明中的内容。B 选项说明的是产品的内部结构，故 B 选项错误。

综上，本题正确答案为：B。

13. 在下列哪个情形下，国家知识产权局将重新确定申请日？
 A. 甲通过邮局寄交的专利申请，因邮戳不清，国家知识产权局以收到日作为申请日，甲于收到受理通知书一个月后提交了邮局出具的寄出日期有效证明
 B. 乙的实用新型专利申请的说明书中写有对附图 3 的说明，但缺少相关附图，接到审查员发出的补正通知后，乙删除了该附图说明
 C. 丙提交的发明专利申请文件中缺少说明书摘要，一个月后丙补交了说明书摘要
 D. 丁提出的分案申请请求书中原案申请日填写错误，三天后经补正符合规定

【答案】D

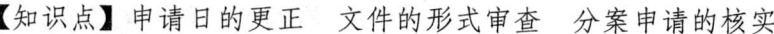

【知识点】申请日的更正　文件的形式审查　分案申请的核实

【解析】《专利审查指南2010》第五部分第三章第4节中规定，申请人收到专利申请受理通知书之后认为该通知书上记载的申请日与邮寄该申请文件日期不一致的，可以请求专利局更正申请日。专利局受理处收到申请人的申请日更正请求后，应当检查更正请求是否符合下列规定：（1）在递交专利申请文件之日起2个月内或者申请人收到专利申请受理通知书一个月内提出。（2）附有收寄专利申请文件的邮局出具的寄出日期的有效证明，该证明中注明的寄出挂号号码与请求书中记录的挂号号码一致。符合上述规定的，应予更正申请日；否则，不予更正申请日。A选项中，甲提交邮局出具的寄出日期有效证明是在收到受理通知书1个月后，故不予更正申请日。

《专利法实施细则》第四十条规定，说明书中写有对附图的说明但无附图或者缺少部分附图的，申请人应当在国务院专利行政部门指定的期限内补交附图或者声明取消对附图的说明。申请人补交附图的，以向国务院专利行政部门提交或者邮寄附图之日为申请日；取消对附图的说明的，保留原申请日。B选项中乙删除了附图3的说明，故无需重新确定申请日。

《专利审查指南2010》第五部分第三章第2.3.1节中规定了当专利申请符合受理条件时的受理程序，其中包括确定申请日，《专利审查指南2010》第五部分第三章第2.1节中规定了需要提交何种专利申请文件才能满足受理条件，其中规定，（1）申请文件中有请求书。该请求书中申请专利的类别明确；写明了申请人姓名或者名称及其地址。（2）发明专利申请文件中有说明书和权利要求书；实用新型专利申请文件中有说明书、说明书附图和权利要求书；外观设计专利申请文件中有图片或者照片和简要说明。由上述规定可知，符合受理条件并能确定申请日的专利申请文件并不包括说明书摘要，C选项补交的是说明书摘要，故无需重新确定申请日。

《专利审查指南2010》第一部分第一章第5.1.1节中规定，对于分案申请，除按规定审查申请文件和其他文件外，审查员还应当根据原申请核实下列各项内容：（1）请求书中填写的原申请的申请日。请求书中应当正确填写原申请的申请日，申请日填写有误的，审查员应当发出补正通知书，通知申请人补正。期满未补正的，审查员应当发出视为撤回通知书；补正符合规定的，审查员应当发出重新确定申请日通知书。故D选项正确。

综上，本题正确答案为：D。

14. 下列说法哪个是正确的?
    A. 国务院专利行政部门负责管理全国的专利工作
    B. 专利复审委员会负责受理针对专利权评价报告的更正请求
    C. 国务院专利行政部门设立的专利代办处受理所有专利申请
    D. 基层人民法院负责管辖本辖区内的专利纠纷第一审案件

【答案】A

【知识点】中国专利制度行政与司法机构

【解析】《专利法》第三条规定，国务院专利行政部门负责管理全国的专利工作；统一受理和审查专利申请，依法授予专利权。省、自治区、直辖市人民政府管理专利工作的部门负责本行政区域内的专利管理工作。A选项正确。

《专利法》第六十一条第二款规定，专利侵权纠纷涉及实用新型专利或者外观设计专利的，人民法院或者管理专利工作的部门可以要求专利权人或者利害关系人出具由国务院专利行政部门对相关实用新型或者外观设计进行检索、分析和评价后作出的专利权评价报告，作为审理、处理专利侵权纠纷的证据。《专利审查指南2010》第五部分第十章第6节中规定，作出专利权评价报告的部门在发现专利权评价报告中存在错误后，可以自行更正。请求人认为专利权评价报告存在需要更正的错误的，可以请求更正。《专利审查指南2010》第五部分第十章第6.3节中规定，更正程序启动后，作出专利权评价报告的部门应当成立由组长、主核员和参核员组成的三人复核组，对原专利权评价报告进行复核。复核结果经复核组合议作出，合议时采取少数服从多数的原则。作出原专利权评价报告的审查员和审核员不参加复核组。由以上规定可知，针对专利权评价报告的更正请求由国务院专利行政部门受理而非专利复审委员会，故B选项错误。

《专利审查指南2010》第五部分第三章第1节中规定，专利局的受理部门包括专利局受理处和专利局各代办处。专利局受理处负责受理专利申请及其他有关文件，代办处按照相关规定受理专利申请及其他有关文件。专利复审委员会可以受理与复审和无效宣告请求有关的文件。故C选项错误。

《最高人民法院关于审理专利纠纷案件适用法律问题的若干规定》第二条规定，专利纠纷第一审案件，由各省、自治区、直辖市人民政府所在地的中级人民法院和最高人民法院指定的中级人民法院管辖。最高人民法院根据实际情况，可以指定基层人民法院管辖第一审专利纠纷案件。故D选项错误。

综上，本题正确答案为：A。

15. 关于委托专利代理机构办理专利事务，下列说法哪个是正确的？
   A. 在中国内地没有营业所的澳门公司在中国申请专利的，可以不委托专利代理机构
   B. 上海某国有企业作为第一署名申请人与某英国公司共同在中国申请专利的，应当委托专利代理机构
   C. 在中国内地没有经常居所的香港人在中国申请专利的，应当委托专利代理机构
   D. 委托专利代理机构申请专利的，仅限委托一家专利代理机构且不可更换

【答案】C

【知识点】委托专利代理机构

【解析】《专利法》第十九条第一款规定，在中国没有经常居所或者营业所的外国人、外国企业或外国其他组织在中国申请专利和办理其他专利事务的，应当委托依法设立的专利代理机构办理。《专利审查指南2010》第一部分第一章第6.1.1节中规定，在中国内地没有经常居所或者营业所的香港、澳门或者台湾地区的申请人向专利局提出专利申请和办理其他

专利事务，或者作为第一署名申请人与中国内地的申请人共同申请专利和办理其他专利事务的，应当委托专利代理机构办理。对于A、C选项，申请人分别为在中国内地没有营业所的澳门公司、在中国内地没有经常居所的香港人，均应当委托专利代理机构，故A选项错误，C选项正确。

《专利法》第十九条第二款规定，中国单位或者个人在国内申请专利和办理其他专利事务的，可以委托依法设立的专利代理机构办理。对于B选项，第一署名申请人为上海某国有企业，可以不委托依法设立的专利代理机构办理，故B选项错误。

《专利审查指南2010》第一部分第一章第6.1.3节中规定，申请人（或专利权人）委托专利代理机构后，可以解除委托；专利代理机构接受申请人（或专利权人）委托后，可以辞去委托。办理解除委托和辞去委托手续的相关规定参见该章第6.7.2.4节。《专利审查指南2010》第一部分第一章第6.7.2.4节中规定，申请人（或专利权人）更换专利代理机构的，应当提交由全体申请人（或专利权人）签字或者盖章的对原专利代理机构的解除委托声明以及对新的专利代理机构的委托书。由上述规定可知，申请人委托专利代理机构申请专利的，可以解除委托或者更换专利代理结构，故D选项错误。

综上，本题正确答案为：C。

16. 一件享有外国优先权的发明专利申请，优先权日为2011年2月20日，申请日为2012年2月7日。下列说法哪个是错误的？

A. 该申请自2012年2月7日起满十八个月即行公布
B. 申请人提出实质审查请求的期限为自2011年2月20日起三年
C. 如果该项专利申请被授予专利权，则其保护期限自2012年2月7日起算
D. 2011年2月20日以前公开的相关技术属于该发明专利申请的现有技术

【答案】A

【知识点】申请日 优先权日 期限的起算日

【解析】《专利法》第三十四条规定，国务院专利行政部门收到发明专利申请后，经初步审查认为符合该法要求的，自申请日起满18个月，即行公布。国务院专利行政部门可以根据申请人的请求早日公布其申请。《专利法》第三十五条规定，发明专利申请自申请日起3年内，国务院专利行政部门可以根据申请人随时提出的请求，对其申请进行实质审查；申请人无正当理由逾期不请求实质审查的，该申请即被视为撤回。《专利法》第四十二条规定，发明专利权的期限为20年，实用新型专利权和外观设计专利权的期限为10年，均自申请日起计算。《专利法》第二十二条第五款规定，该法所称现有技术，是指申请日以前在国内外为公众所知的技术。《专利法实施细则》第十一条规定，除《专利法》第二十八条和第四十二条规定的情形外，《专利法》所称申请日，有优先权的，指优先权日。该细则所称申请日，除另有规定的外，是指《专利法》第二十八条规定的申请日。A、B、D选项分别涉及《专利法》第三十四条、第三十五条、第二十二条第五款，故上述期限的起算日为申请日，有优先权日的指优先权日，即2011年2月20日，故A选项错误，B、D选项正确。C选项涉及

《专利法》第四十二条,故其期限的起算日为申请日,即2012年2月7日,故C选项正确。

综上,本题正确答案为:A。

17. 申请人向国家知识产权局邮寄了一件专利申请,寄出的邮戳日为2015年3月6日。国家知识产权局于2015年3月8日收到了该申请,并于同日发出了受理通知书。申请人于2015年3月10日收到了该受理通知书。申请人最迟应当在哪一天缴纳申请费?

A. 2015年3月25日
B. 2015年4月7日
C. 2015年5月6日
D. 2015年5月8日

【答案】C

【知识点】费用的缴纳期限

【解析】《专利法实施细则》第九十五条规定,申请人应当自申请日起2个月内或者在收到受理通知书之日起15日内缴纳申请费、公布印刷费和必要的申请附加费;期满未缴纳或者未缴足的,其申请视为撤回。《专利审查指南2010》第五部分第三章第2.3.1节中规定,通过邮局邮寄递交到专利局受理处或者代办处的专利申请,以信封上的寄出邮戳日为申请日。故C选项正确。

综上,本题正确答案为:C。

18. 下列说法哪个是正确的?

A. 分案申请不能作为要求本国优先权的基础
B. 申请人可以以发明专利申请为基础,提出实用新型专利分案申请
C. 要求本国优先权的在后申请的发明人应当与在先申请的发明人一致或者部分一致
D. 申请人应当在其分案申请递交日起三个月内提交原申请的申请文件副本,期满未提交的,分案申请将被视为未提出

【答案】A

【知识点】本国优先权 分案申请

【解析】《专利法》第二十九条第二款规定,申请人自发明或者实用新型在中国第一次提出专利申请之日起12个月内,又向国务院专利行政部门就相同主题提出专利申请的,可以享有优先权。《专利法实施细则》第三十二条第二款规定,申请人要求本国优先权,在先申请是发明专利申请的,可以就相同主题提出发明或者实用新型专利申请;在先申请是实用新型专利申请的,可以就相同主题提出实用新型或者发明专利申请。但是,提出后一申请时,在先申请的主题有下列情形之一的,不得作为要求本国优先权的基础:(一)已经要求外国优先权或者本国优先权的;(二)已经被授予专利权的;(三)属于按照规定提出的分案申请的。故A选项正确。

《专利法实施细则》第三十一条第三款规定,要求优先权的申请人的姓名或者名称与在

先申请文件副本中记载的申请人姓名或者名称不一致的，应当提交优先权转让证明材料，未提交该证明材料的，视为未要求优先权。《专利审查指南2010》第一部分第一章第6.2.2.4节中规定，要求优先权的在后申请的申请人与在先申请中记载的申请人应当一致；不一致的，在后申请的申请人应当在提出在后申请之日起3个月内提交由在先申请的全体申请人签字或者盖章的优先权转让证明文件。在后申请的申请人期满未提交优先权转让证明文件，或者提交的优先权转让证明文件不符合规定的，审查员应当发出视为未要求优先权通知书。故C选项错误。

《专利法实施细则》第四十二条第三款规定，分案的申请不得改变原申请的类别。故申请人以发明专利申请为基础提出分案申请时，只能提出发明专利分案申请而不能提出实用新型专利分案申请，故B选项错误。

《专利审查指南2010》第一部分第一章第5.1.1节中规定，分案申请除应当提交申请文件外，还应当提交原申请的申请文件副本以及原申请中与本分案申请有关的其他文件副本（如优先权文件副本）。原申请中已提交的各种证明材料，可以使用复印件。原申请的国际公布使用外文的，除提交原申请的中文副本外，还应当同时提交原申请国际公布文本的副本。对于不符合规定的，审查员应当发出补正通知书，通知申请人补正。期满未补正的，审查员应当发出视为撤回通知书。故D选项错误。

综上，本题正确答案为：A。

19. 下列哪个主体不能作为专利申请人？
 A. 某研究所课题组
 B. 某有限责任公司
 C. 某监狱服刑人员
 D. 某十四周岁的中学生

【答案】A

【知识点】申请人的主体

【解析】《专利审查指南2010》第一部分第一章第4.1.3.1节中规定，在专利局的审查程序中，审查员对请求书中填写的申请人一般情况下不作资格审查。申请人是个人的，可以推定该发明为非职务发明，该个人有权提出专利申请，除非根据专利申请的内容判断申请人的资格明显有疑义的，才需要通知申请人提供所在单位出具的非职务发明证明。申请人是单位的，可以推定该发明是职务发明，该单位有权提出专利申请，除非该单位的申请人资格明显有疑义的，例如填写的单位是××大学科研处或者××研究所××课题组，才需要发出补正通知书，通知申请人提供能表明其具有申请人资格的证明文件。由此可知，"某有限责任公司""某监狱服刑人员""某十四周岁的中学生"都可以作为《专利法》规定的申请人。故B、C、D选项正确。由于"某研究所课题组"不具有法人资格，不能作为《专利法》规定的申请人，故A选项错误。

综上，本题正确答案为：A。

20. 国家知识产权局于 2014 年 3 月 6 日向申请人刘某发出其申请视为撤回通知书,但该通知书由于地址不详被退回,国家知识产权局于 2014 年 5 月 29 日公告送达。刘某最迟应当在哪天缴纳恢复权利请求费?

　　A. 2014 年 5 月 21 日
　　B. 2014 年 7 月 29 日
　　C. 2014 年 8 月 13 日
　　D. 2014 年 8 月 29 日

【答案】D

【知识点】请求恢复权利　费用的缴纳期限　期限的计算

【解析】《专利法实施细则》第四条第五款规定,文件送交地址不清,无法邮寄的,可以通过公告的方式送达当事人。自公告之日起满 1 个月,该文件视为已经送达。《专利法实施细则》第六条第一款至第三款规定,当事人因不可抗拒的事由而延误《专利法》或者该细则规定的期限或者国务院专利行政部门指定的期限,导致其权利丧失的,自障碍消除之日起 2 个月内,最迟自期限届满之日起 2 年内,可以向国务院专利行政部门请求恢复权利。除前款规定的情形外,当事人因其他正当理由延误《专利法》或者该细则规定的期限或者国务院专利行政部门指定的期限,导致其权利丧失的,可以自收到国务院专利行政部门的通知之日起 2 个月内向国务院专利行政部门请求恢复权利。当事人依照该条第一款或者第二款的规定请求恢复权利的,应当提交恢复权利请求书,说明理由,必要时附具有关证明文件,并办理权利丧失前应当办理的相应手续;依照该条第二款的规定请求恢复权利的,还应当缴纳恢复权利请求费。《专利审查指南 2010》第五部分第七章第 6.2 节中规定,根据《专利法实施细则》第六条第二款规定请求恢复权利的,应当自收到专利局或者专利复审委员会的处分决定之日起 2 个月内提交恢复权利请求书,说明理由,并同时缴纳恢复权利请求费。《专利审查指南 2010》第五部分第七章第 2.3 节中规定,期限的第一日(起算日)不计算在期限内。期限以年或者月计算的,以其最后一月的相应日(与起算日相对应的日期)为期限届满;该月无相应日的,以该月最后一日为期限届满日。在本题中,申请视为撤回通知书于 2014 年 5 月 29 日公告送达,故至 2014 年 6 月 29 日视为已经送达,申请人应当在 2 个月内,亦即 2014 年 8 月 29 日向国务院专利行政部门请求恢复权利,并同时缴纳恢复权利请求费。故 D 选项正确。

综上,本题正确答案为:D。

21. 下列关于实用新型专利申请的主动修改,哪个说法是正确的?

　　A. 申请人可以自申请日起 2 个月内提出主动修改
　　B. 申请人可以自收到受理通知书之日起 3 个月内提出主动修改
　　C. 超出修改期限的修改文件,国家知识产权局一律不予接受
　　D. 对权利要求书的修改仅限于权利要求的删除、合并和技术方案的删除

【答案】A

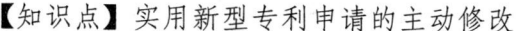

【知识点】实用新型专利申请的主动修改

【解析】《专利法》第三十三条规定，申请人可以对其专利申请文件进行修改，但是，对发明和实用新型专利申请文件的修改不得超出原说明书和权利要求书记载的范围，对外观设计专利申请文件的修改不得超出原图片或者照片表示的范围。《专利法实施细则》第五十一条第二款规定，实用新型或者外观设计专利申请人自申请日起2个月内，可以对实用新型或者外观设计专利申请主动提出修改。《专利审查指南2010》第一部分第二章第8.1节中规定，对于申请人的主动修改，审查员应当首先核对提出修改的日期是否在自申请日起2个月内。对于超过2个月的修改，如果修改的文件消除了原申请文件存在的缺陷，并且具有被授权的前景，则该修改文件可以接受。由以上规定可知，对于实用新型专利申请而言，申请人主动修改的时机是自申请日起2个月内，故A选项正确，B选项错误。对于超出修改期限的文件，国家知识产权局并非一律不予接受，如果修改的文件消除了原申请文件存在的缺陷，并且具有被授权的前景，则该修改文件可以接受，故C选项错误。对于权利要求书的主动修改，考虑的是修改是否符合《专利法》第三十三条的规定，而并未对修改方式进行限定，故D选项错误。

综上，本题正确答案为：A。

22. 申请人对国家知识产权局作出的下列哪个决定不服的，可以向专利复审委员会请求复审？

　　A. 专利申请视为撤回的决定
　　B. 驳回专利申请的决定
　　C. 不予受理专利申请的决定
　　D. 视为未要求优先权的决定

【答案】B

【知识点】复审请求客体

【解析】《专利法》第四十一条第一款规定，国务院专利行政部门设立专利复审委员会。专利申请人对国务院专利行政部门驳回申请的决定不服的，可以自收到通知之日起3个月内，向专利复审委员会请求复审。专利复审委员会复审后，作出决定，并通知专利申请人。故B选项正确。

综上，本题正确答案为：B。

23. 某件被驳回的发明专利申请，申请人为甲、乙，发明人为丙、丁。下列哪个复审请求应当被受理？

　　A. 甲和乙中任何一人或者其二者共同提出的复审请求
　　B. 丙和丁中任何一个或者其二者共同提出的复审请求
　　C. 甲和乙共同提出的复审请求
　　D. 甲、乙、丙、丁共同提出的复审请求

【答案】C

【知识点】复审请求人资格

【解析】《专利审查指南2010》第四部分第二章第2.2节中规定,被驳回申请的申请人可以向专利复审委员会提出复审请求。复审请求人不是被驳回申请的申请人的,其复审请求不予受理。被驳回申请的申请人属于共同申请人的,如果复审请求人不是全部申请人,专利复审委员会应当通知复审请求人在指定期限内补正;期满未补正的,其复审请求视为未提出。由此可知,只有甲和乙共同提出复审请求才符合相关规定,故C选项正确。

综上,本题正确答案为:C。

24. 复审请求人甲某在复审程序中对申请文件进行了修改,下列哪个修改符合相关规定?

A. 驳回理由是权利要求1不具备创造性,甲某对权利要求进行修改时将权利要求1的类型由方法修改为产品

B. 驳回理由是权利要求1得不到说明书支持,甲某对权利要求进行修改时增加了一项从属权利要求

C. 驳回理由是权利要求1不具备创造性,甲某对权利要求进行修改时将权利要求1中的一个技术特征删除

D. 驳回理由是权利要求1缺少必要技术特征,甲某对权利要求进行修改时将说明书中相应技术方案的特征补入到权利要求1中

【答案】D

【知识点】复审程序中修改文本的审查

【解析】《专利法实施细则》第六十一条第一款规定,请求人在提出复审请求或者在对专利复审委员会的复审通知书作出答复时,可以修改专利申请文件;但是,修改应当仅限于消除驳回决定或者复审通知书指出的缺陷。《专利审查指南2010》第四部分第二章第4.2节中规定,在提出复审请求、答复复审通知书(包括复审请求口头审理通知书)或者参加口头审理时,复审请求人可以对申请文件进行修改。但是,所作修改应当符合《专利法》第三十三条和《专利法实施细则》第六十一条第一款的规定。根据《专利法实施细则》第六十一条第一款的规定,复审请求人对申请文件的修改应当仅限于消除驳回决定或者合议组指出的缺陷。下列情形通常不符合上述规定:(1)修改后的权利要求相对于驳回决定针对的权利要求扩大了保护范围。(2)将与驳回决定针对的权利要求所限定的技术方案缺乏单一性的技术方案作为修改后的权利要求。(3)改变权利要求的类型或者增加权利要求。(4)针对驳回决定指出的缺陷未涉及的权利要求或者说明书进行修改。但修改明显文字错误,或者修改与驳回决定所指出缺陷性质相同的缺陷的情形除外。本题中,将权利要求1的类型由方法修改为产品通常无法克服权利要求1不具备创造性的缺陷,故A选项错误。增加一项从属权利要求并不会克服权利要求1得不到说明书支持的缺陷,故B选项错误。将权利要求1中的一个技术特征删除,其相对于驳回决定针对的权利要求扩大了保护范围,不会克服权利要求1不具备创造性的缺陷,故C选项错误。将说明书中相应技术方案的特征补入到权利要求1中,其

目的是为了克服权利要求1缺乏必要技术特征的缺陷，故D选项正确。

综上，本题正确答案为：D。

25. 在下列哪个情形下无效宣告程序终止？

  A. 请求人请求撤回其无效宣告请求，但专利复审委员会认为根据已进行的审查工作能够作出宣告专利权无效的决定

  B. 专利权人未提交口头审理回执，也未参加口头审理

  C. 当事人在收到无效宣告请求审查决定之日起三个月内未向人民法院起诉

  D. 专利复审委员会对无效宣告请求作出维持专利权有效的审查决定

【答案】C

【知识点】无效宣告程序的终止

【解析】《专利法实施细则》第七十条第三款规定，无效宣告请求人对专利复审委员会发出的口头审理通知书在指定的期限内未作答复，并且不参加口头审理的，其无效宣告请求视为撤回；专利权人不参加口头审理的，可以缺席审理。《专利法实施细则》第七十二条规定，专利复审委员会对无效宣告的请求作出决定前，无效宣告请求人可以撤回其请求。专利复审委员会作出决定之前，无效宣告请求人撤回其请求或者其无效宣告请求被视为撤回的，无效宣告请求审查程序终止。但是，专利复审委员会认为根据已进行的审查工作能够作出宣告专利权无效或者部分无效的决定的，不终止审查程序。《专利审查指南2010》第四部分第三章第7节中规定，请求人在专利复审委员会对无效宣告请求作出审查决定之前，撤回其无效宣告请求的，无效宣告程序终止，但专利复审委员会认为根据已进行的审查工作能够作出宣告专利权无效或者部分无效的决定的除外。请求人未在指定的期限内答复口头审理通知书，并且不参加口头审理，其无效宣告请求被视为撤回的，无效宣告程序终止，但专利复审委员会认为根据已进行的审查工作能够作出宣告专利权无效或者部分无效的决定的除外。已受理的无效宣告请求因不符合受理条件而被驳回请求的，无效宣告程序终止。在专利复审委员会对无效宣告请求作出审查决定之后，当事人未在收到该审查决定之日起3个月内向人民法院起诉，或者人民法院生效判决维持该审查决定的，无效宣告程序终止。在专利复审委员会作出宣告专利权全部无效的审查决定后，当事人未在收到该审查决定之日起3个月内向人民法院起诉，或者人民法院生效判决维持该审查决定的，针对该专利权的所有其他无效宣告程序终止。本题中，对于A选项，尽管请求人请求撤回其无效宣告请求，但专利复审委员会认为根据已进行的审查工作能够作出宣告专利权无效的决定，将不终止审查程序，故无效宣告程序尚未终止，A选项错误。对于B选项，尽管专利权人未提交口头审理回执，也未参加口头审理，但专利复审委员会可以缺席审理，故无效宣告程序尚未终止，B选项错误。对于C选项，当事人在收到无效宣告请求审查决定之日起3个月内未向人民法院起诉，无效宣告请求审查决定已生效，故无效宣告程序终止，C选项正确。对于D选项，尽管专利复审委员会对无效宣告请求作出维持专利权有效的审查决定，但还未能确定当事人在收到该审查决定之日起3个月内是否向人民法院起诉，也没有人民法院生效判决维持该审查决定，故无效宣告程序尚未终止，D选项错误。

综上，本题正确答案为：C。

26. 复审请求人丁某收到专利复审委员会发出的口头审理通知书后，其下列哪个做法不符合相关规定？

    A. 丁某不参加口头审理，委托两名专利代理人参加
    B. 丁某在指定的期限内进行书面意见陈述，不参加口头审理
    C. 丁某未进行书面意见陈述，在指定日期参加口头审理
    D. 丁某与其委托的四名专利代理人在指定的日期参加口头审理

【答案】D

【知识点】复审程序中有关口头审理的规定

【解析】《专利审查指南2010》第四部分第四章第3节中规定，在复审程序中，确定需要进行口头审理的，合议组应当向复审请求人发出口头审理通知书，通知进行口头审理的日期、地点以及口头审理拟调查的事项。合议组认为专利申请不符合《专利法》及其实施细则有关规定的，可以随口头审理通知书将专利申请不符合《专利法》及其实施细则有关规定的具体事实、理由和证据告知复审请求人。合议组应当在口头审理通知书中告知复审请求人，可以选择参加口头审理进行口头答辩，或者在指定的期限内进行书面意见陈述。复审请求人应当在收到口头审理通知书之日起7日内向专利复审委员会提交口头审理通知书回执，并在回执中明确表示是否参加口头审理；逾期未提交回执的，视为不参加口头审理。口头审理通知书中已经告知该专利申请不符合《专利法》及其实施细则和《专利审查指南2010》有关规定的具体事实、理由和证据的，如果复审请求人既未出席口头审理，也未在指定的期限内进行书面意见陈述，其复审请求视为撤回。由上述规定可知，丁某针对专利复审委员会发出的口头审理通知书，既可以选择参加口头审理进行口头答辩，也可以在指定的期限内进行书面意见陈述，故B、C选项符合相关规定。

《专利审查指南2010》第四部分第四章第3节中规定，参加口头审理的每方当事人及其代理人的数量不得超过四人。当事人不能在指定日期参加口头审理的，可以委托其专利代理人或者其他人代表出庭。由上述规定可知，丁某如果不能在指定日期参加口头审理的，可以委托专利代理人参加，只要数量不超过四人，故A选项符合相关规定。当丁某与其委托的专利代理人同时参加口头审理时，人数不能超过四人，而D选项中参加口头审理的人数已达五人，故D选项不符合相关规定。

综上，本题正确答案为：D。

27. 某发明专利，申请日为2008年8月1日，优先权日为2007年9月1日，公布日为2009年1月10日，授权公告日为2012年3月1日。该专利权的期限届满日是哪一天？

    A. 2027年9月1日　　　　　　　　B. 2028年8月1日
    C. 2029年1月10日　　　　　　　D. 2032年3月1日

【答案】B

【知识点】发明专利权的期限

【解析】《专利法》第四十二条规定，发明专利权的期限为20年，实用新型专利权和外观设计专利权的期限为10年，均自申请日起计算。《专利法实施细则》第十一条规定，除《专利法》第二十八条和第四十二条规定的情形外，专利法所称申请日，有优先权的，指优先权日。该细则所称申请日，除另有规定的外，是指《专利法》第二十八条规定的申请日。由此可知，该发明专利权的期限应当是自申请日2008年8月1日起算，即到2028年8月1日届满，故B选项正确。

综上，本题正确答案为：B。

28. 下列关于诉前停止侵权行为的说法哪个是正确的？
   A. 专利权人提出诉前责令停止侵权行为的申请时，应当提供担保
   B. 专利权人可以向管理专利工作的部门提出诉前责令停止侵权行为的申请
   C. 专利实施许可合同的被许可人不能单独提出责令停止侵权行为的申请
   D. 当事人对责令停止侵权行为的裁定不服的，可以申请复议或提起上诉

【答案】A

【知识点】诉前临时措施

【解析】《最高人民法院关于对诉前停止侵犯专利权行为适用法律问题的若干规定》第六条第一款规定，申请人提出申请时应当提供担保，申请人不提供担保的，驳回申请。故A选项正确。《最高人民法院关于对诉前停止侵犯专利权行为适用法律问题的若干规定》第二条规定，诉前责令停止侵犯专利权行为的申请，应当向有专利侵权案件管辖权的人民法院提出。故B选项错误。《最高人民法院关于对诉前停止侵犯专利权行为适用法律问题的若干规定》第一条规定，根据《专利法》第六十一条的规定，专利权人或者利害关系人可以向人民法院提出诉前责令被申请人停止侵犯专利权行为的申请。提出申请的利害关系人，包括专利实施许可合同的被许可人、专利财产权利的合法继承人等。专利实施许可合同的被许可人中，独占实施许可合同的被许可人可以单独向人民法院提出申请；排他实施许可合同的被许可人在专利权人不申请的情况下，可以提出申请。故C选项错误。《最高人民法院关于对诉前停止侵犯专利权行为适用法律问题的若干规定》第十条规定，当事人对裁定不服的，可以在收到裁定之日起10日内申请复议一次。复议期间不停止裁定的执行。故D选项错误。

综上，本题正确答案为：A。

29. 甲公司拥有一项产品发明专利，其权利要求包括a、b、c、d四个特征，其中a、b、c三个特征属于必要技术特征。未经甲公司许可，乙公司制造的下列哪个产品侵犯甲公司的专利权？
   A. 产品包括特征a、b、c、f，其中特征f是记载在甲公司专利说明书中的特征
   B. 产品包括特征b、c、d、e
   C. 产品包括特征a、b′、c，其中b′与b是等同的技术特征
   D. 产品包括特征a、b、c、d、g，其中特征g是没有记载在甲公司专利说明书中的特征

【答案】D

【知识点】发明的保护范围　权利要求和说明书的作用　等同侵权

【解析】《专利法》第五十九条第一款规定，发明或者实用新型专利权的保护范围以其权利要求的内容为准，说明书及附图可以用于解释权利要求的内容。《最高人民法院关于审理专利纠纷案件适用法律问题的若干规定》第十七条规定，《专利法》第五十九条第一款所称的"发明或者实用新型专利权的保护范围以其权利要求的内容为准，说明书及附图可以用于解释权利要求的内容"，是指专利权的保护范围应当以权利要求记载的全部技术特征所确定的范围为准，也包括与该技术特征相等同的特征所确定的范围。等同特征，是指与所记载的技术特征以基本相同的手段、实现基本相同的功能，达到基本相同的效果，并且本领域普通技术人员在被诉侵权行为发生时无需经过创造性劳动就能够联想到的特征。本题中，甲公司拥有一项产品发明专利，其权利要求包括a、b、c、d四个特征，因此其保护范围就是含有该四个技术特征的技术方案。A、C选项中的产品均不包括d特征，B选项中的产品不包括a特征，故均没有落入该项专利的保护范围，A、B、C选项错误。D选项中的产品包括了a、b、c、d四个技术特征，故落入了该项专利的保护范围，D选项正确。

综上，本题正确答案为：D。

30. 下述说法哪个是错误的？
   A. 中国采用国际专利分类法对发明专利申请进行分类
   B. 中国采用国际专利分类法对实用新型专利申请进行分类
   C. 中国采用洛迦诺分类法对实用新型专利申请进行分类
   D. 中国采用洛迦诺分类法对外观设计专利申请进行分类

【答案】C

【知识点】专利分类

【解析】《专利审查指南2010》第一部分第三章第12节中规定，专利局采用国际外观设计分类法（即洛迦诺分类法）对外观设计专利申请进行分类，以最新公布的《国际外观设计分类表》中文译本为工作文本。《专利审查指南2010》第一部分第四章第1节中规定，专利局采用国际专利分类对发明专利申请和实用新型专利申请进行分类，以最新版的国际专利分类表（IPC，包括其使用指南）中文译本为工作文本，有疑义时以相同版的英文或法文版本为准。故A、B、D选项正确，C选项错误。

综上，本题正确答案为：C。

二、多项选择题（每题所设选项中至少有两个正确答案，多选、少选、错选或不选均不得分。本部分含31—100题，每题1.5分，共105分。）

31. 下列说法哪些是正确的？
   A. 发明专利申请须经过初步审查、公布、实质审查才能授予专利权

B. 实用新型专利保护对产品及其制造方法所提出的适于实用的新的技术方案

C. 外观设计专利权授予最先设计的人

D. 任何单位或者个人实施他人专利的，应当与专利权人订立实施许可合同

【答案】AD

【知识点】发明专利的特点：先申请制　审查制度　保护客体　专利权

【解析】《专利法》第三十四条规定，国务院专利行政部门收到发明专利申请后，经初步审查认为符合该法要求的，自申请日起满18个月，即行公布。国务院专利行政部门可以根据申请人的请求早日公布其申请。《专利法》第三十五条规定，发明专利申请自申请日起3年内，国务院专利行政部门可以根据申请人随时提出的请求，对其申请进行实质审查；申请人无正当理由逾期不请求实质审查的，该申请即被视为撤回。《专利法》第三十九条规定，发明专利申请经实质审查没有发现驳回理由的，由国务院专利行政部门作出授予发明专利权的决定，发给发明专利证书，同时予以登记和公告。发明专利权自公告之日起生效。由上述规定可知，发明专利申请须经过初步审查、公布、实质审查才能授予专利权，A选项正确。

《专利法》第二条第三款规定，实用新型，是指对产品的形状、构造或者其结合所提出的适于实用的新的技术方案。由此可见，实用新型专利不保护对产品的制造方法所提出的适于实用的新的技术方案，B选项错误。

《专利法》第九条第二款规定，两个以上的申请人分别就同样的发明创造申请专利的，专利权授予最先申请的人。可见，外观设计专利权授予最先申请的人而非最先设计的人，C选项错误。

《专利法》第十二条规定，任何单位或者个人实施他人专利的，应当与专利权人订立实施许可合同，向专利权人支付专利使用费。被许可人无权允许合同规定以外的任何单位或者个人实施该专利。D选项正确。

综上，本题正确答案为：A、D。

32. 下列哪些专利申请不能作为就相同主题提出的实用新型专利申请的优先权基础？

　　A. 在中国提出的外观设计专利申请

　　B. 已享受过本国优先权的专利申请

　　C. 不是第一次在外国提出的专利申请

　　D. 已被授予专利权的专利申请

【答案】ABC

【知识点】优先权　本国优先权

【解析】《专利法》第二十九条规定，申请人自发明或者实用新型在外国第一次提出专利申请之日起12个月内，或者自外观设计在外国第一次提出专利申请之日起6个月内，又在中国就相同主题提出专利申请的，依照该外国同中国签订的协议或者共同参加的国际条约，或者依照相互承认优先权的原则，可以享有优先权。申请人自发明或者实用新型在中国第一次提出专利申请之日起12个月内，又向国务院专利行政部门就相同主题提出专利申请的，可

以享有优先权。可见，就相同主题提出的实用新型专利申请的优先权基础只能是发明或者实用新型专利申请，A选项符合题意。作为优先权基础的应当是首次申请，故C选项符合题意。

《专利法实施细则》第三十二条第二款规定，申请人要求本国优先权，在先申请是发明专利申请的，可以就相同主题提出发明或者实用新型专利申请；在先申请是实用新型专利申请的，可以就相同主题提出实用新型或者发明专利申请。但是，提出后一申请时，在先申请的主题有下列情形之一的，不得作为要求本国优先权的基础：（一）已经要求外国优先权或者本国优先权的；（二）已经被授予专利权的；（三）属于按照规定提出的分案申请的。故B选项符合题意。

《专利审查指南2010》第二部分第三章第4.1.1节中规定，享有外国优先权的发明创造与外国首次申请审批的最终结果无关，只要该首次申请在有关国家或政府间组织中获得了确定的申请日，就可作为要求外国优先权的基础。对于已经授予专利权的专利申请，如果该申请是外国申请，其仍然可以作为就相同主题提出的实用新型专利申请的优先权基础，但如果该申请为本国申请，则无法作为就相同主题提出的实用新型专利申请的优先权基础。D选项不符合题意。

综上，本题正确答案为：A、B、C。

33. 对于共有的专利权，在共有人无任何约定的情形下，下列哪些行为必须获得全体共有人的同意？

A. 专利权的转让
B. 专利权的普通实施许可
C. 以专利权入股
D. 专利权的出质

【答案】ACD

【知识点】专利权的共有

【解析】《专利法》第十五条规定，专利申请权或者专利权的共有人对权利的行使有约定的，从其约定。没有约定的，共有人可以单独实施或者以普通许可方式许可他人实施该专利；许可他人实施该专利的，收取的使用费应当在共有人之间分配。除前款规定的情形外，行使共有的专利申请权或者专利权应当取得全体共有人的同意。由此可见，在共有人无任何约定的情形下，除B选项中专利权的普通实施许可外，专利权的转让、以专利权入股、专利权的出质均应获得全体共有人的同意。

综上，本题正确答案为：A、C、D。

34. 某公司员工张某执行本公司任务完成了一项发明创造，其公司就该发明获得了发明专利权。在没有约定的情形下，下列说法哪些是正确的？

A. 该公司应当自专利权公告之日起3个月内发给张某奖金
B. 该公司给予张某的奖金数额最低不少于3000元

C. 该公司如果自行实施该发明专利，则应当从实施该发明专利的营业利润中提取不低于2%作为报酬给予张某

D. 该公司如果许可他人实施该发明专利，则应当从收取的许可费中提取不低于10%作为报酬给予张某

【答案】ABCD

【知识点】职务发明创造

【解析】《专利法》第六条规定，执行本单位的任务或者主要是利用本单位的物质技术条件所完成的发明创造为职务发明创造。职务发明创造申请专利的权利属于该单位；申请被批准后，该单位为专利权人。非职务发明创造，申请专利的权利属于发明人或者设计人；申请被批准后，该发明人或者设计人为专利权人。利用本单位的物质技术条件所完成的发明创造，单位与发明人或者设计人订有合同，对申请专利的权利和专利权的归属作出约定的，从其约定。《专利法》第十六条规定，被授予专利权的单位应当对职务发明创造的发明人或者设计人给予奖励；发明创造专利实施后，根据其推广应用的范围和取得的经济效益，对发明人或者设计人给予合理的报酬。《专利法实施细则》第七十七条规定，被授予专利权的单位未与发明人、设计人约定也未在其依法制定的规章制度中规定《专利法》第十六条规定的奖励的方式和数额的，应当自专利权公告之日起3个月内发给发明人或者设计人奖金。一项发明专利的奖金最低不少于3000元；一项实用新型专利或者外观设计专利的奖金最低不少于1000元。由于发明人或者设计人的建议被其所属单位采纳而完成的发明创造，被授予专利权的单位应当从优发给奖金。本题中，张某是在执行本公司任务完成的发明创造，且该公司就该发明获得了发明专利权，故其属于职务发明创造。根据上述规定，该公司应当自专利权公告之日起3个月内发给张某最低不少于3000元的奖金，故A、B选项正确。

《专利法实施细则》第七十八条规定，被授予专利权的单位未与发明人、设计人约定也未在其依法制定的规章制度中规定《专利法》第十六条规定的报酬的方式和数额的，在专利权有效期限内，实施发明创造专利后，每年应当从实施该项发明或者实用新型专利的营业利润中提取不低于2%或者从实施该项外观设计专利的营业利润中提取不低于0.2%，作为报酬给予发明人或者设计人，或者参照上述比例，给予发明人或者设计人一次性报酬；被授予专利权的单位许可其他单位或者个人实施其专利的，应当从收取的使用费中提取不低于10%，作为报酬给予发明人或者设计人。根据上述规定，C、D选项正确。

综上，本题正确答案为：A、B、C、D。

35. 关于合伙制专利代理机构的设立，下列说法哪些是正确的？

A. 应当由3名以上合伙人共同出资发起

B. 应当具有不低于5万元人民币的资金

C. 作为另一专利代理机构的合伙人不满2年的，不得作为新设立的专利代理机构的合伙人

D. 合伙人应当能够专职从事专利代理业务

【答案】ACD

【知识点】专利代理机构的设立

【解析】《专利代理管理办法》第三条规定，专利代理机构的组织形式为合伙制专利代理机构或者有限责任制专利代理机构。合伙制专利代理机构应当由3名以上合伙人共同出资发起，有限责任制专利代理机构应当由5名以上股东共同出资发起。合伙制专利代理机构的合伙人对该专利代理机构的债务承担无限连带责任；有限责任制专利代理机构以该机构的全部资产对其债务承担责任。故A选项正确。

《专利代理管理办法》第四条规定，设立专利代理机构应当符合下列条件：（一）具有符合该办法第七条规定的机构名称；（二）具有合伙协议书或者章程；（三）具有符合该办法第五条、第六条规定的合伙人或者股东；（四）具有固定的办公场所和必要的工作设施。律师事务所申请开办专利代理业务的，在该律师事务所执业的专职律师中应当有3名以上具有专利代理人资格。《专利代理管理办法》第五条规定，专利代理机构的合伙人或者股东应当符合下列条件：（一）具有专利代理人资格；（二）具有2年以上在专利代理机构执业的经历；（三）能够专职从事专利代理业务；（四）申请设立专利代理机构时的年龄不超过65周岁；（五）品行良好。《专利代理管理办法》第六条规定，有下列情形之一的，不得作为专利代理机构的合伙人或股东：（一）不具有完全民事行为能力的；（二）在国家机关或企事业单位工作，尚未正式办理辞职、解聘或离休、退休手续的；（三）作为另一专利代理机构的合伙人或者股东不满2年的；（四）受到《专利代理惩戒规则（试行）》第五条规定的通报批评或者收回专利代理人执业证的惩戒不满3年的；（五）受刑事处罚的（过失犯罪除外）。根据上述规定，C、D选项正确。鉴于《专利代理管理办法》确定的设立专利代理机构的条件中并未对资金数额进行要求，故B选项错误。

综上，本题正确答案为：A、C、D。

36. 李某是某专利代理公司聘用的专职专利代理人，其在任职期间的下列哪些行为不符合相关规定？

A. 受该代理公司的指派，到一家制药公司从事专利事务方面的咨询
B. 以个人名义对来该代理公司任职之前完成的一项研究成果提出专利申请
C. 在该代理公司不知情的情况下利用业余时间接受张某的委托，从事专利代理业务
D. 与朋友私下交谈时提及了所代理的他人案件的发明创造的内容

【答案】BCD

【知识点】对专利代理人的行为约束

【解析】《专利代理条例》第八条规定，专利代理机构承办下列事务：（一）提供专利事务方面的咨询；（二）代写专利申请文件，办理专利申请；请求实质审查或者复审的有关事务；（三）提出异议，请求宣告专利权无效的有关事务；（四）办理专利申请权、专利权的转让以及专利许可的有关事务；（五）接受聘请，指派专利代理人担任专利顾问；（六）办理其他有关事务。根据上述规定，李某作为某专利代理公司聘用的专职专利代理人，可以受该代理公司的指派，到制药公司担任专利顾问，从事专利事务方面的咨询，故A选项正确。

《专利代理条例》第二十条规定，专利代理人在从事专利代理业务期间和脱离专利代理业务后一年内，不得申请专利。尽管李某是针对来该代理公司任职之前完成的一项研究成果提出的专利申请，鉴于其目前正从事专利代理业务期间，故不能申请专利，B选项错误。

《专利代理条例》第十七条规定，专利代理人必须承办专利代理机构委派的专利代理工作，不得自行接受委托。故李某不能在代理公司不知情的情况下利用业余时间接受张某的委托，从事专利代理业务，C选项错误。

《专利代理条例》第二十三条规定，专利代理人对其在代理业务活动中了解的发明创造的内容，除专利申请已经公布或者公告的以外，负有保守秘密的责任。如果李某是在其所代理的他人案件的发明创造被公布或者公告前与朋友在私下交谈时提及则不能被允许，但如果该发明创造已被公布或者公告，则应能允许。

综上，本题正确答案为：B、C、D。

37. 下列哪些属于外观设计专利保护的客体？
    A. 帽子上的绢花造型设计
    B. 通电后才显示的霓虹灯的彩色图案
    C. 饼干的月牙形设计
    D. 餐巾扎成的玫瑰花形状

【答案】A B C

【知识点】外观设计专利保护的客体

【解析】《专利法》第二条第四款规定，外观设计，是指对产品的形状、图案或者其结合以及色彩与形状、图案的结合所作出的富有美感并适于工业应用的新设计。《专利审查指南2010》第一部分第三章第7.4节中，对根据《专利法》第二条第四款属于不授予外观设计专利权的情形进行了规定，其中包括"要求保护的外观设计不是产品本身常规的形态，例如手帕扎成动物形态的外观设计"；"游戏界面以及与人机交互无关或者与实现产品功能无关的产品显示装置所显示的图案，例如，电子屏幕壁纸、开关机画面、网站网页的图文排版"（注：根据《国家知识产权局关于修改〈专利审查指南〉的决定》（第68号）的规定）。"餐巾扎成的玫瑰花形状"并非产品本身常规的形态，故不属于外观设计专利保护的客体，D选项错误。"通电后才显示的霓虹灯的彩色图案"并不属于游戏界面以及与人机交互无关或者与实现产品功能无关的产品显示装置所显示的图案，属于外观设计专利保护的客体，B选项正确。"帽子上的绢花造型设计""饼干的月牙形设计"是对产品的形状作出的设计，属于外观设计专利保护的客体，A、C选项正确。

综上，本题正确答案为：A、B、C。

38. 某发明专利申请的申请日为2014年2月5日，优先权日为2013年3月6日。下列哪些技术构成了该申请的现有技术？

    A. 2013年3月出版的国外某科技专著上公开的与该申请相关的技术

B. 2013年2月在欧洲公开使用的与该申请相关的技术

C. 2013年3月6日在国内某期刊上公开的与该申请相关的技术

D. 2013年2月5日在国内某展览会上公开的与该申请相关的技术

【答案】BD

【知识点】现有技术

【解析】《专利法》第二十二条第五款规定，该法所称现有技术，是指申请日以前在国内外为公众所知的技术。《专利审查指南2010》第二部分第三章第2.1节中规定，现有技术是指申请日以前在国内外为公众所知的技术。现有技术包括在申请日（有优先权的，指优先权日）以前在国内外出版物上公开发表、在国内外公开使用或者以其他方式为公众所知的技术。现有技术应当是在申请日以前公众能够得知的技术内容。换句话说，现有技术应当在申请日以前处于能够为公众获得的状态，并包含有能够使公众从中得知实质性技术知识的内容。

《专利审查指南2010》第二部分第三章第2.1.2.1节中规定，出版物的印刷日视为公开日，有其他证据证明其公开日的除外。印刷日只写明年月或者年份的，以所写月份的最后一日或者所写年份的12月31日为公开日。由此可知，A选项中出版物的公开日为2013年3月31日，在优先权日之后，故其记载的技术不构成本题中专利申请的现有技术，A选项错误。B选项中，在欧洲公开使用的时间为2013年2月，在2013年3月6日之前，故在欧洲公开使用的与该申请相关的技术构成本题中专利申请的现有技术，B选项正确。

《专利审查指南2010》第二部分第三章第2.1.1节中规定，申请日当天公开的技术内容不包括在现有技术范围内。故2013年3月6日在国内某期刊上公开的与该申请相关的技术不构成本题中专利申请的现有技术，C选项错误。

对于D选项，在国内某展览会上公开的时间为2013年2月5日，早于2013年3月6日，属于申请日前的使用公开，构成本题中专利申请的现有技术，D选择正确。

综上，本题正确答案为：B、D。

39. 一件中国发明专利申请的申请日为2014年2月1日，优先权日为2013年3月5日。下列记载了相同发明内容的专利文献哪些构成该申请的抵触申请？

A. 一件西班牙专利申请，其申请日为2011年10月15日，公开日为2013年5月6日

B. 一件在韩国提出的PCT国际申请，其国际申请日为2011年9月8日，国际公布日为2013年3月8日，进入中国国家阶段的日期为2014年4月8日，中国国家公布日为2014年8月8日

C. 同一申请人于2013年1月4日向国家知识产权局提交的实用新型专利申请，授权公告日为2013年3月6日

D. 美国某公司在中国提出的发明专利申请，其申请日为2013年3月1日，公开日为2014年9月1日

【答案】BCD

【知识点】抵触申请

【解析】《专利法》第二十二条第二款规定，新颖性，是指该发明或者实用新型不属于现有技术；也没有任何单位或者个人就同样的发明或者实用新型在申请日以前向国务院专利行政部门提出过申请，并记载在申请日以后公布的专利申请文件或者公告的专利文件中。《专利审查指南2010》第二部分第三章第2.2节中规定，确定是否存在抵触申请，不仅要查阅在先专利或专利申请的权利要求书，而且要查阅其说明书（包括附图），应当以其全文内容为准。抵触申请还包括满足以下条件的进入了中国国家阶段的国际专利申请，即申请日以前由任何单位或者个人提出、并在申请日之后（含申请日）由专利局作出公布或公告的且为同样的发明或者实用新型的国际专利申请。抵触申请仅指在申请日以前提出的，不包含在申请日提出的同样的发明或者实用新型专利申请。由此可见，构成抵触申请需满足以下三个条件：申请日在本申请的申请日前，公开日/公告日在本申请的申请日后；向国务院专利行政部门提出的申请；属于同样的发明或者实用新型。鉴于已经明确了均为相同的发明内容，故判断其是否构成抵触申请的关键在于看前两个条件是否满足。A选项中的专利申请是一件西班牙申请，不是向国务院专利行政部门提出的申请，故A选项错误。B选项的专利申请属于在申请日前提出的申请，且进入中国国家阶段并在申请日后进行了中国国家公布的国际专利申请，故B选项正确。C选项同样满足申请日在本申请的申请日前，公告日在本申请的申请日后；向国务院专利行政部门提出的申请，且抵触申请的申请人包括任何单位或个人，也包括本人，故C选项正确。D选项同样满足相应的条件，D选项正确。

综上，本题正确答案为：B、C、D。

40. 一件发明专利申请的权利要求书如下：

"1. 一种设备，其特征在于包括部件a，b和c。

2. 根据权利要求1所述的设备，其特征在于还包括部件d。

3. 根据权利要求1或2所述的设备，其特征在于还包括部件e。

4. 根据权利要求3所述的设备，其特征在于还包括部件f。"

审查员检索到构成本申请现有技术的一篇对比文件，其技术方案公开了由部件a、b、c、d、f组成的设备。上述a、b、c、d、e、f为实质不同、且不能相互置换的部件。下列哪些选项是正确的？

A. 权利要求1不具备新颖性
B. 权利要求2不具备新颖性
C. 权利要求3不具备新颖性
D. 权利要求4不具备新颖性

【答案】AB

【知识点】新颖性判断

【解析】《专利法》第二十二条第二款规定，新颖性，是指该发明或者实用新型不属于现有技术；也没有任何单位或者个人就同样的发明或者实用新型在申请日以前向国务院专利行政部门提出过申请，并记载在申请日以后公布的专利申请文件或者公告的专利文件中。《专利审查指南2010》第二部分第三章第3.1节中规定，被审查的发明或者实用新型专利申请与现有技术或者申请日前由任何单位或者个人向专利局提出申请并在申请日后（含申请日）公布或公告的（以下简称申请在先公布或公告在后的）发明或者实用新型的相关内容相比，如果其技术领域、所解决的技术问题、技术方案和预期效果实质上相同，则认为两者为同样的发明或者实用新型。本题中对比文件公开了由部件a、b、c、d、f组成的设备，所述专利申请的权利要求1请求保护的设备包含a、b、c三个部件，权利要求2请求保护保护的设备包含a、b、c、d四个部件，对比文件公开的设备落入权利要求1、2请求保护的范围内，故权利要求1、2不具备新颖性，A、B选项正确。权利要求3分别引用权利要求1或2，包括两个技术方案，分别是包含a、b、c、e四个部件的设备和包含a、b、c、d、e五个部件的设备，由于对比文件所公开的设备不包括部件e，且d、e、f实质不同，故权利要求3请求保护的设备不同于对比文件公开的设备，权利要求3具备新颖性，C选项错误。权利要求4是对权利要求3的进一步限定，其同样保护部件e，故其同样具备新颖性，D选项错误。

综上，本题正确答案为：A、B。

41. 下列哪些情形一定会导致申请专利的发明创造丧失新颖性？

　　A. 该发明创造于申请日前5个月在我国政府主办的某国际展览会上首次公开展出

　　B. 该发明创造于申请日前4个月被独立作出同样发明创造的他人在科技部组织召开的科技会议上首次公开

　　C. 该发明创造于申请日前7个月被他人未经申请人同意发布在互联网上

　　D. 该发明创造于申请日前2个月在国务院有关主管部门主办的核心期刊上首次公开发表

【答案】BCD

【知识点】新颖性宽限期

【解析】《专利法》第二十四条规定，申请专利的发明创造在申请日以前6个月内，有下列情形之一的，不丧失新颖性：（一）在中国政府主办或者承认的国际展览会上首次展出的；（二）在规定的学术会议或者技术会议上首次发表的；（三）他人未经申请人同意而泄露其内容的。根据上述规定，上述的第（一）种和第（二）种情形是基于申请人本人的行为而给予的宽限，A选项中，由于该首次展出的行为有可能是申请人自己的行为，故不一定会导致申请专利的发明创造丧失新颖性。而B选项中是被独立作出同样发明创造的他人在科技部组织召开的科技会议上首次公开，故会导致申请专利的发明创造丧失新颖性。C选项中他人未经申请人同意发布在互联网上的时间为7个月，故会导致申请专利的发明创造丧失新颖性。D选项不属于上述三种情形，故会导致申请专利的发明创造丧失新颖性。

综上，本题正确答案为：B、C、D。

42. 某建材公司发明了一种仿古瓷砖，在国内市场上销售一段时间后，该公司就该瓷砖的相关内容提出专利申请。上述销售行为在下列哪些情形下不会影响该专利申请的新颖性？

A．公司提出的是该仿古瓷砖的外观设计专利申请

B．公司提出的是关于该仿古瓷砖外部构造的实用新型专利申请

C．公司提出的是关于该仿古瓷砖原料的发明专利申请，其原料配方无法从瓷砖中分析得出

D．公司提出的是关于该仿古瓷砖的制备方法专利申请

【答案】CD

【知识点】使用公开

【解析】《专利法》第二十二条第二款规定，新颖性，是指该发明或者实用新型不属于现有技术；也没有任何单位或者个人就同样的发明或者实用新型在申请日以前向国务院专利行政部门提出过申请，并记载在申请日以后公布的专利申请文件或者公告的专利文件中。《专利法》第二十三条规定，授予专利权的外观设计，应当不属于现有设计；也没有任何单位或者个人就同样的外观设计在申请日以前向国务院专利行政部门提出过申请，并记载在申请日以后公告的专利文件中。授予专利权的外观设计与现有设计或者现有设计特征的组合相比，应当具有明显区别。授予专利权的外观设计不得与他人在申请日以前已经取得的合法权利相冲突。该法所称现有设计，是指申请日以前在国内外为公众所知的设计。《专利审查指南2010》第二部分第三章第2.1.2.2节中规定，使用公开的方式包括能够使公众得知其技术内容的制造、使用、销售、进口、交换、馈赠、演示、展出等方式。只要通过上述方式使有关技术内容处于公众想得知就能够得知的状态，就构成使用公开，而不取决于是否有公众得知。但是，未给出任何有关技术内容的说明，以致所属技术领域的技术人员无法得知其结构和功能或材料成分的产品展示，不属于使用公开。本题中，建材公司的在申请日前的销售行为能够使得公众了解其外观和外部构造，故其相应于A、B选项所涉申请构成了使用公开，能够影响其专利申请的新颖性。但这种销售行为并不能所属技术领域的技术人员得知该仿古瓷砖的原料配方和制备方法，故其相应于C、D选项不构成使用公开，无法影响其专利申请的新颖性。

综上，本题正确答案为：C、D。

43. 一件发明专利申请，涉及将已知的解热镇痛药阿司匹林用于预防心脑血管疾病，取得了预料不到的疗效，其权利要求书如下：

"1. 阿司匹林在制备预防心脑血管疾病的药物中的用途。

2. 用于预防心脑血管疾病的阿司匹林。"

一份现有技术文献公开了阿司匹林用作解热镇痛药物的用途。下列哪些说法是正确的？

A．阿司匹林属于现有技术中已知的药物，权利要求2不具备新颖性

B．用于预防心脑血管疾病的阿司匹林具有预料不到的疗效，权利要求2具备创造性

C．阿司匹林在预防心脑血管疾病方面的新用途并未改变阿司匹林的成份结构，权利要求1不具备新颖性

D. 权利要求1的用途发明相对于现有技术是非显而易见的，因此具备创造性

【答案】AD

【知识点】已知产品新用途发明的创造性判断

【解析】《专利审查指南2010》第二部分第三章第3.2.5节中规定，包含用途特征的产品权利要求，对于这类权利要求，应当考虑权利要求中的用途特征是否隐含了要求保护的产品具有某种特定结构和/或组成。如果该用途由产品本身固有的特性决定，而且用途特征没有隐含产品在结构和/或组成上发生改变，则该用途特征限定的产品权利要求相对于对比文件的产品不具备新颖性。权利要求2是用用途限定的产品权利要求，由于该用途"用于预防心脑血管疾病"是阿司匹林固有的特性决定，没有隐含阿司匹林在结构和/或组成上发生改变，故在现有技术已经公开阿司匹林的基础上，权利要求2不具备新颖性，A选项正确。在权利要求2不具备新颖性的基础上，其不会具备创造性，B选项错误。

《专利审查指南2010》第二部分第十章第5.4节中规定，一种已知产品不能因为提出了某一新的应用而被认为是一种新的产品。例如，产品X作为洗涤剂是已知的，那么一种用作增塑剂的产品X不具备新颖性。但是，如果一项已知产品的新用途本身是一项发明，则已知产品不能破坏该新用途的新颖性。故C选项错误。

《专利审查指南2010》第二部分第四章第4.5节中规定，如果新的用途是利用了已知产品新发现的性质，并且产生了预料不到的技术效果，则这种用途发明具有突出的实质性特点和显著的进步，具备创造性。故D选项正确。

综上，本题正确答案为：A、D。

44. 下列哪些专利申请的技术方案不具备实用性？

A. 一种南水北调的方法，其特征在于依照地形地貌的特点，由丹江口水库引水，自流供水给黄淮平原地区

B. 一种手工编织地毯的方法，其特征在于以旧毛线和粗帆布为原料经手工编制而成

C. 一种微型机器人，其特征在于用于外科手术中

D. 一种纹眉的方法，其特征在于用纹眉针刺入皮肤，注入纹眉液

【答案】AD

【知识点】实用性判断

【解析】《专利法》第二十二条第四款规定，实用性，是指该发明或者实用新型能够制造或者使用，并且能够产生积极效果。《专利审查指南2010》第二部分第五章第3.2.3节中规定，具备实用性的发明或者实用新型专利申请不得是由自然条件限定的独一无二的产品。利用特定的自然条件建造的自始至终都是不可移动的唯一产品不具备实用性。A选项中的方法是与特定的自然条件联系在一起的，不可能直接适用于其他不同的地方，故不具备实用性。

手工编织地毯的方法能够被使用，微型机器人能够被制造，且均能产生积极的效果，故B、C选项所涉技术方案具备实用性。

《专利审查指南2010》第二部分第五章第3.2.4节中规定，非治疗目的的外科手术方法，

由于是以有生命的人或者动物为实施对象，无法在产业上使用，因此不具备实用性。例如，为美容而实施的外科手术方法。故 D 选项所涉技术方案不具备实用性。

综上，本题正确答案为：A、D。

45. 某发明专利申请的权利要求如下：

"1. 一种铝钛合金的生产方法，其特征在于加热温度为 200～500℃。

2. 一种根据权利要求 1 的铝钛合金生产方法，其特征在于加热温度为 350℃。"

下列说法哪些是正确的？

  A. 对比文件 1 公开的铝钛合金的生产方法中加热温度为 400～700℃，则权利要求 1 相对于对比文件 1 不具备新颖性

  B. 对比文件 2 公开的铝钛合金的生产方法中加热温度为 500～700℃，则权利要求 1 相对于对比文件 2 不具备新颖性

  C. 对比文件 3 公开的铝钛合金的生产方法中加热温度为 200～500℃，则权利要求 2 相对于对比文件 3 不具备新颖性

  D. 对比文件 4 公开的铝钛合金的生产方法中加热温度为 450℃，则权利要求 1 和权利要求 2 相对于对比文件 4 均不具备新颖性

【答案】A B

【知识点】新颖性

【解析】《专利法》第二十二条第二款规定，新颖性，是指该发明或者实用新型不属于现有技术；也没有任何单位或者个人就同样的发明或者实用新型在申请日以前向国务院专利行政部门提出过申请，并记载在申请日以后公布的专利申请文件或者公告的专利文件中。《专利审查指南 2010》第二部分第三章第 3.2.4 节中规定，如果要求保护的发明或者实用新型中存在以数值或者连续变化的数值范围限定的技术特征，例如部件的尺寸、温度、压力以及组合物的组分含量，而其余技术特征与对比文件相同，则其新颖性的判断应当依照以下各项规定。(1) 对比文件公开的数值或者数值范围落在上述限定的技术特征的数值范围内，将破坏要求保护的发明或者实用新型的新颖性。(2) 对比文件公开的数值范围与上述限定的技术特征的数值范围部分重叠或者有一个共同的端点，将破坏要求保护的发明或者实用新型的新颖性。(3) 对比文件公开的数值范围的两个端点将破坏上述限定的技术特征为离散数值并且具有该两端点中任一个的发明或者实用新型的新颖性，但不破坏上述限定的技术特征为该两端点之间任一数值的发明或者实用新型的新颖性。(4) 上述限定的技术特征的数值或者数值范围落在对比文件公开的数值范围内，并且与对比文件公开的数值范围没有共同的端点，则对比文件不破坏要求保护的发明或者实用新型的新颖性。

A 选项所涉对比文件 1 中的 400～700℃ 与权利要求 1 中的 200～500℃ 部分重叠，B 选项所涉对比文件 2 中的 500～700℃ 与权利要求 1 中的 200～500℃ 有一个共同的端点，属于上述第 (2) 种情形，故对比文件 1、2 破坏权利要求 1 的新颖性，A、B 选项正确。

权利要求 2 所限定的 350℃ 落入 C 选项所涉对比文件 3 公开的范围内，且没有共同的端

点，属于上述第（4）种情形，故对比文件3不能破坏权利要求1的新颖性，C选项错误。

D选项所涉对比文件4中的450℃落入权利要求1限定的范围内，属于上述第（1）种情形，故对比文件4破坏权利要求1的新颖性，但不破坏权利要求2的新颖性，D选项错误。

综上，本题正确答案为：A、B。

46. 以下关于新颖性、创造性、实用性的说法哪些是正确的？
   A. 一项发明只有在具备新颖性的前提下，才判断其是否具备创造性和实用性
   B. 授予专利权的发明应当具备新颖性、创造性和实用性
   C. 具备创造性的发明一定具备新颖性
   D. 从属权利要求具备创造性，则其引用的独立权利要求也具备创造性

【答案】BC

【知识点】新颖性 创造性 实用性

【解析】《专利审查指南2010》第二部分第五章第3节中规定，发明或者实用新型专利申请是否具备实用性，应当在新颖性和创造性审查之前首先进行判断。A选项错误。

《专利法》第二十二条第一款规定，授予专利权的发明和实用新型，应当具备新颖性、创造性和实用性。B选项正确。

《专利审查指南2010》第二部分第四章第3节中规定，一件发明专利申请是否具备创造性，只有在该发明具备新颖性的条件下才予以考虑。由以上规定可知，具备创造性的发明一定具备新颖性。C选项正确。

《专利审查指南2010》第二部分第八章第4.7.1节中规定，如果经审查认为独立权利要求不具备新颖性或创造性，则应当进一步审查从属权利要求是否具备新颖性和创造性。由上述规定可知，当独立权利要求不具备新颖性或创造性时，其从属权利要求可能通过对所引用的权利要求中的技术特征进行限定或者是增加附加技术特征的方式使之相对于现有技术具备新颖性和创造性。故从属权利要求具备创造性，并不意味着其所引用的独立权利要求也具备创造性。

综上，本题正确答案为：B、C。

47. 下列哪些情形可以将两件产品的外观设计认定为实质相同的外观设计？
   A. 互为镜像对称的两张电脑桌
   B. 难以察觉细微差异的两扇百叶窗，其差异仅在于具体叶片数不同
   C. 形状、图案和色彩均相同的两个玻璃杯子，其区别仅在于一个是钢化玻璃的，一个是普通玻璃的
   D. 形状、图案和色彩均相同的浴巾和地毯

【答案】AB

【知识点】外观设计实质相同的判断

【解析】《专利法》第二十三条第一款规定，授予专利权的外观设计，应当不属于现有设计；也没有任何单位或者个人就同样的外观设计在申请日以前向国务院专利行政部门提出过

申请，并记载在申请日以后公告的专利文件中。

《专利审查指南2010》第四部分第五章第5.1.2节中例举了实质相同的外观设计的情形，其中包括"其区别在于施以一般注意力不能察觉到的局部的细微差异，例如，百叶窗的外观设计仅有具体叶片数不同"，"其区别在于互为镜像对称"，A、B选项分属这两种情形，故构成实质相同的外观设计。A、B选项正确。

《专利审查指南2010》第四部分第五章第5.1.1节中规定，外观设计相同，是指涉案专利与对比设计是相同种类产品的外观设计，并且涉案专利的全部外观设计要素与对比设计的相应设计要素相同，其中外观设计要素是指形状、图案以及色彩。如果涉案专利与对比设计仅属于常用材料的替换，或者仅存在产品功能、内部结构、技术性能或者尺寸的不同，而未导致产品外观设计的变化，二者仍属于相同的外观设计。C选项中的两个玻璃杯子，只是常用材料的替换，且这种替换并未导致产品外观设计的变化，属于相同的外观设计，C选项错误。

《专利审查指南2010》第四部分第五章第5.1.2节中规定，外观设计实质相同的判断仅限于相同或者相近种类的产品外观设计。对于产品种类不相同也不相近的外观设计，不进行涉案专利与对比设计是否实质相同的比较和判断，即可认定涉案专利与对比设计不构成实质相同，例如，毛巾和地毯的外观设计。D选项中涉及的浴巾和地毯的产品种类不相同也不相近，故不构成实质相同。D选项错误。

综上，本题正确答案为：A、B。

48. 专利申请请求书中的下列哪些内容不符合相关规定？

A. 发明名称：一种离心分解装置

B. 发明人：××大学

C. 专利代理机构名称：美国××专利代理事务所

D. 申请人：××大学科研处

【答案】BCD

【知识点】请求书的填写

【解析】《专利法》第二十六条第二款规定，请求书应当写明发明或者实用新型的名称，发明人的姓名，申请人姓名或者名称、地址，以及其他事项。《专利法实施细则》第十六条规定，发明、实用新型或者外观设计专利申请的请求书应当写明下列事项：（一）发明、实用新型或者外观设计的名称；（二）申请人是中国单位或者个人的，其名称或者姓名、地址、邮政编码、组织机构代码或者居民身份证件号码；申请人是外国人、外国企业或者外国其他组织的，其姓名或者名称、国籍或者注册的国家或者地区；（三）发明人或者设计人的姓名；（四）申请人委托专利代理机构的，受托机构的名称、机构代码以及该机构指定的专利代理人的姓名、执业证号码、联系电话；（五）要求优先权的，申请人第一次提出专利申请（以下简称在先申请）的申请日、申请号以及原受理机构的名称；（六）申请人或者专利代理机构的签字或者盖章；（七）申请文件清单；（八）附加文件清单；（九）其他需要写明的有关事项。

《专利审查指南2010》第一部分第一章第4.1.1节中规定，请求书中的发明名称和说明书中的发明名称应当一致。发明名称应当简短、准确地表明发明专利申请要求保护的主题和类型。发明名称中不得含有非技术词语,例如人名、单位名称、商标、代号、型号等;也不得含有含糊的词语,例如"及其他""及其类似物"等;也不得仅使用笼统的词语,致使未给出任何发明信息,例如仅用"方法""装置""组合物""化合物"等词作为发明名称。A选项的发明名称简短、准确地表明发明专利申请要求保护的主题和类型,因而符合规定。

《专利审查指南2010》第一部分第一章第4.1.2节中规定,发明人应当是个人。B选项中发明人是××大学,不是个人,因而不符合规定。

《专利审查指南2010》第一部分第一章第4.1.6节中规定,专利代理机构应当依照专利代理条例的规定经国家知识产权局批准成立。C选项中的美国××专利代理事务所不符合该规定。

《专利审查指南2010》第一部分第一章第4.1.3节中规定,在专利局的审查程序中,审查员对请求书中填写的申请人一般情况下不作资格审查。申请人是单位的,可以推定该发明是职务发明,该单位有权提出专利申请,除非该单位的申请人资格明显有疑义的,例如填写的单位是××大学科研处或者××研究所××课题组,因而D选项不符合规定。

综上,本题正确答案为:B、C、D。

49. 在满足其他条件的情况下,下列哪些文件可以作为说明书"背景技术"部分的引证文件?
 A. 公开日在本申请的申请日与公开日之间的外国专利文件
 B. 公开日在本申请的申请日与公开日之间的中国专利文件
 C. 公开日在本申请的申请日与公开日之间的非专利文件
 D. 公开日在本申请的申请日之前的非专利文件

【答案】B D
【知识点】说明书的撰写要求(对说明书"背景技术"部分的引证文件的要求)
【解析】《专利法实施细则》第十七条第一款第(二)项规定,背景技术:写明对发明或者实用新型的理解、检索、审查有用的背景技术;有可能的,并引证反映这些背景技术的文件。《专利审查指南2010》第二部分第二章第2.2.3节中规定,所引证的非专利文件和外国专利文件的公开日应当在本申请的申请日之前;所引证的中国专利文件的公开日不能晚于本申请的公开日。A选项的外国专利文件、C选项的非专利文件,二者的公开日均在本申请的申请日之后,故不能作为说明书"背景技术"部分的引证文件。B选项的中国专利文件的公开日不晚于本申请的公开日,D选项的非专利文件的公开日早于本申请的申请日,故可以作为说明书"背景技术"部分的引证文件。

综上,本题正确答案为:B、D。

50. 下列权利要求的主题名称中,哪些不能清楚表明权利要求的类型?
 A. 根据权利要求1,所述装置包括圆筒
 B. 一种空气净化机作为空气加湿器的应用

C. 用二氯丙酸作为除草剂

D. 一种自动修复计算机系统元件的技术

【答案】A D

【知识点】权利要求清楚的要求

【解析】《专利法》第二十六条第四款规定，权利要求书应当以说明书为依据，清楚、简要地限定要求专利保护的范围。《专利审查指南2010》第二部分第二章第3.2.2节中规定，权利要求的主题名称应当能够清楚地表明该权利要求的类型是产品权利要求还是方法权利要求。不允许采用模糊不清的主题名称，例如，"一种……技术"，或者在一项权利要求的主题名称中既包含有产品又包含有方法，例如，"一种……产品及其制造方法"。A选项中没有主题名称；D选项中采用了模糊不清的主题名称"一种……技术"，不能清楚表明其权利要求的类型。B、C选项涉及的均是一种用途权利要求，属于方法权利要求，故清楚地表明了其权利要求的类型。

综上，本题正确答案为：A、D。

51. 某专利申请的权利要求书如下：

"1. 一种钢笔，包括笔杆、笔帽和笔尖。

2. 根据权利要求1所述的钢笔，其特征在于，所述笔帽上设有帽夹。

3. 根据权利要求1或2所述的笔帽，其特征在于，该笔帽是塑料的。

4. 根据权利要求1和2所述的钢笔，其特征在于，所述笔尖是铜合金材料。

5. 根据权利要求1或3所述的钢笔，其特征在于，所述帽夹是塑料的。"

上述从属权利要求的撰写哪些是不正确的？

A. 权利要求2

B. 权利要求3

C. 权利要求4

D. 权利要求5

【答案】B C D

【知识点】从属权利要求的撰写要求

【依据】《专利法实施细则》第二十二条规定，发明或者实用新型的从属权利要求应当包括引用部分和限定部分，按照下列规定撰写：（一）引用部分：写明引用的权利要求的编号及其主题名称；（二）限定部分：写明发明或者实用新型附加的技术特征。从属权利要求只能引用在前的权利要求。引用两项以上权利要求的多项从属权利要求，只能以择一方式引用在前的权利要求，并不得作为另一项多项从属权利要求的基础。《专利审查指南2010》第二部分第二章第3.3.2节中规定，当从属权利要求是多项从属权利要求时，其引用的权利要求的编号应当用"或"或者其他与"或"同义的择一引用方式表达。本题中，权利要求3中所引用的主题名称为"笔帽"，不同于其所引用的权利要求1或2中的"钢笔"，故该引用方式不正确，B选项正确。权利要求4为多项从属权利要求，其引用时采用了非择一引用的表达方式，故不正确，C选项正确。权利要求5对权利要求1或3进行限定，但其进一步限定的"帽夹"在权利要求1或3中均未出现，故不正确，D选项正确。

综上，本题正确答案为：B、C、D。

52. 一件专利申请的权利要求书如下：

"1. 一种散热装置，包括进气管、出气管和散热箔。

2. 根据权利要求1所述的散热装置，其特征在于，所述散热箔为金属（铝）箔。

3. 根据权利要求1所述的散热装置，其特征在于，所述出气管的形状如附图1所示。

4. 根据权利要求1所述的散热装置，其特征在于，所述散热箔为金属箔，最好为铜箔。

5. 根据权利要求1所述的散热装置，其特征在于，所述进气管的形状为螺旋状。"

上述权利要求中哪些存在撰写错误？

A. 权利要求2
B. 权利要求3
C. 权利要求4
D. 权利要求5

【答案】A B C

【知识点】权利要求的撰写

【解析】《专利审查指南2010》第二部分第二章第3.2.2节中规定，除附图标记或者化学式及数学式中使用的括号之外，权利要求中应尽量避免使用括号，以免造成权利要求不清楚。权利要求2中的"金属（铝）箔"限定了不同的保护范围，造成权利要求不清楚，不符合相应规定。

《专利法实施细则》第十九条第三款规定，权利要求书中使用的科技术语应当与说明书中使用的科技术语一致，可以有化学式或者数学式，但是不得有插图。除绝对必要的外，不得使用"如说明书……部分所述"或者"如图……所示"的用语。权利要求3中的出气管形状并不属于绝对必要的情形，但采用了"如附图1所示"的撰写方式，不符合相应规定。

《专利审查指南2010》第二部分第二章第3.2.2节规定，权利要求中不得出现"例如""最好是""尤其是""必要时"等类似用语。因为这类用语会在一项权利要求中限定出不同的保护范围，导致保护范围不清楚。权利要求4出现了"最好为"的表述，限定出不同的保护范围，导致保护范围不清楚，不符合相应规定。

综上，本题正确答案为：A、B、C。

53. 下列关于权利要求得到说明书的支持的说法哪些是正确的？

A. 权利要求概括的技术方案不得超出说明书公开的范围
B. 如果独立权利要求得到说明书的支持，从属权利要求也必然能得到支持
C. 只要将权利要求的技术方案拷贝到说明书中，就可以克服权利要求得不到说明书支持的缺陷

D. 判断权利要求是否得到说明书的支持，应当考虑说明书的全部内容

【答案】A D

【知识点】权利要求应当以说明书为依据

【解析】《专利法》第二十六条第四款规定，权利要求书应当以说明书为依据，清楚、简要地限定要求专利保护的范围。《专利审查指南2010》第二部分第二章第3.2.1节中规定，权利要求书应当以说明书为依据，是指权利要求应当得到说明书的支持。权利要求书中的每一项权利要求所要求保护的技术方案应当是所属技术领域的技术人员能够从说明书充分公开的内容中得到或概括得出的技术方案，并且不得超出说明书公开的范围。A选项正确。

《专利审查指南2010》第二部分第二章第3.2.1节中规定，对于包括独立权利要求和从属权利要求或者不同类型权利要求的权利要求书，需要逐一判断各项权利要求是否都得到了说明书的支持。独立权利要求得到说明书支持并不意味着从属权利要求也必然得到支持；方法权利要求得到说明书支持也并不意味着产品权利要求必然得到支持。B选项错误。

《专利审查指南2010》第二部分第二章第3.2.1节中规定，当要求保护的技术方案的部分或全部内容在原始申请的权利要求书中已经记载而在说明书中没有记载时，允许申请人将其补入说明书。但是权利要求的技术方案在说明书中存在一致性的表述，并不意味着权利要求必然得到说明书的支持。只有当所属技术领域的技术人员能够从说明书充分公开的内容中得到或概括得出该项权利要求所要求保护的技术方案时，记载该技术方案的权利要求才被认为得到了说明书的支持。C选项错误。

《专利审查指南2010》第二部分第二章第3.2.1节中规定，在判断权利要求是否得到说明书的支持时，应当考虑说明书的全部内容，而不是仅限于具体实施方式部分的内容。D选项正确。

综上，本题正确答案为：A、D。

54. 关于实用新型专利申请的附图，下列说法哪些是错误的?

A. 摘要附图应是从说明书附图中选出的能够反映技术方案的附图

B. 如果说明书文字足以清楚的描述所要求保护的产品的形状，可以没有附图

C. 说明书附图可以是彩色照片

D. 结构复杂的实用新型专利申请允许有两幅摘要附图

【答案】B C D

【知识点】实用新型专利申请的附图

【解析】《专利法实施细则》第二十三条第二款规定，说明书摘要可以包含最能说明发明的化学式；有附图的专利申请，还应当提供一幅最能说明该发明或者实用新型技术特征的附图。A选项正确，D选项错误。

《专利法实施细则》第十七条第五款规定，实用新型专利申请说明书应当有表示要求保护的产品的形状、构造或者其结合的附图。B选项错误。

《专利审查指南2010》第一部分第二章第7.3节中规定，附图不得使用工程蓝图、照片。C选项错误。

综上，本题正确答案为：B、C、D。

55. 下列在请求书中写明的使用外观设计的产品名称哪些是正确的？

　　A．方凳

　　B．MP3

　　C．小型书桌

　　D．地、空两用飞行汽车

【答案】A D

【知识点】外观设计专利申请文件

【解析】《专利审查指南2010》第一部分第三章第4.1.1节中规定，产品名称通常还应当避免下列情形：（1）含有人名、地名、国名、单位名称、商标、代号、型号或以历史时代命名的产品名称；（2）概括不当、过于抽象的名称，例如"文具""炊具""乐器""建筑用物品"等；（3）描述技术效果、内部构造的名称，例如"节油发动机""人体增高鞋垫""装有新型发动机的汽车"等；（4）附有产品规格、大小、规模、数量单位的名称，例如"21英寸电视机""中型书柜""一副手套"等；（5）以外国文字或无确定的中文意义的文字命名的名称，例如"克莱斯酒瓶"，但已经众所周知并且含义确定的文字可以使用，例如"DVD播放机""LED灯""USB集线器"等。"MP3"是以外国文字命名的名称；"小型书桌"是附有产品大小的名称，都不符合规范。

综上，本题正确答案为：A、D。

56. 下列选项中的发明哪些一定具有单一性？

　　A．具有相同的技术特征的多项发明

　　B．具有相应的技术特征的多项发明

　　C．属于一个总的发明构思的多项发明

　　D．具有相应的特定技术特征的多项发明

【答案】C D

【知识点】单一性的基本概念、基本原则和基本方法

【解析】《专利法》第三十一条第一款规定，一件发明或者实用新型专利申请应当限于一项发明或者实用新型。属于一个总的发明构思的两项以上的发明或者实用新型，可以作为一件申请提出。《专利法实施细则》第三十四条规定，依照《专利法》第三十一条第一款规定，可以作为一件专利申请提出的属于一个总的发明构思的两项以上的发明或者实用新型，应当在技术上相互关联，包含一个或者多个相同或者相应的特定技术特征，其中特定技术特征是指每一项发明或者实用新型作为整体，对现有技术作出贡献的技术特征。上述规定可见，C、D选项正确。A、B选项中尽管具有相同或相应的技术特征，但未明确该相同或相应的技术特征是否是技术特征，如该相同或相应的技术特征不是特定技术特征，则多项发明之间不一定具有单一性。

综上，本题正确答案为：C、D。

57. 某发明专利申请的权利要求书如下：

"1. 一种灯丝A。

2. 一种用灯丝A制成的灯泡B。

3. 一种探照灯D，装有用灯丝A制成的灯泡B和旋转装置C。

4. 一种制造旋转装置C的方法。"

与现有技术相比灯丝A具有创造性，旋转装置C是现有技术。下列说法哪些是正确的？

  A. 权利要求1和2之间具有单一性

  B. 权利要求1和3之间具有单一性

  C. 权利要求1和4之间具有单一性

  D. 权利要求3和4之间具有单一性

【答案】AB

【知识点】单一性的判断方法（同类独立权利要求的单一性）

【解析】《专利法》第三十一条第一款规定，一件发明或者实用新型专利申请应当限于一项发明或者实用新型。属于一个总的发明构思的两项以上的发明或者实用新型，可以作为一件申请提出。《专利法实施细则》第三十四条规定，依照《专利法》第三十一条第一款规定，可以作为一件专利申请提出的属于一个总的发明构思的两项以上的发明或者实用新型，应当在技术上相互关联，包含一个或者多个相同或者相应的特定技术特征，其中特定技术特征是指每一项发明或者实用新型作为整体，对现有技术作出贡献的技术特征。上述规定可知，权利要求1、2、3具有相同的特定技术特征灯丝A，因此它们之间具有单一性，故A、B选项正确。权利要求1、4之间没有相同或相应的技术特征，当然也不会有相同或相应的特定技术特征，故权利要求1、4之间不具备单一性，C选项错误。权利要求3、4虽然都具有相同的特征旋转装置C，但该特征已被现有技术公开，不属于特定的技术特征，因而权利要求3、4之间不具备单一性，D选项错误。

  综上，本题正确答案为：A、B。

58. 在设计构思相同的情况下，下列哪组产品的外观设计可以合案申请？

  A. 彼此相似的两个电饭锅

  B. 材质相同的餐桌和餐椅

  C. 同一商家出售的浴缸和沐浴房

  D. 沙发和可放在沙发上使用的靠垫

【答案】ABD

【知识点】外观设计专利申请的单一性　合案申请的条件

【解析】《专利法》第三十一条第二款规定，一件外观设计专利申请应当限于一项外观设计。同一产品两项以上的相似外观设计，或者用于同一类别并且成套出售或者使用的产品的两项以上外观设计,可以作为一件申请提出。《专利法实施细则》第三十五条第二款规定,《专利法》第三十一条第二款所称同一类别并且成套出售或者使用的产品的两项以上外观设计,是指各产品属于分类表中同一大类,习惯上同时出售或者同时使用,而且各产品的外观设计具有相同的设计构思。《专利审查指南2010》第一部分第三章第9.2.2节中规定,《专利法实施细则》第三十五条第二款所述的成套出售或者使用,指习惯上同时出售或者同时使用并具有组合使用价值。(1)同时出售,是指外观设计产品习惯上同时出售,例如由床罩、床单和枕套等组成的多套件床上用品。为促销而随意搭配出售的产品,例如书包和铅笔盒,虽然在销售书包时赠送铅笔盒,但是这不应认为是习惯上同时出售,不能作为成套产品提出申请。(2)同时使用,是指产品习惯上同时使用,也就是说,使用其中一件产品时,会产生使用联想,从而想到另一件或另几件产品的存在,而不是指在同一时刻同时使用这几件产品。例如咖啡器具中的咖啡杯、咖啡壶、糖罐、牛奶壶等。"彼此相似的两个电饭锅"属于同一产品两项的相似外观设计;"材质相同的餐桌和餐椅"属于同一类别且会成套出售的产品;"沙发和可放在沙发上使用的靠垫"属于同一类别且会成套使用的产品,故均可以合案申请。浴缸和沐浴房不属于同一类别,故不能合案申请。

综上,本题正确答案为:A、B、D。

59.下列关于优先权的说法哪些是正确的?
　　A.申请人要求本国优先权的,其在先申请自在后申请提出之日起即视为撤回
　　B.申请人要求外国优先权的,应当自在后申请日起两个月内提交在先申请文件副本
　　C.申请人要求优先权的,应当在缴纳申请费的同时缴纳优先权要求费
　　D.申请人要求优先权的,应当在申请的时候提出书面声明

【答案】ACD
【知识点】优先权　本国优先权
【解析】《专利法实施细则》第三十二条第三款规定,申请人要求本国优先权的,其在先申请自后一申请提出之日起即视为撤回。A选项正确。

《专利法》第三十条规定,申请人要求优先权的,应当在申请的时候提出书面声明,并且在3个月内提交第一次提出的专利申请文件的副本;未提出书面声明或者逾期未提交专利申请文件副本的,视为未要求优先权。B选项错误,D选项正确。

《专利法实施细则》第九十五条第二款规定,申请人要求优先权的,应当在缴纳申请费的同时缴纳优先权要求费;期满未缴纳或者未缴足的,视为未要求优先权。C选项正确。

综上,本题正确答案为:A、C、D。

60.某外国公司向国家知识产权局递交了一件发明专利申请,如果其要求享有一项外国优先权,则应当满足下列哪些条件?
　　A.该申请应当自在先申请的申请日起十二个月内提出
　　B.该申请的权利要求应当与在先申请的权利要求相同

C. 在先申请的申请人不是该外国公司的，应当提供优先权转让证明

D. 该外国公司应当在法定的期限内提交在先申请文件的副本

【答案】A C D

【知识点】外国优先权

【解析】《专利法》第二十九条第一款规定，申请人自发明或者实用新型在外国第一次提出专利申请之日起12个月内，或者自外观设计在外国第一次提出专利申请之日起6个月内，又在中国就相同主题提出专利申请的，依照该外国同中国签订的协议或者共同参加的国际条约，或者依照相互承认优先权的原则，可以享有优先权。A选项正确。

《专利审查指南2010》第二部分第三章第4.1.2节中规定，对于中国在后申请权利要求中限定的技术方案，只要已记载在外国首次申请中就可享有该首次申请的优先权，而不必要求其包含在该首次申请的权利要求书中，B选项错误。

《专利法实施细则》第三十一条第三款规定，要求优先权的申请人的姓名或者名称与在先申请文件副本中记载的申请人姓名或者名称不一致的，应当提交优先权转让证明材料，未提交该证明材料的，视为未要求优先权。C选项正确。

《专利法》第三十条规定，申请人要求优先权的，应当在申请的时候提出书面声明，并且在3个月内提交第一次提出的专利申请文件的副本；未提出书面声明或者逾期未提交专利申请文件副本的，视为未要求优先权。D选项正确。

综上，本题正确答案为：A、C、D。

61. 根据ZC0006—2003专利申请号标准，下列关于专利申请号中申请种类号的说法哪些是正确的？

　　A. 1表示发明专利申请

　　B. 2表示实用新型专利申请

　　C. 3表示外观设计专利申请

　　D. 4表示进入中国国家阶段的PCT发明专利申请

【答案】A B C

【知识点】专利申请号标准

【解析】《专利申请号标准》（ZC 0006—2003）第4.3节中规定，专利申请号中的申请种类号用1位数字表示，所使用数字的含义规定如下：1表示发明专利申请；2表示实用新型专利申请；3表示外观设计专利申请；8表示进入中国国家阶段的PCT发明专利申请；9表示进入中国国家阶段的PCT实用新型专利申请。上述申请种类号中未包含的其他阿拉伯数字在作为种类号使用时的含义由国家知识产权局另行规定。故A、B、C选项正确。

综上，本题正确答案为：A、B、C。

62. 因当事人延误了下列哪些期限而导致其权利丧失的，不能予以恢复？

　　A. 优先权期限

B. 不丧失新颖性的宽限期
C. 提出实质审查请求的期限
D. 提出复审请求的期限

【答案】A B

【知识点】权利恢复程序

【解析】《专利法实施细则》第六条第一款、第二款、第五款分别规定，当事人因不可抗拒的事由而延误《专利法》或者该细则规定的期限或者国务院专利行政部门指定的期限，导致其权利丧失的，自障碍消除之日起2个月内，最迟自期限届满之日起2年内，可以向国务院专利行政部门请求恢复权利。除前款规定的情形外，当事人因其他正当理由延误《专利法》或者该细则规定的期限或者国务院专利行政部门指定的期限，导致其权利丧失的，可以自收到国务院专利行政部门的通知之日起2个月内向国务院专利行政部门请求恢复权利。该条第一款和第二款的规定不适用《专利法》第二十四条、第二十九条、第四十二条、第六十八条规定的期限。其中《专利法》第二十四条涉及的是不丧失新颖性的情形，《专利法》第二十九条涉及的是优先权，《专利法》第四十二条涉及的是专利的期限；《专利法》第六十八条涉及的是专利侵权的诉讼时效。故当事人延误了优先权期限和不丧失新颖性的宽限期而导致权利丧失的，不能予以恢复。

综上，本题正确答案为：A、B。

63. 下列哪些期限经请求可以延长？
A. 复审请求补正通知书中指定的补正期限
B. 提交作为优先权基础的在先申请文件副本的期限
C. 无效宣告请求补正通知书中指定的补正期限
D. 第一次审查意见通知书中指定的答复期限

【答案】A D

【知识点】期限的延长 指定期限

【解析】《专利审查指南2010》第五部分第七章第4.1节中规定，当事人因正当理由不能在期限内进行或者完成某一行为或者程序时，可以请求延长期限。可以请求延长的期限仅限于指定期限。但在无效宣告程序中，专利复审委员会指定的期限不得延长。"复审请求补正通知书中指定的补正期限""第一次审查意见通知书中指定的答复期限"属于指定期限，可以延长。"提交作为优先权基础的在先申请文件副本的期限"是《专利法》第三十条规定的法定期限；"无效宣告请求补正通知书中指定的补正期限"是专利复审委员会在无效宣告程序中的指定期限，二者均不能延长。

综上，本题正确答案为：A、D。

64. 下列哪些是国家知识产权局因申请人或专利权人耽误期限而可能作出的处分决定？
A. 视为放弃取得专利权的权利

B. 专利权终止

C. 视为未提出请求

D. 视为未要求优先权

【答案】A B C D

【知识点】耽误期限的处分

【解析】《专利审查指南 2010》第五部分第七章第 5.2 节中规定，因耽误期限作出的处分决定主要包括：视为撤回专利申请权、视为放弃取得专利权的权利、专利权终止、不予受理、视为未提出请求和视为未要求优先权等。故 A、B、C、D 选项正确。

综上，本题正确答案为：A、B、C、D。

65. 下列哪些发明创造向外国申请专利前，需要经过国家知识产权局的保密审查？

A. 某外资公司在深圳完成的发明

B. 李某在浙江完成的外观设计

C. 资料收集在天津完成，技术方案的实质性内容在纽约完成的某发明

D. 某中资企业在北京完成的实用新型

【答案】A D

【知识点】向外申请的保密审查

【解析】《专利法》第二十条第一款规定，任何单位或者个人将在中国完成的发明或者实用新型向外国申请专利的，应当事先报经国务院专利行政部门进行保密审查。保密审查的程序、期限等按照国务院的规定执行。《专利法实施细则》第八条第一款规定，《专利法》第二十条所称在中国完成的发明或者实用新型，是指技术方案的实质性内容在中国境内完成的发明或者实用新型。在深圳完成的发明和在北京完成的实用新型均属于技术方案的实质性内容在中国境内完成，故应当进行保密审查，A、D 选项正确。B 选项涉及的是外观设计专利，无需进行保密审查，B 选项错误。C 选项中，其技术方案的实质性内容是在纽约完成的，故无需进行保密审查，C 选项错误。

综上，本题正确答案为：A、D。

66. 专利申请文件有下列哪些情形时，国家知识产权局不予受理？

A. 发明专利申请文件缺少说明书摘要

B. 实用新型专利申请文件没有说明书附图

C. 外观设计专利申请文件缺少简要说明

D. 说明书正文未使用中文

【答案】B C D

【知识点】不受理情形

【解析】《专利法实施细则》第三十九条对不受理的情形进行了规定，其中包括"（一）发明或者实用新型专利申请缺少请求书、说明书（实用新型无附图）或者权利要求书的，或

者外观设计专利申请缺少请求书、图片或者照片、简要说明的";"(二)未使用中文的"。B、C选项属于第(一)种情形,D选项属于第(二)种情形,故B、C、D选项所涉情形,国家知识产权局不予受理。

综上,本题正确答案为:B、C、D。

67. 下列关于专利权评价报告的说法哪些是正确的?
    A. 专利权人针对专利权评价报告可以提请行政复议
    B. 专利权人认为专利权评价报告的结论存在需要更正的错误的,可以请求更正
    C. 已经终止的实用新型专利不属于专利权评价报告请求的客体
    D. 专利权评价报告可以作为人民法院审理、处理专利侵权纠纷的证据

【答案】B D
【知识点】专利权评价报告的法律效力、受理条件
【解析】《专利审查指南2010》第五部分第十章第1节中规定,专利权评价报告不是行政决定,因此专利权人或者利害关系人不能就此提起行政复议和行政诉讼。故A选项错误。

《专利法实施细则》第五十六条第一款规定,授予实用新型或者外观设计专利权的决定公告后,《专利法》第六十条规定的专利权人或者利害关系人可以请求国务院专利行政部门作出专利权评价报告。《专利审查指南2010》第五部分第十章第6节中规定,作出专利权评价报告的部门在发现专利权评价报告中存在错误后,可以自行更正。请求人认为专利权评价报告存在需要更正的错误的,可以请求更正。故B选项正确。

《专利审查指南2010》第五部分第十章第2.1节中规定,专利权评价报告请求的客体应当是已经授权公告的实用新型专利或者外观设计专利,包括已经终止或者放弃的实用新型专利或者外观设计专利。故C选项错误。

《专利法》第六十一条第二款规定,专利侵权纠纷涉及实用新型专利或者外观设计专利的,人民法院或者管理专利工作的部门可以要求专利权人或者利害关系人出具由国务院专利行政部门对相关实用新型或者外观设计进行检索、分析和评价后作出的专利权评价报告,作为审理、处理专利侵权纠纷的证据。故D选项正确。

综上,本题正确答案为:B、D。

68. 下列有关代表人的说法哪些是正确的?
    A. 多个申请人以书面形式提出专利申请且未委托专利代理机构的,除请求书中另有声明的外,以请求书中指明的第一申请人为代表人
    B. 多个申请人提出电子申请且未委托专利代理机构的,以提交电子申请的电子申请用户为代表人
    C. 申请人为单位的,其联系人为代表人
    D. 代表人可以代表全体申请人办理撤回专利申请的手续

【答案】A B

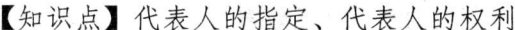

【知识点】代表人的指定、代表人的权利

【解析】《专利法实施细则》第十五条第四款规定，申请人有2人以上且未委托专利代理机构的，除请求书中另有声明的外，以请求书中指明的第一申请人为代表人。故A选项正确。《专利审查指南2010》第一部分第一章第4.1.4节中规定，申请人是单位且未委托专利代理机构的，应当填写联系人，联系人是代替该单位接收专利局所发信函的收件人。联系人应当是本单位的工作人员，必要时审查员可以要求申请人出具证明。申请人为个人且需由他人代收专利局所发信函的，也可以填写联系人。由上述规定可知，代表人应为申请人之一，而联系人仅是代替该单位接收专利局所发信函的收件人，故申请人为单位的，其联系人不是代表人，C选项错误。

《专利审查指南2010》第五部分第十一章第2.1节中规定，申请人有两人以上且未委托专利代理机构的，以提交电子申请的电子申请用户为代表人。故B选项正确。

《专利审查指南2010》第一部分第一章第4.1.5节中规定，除直接涉及共有权利的手续外，代表人可以代表全体申请人办理在专利局的其他手续。直接涉及共有权利的手续包括：提出专利申请，委托专利代理，转让专利申请权、优先权或者专利权，撤回专利申请，撤回优先权要求，放弃专利权等。直接涉及共有权利的手续应当由全体权利人签字或者盖章。故D选项错误。

综上，本题正确答案为：A、B。

69. 当事人因专利申请权的归属发生纠纷，可以请求国家知识产权局中止下列哪些程序？
  A. 专利申请的初审程序
  B. 授予专利权程序
  C. 放弃专利申请权手续
  D. 变更专利申请权手续

【答案】ABCD

【知识点】中止

【解析】《专利法实施细则》第八十八条规定，国务院专利行政部门根据该细则第八十六条和第八十七条规定中止有关程序，是指暂停专利申请的初步审查、实质审查、复审程序，授予专利权程序和专利权无效宣告程序；暂停办理放弃、变更、转移专利权或者专利申请权手续，专利权质押手续以及专利权期限届满前的终止手续等。故A、B、C、D选项正确。

综上，本题正确答案为：A、B、C、D。

70. 下列有关国防专利申请和国防专利的说法哪些是正确的？
  A. 专利申请涉及国防利益需要保密的，由国防专利机构受理并进行审查
  B. 经主管部门批准，国防专利权人可以向国外的单位或者个人转让国防专利权
  C. 国防专利申请人在对第一次审查意见通知书进行答复时，可以对其国防专利申请主动提出修改

D. 国家知识产权局专利复审委员会负责国防专利的复审和无效宣告工作

【答案】AC

【知识点】国防专利

【解析】《专利法实施细则》第七条第一款规定，专利申请涉及国防利益需要保密的，由国防专利机构受理并进行审查；国务院专利行政部门受理的专利申请涉及国防利益需要保密的，应当及时移交国防专利机构进行审查。经国防专利机构审查没有发现驳回理由的，由国务院专利行政部门作出授予国防专利权的决定。故 A 选项正确。

《国防专利条例》第八条规定，禁止向国外的单位和个人以及在国内的外国人和外国机构转让国防专利申请权和国防专利权。故 B 选项错误。

《国防专利条例》第十四条第二款规定，国防专利申请人在自申请日起 6 个月内或者在对第一次审查意见通知书进行答复时，可以对其国防专利申请主动提出修改。故 C 选项正确。

《国防专利条例》第十六条第一款规定，国防专利机构设立国防专利复审委员会，负责国防专利的复审和无效宣告工作。故 D 选项错误。

综上，本题正确答案为 A、C。

71. 张某于 2014 年 3 月 2 日就同样的发明创造同时提交了实用新型专利申请和发明专利申请。张某发现该实用新型的说明书附图缺少图 2，并于 2014 年 3 月 20 日补交了附图 2。该发明专利申请于 2014 年 10 月 25 日公开。下列哪些说法是正确的？

A. 该实用新型专利申请可以保留原申请日 2014 年 3 月 2 日
B. 应重新确定该实用新型专利申请的申请日为 2014 年 3 月 20 日
C. 该发明专利申请破坏该实用新型专利申请的新颖性
D. 该发明专利申请构成该实用新型专利申请的抵触申请

【答案】BCD

【知识点】补交附图　抵触申请　现有技术

【解析】《专利法实施细则》第四十条规定，说明书中写有对附图的说明但无附图或者缺少部分附图的，申请人应当在国务院专利行政部门指定的期限内补交附图或者声明取消对附图的说明。申请人补交附图的，以向国务院专利行政部门提交或者邮寄附图之日为申请日；取消对附图的说明的，保留原申请日。本题中，由于张某于 2014 年 3 月 20 日补交了附图 2，故其实用新型专利申请的申请日应重新确定为 2014 年 3 月 20 日。A 选项错误，B 选项正确。

《专利法》第二十二条第二款规定，新颖性，是指该发明或者实用新型不属于现有技术；也没有任何单位或者个人就同样的发明或者实用新型在申请日以前向国务院专利行政部门提出过申请，并记载在申请日以后公布的专利申请文件或者公告的专利文件中。《专利审查指南 2010》第二部分第三章第 2.2 节中规定，为描述简便，在判断新颖性时，将这种损害新颖性的专利申请（注：由任何单位或者个人就同样的发明或者实用新型在申请日以前向专利局提出并且在申请日以后（含申请日）公布的专利申请文件或者公告的专利文件损害该申请日提出的专利申请的新颖性的专利申请），称为抵触申请。本题中，张某所提交的发明专利申请和实用新型专利申请涉及同样的发明创造，发明专利申请的申请日2014年3月2日早于实用新型专利申请的申请日，且在该申请日后于2014年10月25日公开，故该发明专利申请构成了实用新型专利申请的抵触申请，破坏了实用新型专利申请的新颖性。C、D选项正确。

综上，本题正确答案为B、C、D。

72. 下列关于说明书附图的修改，哪些未超出原说明书和权利要求书记载的范围？
   A. 增加的内容是通过测量附图得出的尺寸参数技术特征
   B. 将记载于优先权文件中、但未记载在本申请中的附图追加至本申请中
   C. 将说明书附图中的文字注释删除，并增补到说明书中
   D. 在文字说明清楚的情况下，为使局部结构清楚起见，增加局部放大图

【答案】C D

【知识点】附图的修改

【解析】《专利法》第三十三条规定，申请人可以对其专利申请文件进行修改，但是，对发明和实用新型专利申请文件的修改不得超出原说明书和权利要求书记载的范围，对外观设计专利申请文件的修改不得超出原图片或者照片表示的范围。《专利审查指南2010》第二部分第八章5.2.3.1节中规定了不允许增加的情形，其中包括"增加的内容是通过测量附图得出的尺寸参数技术特征"，故A选项错误。

《专利审查指南2010》第二部分第八章5.2.3节中规定，如果申请的内容通过增加、改变和/或删除其中的一部分，致使所属技术领域的技术人员看到的信息与原申请记载的信息不同，而且又不能从原申请记载的信息中直接地、毫无疑义地确定，那么，这种修改就是不允许的。这里所说的申请内容，是指原说明书（及其附图）和权利要求书记载的内容，不包括任何优先权文件的内容。故将记载于优先权文件中、但未记载在本申请中的附图追加至本申请中将超出原说明书和权利要求书记载的范围，B选项错误。

《专利审查指南2010》第二部分第八章5.2.2.2节中规定了对说明书及其摘要允许修改的情形，其中包括"修改附图。删除附图中不必要的词语和注释，可将其补入说明书文字部分之中"，"在文字说明清楚的情况下，为使局部结构清楚起见，允许增加局部放大图"，故C、D选项正确。

综上，本题正确答案为：C、D。

73. 下列关于申请人答复审查意见通知书的说法哪些是正确的？
   A. 申请人可以仅仅陈述意见，也可以修改申请文件
   B. 申请人可以在答复期限届满后提出延长答复期限的请求
   C. 申请人直接提交给审查员的答复文件不具备法律效力
   D. 答复第一次审查意见通知书的期限是四个月

【答案】ACD

【知识点】答复

【依据】《专利法》第三十七条规定，国务院专利行政部门对发明专利申请进行实质审查后，认为不符合该法规定的，应当通知申请人，要求其在指定的期限内陈述意见，或者对其申请进行修改；无正当理由逾期不答复的，该申请即被视为撤回。A选项正确。

《专利审查指南2010》第五部分第七章第4.1节中规定，请求延长期限的，应当在期限届满前提交延长期限请求书，说明理由，并缴纳延长期限请求费。B选项是在答复期限届满后提出延长答复期限的请求，故B选项错误。

《专利法实施细则》第二条规定，《专利法》和该细则规定的各种手续，应当以书面形式或者国务院专利行政部门规定的其他形式办理。《专利审查指南2010》第二部分第八章第5.1.1节中规定，申请人的答复应当提交给专利局受理部门。直接提交给审查员的答复文件或征询意见的信件不视为正式答复，不具备法律效力。C选项错误。

《专利审查指南2010》第五部分第七章第1.2节中规定，指定期限一般为两个月。发明专利申请的实质审查程序中，申请人答复第一次审查意见通知书的期限为四个月。D选项正确。

综上，本题正确答案为：A、C、D。

74. 王某向专利复审委员会提出了复审请求，下列哪些情况下会导致其复审程序终止？
    A. 王某未在复审通知书指定的期限内进行答复，其复审请求被视为撤回
    B. 在作出复审决定之前，王某主动撤回其复审请求
    C. 王某的复审请求被受理后因不符合受理条件而被驳回
    D. 王某在收到维持原驳回决定的复审决定之后，于法定期限内向人民法院起诉

【答案】ABC

【知识点】复审程序的终止

【解析】《专利审查指南2010》第四部分第二章第9节中规定，复审请求因期满未答复而被视为撤回的，复审程序终止。在作出复审决定前，复审请求人撤回其复审请求的，复审程序终止。已受理的复审请求因不符合受理条件而被驳回请求的，复审程序终止。复审决定作出后复审请求人不服该决定的，可以根据《专利法》第四十一条第二款的规定在收到复审决定之日起3个月内向人民法院起诉；在规定的期限内未起诉或者人民法院的生效判决维持该复审决定的，复审程序终止。故A、B、C选项正确。D选项中，由于王某已在法定期限内向人民法院起诉，故复审程序尚未终止。D选项错误。

综上，本题正确答案为：A、B、C。

75. 下列哪些人可以提出宣告发明专利权全部无效的请求？
    A. 专利许可合同的被许可人
    B. 专利侵权诉讼中的被告

C. 职务发明的发明人

D. 专利权人

【答案】ＡＢＣ

【知识点】可以提出专利权全部无效的请求人

【解析】《专利法》第四十五条规定，自国务院专利行政部门公告授予专利权之日起，任何单位或者个人认为该专利权的授予不符合该法有关规定的，可以请求专利复审委员会宣告该专利权无效。《专利审查指南2010》第四部分第三章第3.2节中对无效宣告请求人资格进行了规定，其中规定了"专利权人针对其专利权提出无效宣告请求且请求宣告专利权全部无效、所提交的证据不是公开出版物或者请求人不是共有专利权的所有专利权人的"，其无效宣告请求不予受理，故如果是专利权人提出宣告发明专利权全部无效的请求，如果不满足上述条件，则无效宣告请求将不予受理，故 D 选项错误。

综上，本题正确答案为：A、B、C。

76. 张某的专利包括权利要求1－3，李某对张某的专利提出无效宣告请求，其理由是权利要求1－3相对于对比文件1和对比文件2的结合不具备创造性。专利复审委员会作出宣告权利要求1、2无效、在权利要求3的基础上维持该专利权有效的决定。该无效决定生效后，下列哪些无效宣告请求专利复审委员会不予受理？

A. 王某以权利要求1、2不具备创造性为由提出无效宣告请求

B. 李某以权利要求3相对于对比文件1和对比文件2的结合不具备创造性为由提出无效宣告请求

C. 李某以权利要求3相对于对比文件1和对比文件3的结合不具备创造性为由提出无效宣告请求

D. 王某以权利要求3相对于对比文件3不具备新颖性为由提出无效宣告请求

【答案】ＡＢ

【知识点】一事不再理　无效宣告请求范围以及理由和证据

【解析】《专利审查指南2010》第四部分第三章第3.1节规定，专利复审委员会作出宣告专利权全部或者部分无效的审查决定后，当事人未在收到该审查决定之日起三个月内向人民法院起诉或者人民法院生效判决维持该审查决定的，针对已被该决定宣告无效的专利权提出的无效宣告请求不予受理。本题中，专利复审委员会的生效决定中已经宣告了权利要求1、2无效，故王某以权利要求1、2不具备创造性为由提出无效宣告请求，专利复审委员会不予受理。可见，A选项所述情形，专利复审委员会不予受理。

《专利审查指南2010》第四部分第三章第3.3节中规定，在专利复审委员会就一项专利权已作出无效宣告请求审查决定后，又以同样的理由和证据提出无效宣告请求的，不予受理，但所述理由或者证据因时限等原因未被所述决定考虑的情形除外。本题中，专利复审委员会的生效决定中已权利要求3相对于对比文件1和2的结合具备创造性，故李某以权利要

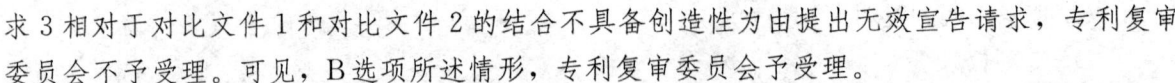

求3相对于对比文件1和对比文件2的结合不具备创造性为由提出无效宣告请求,专利复审委员会不予受理。可见,B选项所述情形,专利复审委员会予受理。

李某以权利要求3相对于对比文件1和对比文件3的结合不具备创造性为由提出无效宣告请求、王某以权利要求3相对于对比文件3不具备新颖性为由提出无效宣告请求,二者均明确了无效宣告的范围、理由和证据,且该无效理由在之前生效的无效决定中也未审及,故专利复审委员会受理。故C、D选项所述情形,专利复审委员会受理。

综上,本题正确答案为:A、B。

77. 张某针对李某的发明专利提出无效宣告请求,李某在收到无效宣告请求书后,在专利复审委员会指定的答复期限内,采取下列哪些做法是符合相关规定的?

　　A. 以合并方式修改权利要求
　　B. 提交外文期刊及其中文译文作为反证
　　C. 与张某接触,商谈和解事宜
　　D. 委托专利代理机构,在专利复审委员会指定的答复期限内陈述专利权应维持有效的意见

【答案】A B C D

【知识点】无效宣告程序中专利文件的修改、专利权人举证、当事人的权利和义务

【解析】《专利审查指南2010》第四部分第三章第4.6.3节中规定,在专利复审委员会作出审查决定之前,专利权人可以删除权利要求或者权利要求中包括的技术方案。仅在下列三种情形的答复期限内,专利权人可以以合并的方式修改权利要求书:(1)针对无效宣告请求书。(2)针对请求人增加的无效宣告理由或者补充的证据。(3)针对专利复审委员会引入的请求人未提及的无效宣告理由或者证据。A选项正确。

《专利审查指南2010》第四部分第三章第4.3.2节中规定,专利权人应当在专利复审委员会指定的答复期限内提交证据,但对于技术词典、技术手册和教科书等所属技术领域中的公知常识性证据或者用于完善证据法定形式的公证文书、原件等证据,可以在口头审理辩论终结前补充。B选项正确。

《专利审查指南2010》第四部分第三章第2.2节中规定,在无效宣告程序中,当事人有权自行与对方和解。C选项正确。

《专利审查指南2010》第四部分第三章第3.6节中规定,请求人或者专利权人在无效宣告程序中委托专利代理机构的,应当提交无效宣告程序授权委托书,且专利权人应当在委托书中写明委托权限仅限于办理无效宣告程序有关事务。D选项正确。

综上,本题正确答案为:A、B、C、D。

78. 下列哪些属于无效宣告请求的理由?
　　A. 权利要求书没有清楚地说明要求保护的范围
　　B. PCT申请经修改后的授权文本,其要求保护的范围超出了原始提交的国际申请文件所

   　　记载的范围

   　C. 独立权利要求缺乏必要技术特征

   　D. 授权的多项独立权利要求之间缺乏单一性

【答案】A B C

【知识点】无效宣告理由

【解析】《专利法实施细则》第六十五条规定，依照《专利法》第四十五条的规定，请求宣告专利权无效或者部分无效的，应当向专利复审委员会提交专利权无效宣告请求书和必要的证据一式两份。无效宣告请求书应当结合提交的所有证据，具体说明无效宣告请求的理由，并指明每项理由所依据的证据。前款所称无效宣告请求的理由，是指被授予专利的发明创造不符合《专利法》第二条、第二十条第一款、第二十二条、第二十三条、第二十六条第三款、第四款、第二十七条第二款、第三十三条或者本细则第二十条第二款、第四十三条第一款的规定，或者属于专利法第五条、第二十五条的规定，或者依照《专利法》第九条规定不能取得专利权。A选项是指权利要求不符合《专利法》第二十六条第四款的规定；B选项是指专利文件不符合《专利法》第三十三条的规定；C选项是指权利要求不符合《专利法实施细则》第二十条第二款的规定。故A、B、C选项属于无效宣告请求的理由。而权利要求不具有单一性并未列入《专利法实施细则》第六十五条第二款规定的无效宣告请求的理由中，因此，D选项错误。

　　综上，本题正确答案为：A、B、C。

79. 甲于2013年3月5日针对乙的某项发明专利权向专利复审委员会提出无效宣告请求。在以下哪些情形下，乙可以在答复期限内对权利要求作出合并式修改？

   　A. 针对甲于2013年4月7日补充提交的美国专利文献

   　B. 针对甲于2013年4月2日补充提交的意见陈述书，其中增加了权利要求1缺必要技术特征的理由但没有补充证据

   　C. 针对甲的无效宣告请求书

   　D. 针对专利复审委员会依职权引入的理由

【答案】B C D

【知识点】修改方式的限制（合并式修改时机）

【解析】《专利审查指南2010》第四部分第三章第4.6.3节中规定，在专利复审委员会作出审查决定之前，专利权人可以删除权利要求或者权利要求中包括的技术方案。仅在下列三种情形的答复期限内，专利权人可以以合并的方式修改权利要求书：（1）针对无效宣告请求书。（2）针对请求人增加的无效宣告理由或者补充的证据。（3）针对专利复审委员会引入的请求人未提及的无效宣告理由或者证据。C选项属于上述第（1）种情形，D选项属于上述第（3）种情形，故C、D选项正确。

《专利审查指南2010》第四部分第三章第4.3.1节中规定，请求人在提出无效宣告请求之日起1个月内补充证据的，应当在该期限内结合该证据具体说明相关的无效宣告理由，否

则，专利复审委员会不予考虑。本题中，甲是于2013年3月5日提出的无效宣告请求，故其在1个月内，亦即2013年4月5日前可以补充证据，而在之后提交的证据，专利复审委员会不予考虑。A选项中，甲补充提交的美国专利文献超出了举证期限，专利复审委员会不予考虑，故乙也无需针对该美国专利文献进行合并式修改，故A选项错误。B选项中，补充的无效宣告理由在一个月内提出，属于上述第（2）种情形，故B选项正确。

综上，本题正确答案为：B、C、D。

80. 关于无效宣告程序中专利权人对专利文件的修改，下列说法哪些是正确的？
  A. 外观设计专利的专利权人不得对简要说明进行修改
  B. 实用新型专利的专利权人不得对专利说明书进行修改
  C. 发明专利的专利权人不得对专利说明书进行修改
  D. 发明专利的专利权人不得对权利要求书进行修改

【答案】ABC
【知识点】无效程序的文件修改
【解析】《专利法实施细则》第六十九条规定，在无效宣告请求的审查过程中，发明或者实用新型专利的专利权人可以修改其权利要求书，但是不得扩大原专利的保护范围。发明或者实用新型专利的专利权人不得修改专利说明书和附图，外观设计专利的专利权人不得修改图片、照片和简要说明。故A、B、C选项正确。

综上，本题正确答案为：A、B、C。

81. 甲针对乙的某项专利权提出了无效宣告请求，当事人可以依据下列哪些理由请求进行口头审理？
  A. 乙要求同甲当面质证和辩论
  B. 甲需要当面向合议组说明事实
  C. 甲需要实物演示
  D. 乙需要请出具过证言的证人作证

【答案】ABCD
【知识点】请求举行口头审理的事由
【解析】《专利审查指南2010》第四部分第四章第2节中规定，无效宣告程序的当事人可以依据下列理由请求进行口头审理：(1)当事人一方要求同对方当面质证和辩论。(2)需要当面向合议组说明事实。(3)需要实物演示。(4)需要请出具过证言的证人出庭作证。故A、B、C、D选项正确。

综上，本题正确答案为：A、B、C、D。

82. 无效宣告请求人在提出无效宣告请求时提交了施工合同和设计图纸，在之后的1个月内补充提交了台湾专利文献。两个月后，请求人在口头审理时提交了《化工原料手册》、台湾专利文献公证书和韩国出版的专业杂志文献及其译文。专利复审委员会对请求人提交的下列哪些证据会予以考虑？

A．请求人口头审理之前提交的上述台湾专利文献

B．请求人口头审理时提交的上述韩国出版的专业杂志文献及其译文

C．请求人口头审理时提交的上述《化工原料手册》和台湾专利文献公证书

D．请求人提交的上述施工合同和设计图纸

【答案】ACD

【知识点】无效程序的证据提交

【解析】《专利审查指南2010》第四部分第三章第4.3.1节中规定，(1)请求人在提出无效宣告请求之日起1个月内补充证据的，应当在该期限内结合该证据具体说明相关的无效宣告理由，否则，专利复审委员会不予考虑。(2)请求人在提出无效宣告请求之日起1个月后补充证据的，专利复审委员会一般不予考虑，但下列情形除外：(i)针对专利权人以合并方式修改的权利要求或者提交的反证，请求人在专利复审委员会指定的期限内补充证据，并在该期限内结合该证据具体说明相关无效宣告理由的；(ii)在口头审理辩论终结前提交技术词典、技术手册和教科书等所属技术领域中的公知常识性证据或者用于完善证据法定形式的公证文书、原件等证据，并在该期限内结合该证据具体说明相关无效宣告理由的。(3)请求人提交的证据是外文的，提交其中文译文的期限适用该证据的举证期限。A选项中的台湾专利文献是在提出无效宣告请求之日起1个月内补充的，专利复审委员会应予以考虑，A选项正确。D选项中的施工合同和设计图纸是在无效宣告请求之日提出的，专利复审委员会应予以考虑，D选项正确。B选项中的韩国出版的专业杂志文献及其译文是在无效宣告请求2个月后才提出的，超出了举证期限，专利复审委员不予考虑，故B选项错误。C选项中的《化工原料手册》和台湾专利文献公证书是在口头审理辩论终结前提交的公知常识性证据和用于完善证据法定形式的公证文书，可以被接受，故C选项正确。

综上，本题正确答案为：A、C、D。

83．李某对张某的专利权提出无效宣告请求，理由是权利要求1与对比文件1的区别特征X是所属领域的公知常识，权利要求1不具备创造性。下列说法哪些是正确的？

A．李某必须提交证据证明区别特征X是所属领域的公知常识

B．李某可以在口审时提交公知常识性证据，证明区别特征X是所属领域的公知常识

C．李某可以在口审结束后复审委员会作出无效决定之前，提交公知常识性证据，证明区别特征X是所属领域的公知常识

D．张某认可李某提交的公知常识性证据，复审委员会可以确认其证明力

【答案】BD

【知识点】证据的认定、公知常识举证

【解析】《专利审查指南2010》第四部分第八章第4.3.3节中规定，主张某技术手段是本领域公知常识的当事人，对其主张承担举证责任。该当事人未能举证证明或者未能充分说明

该技术手段是本领域公知常识，并且对方当事人不予认可的，合议组对该技术手段是本领域公知常识的主张不予支持。由此可见，对于区别特征X是所属领域的公知常识这一事实，李某既可以举证证明，也可以充分说明，故其可以不提交证据证明，A选项错误。

《专利审查指南2010》第四部分第三章第4.3.1节中对请求人举证的要求进行了规定，指出请求人在提出无效宣告请求之日起1个月后补充证据的，专利复审委员会一般不予考虑，但如果在口头审理辩论终结前提交技术词典、技术手册和教科书等所属技术领域中的公知常识性证据或者用于完善证据法定形式的公证文书、原件等证据，并在该期限内结合该证据具体说明相关无效宣告理由的，专利复审委员会可以接受。B选项的公知常识性证据是在口审时提交，C选项是在口审结束后复审委员会作出无效决定之前，根据上述规定，B选项正确，C选项错误。

《专利审查指南2010》第四部分第八章第4.3节中规定，对于一方当事人提出的证据，另一方当事人认可或者提出的相反证据不足以反驳的，专利复审委员会可以确认其证明力。故D选项正确。

综上，本题正确答案为：B、D。

84. 甲乙二人共同拥有一项发明专利权。在没有任何约定的情形下，下列说法哪些是正确的？

　　A. 甲可以单独实施该专利
　　B. 甲在未经乙同意的情况下可以以独占许可方式许可他人实施该专利
　　C. 甲单独实施该专利获得的收益应当在甲乙之间分配
　　D. 甲许可他人实施该专利，其收取的使用费应当在甲乙之间分配

【答案】A D
【知识点】专利权的共有
【解析】《专利法》第十五条规定，专利申请权或者专利权的共有人对权利的行使有约定的，从其约定。没有约定的，共有人可以单独实施或者以普通许可方式许可他人实施该专利；许可他人实施该专利的，收取的使用费应当在共有人之间分配。除前款规定的情形外，行使共有的专利申请权或者专利权应当取得全体共有人的同意。本题中，在共有人无任何约定的情形下，甲可以单独实施该专利，或者甲许可他人实施该专利，其收取的使用费在甲乙之间分配，故A、D选项正确。B选项中甲在未经乙同意的情况下以独占许可方式而非普通许可方式许可他人实施专利，故B选项错误。甲单独实施该专利的收益无需在甲乙之间分配，C选项错误。

综上，本题正确答案为：A、D。

85. 中国的甲公司将其拥有的一项专利申请权转让给美国的乙公司。下列说法哪些是正确的？

　　A. 该转让须经国家知识产权局进行保密审查

B. 该转让应当订立书面合同

C. 该转让自合同订立之日起生效

D. 该转让要向国家知识产权局登记后方可生效

【答案】ＢＤ

【知识点】专利申请权转让

【解析】《专利法》第十条规定，专利申请权和专利权可以转让。中国单位或者个人向外国人、外国企业或者外国其他组织转让专利申请权或者专利权的，应当依照有关法律、行政法规的规定办理手续。转让专利申请权或者专利权的，当事人应当订立书面合同，并向国务院专利行政部门登记，由国务院专利行政部门予以公告。专利申请权或者专利权的转让自登记之日起生效。故Ｂ、Ｄ选项正确。

综上，本题正确答案为：Ｂ、Ｄ。

86. 林某委托某专利代理机构申请了一项发明专利。下列有关林某放弃该项权利的说法哪些是正确的？

A. 林某随时可以主动要求放弃该项专利权

B. 林某可以要求放弃该项专利权中的某个特定部分

C. 放弃专利权的手续应当由该专利代理机构办理

D. 林某放弃专利权后，该专利权视为自始即不存在

【答案】ＡＣ

【知识点】专利权的放弃

【解析】《专利法》第四十四条第一款规定，有下列情形之一的，专利权在期限届满前终止：（一）没有按照规定缴纳年费的；（二）专利权人以书面声明放弃其专利权的。《专利审查指南2010》第五部分第九章第2.3节中规定，授予专利权后，专利权人随时可以主动要求放弃专利权，故Ａ选项正确。

《专利审查指南2010》第五部分第九章第2.3节中规定，主动放弃专利权的声明不得附有任何条件。放弃专利权只能放弃一件专利的全部，放弃部分专利权的声明视为未提出。故Ｂ选项错误。

《专利审查指南2010》第五部分第九章第2.3节中规定，委托专利代理机构的，放弃专利权的手续应当由专利代理机构办理，并附具全体申请人签字或者盖章的同意放弃专利权声明。故Ｃ选项正确。

《专利审查指南2010》第五部分第九章第2.3节中规定，放弃专利权声明经审查，符合规定的，审查员应当发出手续合格通知书，并将有关事项分别在专利登记簿和专利公报上登记和公告。放弃专利权声明的生效日为手续合格通知书的发文日，放弃的专利权自该日起终止。故放弃专利权后，该专利并非视为自始即不存在，故Ｄ选项错误。

综上，本题正确答案为：Ａ、Ｃ。

87. 某公司拥有一项实用新型专利权。下列说法哪些是正确的？

　　A. 该公司应当在其生产和销售的该专利产品或产品包装上标注专利标识

　　B. 该公司在该专利产品上标注专利标识的，应当采用中文标明专利权的类型

　　C. 在该专利权被授予前，该公司可以在产品上标注专利申请号，但应标明"专利申请，尚未授权"字样

　　D. 该公司在该专利权期限届满前在产品上标注专利标识，在专利权终止后继续销售上述产品的，不构成假冒专利行为

【答案】BCD

【知识点】专利标识的权利

【解析】《专利法》第十七条第二款规定，专利权人有权在其专利产品或者该产品的包装上标明专利标识。由此可知，专利权人有权但可以不在其生产和销售的该专利产品或产品包装上标注专利标识，故A选项错误。

《专利标识标注办法》第五条第一款规定，标注专利标识的，应当标明下述内容：（一）采用中文标明专利权的类别，例如中国发明专利、中国实用新型专利、中国外观设计专利；（二）国家知识产权局授予专利权的专利号。故B选项正确。

《专利标识标注办法》第七条规定，专利权被授予前在产品、该产品的包装或者该产品的说明书等材料上进行标注的，应当采用中文标明中国专利申请的类别、专利申请号，并标明"专利申请，尚未授权"字样。故C选项正确。

《专利法实施细则》第八十四条第二款规定，专利权终止前依法在专利产品、依照专利方法直接获得的产品或者其包装上标注专利标识，在专利权终止后许诺销售、销售该产品的，不属于假冒专利行为。故D选项正确。

综上，本题正确答案为：B、C、D。

88. 甲将一项专利权质押给乙，于2012年3月1日签订了质押合同，并于2012年3月5日到国家知识产权局进行了登记。后经乙同意，甲于2012年5月10日与丙签订了专利权转让合同，并于2012年5月17日到国家知识产权局进行了登记。下列说法哪些是正确的？

　　A. 质权自2012年3月1日起生效

　　B. 质权自2012年3月5日起生效

　　C. 专利权的转让自2012年5月10日起生效

　　D. 专利权的转让自2012年5月17日起生效

【答案】BD

【知识点】专利权的质押　专利权的转让

【解析】《专利权质押登记办法》第十二条第一款规定，专利权质押登记申请经审查合格的，国家知识产权局在专利登记簿上予以登记，并向当事人发送"专利权质押登记通知书"。质权自国家知识产权局登记时设立。故A选项错误，B选项正确。

《专利法》第十条第三款规定，转让专利申请权或者专利权的，当事人应当订立书面合

同，并向国务院专利行政部门登记，由国务院专利行政部门予以公告。专利申请权或者专利权的转让自登记之日起生效。故C选项错误，D选项正确。

综上，本题正确答案为：B、D。

89. 甲公司就一项手术刀于2010年6月10日提出实用新型专利申请并于2010年9月29日获授权。乙公司2010年8月15日自行研制出了相同的手术刀，于2010年9月29日前完成了生产制造的准备。未经甲公司许可，乙公司于2010年10月开始制造该手术刀，并通过丙公司销售给了丁医院使用。下列说法哪些是正确的？
　　A．乙的制造行为侵犯甲的专利权
　　B．乙在专利授权前已经做好了生产制造的准备，其制造行为不侵犯甲的专利权
　　C．丙的销售行为侵犯甲的专利权
　　D．丁能证明其产品的合法来源，其使用行为不侵犯甲的专利权

【答案】A C
【知识点】专利侵权行为　先用权
【解析】《专利法》第十一条规定，发明和实用新型专利权被授予后，除该法另有规定的以外，任何单位或者个人未经专利权人许可，都不得实施其专利，即不得为生产经营目的制造、使用、许诺销售、销售、进口其专利产品，或者使用其专利方法以及使用、许诺销售、销售、进口依照该专利方法直接获得的产品。《专利法》第六十九条规定对不视为侵犯专利权的情形进行了规定，其中，"在专利申请日前已经制造相同产品、使用相同方法或者已经作好制造、使用的必要准备，并且仅在原有范围内继续制造、使用的"，不视为侵犯专利权。乙研制、制造手术刀的时间是在本题所述实用新型专利的申请日后，故不属于不视为侵犯专利权的情形，乙公司的制造行为侵犯了甲的专利权。A选项正确，B选项错误。丙的销售行为侵犯了甲的专利权，故C选项正确。

《专利法》第七十条规定，为生产经营目的使用、许诺销售或者销售不知道是未经专利权人许可而制造并售出的专利侵权产品，能证明该产品合法来源的，不承担赔偿责任。丁如果能证明其产品的合法来源，其使用行为同样侵犯了甲的专利权，只是不承担赔偿责任。故D选项错误。

综上，本题正确答案为：A、C。

90. 甲公司拥有一项雨伞的外观设计专利权。未经甲公司许可，重庆的乙公司生产了该专利雨伞，并将该雨伞在成都销售给当地的丙酒店使用，甲公司遂向人民法院起诉。下列哪些说法是正确的？
　　A．甲公司可以向重庆的基层人民法院起诉乙公司
　　B．甲公司可以向成都市的中级人民法院起诉丙酒店
　　C．甲公司可以向成都市的中级人民法院起诉乙公司
　　D．甲公司提起诉讼时可以向受理法院提交专利权评价报告

【答案】CD

【知识点】外观设计的保护范围　侵权诉讼　地域管辖　级别管辖

【解析】《专利法》第十一条第二款规定，外观设计专利权被授予后，任何单位或者个人未经专利权人许可，都不得实施其专利，即不得为生产经营目的制造、许诺销售、销售、进口其外观设计专利产品。《最高人民法院关于审理专利纠纷案件适用法律问题的若干规定》第二条规定，专利纠纷第一审案件，由各省、自治区、直辖市人民政府所在地的中级人民法院和最高人民法院指定的中级人民法院管辖。最高人民法院根据实际情况，可以指定基层人民法院管辖第一审专利纠纷案件。由此可见，本题中的案件应当由中级人民法院管辖，基层人民法院没有管辖权，故A选项错误。

《最高人民法院关于审理专利纠纷案件适用法律问题的若干规定》第五条规定，因侵犯专利权行为提起的诉讼，由侵权行为地或者被告住所地人民法院管辖。侵权行为地包括：被诉侵犯发明、实用新型专利权的产品的制造、使用、许诺销售、销售、进口等行为的实施地；专利方法使用行为的实施地，依照该专利方法直接获得的产品的使用、许诺销售、销售、进口等行为的实施地；外观设计专利产品的制造、许诺销售、销售、进口等行为的实施地；假冒他人专利的行为实施地。上述侵权行为的侵权结果发生地。乙公司制造和销售了该雨伞，丙酒店使用了该雨伞，根据《专利法》第十一条的规定，实施外观专利的行为中不包括使用，因此，丙酒店并未构成侵权。乙公司的制造和销售行为构成了侵权，可以向乙销售行为实施地的中级法院起诉。故B选项错误，C选项正确。

《专利法》第六十一条第二款规定，专利侵权纠纷涉及实用新型专利或者外观设计专利的，人民法院或者管理专利工作的部门可以要求专利权人或者利害关系人出具由国务院专利行政部门对相关实用新型或者外观设计进行检索、分析和评价后作出的专利权评价报告，作为审理、处理专利侵权纠纷的证据。故D选项正确。

综上，本题正确答案为：C、D。

91. 甲公司在中国拥有一项抗癌药品的专利权，并在中国国内进行了制造销售。以下未经甲公司许可的哪些行为侵犯了甲公司的专利权？

　　A. 乙是病人，从印度购买仿制的该专利药品自己服用，并将多余的药品带回国内销售

　　B. 丙从甲公司购买了该专利药品，将其加价卖给第三人

　　C. 丁在国内某报纸上发布印度仿制的该专利药品的销售广告

　　D. 戊见甲公司销售的药品价格过于昂贵，自行制造并低价销售该专利药品

【答案】ACD

【知识点】侵犯专利权的情形　不视为专利侵权的情形

【解析】《专利法》第十一条第一款规定，发明和实用新型专利权被授予后，除该法另有规定的以外，任何单位或者个人未经专利权人许可，都不得实施其专利，即不得为生产经营目的制造、使用、许诺销售、销售、进口其专利产品，或者使用其专利方法以及使用、许诺销售、销售、进口依照该专利方法直接获得的产品。A选项中乙将多余的药品带回国内销

售，构成了销售行为；C选项中丁在国内某报纸上发布印度仿制的该专利药品的销售广告，构成了许诺销售行为；D选项中戊自行制造并低价销售该专利药品，构成了制造和销售行为，上述三种行为均侵犯了甲公司的专利权。

《专利法》第六十九条规定对不视为侵犯专利权的情形进行了规定，其中，"专利产品或者依照专利方法直接获得的产品，由专利权人或者经其许可的单位、个人售出后，使用、许诺销售、销售、进口该产品的"，不视为侵犯专利权。B选项中的甲公司将产品售出后，丙再进行销售，该行为不视为侵犯专利权。

综上，本题正确答案为：A、C、D。

92. 甲公司拥有一项新型药物的专利权。未经甲公司许可，下列哪些行为侵犯了甲公司的专利权？
   A. 乙公司通过电子邮件向某医院发出销售该新型药物的介绍信息
   B. 李某在专业期刊上发表文章对该新型药物的性能作了全面介绍
   C. 某医院为尽快治疗好患者，自行配置并使用了该新型药物
   D. 丙公司为提供行政审批所需要的信息，自行制造了该新型药物

【答案】A C
【知识点】专利侵权行为的类型
【解析】《专利法》第十一条第一款规定，发明和实用新型专利权被授予后，除该法另有规定的以外，任何单位或者个人未经专利权人许可，都不得实施其专利，即不得为生产经营目的制造、使用、许诺销售、销售、进口其专利产品，或者使用其专利方法以及使用、许诺销售、销售、进口依照该专利方法直接获得的产品。A选项中乙公司通过电子邮件向某医院发出销售该新型药物的介绍信息，构成了许诺销售行为；C选项中某医院自行配置并使用了该新型药物，构成了制造和使用行为，均侵犯了甲公司的专利权。B选项中李某在专业期刊上发表文章对该新型药物的性能作了全面介绍仅是为了让公众了解该新型药物的性能，故不侵犯甲公司的专利权。

《专利法》第六十九条规定对不视为侵犯专利权的情形进行了规定，其中，"为提供行政审批所需要的信息，制造、使用、进口专利药品或者专利医疗器械的，以及专门为其制造、进口专利药品或者专利医疗器械的"，不视为侵犯专利权。故D选项中丙公司为提供行政审批所需要的信息，自行制造了该新型药物不视为侵犯专利权。

综上，本题正确答案为：A、C。

93. 甲未经专利权人乙的许可而实施了其专利，引起了专利侵权纠纷。乙可以通过下列哪些途径解决该纠纷？
   A. 与甲协商解决
   B. 直接向人民法院提起诉讼
   C. 请求地方人民政府管理专利工作的部门处理

D. 请求国务院专利行政部门处理

【答案】ABC

【知识点】专利侵权纠纷的解决途径

【解析】《专利法》第六十条规定，未经专利权人许可，实施其专利，即侵犯其专利权，引起纠纷的，由当事人协商解决；不愿协商或者协商不成的，专利权人或者利害关系人可以向人民法院起诉，也可以请求管理专利工作的部门处理。管理专利工作的部门处理时，认定侵权行为成立的，可以责令侵权人立即停止侵权行为，当事人不服的，可以自收到处理通知之日起15日内依照《中华人民共和国行政诉讼法》向人民法院起诉；侵权人期满不起诉又不停止侵权行为的，管理专利工作的部门可以申请人民法院强制执行。进行处理的管理专利工作的部门应当事人的请求，可以就侵犯专利权的赔偿数额进行调解；调解不成的，当事人可以依照《中华人民共和国民事诉讼法》向人民法院起诉。故乙既可以与甲协商解决，也可以直接向人民法院提起诉讼或请求地方人民政府管理专利工作的部门处理。

综上，本题正确答案为：A、B、C。

94. 下列哪些行为属于假冒专利的行为？

A. 专利权终止后继续在产品上标注专利标识

B. 未经许可在产品包装上标注他人的专利号

C. 将拥有的实用新型专利证书变造成发明专利证书

D. 伪造专利文件

【答案】ABCD

【知识点】假冒专利

【解析】《专利法实施细则》第八十四条规定，下列行为属于《专利法》第六十三条规定的假冒专利的行为：（一）在未被授予专利权的产品或者其包装上标注专利标识，专利权被宣告无效后或者终止后继续在产品或者其包装上标注专利标识，或者未经许可在产品或者产品包装上标注他人的专利号；（二）销售第（一）项所述产品；（三）在产品说明书等材料中将未被授予专利权的技术或者设计称为专利技术或者专利设计，将专利申请称为专利，或者未经许可使用他人的专利号，使公众将所涉及的技术或者设计误认为是专利技术或者专利设计；（四）伪造或者变造专利证书、专利文件或专利申请文件；（五）其他使公众混淆，将未被授予专利权的技术或者设计误认为是专利技术或者专利设计的行为。专利权终止前依法在专利产品、依照专利方法直接获得的产品或者其包装上标注专利标识，在专利权终止后许诺销售、销售该产品的，不属于假冒专利行为。销售不知道是假冒专利的产品，并且能够证明该产品合法来源的，由管理专利工作的部门责令停止销售，但免除罚款的处罚。A、B选项的行为属于上述第（一）项规定的情形；C、D选项的行为属于上述第（四）项规定的情形，故A、B、C、D选项所涉及的行为均属于假冒专利。

综上，本题正确答案为：A、B、C、D。

95. 管理专利工作的部门应当事人的请求，可以对下列哪些专利纠纷进行调解？
   A. 专利申请权归属纠纷
   B. 发明人资格纠纷
   C. 职务发明创造的发明人的奖励和报酬纠纷
   D. 在发明专利申请公布后专利权授予前使用发明而未支付适当费用的纠纷

【答案】A B C D
【知识点】调解
【解析】《专利法实施细则》第八十五条规定，除《专利法》第六十条规定的外，管理专利工作的部门应当事人请求，可以对下列专利纠纷进行调解：（一）专利申请权和专利权归属纠纷；（二）发明人、设计人资格纠纷；（三）职务发明创造的发明人、设计人的奖励和报酬纠纷；（四）在发明专利申请公布后专利权授予前使用发明而未支付适当费用的纠纷；（五）其他专利纠纷。对于前款第（四）项所列的纠纷，当事人请求管理专利工作的部门调解的，应当在专利权被授予之后提出。故 A、B、C、D 选项所涉专利纠纷事项均可由管理专利工作的部门应当事人的请求进行调解。

综上，本题正确答案为：A、B、C、D。

96. 世界贸易组织成员国 X 国爆发了一场流行疾病，甲公司在中国拥有治疗该疾病药品的专利权。乙公司向国家知识产权局提出申请，请求对甲公司的药品专利给予强制许可。下列说法哪些是正确的？
   A. 国家知识产权局在作出给予强制许可的决定前应当组织听证
   B. 给予强制许可的决定应当写明给予强制许可的范围和期限
   C. 乙公司获得强制许可后，无须向甲公司交纳专利使用费
   D. 乙公司获得强制许可后，应当将制造的药品全部出口到 X 国

【答案】B D
【知识点】为公共利益目的的强制许可
【解析】《专利法》第五十条规定，为了公共健康目的，对取得专利权的药品，国务院专利行政部门可以给予制造并将其出口到符合中华人民共和国参加的有关国际条约规定的国家或者地区的强制许可。《专利实施强制许可办法》第十六条规定，国家知识产权局受理强制许可请求的，应当及时将请求书副本送交专利权人。除另有指定的外，专利权人应当自收到通知之日起 15 日内陈述意见；期满未答复的，不影响国家知识产权局作出决定。《专利实施强制许可办法》第十八条第一款规定，请求人或者专利权人要求听证的，由国家知识产权局组织听证。故国家知识产权局作出给予强制许可的决定前是否组织听证是应请求人或者专利权人的请求而启动的，而非应当组织听证，A 选项错误。

《专利实施强制许可办法》第二十二条规定了给予强制许可的决定应当写明的各项内容，其中包括给予强制许可的范围和期限。故 B 选项正确。

《专利法》第五十七条规定，取得实施强制许可的单位或者个人应当付给专利权人合理

的使用费，或者依照中华人民共和国参加的有关国际条约的规定处理使用费问题。付给使用费的，其数额由双方协商；双方不能达成协议的，由国务院专利行政部门裁决。故 C 选项错误。

《专利实施强制许可办法》第二十三条规定，国家知识产权局根据《专利法》第五十条作出给予强制许可的决定的，还应当在该决定中明确下列要求：（一）依据强制许可制造的药品数量不得超过进口方所需的数量，并且必须全部出口到该进口方；（二）依据强制许可制造的药品应当采用特定的标签或者标记明确注明该药品是依据强制许可而制造的；在可行并且不会对药品价格产生显著影响的情况下，应当对药品本身采用特殊的颜色或者形状，或者对药品采用特殊的包装；（三）药品装运前，取得强制许可的单位应当在其网站或者世界贸易组织的有关网站上发布运往进口方的药品数量以及本条第二项所述的药品识别特征等信息。故 D 选项正确。

综上，本题正确答案为：B、D。

97. 某 PCT 申请的国际申请日为 2009 年 10 月 26 日，进入中国国家阶段的日期为 2012 年 2 月 26 日。下列说法哪些是正确的？
   A. 该申请应当视为 2012 年 2 月 26 日向国家知识产权局提出的专利申请
   B. 在进入中国国家阶段时，申请人可以选择外观设计作为保护类型
   C. 申请人不能在该申请进入中国国家阶段后提出新的优先权要求
   D. 如果该申请被授予专利权，则专利权的期限自 2009 年 10 月 26 日起计算

【答案】C D
【知识点】国际申请日的效力　优先权　进入中国国家阶段的手续
【解析】《专利合作条约》第 11 条（3）规定，除第 64 条（4）另有规定外，国际申请符合本条（1）（i）至（iii）列举的要求，并已给予国际申请日的，在每个指定国内自国际申请日起具有正规的国家申请的效力，国际申请日应认为是在每个指定国的实际申请日。《专利法实施细则》第一百零二条规定，按照《专利合作条约》已确定国际申请日并指定中国的国际申请，视为向国务院专利行政部门提出的专利申请，该国际申请日视为《专利法》第二十八条所称的申请日。《专利审查指南 2010》第三部分第一章第 3.1.1 节中规定，除因中国对《专利合作条约》及其实施细则的有关规定作出保留而需要重新确定相对于中国的申请日外，由受理局确定的国际申请日视为该申请在中国的实际申请日。故本题中的申请应当视为 2009 年 10 月 26 日向国家知识产权局提出的专利申请，如果该申请被授予专利权，其专利权的期限也应自 2009 年 10 月 26 日起计算。A 选项错误，D 选项正确。

《专利合作条约》第 2 条定义中规定了"申请"的含义，是指保护发明的申请；述及"申请"应解释为述及发明专利、发明人证书、实用证书、实用新型、增补专利或增补证书、增补发明人证书和增补实用证书的申请。《专利审查指南 2010》第三部分第一章第 3.1.2 节中规定，国际申请指定中国的，办理进入国家阶段手续时，应当选择要求获得的是"发明专利"或者"实用新型专利"，两者择其一，不允许同时要求获得"发明专利"和"实用新型

专利"。由此可见，PCT申请并不涉及外观设计专利申请，进入中国国家阶段也不能以外观设计作为保护类型。B选项错误。

《专利审查指南2010》第三部分第一章第5.2.1节中规定，进入国家阶段不允许提出新的优先权要求。C选项正确。

综上，本题正确答案为：C、D。

98. 某中国申请人于2012年2月26日就其在中国完成的一项发明创造向国家知识产权局提交了一件PCT国际申请。下列说法哪些是正确的？

  A. 该PCT国际申请是向国家知识产权局提出的，因此视为同时提出了保密审查请求

  B. 申请人应当委托依法设立的专利代理机构办理PCT国际申请的相关事务

  C. 申请人应当在2014年2月26日前办理进入中国国家阶段的手续

  D. 在办理进入中国国家阶段手续时，申请人可以选择要求获得发明专利或者实用新型专利

【答案】A D

【知识点】保密审查请求　委托

【解析】《专利法》第二十条第一款规定，任何单位或者个人将在中国完成的发明或者实用新型向外国申请专利的，应当事先报经国务院专利行政部门进行保密审查。保密审查的程序、期限等按照国务院的规定执行。《专利法》第二十条第二款规定，中国单位或者个人可以根据中华人民共和国参加的有关国际条约提出专利国际申请。申请人提出专利国际申请的，应当遵守前款规定。《专利法实施细则》第八条第一款规定，《专利法》第二十条所称在中国完成的发明或者实用新型，是指技术方案的实质性内容在中国境内完成的发明或者实用新型。《专利法实施细则》第八条第三款规定，向国务院专利行政部门提交专利国际申请的，视为同时提出了保密审查请求。故A选项正确。

《专利法》第十九条第二款规定，中国单位或者个人在国内申请专利和办理其他专利事务的，可以委托依法设立的专利代理机构办理。由于该PCT申请是由中国申请人向国家知识产权局提出，故其可以不委托依法设立的专利代理机构办理，B选项错误。

《专利法实施细则》第一百零三条规定，国际申请的申请人应当在《专利合作条约》第二条所称的优先权日（简称"优先权日"）起30个月内，向国务院专利行政部门办理进入中国国家阶段的手续；申请人未在该期限内办理该手续的，在缴纳宽限费后，可以在自优先权日起32个月内办理进入中国国家阶段的手续。由于申请人是于2012年2月26日提出的PCT申请，故其应当在2014年8月26日前，如缴纳宽限费，应当在2014年10月26日前办理进入中国国家阶段的手续，C选项错误。

《专利审查指南2010》第三部分第一章第3.1.2节中规定，《专利法》第九条第一款规定：同样的发明创造只能授予一项专利权。国际申请指定中国的，办理进入国家阶段手续时，应当选择要求获得的是"发明专利"或者"实用新型专利"，两者择其一，不允许同时要求获得"发明专利"和"实用新型专利"。不符合规定的，审查员应当发出国际申请不能

进入中国国家阶段通知书。故申请人在办理进入中国国家阶段手续时,可以选择要求获得发明专利或者实用新型专利,D选项正确。

综上,本题正确答案为:A、D。

99. 下列关于PCT国际申请的说法哪些是正确的?
   A. 香港特别行政区的居民可以向国家知识产权局提交PCT国际申请,也可以向国际局提交PCT国际申请
   B. 不能就外观设计提出PCT国际申请
   C. 中国国民向国家知识产权局提交的PCT国际申请,可以指定欧洲专利局进行国际检索
   D. PCT国际申请在进入国家阶段之前必须经过国际初步审查

【答案】A B

【知识点】主管受理局、国际初步审查、条约所称的专利、主管国际检索单位

【解析】《专利合作条约实施细则》第19条规定,(a)除(b)另有规定之外,国际申请应按照申请人的选择,(i)向申请人是其居民的缔约国的或者代表该国的国家局提出;或(ii)向申请人是其国民的缔约国或者代表该国的国家局提出;或(iii)向国际局提出,而与申请人是其居民或者国民的缔约国无关。故作为香港特别行政区的居民,其既可以向国家知识产权局提交PCT国际申请,也可以向国际局提交PCT国际申请,A选项正确。

《专利合作条约》第2条中规定了"申请"的含义,是指保护发明的申请;述及"申请"应解释为述及发明专利、发明人证书、实用证书、实用新型、增补专利或增补证书、增补发明人证书和增补实用证书的申请。故不能就外观设计提出PCT申请,B选项正确。

《专利合作条约实施细则》第35.1条规定,主管的国际检索单位只有一个时,每个受理局应根据《专利合作条约》第16条(3)(b)所述的有关协议,将负责对该局受理的国际申请进行检索的国际检索单位通知国际局,国际局应迅速公布这一信息。故国际检索单位是由受理局通过协议确定的,而不是申请人可以自己选择。C选项错误。

《专利合作条约》第31条规定,(1)经申请人要求,对国际申请应按下列规定和细则进行国际初步审查。(2)(a)凡受第Ⅱ章约束的缔约国的居民或国民(按照细则的规定)的申请人,在其国际申请已提交该国或代表该国的受理局后,可以要求进行国际初步审查。可见,国际初步审查是PCT国际申请在进入国家阶段之前的可选程序,D选择错误。

综上,本题正确答案为:A、B。

100. 某专利文献扉页上印有"CN100378905 A",由此专利文献号可以分析出下列哪些信息?
   A. 这是一篇中国专利文献
   B. 这是一篇实用新型专利文献
   C. 该专利申请已被授予专利权
   D. 第一位数字1表示发明专利申请

【答案】A D

【知识点】国别代码国际标准　中国专利文献编号

【解析】《专利文献号标准》（ZC 0007—2004）第 5.2 节中规定，为了完整地标识一篇专利文献的出版国家，以及在不同程序中的公布或公告，应将中国国家代码 CN、专利文献号、相应的专利文献种类标识代码联合使用。由此可知，本题中的专利文献是一篇中国专利文献，首位数字 1 表示其为发明专利申请，A 表示其为发明专利申请公布说明书，故 A、D 选项正确。

综上，本题正确答案为：A、D。

相关法律知识

答题须知：

1. 本试卷共有 100 题，每题 1 分，总分 100 分。
2. 本试卷要求应试者在机考试卷上选择答案。
3. 本试卷所有试题的正确答案均以现行的法律、法规、规章、相关司法解释和国际条约为准。

一、单项选择题（每题所设选项中只有一个正确答案，多选、错选或不选均不得分）。本部分含 1—30 题，每题 1 分，共 30 分。

1. 根据民法通则及相关规定，下列关于宣告死亡的哪种说法是正确的？
    A. 公民下落不明满 4 年的，利害关系人可以向人民法院申请宣告他死亡
    B. 宣告失踪是宣告死亡的必经程序
    C. 有民事行为能力人在被宣告死亡期间实施的民事法律行为无效
    D. 同一顺序的利害关系人，有的申请宣告死亡，有的不同意宣告死亡，则不应当宣告死亡

【答案】A
【知识点】宣告死亡
【解析】《民法通则》第二十三条规定，公民有下列情形之一的，利害关系人可以向人民法院申请宣告他死亡：（一）下落不明满 4 年的；（二）因意外事故下落不明，从事故发生之日起满 2 年的。战争期间下落不明的，下落不明的时间从战争结束之日起计算。据此，选项 A 的说法正确。《最高人民法院关于贯彻执行〈中华人民共和国民法通则〉若干问题的意见（试行）》第二十九条规定，宣告失踪不是宣告死亡的必经程序。公民下落不明，符合申请宣告死亡的条件，利害关系人可以不经申请宣告失踪而直接申请宣告死亡。但利害关系人只申请宣告失踪的，应当宣告失踪；同一顺序的利害关系，有的申请宣告死亡，有的不同意宣告死亡，则应当宣告死亡。据此，选项 B、D 的说法错误。《民法通则》第二十四条第二款规定，有民事行为能力人在被宣告死亡期间实施的民事法律行为有效。据此，选项 C 的说法错误。

综上，本题正确答案为：A。

2. 根据民法通则的规定，按照合同取得财产的，除法律另有规定或者当事人另有约定外，财产所有权从何时起转移？
    A. 合同签订时
    B. 合同生效时

C. 财产交付时

D. 货款交付时

【答案】C

【知识点】财产权的转移

【解析】《民法通则》第七十二条第二款规定，按照合同或者其他合法方式取得财产的，财产所有权从财产交付时起转移，法律另有规定或者当事人另有约定的除外。因此，选项C的说法正确，选项A、B、D的说法错误。

综上，本题正确答案为：C。

3. 根据民法通则及相关规定，下列哪项不属于民法通则中规定的近亲属？

　　A. 配偶

　　B. 孙女

　　C. 兄弟

　　D. 堂兄弟

【答案】D

【知识点】近亲属的范围

【解析】《最高人民法院关于贯彻执行〈中华人民共和国民法通则〉若干问题的意见（试行）》第十二条规定，民法通则中规定的近亲属，包括配偶、父母、子女、兄弟姐妹、祖父母、外祖父母、孙子女、外孙子女。因此，选项A、B、C中的配偶、孙女、兄弟属于《民法通则》中规定的近亲属，选项D中的堂兄弟不属于《民法通则》中规定的近亲属，选项D正确。

综上，本题正确答案为：D。

4. 根据民法通则及相关规定，下列关于诉讼时效期间的哪种说法是正确的？

　　A. 向人民法院请求保护民事权利的诉讼时效期间为二年，法律另有规定的除外

　　B. 出售质量不合格的商品未声明的诉讼时效期间为五年

　　C. 延付或者拒付租金的诉讼时效期间为二十年

　　D. 诉讼时效期间一律不得延长

【答案】A

【知识点】诉讼时效的期间

【解析】《民法通则》第一百三十五条规定，向人民法院请求保护民事权利的诉讼时效期间为2年，法律另有规定的除外。因此，选项A的说法正确。《民法通则》第一百三十六条规定，下列的诉讼时效期间为1年：（一）身体受到伤害要求赔偿的；（二）出售质量不合格的商品未声明的；（三）延付或者拒付租金的；（四）寄存财物被丢失或者损毁的。因此，选项B、C的说法错误。《民法通则》第一百三十七条规定，诉讼时效期间从知道或者应当知道权利被侵害时起计算。但是，从权利被侵害之日起超过20年的，人民法院不予保护。有特殊情况的，人民法院可以延长诉讼时效期间。因此，选项D的说法错误。

综上，本题正确答案为：A。

5. 根据合同法及相关规定，平等民事主体之间的下列哪种协议适用合同法的规定？
   A. 张某与某福利院签订的收养该福利院孤儿的协议
   B. 专利权人李某与某公司签订的专利权转让协议
   C. 王某与其前妻签订的变更子女监护权协议
   D. 刘某与徐某签订的解除婚姻关系协议

【答案】B

【知识点】合同法的适用范围

【解析】《合同法》第二条第一款规定，该法所称合同是平等主体的自然人、法人、其他组织之间设立、变更、终止民事权利义务关系的协议。因此，选项B的说法正确。《合同法》第二条第二款规定，婚姻、收养、监护等有关身份关系的协议，适用其他法律的规定。选项A、C、D分别属于收养协议、监护协议和婚姻协议，不适用《合同法》的规定。因此，选项A、C、D的说法错误。

综上，本题正确答案为：B。

6. 重庆甲公司和上海乙公司签订货物买卖合同，约定货物交付地点为乙公司在上海的某仓库。甲公司遂与丙公司签订运输合同，合同中载明乙公司为收货人。运输途中，丙公司车辆与丁公司车辆发生追尾事故致货物受损，无法向乙公司交货。根据合同法及相关规定，下列哪种说法是正确的？
   A. 乙公司有权请求甲公司承担违约责任
   B. 乙公司有权请求丙公司承担违约责任
   C. 乙公司有权请求丙公司驾驶员承担违约责任
   D. 乙公司有权请求丁公司驾驶员承担违约责任

【答案】A

【知识点】违约责任

【解析】《合同法》第一百二十一条规定，当事人一方因第三人的原因造成违约的，应当向对方承担违约责任。当事人一方和第三人之间的纠纷，依照法律规定或者按照约定解决。甲公司因为丙公司与丁公司车辆追尾事故的原因无法向乙公司交货，应当向乙公司承担违约责任。因此，选项A的说法正确。

综上，本题正确答案为：A。

7. 张某和李某合作开发完成一项发明创造，但未约定权利归属。该项发明创造完成后，张某想要申请专利，而李某则想通过商业秘密保护，不同意申请专利。根据合同法及相关规定，下列哪种说法是正确的？
   A. 张某不得申请专利

B. 张某可以申请专利，获得授权后专利权归张某和李某共有

C. 张某可以申请专利，获得授权后专利权归张某所有，李某可以免费实施该专利

D. 张某可以申请专利，获得授权后专利权归张某所有，但获得的收益应在两人之间分配

【答案】A

【知识点】技术开发合同

【解析】《合同法》第三百四十条第三款规定，合作开发的当事人一方不同意申请专利的，另一方或者其他各方不得申请专利。因此，在李某不同意申请专利的情况下，张某不得申请专利。选项A的说法正确。

综上，本题正确答案为：A。

8. 根据民事诉讼法及相关规定，原告向两个有管辖权的人民法院起诉的，由哪个人民法院管辖？

A. 最先收到起诉状的人民法院

B. 最先收到案件受理费的人民法院

C. 最先立案的人民法院

D. 该两个人民法院共同上级人民法院指定的人民法院

【答案】C

【知识点】民事诉讼的共同管辖和选择管辖

【解析】《民事诉讼法》第三十五条规定，两个以上人民法院都有管辖权的诉讼，原告可以向其中一个人民法院起诉；原告向两个以上有管辖权的人民法院起诉的，由最先立案的人民法院管辖。因此，选项C的说法正确。

综上，本题正确答案为：C。

9. 根据民事诉讼法及相关规定，当事人可以申请人民法院通知具有专门知识的人出庭，代表当事人对案件事实所涉及的专业问题提出意见。下列关于该意见的哪种说法是正确的？

A. 该意见视为证人证言

B. 该意见视为当事人的陈述

C. 该意见视为鉴定意见

D. 该意见视为书证

【答案】B

【知识点】有专门知识的人出庭

【解析】《最高人民法院关于适用〈中华人民共和国民事诉讼法〉的解释》第一百二十二条第二款规定，具有专门知识的人在法庭上就专业问题提出的意见，视为当事人的陈述。因此，选项B的说法正确。

综上，本题正确答案为：B。

10. 在一起侵犯专利权纠纷案件中，双方当事人达成调解协议后，人民法院制作了调解书，但原告在调解书送达前反悔，拒不签收。根据民事诉讼法及相关规定，下列哪种说法是正确的？

    A. 人民法院可以留置送达该调解书

    B. 人民法院可以公告送达该调解书

    C. 人民法院应当及时判决

    D. 人民法院应当裁定驳回起诉

【答案】C

【知识点】民事诉讼的调解

【解析】《民事诉讼法》第九十九条规定，调解未达成协议或者调解书送达前一方反悔的，人民法院应当及时判决。因此，选项C的说法正确。

综上，本题正确答案为：C。

11. 根据行政诉讼法及相关规定，有管辖权的基层人民法院由于特殊原因不能行使管辖权的，由谁指定管辖？

    A. 同级人民检察院

    B. 上级人民检察院

    C. 所在地人民政府

    D. 上级人民法院

【答案】D

【知识点】行政诉讼的移送管辖与指定管辖

【解析】《行政诉讼法》第二十三条第一款规定，有管辖权的人民法院由于特殊原因不能行使管辖权的，由上级人民法院指定管辖。因此，选项D的说法正确。

综上，本题正确答案为：D。

12. 根据行政诉讼法及相关规定，基层人民法院有特殊情况不能在立案之日起6个月内作出第一审行政判决，需要延长期限的，应如何处理？

    A. 由该基层人民法院院长批准

    B. 由上一级人民法院批准

    C. 由高级人民法院批准

    D. 由最高人民法院批准

【答案】C

【知识点】行政诉讼第一审程序审理的期限

【解析】《行政诉讼法》第八十一条规定，人民法院应当在立案之日起6个月内作出第一审判决。有特殊情况需要延长的，由高级人民法院批准，高级人民法院审理第一审案件需要延长的，由最高人民法院批准。因此，选项C的说法正确。

综上，本题正确答案为：C。

13. 王某不服某县公安局作出的对其拘留15天的行政处罚，向市公安局申请复议，市公安局改为行政拘留10天，王某仍然不服，欲提起行政诉讼。根据行政诉讼法及相关规定，下列关于被告的哪种说法是正确的？

   A. 应当以该县公安局为被告
   B. 应当以该市公安局为被告
   C. 应当以该县公安局局长为被告
   D. 应当以该市公安局局长为被告

【答案】B

【知识点】行政诉讼被告

【解析】《行政诉讼法》第二十六条第二款规定，经复议的案件，复议机关决定维持原行政行为的，作出原行政行为的行政机关和复议机关是共同被告；复议机关改变原行政行为的，复议机关是被告。因此，选项B的说法正确。

综上，本题正确答案为：B。

14. 根据行政诉讼法及相关规定，关于行政上诉案件的审理，下列哪种说法是正确的？

   A. 第二审人民法院只审查原审人民法院的判决、裁定
   B. 第二审人民法院只审查被诉行政行为
   C. 第二审人民法院应当对原审人民法院的判决、裁定和被诉行政行为进行全面审查
   D. 第二审人民法院只审查上诉状提及的法律问题

【答案】C

【知识点】行政诉讼上诉案件的审理

【解析】《行政诉讼法》第八十七条规定，人民法院审理上诉案件，应当对原审人民法院的判决、裁定和被诉行政行为进行全面审查。因此，选项C的说法正确。

综上，本题正确答案为：C。

15. 根据市政府整顿农贸市场的决定，某区工商局和卫生局对集贸市场进行联合检查。在检查过程中，因某个体户所售食品变质，两局以共同的名义对其作出罚款决定，该个体户不服，欲提起行政复议。根据行政复议法及相关规定，其应向谁申请行政复议？

   A. 该区工商局
   B. 该市卫生局
   C. 该区政府
   D. 该市政府

【答案】C

【知识点】行政复议被申请人

【解析】《行政复议法》第十五条第一款第（四）项规定，对两个或者两个以上行政机关以共同的名义作出的具体行政行为不服的，向其共同上一级行政机关申请行政复议。区工商

局和卫生局的共同上一级行政机关是区政府。因此，选项C的说法正确。

综上，本题正确答案为：C。

16. 某行政复议机关受理行政复议申请后，发现该行政复议申请不符合行政复议法和行政复议法实施条例规定的受理条件。根据行政复议法及相关规定，该行政复议机关应当如何处理？
　　A. 作出中止行政复议的决定
　　B. 作出终止行政复议的决定
　　C. 作出维持具体行政行为的决定
　　D. 作出驳回行政复议申请的决定
【答案】D
【知识点】行政复议决定种类和效力
【解析】《行政复议法实施条例》第四十八条第一款规定，有下列情形之一的，行政复议机关应当决定驳回行政复议申请：（一）申请人认为行政机关不履行法定职责申请行政复议，行政复议机关受理后发现该行政机关没有相应法定职责或者在受理前已经履行法定职责的；（二）受理行政复议申请后，发现该行政复议申请不符合行政复议法和该条例规定的受理条件的。因此，选项D的说法正确。

综上，本题正确答案为：D。

17. 根据行政复议法及相关规定，下列哪种情形可以申请行政复议？
　　A. 张某对国务院某部委发布的规章不服的
　　B. 公务员王某不服其所在的行政机关对其作出的降级处分的
　　C. 李某对某行政机关就其与某公司之间的民事纠纷作出的调解不服的
　　D. 赵某对某行政机关作出的暂扣其许可证的行政处罚决定不服的
【答案】D
【知识点】行政复议的受案范围
【解析】《行政复议法》第七条规定，公民、法人或者其他组织认为行政机关的具体行政行为所依据的下列规定不合法，在对具体行政行为申请行政复议时，可以一并向行政复议机关提出对该规定的审查申请：（一）国务院部门的规定；（二）县级以上地方各级人民政府及其工作部门的规定；（三）乡、镇人民政府的规定。前款所列规定不含国务院部、委员会规章和地方人民政府规章。规章的审查依照法律、行政法规办理。因此，选项A的说法错误。《行政复议法》第八条第一款规定，不服行政机关作出的行政处分或者其他人事处理决定的，依照有关法律、行政法规的规定提出申诉。因此，选项B的说法错误。《行政复议法》第八条第二款规定，不服行政机关对民事纠纷作出的调解或者其他处理，依法申请仲裁或者向人民法院提起诉讼。因此，选项C的说法错误。《行政复议法》第六条规定，有下列情形之一的，公民、法人或者其他组织可以依照该法申请行政复议：（一）对行政机关作出的警告、罚款、没收违法所得、没收非法财物、责令停产停业、暂扣或者吊销许可证、暂扣或者吊销执照、行政拘留等行政处罚决定不服的;(二)对行政机关作出的限制人身自由或者查封、扣押、冻结财产等行政强制措施决定不服的;(三)对行政机关作出的有关许可证、执照、资质证、资格证等证书变更、中止、撤销的决定不服的;(四)对行政机关作出的关于确认土地、矿藏、水流、森林、山岭、草原、荒地、滩涂、海域等自然资源的所有权或者使用权的决定不服的;(五)认为行政机关侵犯合法的经营自主权的;(六)认为行政机关变更或者废止农业承包合同,侵犯其合法权益的;(七)认为行政机关违法集资、征收财物、摊派费用或者违法要求履行其他义务的;(八)认为符合法定条件,申请行政机关颁发许可证、执照、资质证、资格证等证书,或者申请行政机关审批、登记有关事项,行政机关没有依法办理的;(九)申请行政机关履行保护人身权利、财产权利、受教育权利的法定职责,行政机关没有依法履行的;(十)申请行政机关依法发放抚恤金、社会保险金或者最低生活保障费,行政机关没有依法发放的;(十一)认为行政机关的其他具体行政行为侵犯其合法权益的。选项D的情形符合上述第(一)项的规定,可以申请行政复议。

综上,本题正确答案为:D。

18. 根据商标法及相关规定,下列关于商标注册申请的哪种说法是正确的?

　　A. 申请人可以通过一份申请就多个类别的商品申请注册同一商标

　　B. 申请人可以通过一份申请就多个类别的商品申请注册多个商标

　　C. 申请人可以通过一份申请就一个类别的商品申请注册多个商标

　　D. 申请人需要就多个类别的商品申请注册同一商标的,只能分别提出申请

【答案】A

【知识点】商标注册的申请

【解析】《商标法》第二十二条第二款规定,商标注册申请人可以通过一份申请就多个类别的商品申请注册同一商标。因此,选项A的说法正确。

综上,本题正确答案为:A。

19. 根据商标法及相关规定,在查处商标侵权案件过程中,权利人同时向人民法院提起商标侵权诉讼的,工商行政管理部门如何处理?

　　A. 应当中止案件查处

　　B. 可以中止案件查处

　　C. 应当终结案件查处

　　D. 应当及时移交司法机关依法处理

【答案】B

【知识点】商标侵权纠纷的解决途径

【解析】《商标法》第六十二条第三款规定,在查处商标侵权案件过程中,对商标权属存在争议或者权利人同时向人民法院提起商标侵权诉讼的,工商行政管理部门可以中止案件的查处。中止原因消除后,应当恢复或者终结案件查处程序。因此,选项B的说法正确。

综上，本题正确答案为：B。

20. 根据商标法及相关规定，在侵犯商标专用权纠纷案件中，权利人因被侵权所受到的实际损失、侵权人因侵权所获得的利益、注册商标许可使用费难以确定的，赔偿数额应当如何确定？
   A. 由人民法院根据侵权行为的情节判决给予五十万以下的赔偿
   B. 由人民法院根据侵权行为的情节判决给予一百万以下的赔偿
   C. 由人民法院根据侵权行为的情节判决给予二百万以下的赔偿
   D. 由人民法院根据侵权行为的情节判决给予三百万以下的赔偿

【答案】D

【知识点】侵犯商标专用权的民事责任

【解析】《商标法》第六十三条第三款规定，权利人因被侵权所受到的实际损失、侵权人因侵权所获得的利益、注册商标许可使用费难以确定的，由人民法院根据侵权行为的情节判决给予三百万元以下的赔偿。因此，选项D的说法正确。

综上，本题正确答案为：D。

21. 工商行政管理部门处理侵犯注册商标专用权案件时，某销售商不知道所销售的是侵犯注册商标专用权的商品，能证明该商品是自己合法取得并说明了提供者。根据商标法及相关规定，下列哪种说法是正确的？
   A. 该工商行政管理部门应当认定该销售商未侵犯商标专用权
   B. 该工商行政管理部门可以责令该销售商停止销售
   C. 该工商行政管理部门应当没收并销毁侵权商品，并及时移交司法机关依法处理
   D. 该工商行政管理部门应当要求该销售商承担损害赔偿责任

【答案】B

【知识点】侵犯商标专用权的行政责任

【解析】《商标法》第五十七条规定，有下列行为之一的，均属侵犯注册商标专用权：（一）未经商标注册人的许可，在同一种商品上使用与其注册商标相同的商标的；（二）未经商标注册人的许可，在同一种商品上使用与其注册商标近似的商标，或者在类似商品上使用与其注册商标相同或者近似的商标，容易导致混淆的；（三）销售侵犯注册商标专用权的商品的；（四）伪造、擅自制造他人注册商标标识或者销售伪造、擅自制造的注册商标标识的；（五）未经商标注册人同意，更换其注册商标并将该更换商标的商品又投入市场的；（六）故意为侵犯他人商标专用权行为提供便利条件，帮助他人实施侵犯商标专用权行为的；（七）给他人的注册商标专用权造成其他损害的。该销售商销售了侵犯注册商标专用权的商品，属于侵犯注册商标专用权，选项A的说法错误。《商标法》第六十条第二款规定，工商行政管理部门处理时，认定侵权行为成立的，责令立即停止侵权行为，没收、销毁侵权商品和主要用于制造侵权商品、伪造注册商标标识的工具，违法经营额5万元以上的，可以处违法经营额5倍以下的罚款，没有违法经营额或者违法经营额不足5万元的，可以处25万元

以下的罚款。对5年内实施两次以上商标侵权行为或者有其他严重情节的，应当从重处罚。销售不知道是侵犯注册商标专用权的商品，能证明该商品是自己合法取得并说明提供者的，由工商行政管理部门责令停止销售。该销售商不知道所销售的是侵犯注册商标专用权的商品，能证明该商品是自己合法取得并说明了提供者，因此，该工商行政管理部门可以责令该销售商停止销售，选项B的说法正确，选项C的说法错误。同时，《商标法》第六十一条规定，对侵犯注册商标专用权的行为，工商行政管理部门有权依法查处；涉嫌犯罪的，应当及时移送司法机关依法处理。本题目中的情形不属于涉嫌犯罪的情形，进一步说明选项C的说法错误。《商标法》第六十四条第二款规定，销售不知道是侵犯注册商标专用权的商品，能证明该商品是自己合法取得并说明提供者的，不承担赔偿责任。因此，选项D的说法错误。

综上，本题正确答案为：B。

22. 某商标代理机构甲未经授权，以自己的名义将被代理人乙公司的商标进行注册，并获核准注册。根据商标法及相关规定，自该商标注册之日起五年内，乙公司可以采取下列哪种措施维护自身合法权益？

　　A．请求商标局撤销该注册商标
　　B．请求商标局宣告该注册商标无效
　　C．请求商标评审委员会宣告该注册商标无效
　　D．请求商标评审委员会撤销该注册商标

【答案】C

【知识点】当事人请求宣告注册商标无效

【解析】《商标法》第四十五条第一款规定，已经注册的商标，违反该法第十三条第二款和第三款、第十五条、第十六条第一款、第三十条、第三十一条、第三十二条规定的，自商标注册之日起5年内，在先权利人或者利害关系人可以请求商标评审委员会宣告该注册商标无效。对恶意注册的，驰名商标所有人不受五年的时间限制。《商标法》第十五条第一款规定，未经授权，代理人或者代表人以自己的名义将被代理人或者被代表人的商标进行注册，被代理人或者被代表人提出异议的，不予注册并禁止使用。本题目中的情形即属于《商标法》第十五条第一款规定的情形，根据《商标法》第四十五条第一款的规定，可以请求商标评审委员会宣告该注册商标无效。因此，选项C的说法正确。

综上，本题正确答案为：C。

23. 根据著作权法及相关规定，下列哪项属于我国著作权法保护的客体？

　　A．某人民法院就某专利权属纠纷案件作出的民事判决书
　　B．某电视台报道的时事新闻
　　C．化学元素周期表
　　D．某幼儿园小朋友的绘画

【答案】D

【知识点】著作权的客体

【解析】《著作权法》第五条规定，该法不适用于：（一）法律、法规，国家机关的决议、决定、命令和其他具有立法、行政、司法性质的文件，及其官方正式译文；（二）时事新闻；（三）历法、通用数表、通用表格和公式。选项A的情形属于具有司法性质的文件，选项B的情形属于时事新闻，选项C的情形属于历法、通用数表、通用表格和公式，都不属于我国著作权法保护的客体。因此，选项A、B、C的说法错误。《著作权法》第三条规定，该法所称的作品，包括以下列形式创作的文学、艺术和自然科学、社会科学、工程技术等作品：（一）文字作品；（二）口述作品；（三）音乐、戏剧、曲艺、舞蹈、杂技艺术作品；（四）美术、建筑作品；（五）摄影作品；（六）电影作品和以类似摄制电影的方法创作的作品；（七）工程设计图、产品设计图、地图、示意图等图形作品和模型作品；（八）计算机软件；（九）法律、行政法规规定的其他作品。选项D中的绘画属于《著作权法》第三条规定中的美术作品，同时，是否属于《著作权法》保护客体与作者的民事行为能力没有关系。因此，选项D的说法正确。

综上，本题正确答案为：D。

24. 根据著作权法及相关规定，下列关于著作权产生时间的哪种说法是正确的？
    A. 自作品创作完成之日起产生
    B. 自作品发表之日起产生
    C. 自在作品上加注版权标记之日起产生
    D. 自办理作品登记之日起产生

【答案】A

【知识点】著作权产生时间

【解析】《著作权法实施条例》第六条规定，著作权自作品创作完成之日起产生。因此，选项A的说法正确。

综上，本题正确答案为：A。

25. 李某在甲期刊上发表了一篇文章，未就转载问题做出声明，乙期刊欲转载该文章。根据著作权法及相关规定，下列哪种说法是正确的？
    A. 乙期刊不可以转载，除非得到李某的同意
    B. 乙期刊不可以转载，除非得到甲期刊的同意
    C. 乙期刊可以转载，但应按照规定向李某支付报酬
    D. 乙期刊可以转载，且不需要向李某支付报酬

【答案】C

【知识点】出版者的权利和义务

【解析】《著作权法》第三十三条第二款规定，作品刊登后，除著作权人声明不得转载、

摘编的外，其他报刊可以转载或者作为文摘、资料刊登，但应当按照规定向著作权人支付报酬。因此，选项C的说法正确。

综上，本题正确答案为：C。

26. 张某创作并演唱的某流行歌曲出版发行后，某网络公司将该歌曲上传到其网站，供在线播放和下载，但未经张某同意。根据著作权法及相关规定，该网络公司的行为侵犯了张某的下列哪项权利？

  A. 发表权
  B. 表演权
  C. 广播权
  D. 信息网络传播权

【答案】D
【知识点】著作权的内容
【解析】《著作权法》第十条第一款规定，著作权包括下列人身权和财产权：（一）发表权，即决定作品是否公之于众的权利；（二）署名权，即表明作者身份，在作品上署名的权利；（三）修改权，即修改或者授权他人修改作品的权利；（四）保护作品完整权，即保护作品不受歪曲、篡改的权利；（五）复制权，即以印刷、复印、拓印、录音、录像、翻录、翻拍等方式将作品制作一份或者多份的权利；（六）发行权，即以出售或者赠与方式向公众提供作品的原件或者复制件的权利；（七）出租权，即有偿许可他人临时使用电影作品和以类似摄制电影的方法创作的作品、计算机软件的权利，计算机软件不是出租的主要标的的除外；（八）展览权，即公开陈列美术作品、摄影作品的原件或者复制件的权利；（九）表演权，即公开表演作品，以及用各种手段公开播送作品的表演的权利；（十）放映权，即通过放映机、幻灯机等技术设备公开再现美术、摄影、电影和以类似摄制电影的方法创作的作品等的权利；（十一）广播权，即以无线方式公开广播或者传播作品，以有线传播或者转播的方式向公众传播广播的作品，以及通过扩音器或者其他传送符号、声音、图像的类似工具向公众传播广播的作品的权利；（十二）信息网络传播权，即以有线或者无线方式向公众提供作品，使公众可以在其个人选定的时间和地点获得作品的权利；（十三）摄制权，即以摄制电影或者以类似摄制电影的方法将作品固定在载体上的权利；（十四）改编权，即改变作品，创作出具有独创性的新作品的权利；（十五）翻译权，即将作品从一种语言文字转换成另一种语言文字的权利；（十六）汇编权，即将作品或者作品的片段通过选择或者编排，汇集成新作品的权利；（十七）应当由著作权人享有的其他权利。本题目中，将该歌曲上传到其网站供在线播放和下载，属于以有线或者无线方式向公众提供作品，使公众可以在其个人选定的时间和地点获得作品的行为。该网站在未经张某同意的情况下实施上述行为侵犯了张某的信息网络传播权。因此，选项D的说法正确。

  综上，本题正确答案为：D。

27. 书法家王某为甲饭店题了一幅字,同意其在店内展示。乙食品公司未经王某和甲饭店许可,将该字幅拍摄照片后印制在其生产的产品包装上。根据著作权法及相关规定,下列哪项说法是正确的?

　　A. 乙食品公司侵犯了王某的发表权
　　B. 乙食品公司侵犯了王某的复制权
　　C. 乙食品公司侵犯了王某的展览权
　　D. 乙食品公司侵犯了甲饭店的复制权

【答案】B

【知识点】著作权的内容和著作权人的确定

【解析】《著作权法》第十条第一款规定,著作权包括下列人身权和财产权:(一)发表权,即决定作品是否公之于众的权利;(二)署名权,即表明作者身份,在作品上署名的权利;(三)修改权,即修改或者授权他人修改作品的权利;(四)保护作品完整权,即保护作品不受歪曲、篡改的权利;(五)复制权,即以印刷、复印、拓印、录音、录像、翻录、翻拍等方式将作品制作一份或者多份的权利;(六)发行权,即以出售或者赠与方式向公众提供作品的原件或者复制件的权利;(七)出租权,即有偿许可他人临时使用电影作品和以类似摄制电影的方法创作的作品、计算机软件的权利,计算机软件不是出租的主要标的的除外;(八)展览权,即公开陈列美术作品、摄影作品的原件或者复制件的权利;(九)表演权,即公开表演作品,以及用各种手段公开播送作品的表演的权利;(十)放映权,即通过放映机、幻灯机等技术设备公开再现美术、摄影、电影和以类似摄制电影的方法创作的作品等的权利;(十一)广播权,即以无线方式公开广播或者传播作品,以有线传播或者转播的方式向公众传播广播的作品,以及通过扩音器或者其他传送符号、声音、图像的类似工具向公众传播广播的作品的权利;(十二)信息网络传播权,即以有线或者无线方式向公众提供作品,使公众可以在其个人选定的时间和地点获得作品的权利;(十三)摄制权,即以摄制电影或者以类似摄制电影的方法将作品固定在载体上的权利;(十四)改编权,即改变作品,创作出具有独创性的新作品的权利;(十五)翻译权,即将作品从一种语言文字转换成另一种语言文字的权利;(十六)汇编权,即将作品或者作品的片段通过选择或者编排,汇集成新作品的权利;(十七)应当由著作权人享有的其他权利。乙食品公司将该字幅拍摄照片后印制在其生产的产品包装上的行为,属于以翻拍等方式将作品制作一份或者多份的行为,在未经著作权人许可的情况下,侵犯了著作权人的复制权。同时,《著作权法》第十一条第一款、第二款规定,著作权属于作者,该法另有规定的除外。创作作品的公民是作者。因为书法家王某为甲饭店题了这幅字,所以创作作品的书法家王某是著作权人,甲饭店不是著作权人。因此,选项B的说法正确,选项D的说法错误。发表权是决定作品是否公之于众的权利,选项A的说法错误。展览权是公开陈列美术作品、摄影作品的原件或者复制件的权利,未经王某和甲饭店许可将该字幅拍摄照片后印制在其生产的产品包装上并不属于侵犯展览权的行为,选项C的说法错误。

　　综上,本题正确答案为:B。

28. 根据著作权法及相关规定，下列哪项行为可以不经著作权人许可，不向其支付报酬？

　　A. 某大学教授张某为研究某课题，少量复制了已经发表的某篇论文供课题组内部使用

　　B. 王某为说明某一问题，在作品中引用他人未发表的作品

　　C. 某出版社将美国公民李某已经发表的英文论文翻译成少数民族语言文字在我国国内出版

　　D. 某出版社为编写出版大学教科书，汇编已经发表的单幅美术作品

【答案】A

【知识点】著作权的限制

【解析】《著作权法》第二十二条第一款规定，在下列情况下使用作品，可以不经著作权人许可，不向其支付报酬，但应当指明作者姓名、作品名称，并且不得侵犯著作权人依照该法享有的其他权利：（一）为个人学习、研究或者欣赏，使用他人已经发表的作品；（二）为介绍、评论某一作品或者说明某一问题，在作品中适当引用他人已经发表的作品；（三）为报道时事新闻，在报纸、期刊、广播电台、电视台等媒体中不可避免地再现或者引用已经发表的作品；（四）报纸、期刊、广播电台、电视台等媒体刊登或者播放其他报纸、期刊、广播电台、电视台等媒体已经发表的关于政治、经济、宗教问题的时事性文章，但作者声明不许刊登、播放的除外；（五）报纸、期刊、广播电台、电视台等媒体刊登或者播放在公众集会上发表的讲话，但作者声明不许刊登、播放的除外；（六）为学校课堂教学或者科学研究，翻译或者少量复制已经发表的作品，供教学或者科研人员使用，但不得出版发行；（七）国家机关为执行公务在合理范围内使用已经发表的作品；（八）图书馆、档案馆、纪念馆、博物馆、美术馆等为陈列或者保存版本的需要，复制本馆收藏的作品；（九）免费表演已经发表的作品，该表演未向公众收取费用，也未向表演者支付报酬；（十）对设置或者陈列在室外公共场所的艺术作品进行临摹、绘画、摄影、录像；（十一）将中国公民、法人或者其他组织已经发表的以汉语言文字创作的作品翻译成少数民族语言文字作品在国内出版发行；（十二）将已经发表的作品改成盲文出版。选项A的情形符合上述第（六）项的规定，选项A的说法正确。选项B的情形引用的是他人未发表的作品，不符合上述第（二）项的规定，选项B的说法错误。选项C的情形所翻译的是美国公民李某已经发表的英文论文，不属于"中国公民、法人或者其他组织已经发表的以汉语言文字创作的作品"，选项C的说法错误。《著作权法》第二十三条第一款规定，为实施九年制义务教育和国家教育规划而编写出版教科书，除作者事先声明不许使用的外，可以不经著作权人许可，在教科书中汇编已经发表的作品片段或者短小的文字作品、音乐作品或者单幅的美术作品、摄影作品，但应当按照规定支付报酬，指明作者姓名、作品名称，并且不得侵犯著作权人依照该法享有的其他权利。选项D中"编写出版大学教科书"的情形不属于"为实施九年制义务教育和国家教育规划而编写出版教科书"，选项D的说法错误。

　　综上，本题正确答案为：A。

29. 根据集成电路布图设计保护条例及相关规定，下列哪种文件是申请布图设计登记应当提交的？

　　A. 权利要求书

　　B. 说明书

　　C. 说明书附图

　　D. 布图设计的复印件或者图样

【答案】D

【知识点】集成电路布图设计申请应提交的资料

【解析】《集成电路布图设计保护条例》第十六条规定，申请布图设计登记，应当提交：（一）布图设计登记申请表；（二）布图设计的复制件或者图样；（三）布图设计已投入商业利用的，提交含有该布图设计的集成电路样品；（四）国务院知识产权行政部门规定的其他材料。因此，选项D正确。选项A、B、C是发明和实用新型专利申请需要提交的材料，不是申请集成电路布图设计登记应当提交的文件，选项A、B、C错误。

　　综上，本题正确答案为：D。

30. 根据《与贸易有关的知识产权协定》的规定，关于知识产权的保护，一成员对任何其他国家的国民授予的任何利益、优惠、特权或豁免，除该协定规定的特殊情形之外应当立即无条件地给予所有其他成员的国民。上述规定可以概括为什么原则？

　　A. 对等原则

　　B. 差别待遇原则

　　C. 最惠国待遇原则

　　D. 国民待遇原则

【答案】C

【知识点】《与贸易有关的知识产权协定》的基本原则

【解析】《与贸易有关的知识产权协定》第4条"最惠国待遇"规定，关于知识产权的保护，一成员对任何其他国家的国民授予的任何利益、优惠、特权或豁免，应当立即无条件地给予所有其他成员的国民。但一成员按照下述情形授予的任何利益、优惠、特权或者豁免，不受这个义务的限制：（a）根据一般性的司法协助或法律实施的国际协定而来，并且不是特别限于知识产权保护的；（b）根据《伯尔尼公约》（1971年）或者《罗马公约》规定允许给予的待遇，其作用不属于国民待遇，而系对应另一国给予的待遇的；（c）有关该协定未规定的表演者、录音制品制作者和广播组织的权利的；（d）在世界贸易组织协定生效以前，根据有关知识产权保护的国际协定而来的，但是以这些协定已通知与贸易有关的知识产权理事会，并且对其他成员的国民并不构成任意或者不正当的歧视为限。因此，选项C的说法正确。

　　综上，本题正确答案为：C。

二、多项选择题（每题所设选项中至少有两个正确答案，多选、少选、错选或不选均不得分）。本部分含31—100题，每题1分，共70分。

31. 根据民法通则的规定，民事活动应当遵循哪些原则？
    A. 自愿
    B. 公平
    C. 等价有偿
    D. 诚实信用

【答案】A B C D
【知识点】民法的基本原则
【解析】《民法通则》第四条规定，民事活动应当遵循自愿、公平、等价有偿、诚实信用的原则。因此，选项A、B、C、D正确。

综上，本题正确答案为：A、B、C、D。

32. 根据民法通则及相关规定，对于12岁的刘某实施的下列哪些行为，他人不得以刘某无完全民事行为能力为由主张无效？
    A. 领取奖学金
    B. 接受某慈善基金的捐助
    C. 自己购买一支价值一元的铅笔
    D. 自己购买一台价值五万元的服务器

【答案】A B C
【知识点】民事行为能力
【解析】《民法通则》第十二条第一款规定，十周岁以上的未成年人是限制民事行为能力人，可以进行与他的年龄、智力相适应的民事活动；其他民事活动由他的法定代理人代理，或者征得他的法定代理人的同意。选项C属于与他的年龄、智力相适应的民事活动，他人不得以刘某无完全民事行为能力为由主张无效；选项D属于与他的年龄、智力不相适应的民事活动，他人可以以刘某无完全民事行为能力为由主张无效。《最高人民法院关于贯彻执行〈中华人民共和国民法通则〉若干问题的意见（试行）》第六条规定，无民事行为能力人、限制民事行为能力人接受奖励、赠与、报酬，他人不得以行为人无民事行为能力、限制民事行为能力为由，主张以上行为无效。选项A、B属于接受奖励、赠与，他人不得以行为人无民事行为能力为由主张无效。

综上，本题正确答案为：A、B、C。

33. 根据民法通则及相关规定，下列关于法人的哪些说法是正确的？
    A. 法人是具有民事权利能力和民事行为能力，依法独立享有民事权利和承担民事义务的组织

B. 法人应当具有必要的财产或者经费

C. 法人应当能够独立承担民事责任

D. 法人以它的法定代表人住所地为住所

【答案】A B C

【知识点】法人的概念、法人应具备的条件与法人的住所

【解析】《民法通则》第三十六条第一款规定，法人是具有民事权利能力和民事行为能力，依法独立享有民事权利和承担民事义务的组织。因此，选项A的说法正确。《民法通则》第三十七条规定，法人应当具备下列条件：（一）依法成立；（二）有必要的财产或者经费；（三）有自己的名称、组织机构和场所；（四）能够独立承担民事责任。因此，选项B、C的说法正确。《民法通则》第三十九条规定，法人以它的主要办事机构所在地为住所。因此，选项D的说法错误。

综上，本题正确答案为：A、B、C。

34. 叶某与孙某签订了一份店铺租赁协议，双方约定如果叶某能够获得奖学金并办妥出国留学手续，就将其拥有的某店铺租给孙某经营。根据民法通则及相关规定，下列哪些说法是正确的？

　　A. 因约定了将来不确定的事项，该租赁协议不成立

　　B. 该租赁协议已经成立，但未生效

　　C. 该租赁协议是附期限的民事法律行为

　　D. 该租赁协议是附条件的民事法律行为

【答案】B D

【知识点】附条件的民事行为、附期限的民事法律行为

【解析】《民法通则》第五十六条规定，民事法律行为应当具备下列条件：（一）行为人具有相应的民事行为能力；（二）意思表示真实；（三）不违反法律或者社会公共利益。叶某与孙某签订的店铺租赁协议没有违反上述规定，民事法律行为成立。《民法通则》第六十二条规定，民事法律行为可以附条件，附条件的民事法律行为在符合所附条件时生效。叶某与孙某签订的店铺租赁协议将"叶某能够获得奖学金并办妥出国留学手续"作为民事法律行为的条件。因此，选项A的说法错误，选项B的说法正确。进一步结合《最高人民法院关于贯彻执行〈中华人民共和国民法通则〉若干问题的意见（试行）》第七十六条的规定，附期限的民事法律行为，在所附期限到来时生效或者解除。叶某与孙某签订的店铺租赁协议中的"叶某能够获得奖学金并办妥出国留学手续"是条件不是期限，选项C的说法错误，选项D的说法正确。

综上，本题正确答案为：B、D。

35. 根据民法通则及相关规定，下列关于民事法律行为的哪些说法是正确的？

　　A. 民事法律行为是公民或者法人设立、变更、终止民事权利和民事义务的合法行为

B. 意思表示真实是民事法律行为应当具备的条件之一
C. 民事法律行为一律不能采取口头形式
D. 民事法律行为从成立时起具有法律约束力

【答案】ABD

【知识点】民事法律行为的有效要件

【解析】《民法通则》第五十四条规定,民事法律行为是公民或者法人设立、变更、终止民事权利和民事义务的合法行为。因此,选项A的说法正确。《民法通则》第五十五条规定,民事法律行为应当具备下列条件:(一)行为人具有相应的民事行为能力;(二)意思表示真实;(三)不违反法律或者社会公共利益。因此,选项B的说法正确。《民法通则》第五十六条规定,民事法律行为可以采取书面形式、口头形式或者其他形式。法律规定用特定形式的,应当依照法律规定。因此,选项C的说法错误。《民法通则》第五十七条规定,民事法律行为从成立时起具有法律约束力。行为人非依法律规定或者取得对方同意,不得擅自变更或者解除。因此,选项D的说法正确。

综上,本题正确答案为:A、B、D。

36. 根据民法通则及相关规定,对于下列哪些民事行为,一方有权请求人民法院或者仲裁机关予以变更或者撤销?

A. 恶意串通,损害第三人利益的
B. 行为人对行为内容有重大误解的
C. 以合法形式掩盖非法目的的
D. 显失公平的

【答案】BD

【知识点】可撤销、可变更的民事行为

【解析】《民法通则》第五十九条第一款规定,下列民事行为,一方有权请求人民法院或者仲裁机关予以变更或者撤销:(一)行为人对行为内容有重大误解的;(二)显失公平的。因此,选项B、D属于可撤销、可变更的民事行为,选项B和D正确。《民法通则》第五十八条第一款规定,下列民事行为无效:……(四)恶意串通,损害国家、集体或者第三人利益的;……(七)以合法形式掩盖非法目的的。因此,选项A和C是无效的民事行为,不属于可撤销、可变更的民事行为,选项A和C错误。

综上,本题正确答案为:B、D。

37. 根据民法通则及相关规定,下列哪些行为应当承担侵权的民事责任?

A. 侵害他人肖像权的
B. 侵害他人商标专用权的
C. 侵害公民身体造成伤害的
D. 未按约定支付购货款的

【答案】A B C

【知识点】侵权的民事责任

【解析】《民法通则》第一百二十条规定，公民的姓名权、肖像权、名誉权、荣誉权受到侵害的，有权要求停止侵害，恢复名誉，消除影响，赔礼道歉，并可以要求赔偿损失。因此，选项A的说法正确。《民法通则》第一百一十八条规定，公民、法人的著作权（版权）、专利权、商标专用权、发现权、发明权和其他科技成果权受到剽窃、篡改、假冒等侵害的，有权要求停止侵害，消除影响，赔偿损失。因此，选项B的说法正确。《民法通则》第一百一十九条规定，侵害公民身体造成伤害的，应当赔偿医疗费、因误工减少的收入、残废者生活补助费等费用；造成死亡的，并应当支付丧葬费、死者生前扶养的人必要的生活费等费用。因此，选项C的说法正确。《民法通则》第一百一十一条规定，当事人一方不履行合同义务或者履行合同义务不符合约定条件的，另一方有权要求履行或者采取补救措施，并有权要求赔偿损失。因此，选项D的情形应当承担违反合同的民事责任，而非侵权的民事责任，选项D的说法错误。

综上，本题正确答案为：A、B、C。

38. 根据民法通则及相关规定，当事人可以采用下列哪些方式担保债务的履行？

   A. 保证
   B. 抵押
   C. 定金
   D. 留置

【答案】A B C D

【知识点】债的担保

【解析】《民法通则》第八十九条规定，依照法律的规定或者按照当事人的约定，可以采用下列方式担保债务的履行：（一）保证人向债权人保证债务人履行债务，债务人不履行债务的，按照约定由保证人履行或者承担连带责任；保证人履行债务后，有权向债务人追偿。（二）债务人或者第三人可以提供一定的财产作为抵押物。债务人不履行债务的，债权人有权依照法律的规定以抵押物折价或者以变卖抵押物的价款优先得到偿还。（三）当事人一方在法律规定的范围内可以向对方给付定金。债务人履行债务后，定金应当抵作价款或者收回。给付定金的一方不履行债务的，无权要求返还定金；接受定金的一方不履行债务的，应当双倍返还定金。（四）按照合同约定一方占有对方的财产，对方不按照合同给付应付款项超过约定期限的，占有人有权留置该财产，依照法律的规定以留置财产折价或者以变卖该财产的价款优先得到偿还。根据上述第（一）项，选项A的说法正确；根据上述第（二）项，选项B的说法正确；根据上述第（三）项，选项C的说法正确；根据上述第（四）项，选项D的说法正确。

综上，本题正确答案为：A、B、C、D。

39. 甲化工厂发布公告就本厂的工业污水处理工程招标，乙、丙、丁公司分别根据公告制作了投标书参加投标，最终甲化工厂宣布丙公司中标。根据合同法及相关规定，下列哪些说法是正确的？

  A. 甲化工厂发布的招标公告为要约
  B. 甲化工厂发布的招标公告为要约邀请
  C. 乙、丙、丁公司提交的投标书均为要约
  D. 甲化工厂宣布丙公司中标即为承诺

【答案】BCD

【知识点】要约、要约邀请和承诺

【解析】《合同法》第十五条第一款规定，要约邀请是希望他人向自己发出要约的意思表示。寄送的价目表、拍卖公告、招标公告、招股说明书、商业广告等为要约邀请。甲化工厂发布的招标公告是要约邀请，选项A的说法错误，选项B的说法正确。《合同法》第十四条规定，要约是希望和他人订立合同的意思表示，该意思表示应当符合下列规定：（一）内容具体确定；（二）表明经受要约人承诺，要约人即受该意思表示约束。因此，乙、丙、丁公司提交的投标书均为要约，选项C的说法正确。《合同法》第二十一条规定，承诺是受要约人同意要约的意思表示。甲化工厂宣布丙公司中标，是同意丙公司投标书这一要约的意思表示。因此，选项D的说法正确。

  综上，本题正确答案为：B、C、D。

40. 根据合同法及相关规定，下列哪些情形会导致要约失效？

  A. 拒绝要约的通知到达要约人
  B. 要约人依法撤销要约
  C. 承诺期限届满，受要约人未作出承诺
  D. 受要约人对要约的内容作出实质性变更

【答案】ABCD

【知识点】要约效力

【解析】《合同法》第二十条规定，下列情形之一的，要约失效：（一）拒绝要约的通知到达要约人；（二）要约人依法撤销要约；（三）承诺期限届满，受要约人未作出承诺；（四）受要约人对要约的内容作出实质性变更。因此，选项A、B、C、D的说法正确。

  综上，本题正确答案为：A、B、C、D。

41. 根据合同法及相关规定，下列关于格式条款的哪些说法是正确的？

  A. 格式条款是当事人为了重复使用而预先拟定，并在订立合同时未与对方协商的条款
  B. 提供格式条款一方免除其责任、加重对方责任、排除对方主要权利的，该格式条款无效
  C. 对格式条款的理解发生争议的，应当按照通常理解予以解释

D. 对格式条款有两种以上解释的，应当作出有利于提供格式条款一方的解释

【答案】ＡＢＣ

【知识点】格式条款合同

【解析】《合同法》第三十九条第二款规定，格式条款是当事人为了重复使用而预先拟定，并在订立合同时未与对方协商的条款。因此，选项A的说法正确。《合同法》第四十条规定，格式条款具有该法第五十二条和第五十三条规定情形的，或者提供格式条款一方免除其责任、加重对方责任、排除对方主要权利的，该条款无效。因此，选项B的说法正确。《合同法》第四十一条规定，对格式条款的理解发生争议的，应当按照通常理解予以解释。对格式条款有两种以上解释的，应当作出不利于提供格式条款一方的解释。格式条款和非格式条款不一致的，应当采用非格式条款。因此，选项C的说法正确，选项D的说法错误。

综上，本题正确答案为：A、B、C。

42. 甲乙两公司订立合同，约定甲公司送货到乙公司住所。后乙公司变更住所，未及时通知甲公司，导致甲公司无法按照约定地点交货。根据合同法及相关规定，下列哪些说法是正确的？

A. 甲公司应当及时联络乙公司并继续履行合同

B. 甲公司可以解除合同

C. 甲公司可以中止履行

D. 甲公司可以将标的物提存

【答案】ＣＤ

【知识点】合同的履行

【解析】《合同法》第七十条规定，债权人分立、合并或者变更住所没有通知债务人，致使履行债务发生困难的，债务人可以中止履行或者将标的物提存。因此，甲公司可以中止履行或者将标的物提存，选项A的说法错误，选项C、D的说法正确。《合同法》第八条第一款规定，依法成立的合同，对当事人具有法律约束力。当事人应当按照约定履行自己的义务，不得擅自变更或者解除合同。《合同法》第九十四条规定，有下列情形之一的，当事人可以解除合同：（一）因不可抗力致使不能实现合同目的；（二）在履行期限届满之前，当事人一方明确表示或者以自己的行为表明不履行主要债务；（三）当事人一方迟延履行主要债务，经催告后在合理期限内仍未履行；（四）当事人一方迟延履行债务或者有其他违约行为致使不能实现合同目的；（五）法律规定的其他情形。"乙公司变更住所未及时通知甲公司，导致甲公司无法按照约定地点交货"的情况不属于上述情形，选项B的说法错误。

综上，本题正确答案为：C、D。

43. 甲公司与乙公司达成买卖合同，约定甲公司有偿向乙公司供应原料。根据合同法及相关规定，下列关于合同履行抗辩权的哪些说法是正确的？

A. 合同未明确履行顺序，甲公司在乙公司付款之前有权拒绝其履行要求

B. 合同约定先供货后付款，甲公司未按时供货，乙公司有权拒付货款

C. 合同约定先供货后付款，甲公司有确切证据证明乙公司经营状况严重恶化，可以中止履行合同

D. 合同约定先供货后付款，甲公司有确切证据证明乙公司丧失商业信誉，可以中止履行合同

【答案】ABCD

【知识点】合同履行的抗辩权

【解析】《合同法》第六十六条规定，当事人互负债务，没有先后履行顺序的，应当同时履行。一方在对方履行之前有权拒绝其履行要求。一方在对方履行债务不符合约定时，有权拒绝其相应的履行要求。因此，选项A的说法正确。《合同法》第六十七条规定，当事人互负债务，有先后履行顺序，先履行一方未履行的，后履行一方有权拒绝其履行要求。先履行一方履行债务不符合约定的，后履行一方有权拒绝其相应的履行要求。因此，选项B的说法正确。《合同法》第六十八条第一款规定，应当先履行债务的当事人，有确切证据证明对方有下列情形之一的，可以中止履行：（一）经营状况严重恶化；（二）转移财产、抽逃资金，以逃避债务；（三）丧失商业信誉；（四）有丧失或者可能丧失履行债务能力的其他情形。因此，选项C、D的说法正确。

综上，本题正确答案为：A、B、C、D。

44. 甲公司和乙公司双方订立合同后，债权人甲公司欲将其合同的权利转让给丙公司。根据合同法及相关规定，下列哪些说法是正确的？

A. 甲公司只能将合同的权利全部转让给丙公司，不能部分转让

B. 如果依照法律规定该合同的权利不得转让，甲公司就不能转让

C. 如果甲公司转让合同的权利未经债务人乙公司同意，甲公司就不能转让

D. 如果甲公司将合同的权利转让给丙公司，应当通知债务人乙公司，否则该转让对乙公司不发生效力

【答案】BD

【知识点】合同权利的转让

【解析】《合同法》第七十九条规定，债权人可以将合同的权利全部或者部分转让给第三人，但有下列情形之一的除外：（一）根据合同性质不得转让；（二）按照当事人约定不得转让；（三）依照法律规定不得转让。由于债权人可以将合同的权利全部或者部分转让，选项A的说法错误。由于"依照法律规定不得转让"属于合同权利转让的例外情形，选项B的说法正确。《合同法》第八十条规定，债权人转让权利的，应当通知债务人。未经通知，该转让对债务人不发生效力。……债权人转让权利不需要得到债务人的同意，只需要通知债务人。因此，选项C的说法错误，选项D的说法正确。

综上，本题正确答案为：B、D。

45. 根据合同法及相关规定，关于合同解除的效力，下列哪些说法是正确的？
    A. 合同解除的，合同的权利义务终止
    B. 合同解除不影响合同中结算和清理条款的效力
    C. 合同解除后，已经履行的，当事人必须恢复原状
    D. 合同解除后，尚未履行的，终止履行

【答案】ＡＢＤ

【知识点】合同解除

【解析】《合同法》第九十一条规定，有下列情形之一的，合同的权利义务终止：（一）债务已经按照约定履行；（二）合同解除；（三）债务相互抵销；（四）债务人依法将标的物提存；（五）债权人免除债务；（六）债权债务同归于一人；（七）法律规定或者当事人约定终止的其他情形。因此，选项Ａ的说法正确。《合同法》第九十八条规定，合同的权利义务终止，不影响合同中结算和清理条款的效力。因此，选项Ｂ的说法正确。《合同法》第九十七条规定，合同解除后，尚未履行的，终止履行；已经履行的，根据履行情况和合同性质，当事人可以要求恢复原状、采取其他补救措施，并有权要求赔偿损失。因此，选项Ｃ的说法错误，选项Ｄ的说法正确。

综上，本题正确答案为：Ａ、Ｂ、Ｄ。

46. 根据合同法及相关规定，合同当事人一方不履行非金钱债务的，下列哪些情形下，另一方当事人不能要求其继续履行？
    A. 该债务的标的不适于强制履行
    B. 该债务的标的履行费用过高
    C. 该债务在法律上不能履行
    D. 该债务在事实上不能履行

【答案】ＡＢＣＤ

【知识点】债务的继续履行

【解析】《合同法》第一百一十条规定，当事人一方不履行非金钱债务或者履行非金钱债务不符合约定的，对方可以要求履行，但有下列情形之一的除外：（一）法律上或者事实上不能履行；（二）债务的标的不适于强制履行或者履行费用过高；（三）债权人在合理期限内未要求履行。因此，选项Ａ、Ｂ、Ｃ、Ｄ的说法正确。

综上，本题正确答案为：Ａ、Ｂ、Ｃ、Ｄ。

47. 甲公司委托乙专利代理机构代为处理本公司专利事务。根据合同法及相关规定，下列哪些说法是正确的？
    A. 委托合同终止时，乙机构应当向甲公司报告委托事务的结果
    B. 乙机构应当按照甲公司的要求报告委托事务的处理情况
    C. 甲公司应当偿还乙机构为处理委托事务垫付的必要费用

D. 乙机构可以随时解除该合同，但甲公司不可以

【答案】A B C

【知识点】委托合同

【解析】《合同法》第四百零一条规定，受托人应当按照委托人的要求，报告委托事务的处理情况。委托合同终止时，受托人应当报告委托事务的结果。因此，选项A、B的说法正确。《合同法》第三百九十八条规定，委托人应当预付处理委托事务的费用。受托人为处理委托事务垫付的必要费用，委托人应当偿还该费用及其利息。因此，选项C的说法正确。《合同法》第四百一十条规定，委托人或者受托人可以随时解除委托合同。因解除合同给对方造成损失的，除不可归责于该当事人的事由以外，应当赔偿损失。因此，甲公司、乙专利代理机构均可以随时解除委托合同，选项D的说法错误。

综上，本题正确答案为：A、B、C。

48. 甲农场委托乙运输公司将农场的水果运往某市水果市场。合同签订后，乙运输公司有更大的运输业务，欲将运输甲农场水果的任务委托给丙运输公司。根据合同法及相关规定，下列哪些说法是正确的？

　　A. 乙运输公司经甲农场同意，可以转委托丙运输公司运输甲农场的水果

　　B. 乙运输公司有权转委托丙运输公司，仅需事后通知甲农场

　　C. 转委托未经甲农场同意的，乙运输公司应当对丙运输公司的行为承担责任

　　D. 转委托未经甲农场同意的，乙运输公司仅需就其对丙运输公司的指示承担责任

【答案】A C

【知识点】转委托

【解析】《合同法》第四百条规定，受托人应当亲自处理委托事务。经委托人同意，受托人可以转委托。转委托经同意的，委托人可以就委托事务直接指示转委托的第三人，受托人仅就第三人的选任及其对第三人的指示承担责任。……因此，选项A的说法正确，选项B的说法错误。《合同法》第四百条规定，……转委托未经同意的，受托人应当对转委托的第三人的行为承担责任，但在紧急情况下受托人为维护委托人的利益需要转委托的除外。本题中"乙运输公司有更大的运输业务"这一理由并非"紧急情况"，不适用"在紧急情况下受托人为维护委托人的利益需要转委托的"这一除外情形。因此，选项C的说法正确，选项D的说法错误。

综上，本题正确答案为：A、C。

49. 根据合同法及相关规定，合同无效后可能产生下列哪些法律后果？

　　A. 返还财产

　　B. 继续履行

　　C. 赔偿损失

　　D. 折价补偿

【答案】ＡＣＤ

【知识点】合同无效或撤销的效力

【解析】《合同法》第五十八条规定，合同无效或者被撤销后，因该合同取得的财产，应当予以返还；不能返还或者没有必要返还的，应当折价补偿。有过错的一方应当赔偿对方因此所受到的损失，双方都有过错的，应当各自承担相应的责任。返还财产、赔偿损失和折价补偿都属于合同无效后产生的法律后果，继续履行不属于合同无效后产生的法律后果，因此，选项A、C、D的说法正确，选项B的说法错误。结合《合同法》第五十六条的规定，无效的合同或者被撤销的合同自始没有法律约束力。据此，合同无效后也不可能要求继续履行合同，进一步说明选项B的说法错误。

综上，本题正确答案为：A、C、D。

50. 根据民事诉讼法及相关规定，下列哪些说法是正确的？
    A. 民事诉讼当事人有平等的诉讼权利
    B. 当事人有权在法律规定的范围内处分自己的民事权利和诉讼权利
    C. 在少数民族聚居的地区，人民法院应当一律使用汉语言文字审理和发布法律文书
    D. 人民法院审理民事案件，应当根据自愿和合法的原则进行调解；调解不成的，应当及时判决

【答案】ＡＢＤ

【知识点】民事诉讼法的基本原则

【解析】《民事诉讼法》第八条规定，民事诉讼当事人有平等的诉讼权利。人民法院审理民事案件，应当保障和便利当事人行使诉讼权利，对当事人在适用法律上一律平等。因此，选项A的说法正确。《民事诉讼法》第十三条第二款规定，当事人有权在法律规定的范围内处分自己的民事权利和诉讼权利。因此，选项B的说法正确。《民事诉讼法》第十一条第二款规定，在少数民族聚居或者多民族共同居住的地区，人民法院应当用当地民族通用的语言、文字进行审理和发布法律文书。因此，选项C的说法错误。《民事诉讼法》第九条规定，人民法院审理民事案件，应当根据自愿和合法的原则进行调解；调解不成的，应当及时判决。因此，选项D的说法正确。

综上，本题正确答案为：A、B、D。

51. 根据民事诉讼法及相关规定，法律规定的机关和有关组织对下列哪些行为可以向人民法院提起公益诉讼？
    A. 污染环境的行为
    B. 侵害众多消费者合法权益的行为
    C. 侵犯某专利权、未损害社会公共利益的行为
    D. 侵犯某商标权、未损害社会公共利益的行为

【答案】ＡＢ

【知识点】公益诉讼

【解析】《民事诉讼法》第五十五条规定，对污染环境、侵害众多消费者合法权益等损害社会公共利益的行为，法律规定的机关和有关组织可以向人民法院提起诉讼。因此，选项A、B的说法正确，选项C、D的说法错误。

综上，本题正确答案为：A、B。

52. 根据民事诉讼法及相关规定，下列哪些人员可以被委托为民事诉讼的诉讼代理人？

　　A. 律师

　　B. 基层法律服务工作者

　　C. 当事人的近亲属

　　D. 有关社会团体推荐的公民

【答案】A B C D

【知识点】民事诉讼的诉讼代理人

【解析】《民事诉讼法》第五十八条第二款规定，下列人员可以被委托为诉讼代理人：（一）律师、基层法律服务工作者；（二）当事人的近亲属或者工作人员；（三）当事人所在社区、单位以及有关社会团体推荐的公民。因此，选项A、B、C、D的说法正确。

综上，本题正确答案为：A、B、C、D。

53. 根据民事诉讼法及相关规定，下列哪些可以作为民事诉讼证据？

　　A. 电子数据

　　B. 鉴定意见

　　C. 书证

　　D. 视听资料

【答案】A B C D

【知识点】民事诉讼的证据种类

【解析】《民事诉讼法》第六十三条第一款规定，证据包括：（一）当事人的陈述；（二）书证；（三）物证；（四）视听资料；（五）电子数据；（六）证人证言；（七）鉴定意见；（八）勘验笔录。因此，选项A、B、C、D的说法正确。

综上，本题正确答案为：A、B、C、D。

54. 根据民事诉讼法及相关规定，下列哪些事实当事人无须举证证明？

　　A. 众所周知的事实

　　B. 根据法律规定推定的事实

　　C. 自然规律以及定理、定律

　　D. 根据已知的事实和日常生活经验法则推定出的另一事实

【答案】A B C D

【知识点】民事诉讼无需举证的事实

【解析】《最高人民法院关于适用〈中华人民共和国民事诉讼法〉的解释》第九十三条第一款规定，下列事实，当事人无须举证证明：（一）自然规律以及定理、定律；（二）众所周知的事实；（三）根据法律规定推定的事实；（四）根据已知的事实和日常生活经验法则推定出的另一事实；（五）已为人民法院发生法律效力的裁判所确认的事实；（六）已为仲裁机构生效裁决所确认的事实；（七）已为有效公证文书所证明的事实。因此，选项A、B、C、D的说法正确。

综上，本题正确答案为：A、B、C、D。

55. 根据民事诉讼法及相关规定，就外观设计专利权的权属纠纷提起民事诉讼的，起诉必须符合下列哪些条件？

　　A. 原告是与本案有直接利害关系的公民、法人和其他组织
　　B. 有明确的被告
　　C. 属于人民法院受理民事诉讼的范围和受诉人民法院管辖
　　D. 有具体的诉讼请求和事实、理由

【答案】ABCD

【知识点】民事诉讼的起诉及其条件

【解析】《民事诉讼法》第一百一十九条规定，起诉必须符合下列条件：（一）原告是与本案有直接利害关系的公民、法人和其他组织；（二）有明确的被告；（三）有具体的诉讼请求和事实、理由；（四）属于人民法院受理民事诉讼的范围和受诉人民法院管辖。因此，选项A、B、C、D的说法正确。

综上，本题正确答案为：A、B、C、D。

56. 根据民事诉讼法及相关规定，发生下列哪些情形可以中止诉讼？

　　A. 原告丧失诉讼行为能力，尚未确定法定代理人的
　　B. 原告死亡，继承人放弃诉讼权利的
　　C. 作为一方当事人的法人或者其他组织终止，尚未确定权利义务承受人的
　　D. 本案必须以另一案的审理结果为依据，而另一案尚未审结的

【答案】ACD

【知识点】民事诉讼的诉讼中止与诉讼终结

【解析】《民事诉讼法》第一百五十条第一款规定，有下列情形之一的，中止诉讼：（一）一方当事人死亡，需要等待继承人表明是否参加诉讼的；（二）一方当事人丧失诉讼行为能力，尚未确定法定代理人的；（三）作为一方当事人的法人或者其他组织终止，尚未确定权利义务承受人的；（四）一方当事人因不可抗拒的事由，不能参加诉讼的；（五）本案必须以另一案的审理结果为依据，而另一案尚未审结的；（六）其他应当中止诉讼的情形。因此，选项A、C、D的说法正确。《民事诉讼法》第一百五十一条规定，有下列情形之一的，

终结诉讼：（一）原告死亡，没有继承人，或者继承人放弃诉讼权利的；（二）被告死亡，没有遗产，也没有应当承担义务的人的；（三）离婚案件一方当事人死亡的；（四）追索赡养费、扶养费、抚育费以及解除收养关系案件的一方当事人死亡的。因此，选项 B 属于诉讼终结的情形，而非诉讼中止的情形，选项 B 的说法错误。

综上，本题正确答案为：A、C、D。

57. 根据民事诉讼法及相关规定，对哪些裁定可以提起上诉？
　　A. 不予受理的裁定
　　B. 不准许撤诉的裁定
　　C. 管辖权异议的裁定
　　D. 驳回起诉的裁定

【答案】A C D
【知识点】民事诉讼的裁定
【解析】《民事诉讼法》第一百五十四条第一款、第二款规定，裁定适用于下列范围：（一）不予受理；（二）对管辖权有异议的；（三）驳回起诉；（四）保全和先予执行；（五）准许或者不准许撤诉；（六）中止或者终结诉讼；（七）补正判决书中的笔误；（八）中止或者终结执行；（九）撤销或者不予执行仲裁裁决；（十）不予执行公证机关赋予强制执行效力的债权文书；（十一）其他需要裁定解决的事项。对前款第一项至第三项裁定，可以上诉。因此，选项 A、C、D 的说法正确，选项 B 的说法错误。

综上，本题正确答案为：A、C、D。

58. 根据民事诉讼法及相关规定，下列关于第二审程序的哪些说法是正确的？
　　A. 第二审人民法院仅对一审判决的法律适用进行审查
　　B. 第二审人民法院对不服第一审人民法院裁定的上诉案件的处理，一律使用裁定
　　C. 第二审人民法院审理上诉案件，不得进行调解
　　D. 原审人民法院对发回重审的案件作出判决后，当事人提起上诉的，第二审人民法院不得再次发回重审

【答案】B D
【知识点】民事诉讼的第二审程序
【解析】《民事诉讼法》第一百六十八条规定，第二审人民法院应当对上诉请求的有关事实和适用法律进行审查。因此，选项 A 的说法错误。《民事诉讼法》第一百七十一条规定，第二审人民法院对不服第一审人民法院裁定的上诉案件的处理，一律使用裁定。因此，选项 B 的说法正确。《民事诉讼法》第一百七十二条规定，第二审人民法院审理上诉案件，可以进行调解。调解达成协议，应当制作调解书，由审判人员、书记员署名，加盖人民法院印章。调解书送达后，原审人民法院的判决即视为撤销。因此，选项 C 的说法错误。《民事诉讼法》第一百七十条第二款规定，原审人民法院对发回重审的案件作出判决后，当事人提起

上诉的,第二审人民法院不得再次发回重审。因此,选项D的说法正确。

综上,本题正确答案为:B、D。

59. 根据民事诉讼法及相关规定,下列关于审判监督程序的哪些说法是正确的?

　　A. 当事人对已经发生法律效力的裁定,不得申请再审
　　B. 当事人对已经发生法律效力的解除婚姻关系的调解书,不得申请再审
　　C. 当事人对已经发生法律效力的判决,认为有错误的,可以向上一级人民法院申请再审
　　D. 当事人申请再审的,应当停止判决的执行

【答案】BC
【知识点】民事诉讼的审判监督程序
【解析】《民事诉讼法》第一百九十九条规定,当事人对已经发生法律效力的判决、裁定,认为有错误的,可以向上一级人民法院申请再审;当事人一方人数众多或者当事人双方为公民的案件,也可以向原审人民法院申请再审。当事人申请再审的,不停止判决、裁定的执行。因此,选项A、D的说法错误,选项C的说法正确。《民事诉讼法》第二百零二条规定,当事人对已经发生法律效力的解除婚姻关系的判决、调解书,不得申请再审。因此,选项B的说法正确。

综上,本题正确答案为:B、C。

60. 根据行政诉讼法及相关规定,关于人民法院审理行政案件应当遵循的制度,下列哪些说法是正确的?

　　A. 依法实行合议制度
　　B. 依法实行回避制度
　　C. 依法实行公开审判制度
　　D. 依法实行两审终审制度

【答案】ABCD
【知识点】行政诉讼法的基本原则和制度
【解析】《行政诉讼法》第七条规定,人民法院审理行政案件,依法实行合议、回避、公开审判和两审终审制度。因此,选项A、B、C、D的说法正确。

综上,本题正确答案为:A、B、C、D。

61. 根据行政诉讼法及相关规定,人民法院受理公民、法人或者其他组织提起的下列哪些诉讼?

　　A. 对行政机关制定、发布的具有普遍约束力的决定不服的
　　B. 对行政机关作出的关于确认荒地使用权的决定不服的
　　C. 对责令停产停业的行政处罚不服的
　　D. 对限制人身自由的行政强制措施不服的

【答案】BCD

【知识点】行政诉讼的受案范围

【解析】《行政诉讼法》第十三条规定，人民法院不受理公民、法人或者其他组织对下列事项提起的诉讼：（一）国防、外交等国家行为；（二）行政法规、规章或者行政机关制定、发布的具有普遍约束力的决定、命令；（三）行政机关对行政机关工作人员的奖惩、任免等决定；（四）法律规定由行政机关最终裁决的行政行为。根据上述第（二）项的规定，选项A的说法错误。《行政诉讼法》第十二条第一款规定，人民法院受理公民、法人或者其他组织提起的下列诉讼：（一）对行政拘留、暂扣或者吊销许可证和执照、责令停产停业、没收违法所得、没收非法财物、罚款、警告等行政处罚不服的；（二）对限制人身自由或者对财产的查封、扣押、冻结等行政强制措施和行政强制执行不服的；（三）申请行政许可，行政机关拒绝或者在法定期限内不予答复，或者对行政机关作出的有关行政许可的其他决定不服的；（四）对行政机关作出的关于确认土地、矿藏、水流、森林、山岭、草原、荒地、滩涂、海域等自然资源的所有权或者使用权的决定不服的；（五）对征收、征用决定及其补偿决定不服的；（六）申请行政机关履行保护人身权、财产权等合法权益的法定职责，行政机关拒绝履行或者不予答复的；（七）认为行政机关侵犯其经营自主权或者农村土地承包经营权、农村土地经营权的；（八）认为行政机关滥用行政权力排除或者限制竞争的；（九）认为行政机关违法集资、摊派费用或者违法要求履行其他义务的；（十）认为行政机关没有依法支付抚恤金、最低生活保障待遇或者社会保险待遇的；（十一）认为行政机关不依法履行、未按照约定履行或者违法变更、解除政府特许经营协议、土地房屋征收补偿协议等协议的；（十二）认为行政机关侵犯其他人身权、财产权等合法权益的。根据上述第（四）项的规定，选项B的说法正确；根据上述第（一）项的规定，选项C的说法正确；根据上述第（二）项的规定，选项D的说法正确。

综上，本题正确答案为：B、C、D。

62. 根据行政诉讼法及相关规定，下列关于管辖权的哪些说法是正确的？

A. 两个以上人民法院都有管辖权的案件，原告可以选择其中一个人民法院提起诉讼

B. 人民法院发现受理的案件不属于本院管辖的，应当裁定驳回起诉

C. 上级人民法院有权审理下级人民法院管辖的第一审行政案件

D. 人民法院对管辖权发生争议，由争议双方协商解决；协商不成的，报它们的共同上级人民法院指定管辖

【答案】ACD

【知识点】行政诉讼的管辖

【解析】《行政诉讼法》第二十一条规定，两个以上人民法院都有管辖权的案件，原告可以选择其中一个人民法院提起诉讼。原告向两个以上有管辖权的人民法院提起诉讼的，由最先立案的人民法院管辖。因此，选项A的说法正确。《行政诉讼法》第二十二条规定，人民法院发现受理的案件不属于本院管辖的，应当移送有管辖权的人民法院，受移送的人民法院

应当受理。受移送的人民法院认为受移送的案件按照规定不属于本院管辖的,应当报请上级人民法院指定管辖,不得再自行移送。因此,选项 B 的说法错误。《行政诉讼法》第二十四条第一款规定,上级人民法院有权审理下级人民法院管辖的第一审行政案件。因此,选项 C 的说法正确。《行政诉讼法》第二十三条第二款规定,人民法院对管辖权发生争议,由争议双方协商解决。协商不成的,报它们的共同上级人民法院指定管辖。因此,选项 D 的说法正确。

综上,本题正确答案为:A、C、D。

63. 根据行政诉讼法及相关规定,下列哪些属于人民法院审理行政案件的依据?
   A. 法律
   B. 行政法规
   C. 地方性法规
   D. 部门规章

【答案】A B C
【知识点】审理行政案件的依据
【解析】《行政诉讼法》第六十三条第一款规定,人民法院审理行政案件,以法律和行政法规、地方性法规为依据。地方性法规适用于本行政区域内发生的行政案件。因此,选项 A、B、C 的说法正确。《行政诉讼法》第六十三条第三款规定,人民法院审理行政案件,参照规章。因此,选项 D 的说法错误。

综上,本题正确答案为:A、B、C。

64. 根据行政诉讼法及相关规定,下列关于行政诉讼参加人的哪些说法是正确的?
   A. 当事人一方人数众多的共同诉讼,应当由法院指定代表人进行诉讼
   B. 当事人一方或者双方为二人以上,因同一行政行为发生的行政案件为共同诉讼
   C. 公民、法人或者其他组织同被诉行政行为有利害关系但没有提起诉讼的,可以作为第三人申请参加诉讼
   D. 人民法院判决第三人承担义务或者减损第三人权益的,第三人有权依法提起上诉

【答案】B C D
【知识点】行政诉讼参加人
【解析】《行政诉讼法》第二十八条规定,当事人一方人数众多的共同诉讼,可以由当事人推选代表人进行诉讼。代表人的诉讼行为对其所代表的当事人发生效力,但代表人变更、放弃诉讼请求或者承认对方当事人的诉讼请求,应当经被代表的当事人同意。因此,选项 A 的说法错误。《行政诉讼法》第二十七条规定,当事人一方或者双方为二人以上,因同一行政行为发生的行政案件,或者因同类行政行为发生的行政案件、人民法院认为可以合并审理并经当事人同意的,为共同诉讼。因此,选项 B 的说法正确。《行政诉讼法》第二十九条第一款规定,公民、法人或者其他组织同被诉行政行为有利害关系但没有提起诉讼,或者同案件处理结果有利害关系的,可以作为第三人申请参加诉讼,或者由人民法

院通知参加诉讼。因此，选项C的说法正确。《行政诉讼法》第二十九条第二款规定，人民法院判决第三人承担义务或者减损第三人权益的，第三人有权依法提起上诉。因此，选项D的说法正确。

综上，本题正确答案为：B、C、D。

65. 根据行政诉讼法及相关规定，下列哪些与本案有关的证据，原告或者第三人不能自行收集的，可以申请人民法院调取？
   A. 由国家机关保存而须由人民法院调取的证据
   B. 涉及国家秘密的证据
   C. 涉及商业秘密的证据
   D. 涉及个人隐私的证据

【答案】ABCD

【知识点】可以申请人民法院调取的行政诉讼证据

【解析】《行政诉讼法》第四十一条规定，与本案有关的下列证据，原告或者第三人不能自行收集的，可以申请人民法院调取：（一）由国家机关保存而须由人民法院调取的证据；（二）涉及国家秘密、商业秘密和个人隐私的证据；（三）确因客观原因不能自行收集的其他证据。因此，选项A、B、C、D正确。

综上，本题正确答案为：A、B、C、D。

66. 根据行政诉讼法及相关规定，下列关于行政诉讼第一审普通程序的哪些说法是正确的？
   A. 人民法院应当在立案之日起5日内，将起诉状副本发送被告
   B. 被告应当在收到起诉状副本之日起15日内向人民法院提交作出行政行为的证据和所依据的规范性文件
   C. 被告在法定期限内不提出答辩状的，人民法院应当裁定终止行政诉讼
   D. 人民法院对公开审理和不公开审理的案件，一律公开宣告判决

【答案】ABD

【知识点】行政诉讼第一审程序

【解析】《行政诉讼法》第六十七条第一款规定，人民法院应当在立案之日起5日内，将起诉状副本发送被告。被告应当在收到起诉状副本之日起15日内向人民法院提交作出行政行为的证据和所依据的规范性文件，并提出答辩状。人民法院应当在收到答辩状之日起5日内，将答辩状副本发送原告。因此，选项A、B的说法正确。《行政诉讼法》第六十七条第二款规定，被告不提出答辩状的，不影响人民法院审理。因此，选项C的说法错误。《行政诉讼法》第八十条第一款规定，人民法院对公开审理和不公开审理的案件，一律公开宣告判决。因此，选项D的说法正确。

综上，本题正确答案为：A、B、D。

67. 根据行政诉讼法及相关规定，下列有关人民法院第一审判决的哪些说法是正确的？

　　A. 行政行为证据确凿，适用法律、法规正确，符合法定程序的，人民法院判决驳回原告的诉讼请求

　　B. 原告申请被告履行法定职责理由不成立的，人民法院判决驳回原告的诉讼请求

　　C. 行政行为违反法定程序，但认定事实清楚且适用法律、法规正确的，人民法院判决维持该行政行为

　　D. 人民法院判决被告重新作出行政行为的，被告不得以同一的事实和理由作出与原行政行为基本相同的行政行为

【答案】ＡＢＤ

【知识点】行政诉讼第一审判决

【解析】《行政诉讼法》第六十九条规定，行政行为证据确凿，适用法律、法规正确，符合法定程序的，或者原告申请被告履行法定职责或者给付义务理由不成立的，人民法院判决驳回原告的诉讼请求。因此，选项A、B的说法正确。《行政诉讼法》第七十条规定，行政行为有下列情形之一的，人民法院判决撤销或者部分撤销，并可以判决被告重新作出行政行为：（一）主要证据不足的；（二）适用法律、法规错误的；（三）违反法定程序的；（四）超越职权的；（五）滥用职权的；（六）明显不当的。因此，对于违反法定程序的情形，即使认定事实清楚且适用法律、法规正确，人民法院应当判决撤销或者部分撤销，而非维持该行政行为，选项C的说法错误。《行政诉讼法》第七十一条规定，人民法院判决被告重新作出行政行为的，被告不得以同一的事实和理由作出与原行政行为基本相同的行政行为。因此，选项D的说法正确。

　　综上，本题正确答案为：A、B、D。

68. 根据行政复议法及相关规定，下列哪些选项属于行政复议机关履行行政复议职责应当遵循的原则？

　　A. 公开原则

　　B. 及时原则

　　C. 合法原则

　　D. 口头审理原则

【答案】ＡＢＣ

【知识点】行政复议的基本原则

【解析】《行政复议法》第四条规定，行政复议机关履行行政复议职责，应当遵循合法、公正、公开、及时、便民的原则，坚持有错必纠，保障法律、法规的正确实施。因此，选项A、B、C正确。《行政复议法》第二十二条规定，行政复议原则上采取书面审查的办法，但是申请人提出要求或者行政复议机关负责法制工作的机构认为有必要时，可以向有关组织和人员调查情况，听取申请人、被申请人和第三人的意见。因此，选项D错误。

　　综上，本题正确答案为：A、B、C。

69. 根据行政复议法及相关规定，下列关于行政复议申请的哪些说法是正确的？
    A. 申请人申请行政复议，可以书面申请，也可以口头申请
    B. 申请人申请行政复议，只能书面申请，不能口头申请
    C. 行政复议机关受理行政复议申请，不得向申请人收取任何费用
    D. 行政复议机关受理行政复议申请，应当向申请人收取申请费

【答案】AC

【知识点】行政复议的申请

【解析】《行政复议法》第十一条规定，申请人申请行政复议，可以书面申请，也可以口头申请；口头申请的，行政复议机关应当当场记录申请人的基本情况、行政复议请求、申请行政复议的主要事实、理由和时间。因此，选项A的说法正确，选项B的说法错误。《行政复议法》第三十九条规定，行政复议机关受理行政复议申请，不得向申请人收取任何费用。行政复议活动所需经费，应当列入本机关的行政经费，由本级财政予以保障。因此，选项C的说法正确，选项D的说法错误。

综上，本题正确答案为：A、C。

70. 根据行政复议法及相关规定，下列关于行政复议受理机关的哪些说法是正确的？
    A. 对县级人民政府的具体行政行为不服的，向上一级地方人民政府申请行政复议
    B. 对县级以上地方各级人民政府工作部门的具体行政行为不服的，可以向该部门的上一级主管部门申请行政复议
    C. 对省级人民政府的具体行政行为不服的，向国务院申请行政复议
    D. 对国务院部门的具体行政行为不服的，向该国务院部门申请行政复议

【答案】ABD

【知识点】行政复议的受理机关

【解析】《行政复议法》第十三条第一款规定，对地方各级人民政府的具体行政行为不服的，向上一级地方人民政府申请行政复议。因此，选项A的说法正确。《行政复议法》第十二条第一款规定，对县级以上地方各级人民政府工作部门的具体行政行为不服的，由申请人选择，可以向该部门的本级人民政府申请行政复议，也可以向上一级主管部门申请行政复议。因此，选项B的说法正确。《行政复议法》第十四条规定，对国务院部门或者省、自治区、直辖市人民政府的具体行政行为不服的，向作出该具体行政行为的国务院部门或者省、自治区、直辖市人民政府申请行政复议。对行政复议决定不服的，可以向人民法院提起行政诉讼；也可以向国务院申请裁决，国务院依照该法的规定作出最终裁决。因此，选项C的说法错误，选项D的说法正确。

综上，本题正确答案为：A、B、D。

71. 根据行政复议法及相关规定，下列关于行政复议机关进行的调解的哪些说法是正确的？
    A. 当事人之间的行政赔偿纠纷，行政复议机关可以按照自愿、合法的原则进行调解

B. 当事人之间的行政补偿纠纷，行政复议机关可以按照自愿、合法的原则进行调解

C. 当事人经调解达成协议的，行政复议机关可以不必制作行政复议调解书

D. 调解未达成协议的，行政复议机关应当及时作出行政复议决定

【答案】ABD

【知识点】行政复议的调解

【解析】《行政复议法实施条例》第五十条第一款规定，有下列情形之一的，行政复议机关可以按照自愿、合法的原则进行调解：（一）公民、法人或者其他组织对行政机关行使法律、法规规定的自由裁量权作出的具体行政行为不服申请行政复议的；（二）当事人之间的行政赔偿或者行政补偿纠纷。因此，选项A、B的说法正确。《行政复议法实施条例》第五十条第二款规定，当事人经调解达成协议的，行政复议机关应当制作行政复议调解书。调解书应当载明行政复议请求、事实、理由和调解结果，并加盖行政复议机关印章。行政复议调解书经双方当事人签字，即具有法律效力。因此，选项C的说法错误。《行政复议法实施条例》第五十条第三款规定，调解未达成协议或者调解书生效前一方反悔的，行政复议机关应当及时作出行政复议决定。因此，选项D的说法正确。

综上，本题正确答案为：A、B、D。

72. 根据行政复议法及相关规定，行政复议机关可以作出下列哪些行政复议决定？

A. 变更具体行政行为

B. 确认具体行政行为违法

C. 撤销具体行政行为

D. 维持具体行政行为

【答案】ABCD

【知识点】行政复议决定种类和效力

【解析】《行政复议法》第二十八条第一款规定，行政复议机关负责法制工作的机构应当对被申请人作出的具体行政行为进行审查，提出意见，经行政复议机关的负责人同意或者集体讨论通过后，按照下列规定作出行政复议决定：（一）具体行政行为认定事实清楚，证据确凿，适用依据正确，程序合法，内容适当的，决定维持；（二）被申请人不履行法定职责的，决定其在一定期限内履行；（三）具体行政行为有下列情形之一的，决定撤销、变更或者确认该具体行政行为违法；决定撤销或者确认该具体行政行为违法的，可以责令被申请人在一定期限内重新作出具体行政行为：1. 主要事实不清、证据不足的；2. 适用依据错误的；3. 违反法定程序的；4. 超越或者滥用职权的；5. 具体行政行为明显不当的。（四）被申请人不按照该法第二十三条的规定提出书面答复、提交当初作出具体行政行为的证据、依据和其他有关材料的，视为该具体行政行为没有证据、依据，决定撤销该具体行政行为。根据上述第（三）项的规定，选项A、B、C正确；根据上述第（一）项的规定，选项D正确。

综上，本题正确答案为：A、B、C、D。

73. 根据行政复议法及相关规定，下列哪些情形下行政复议终止？

　　A. 作为申请人的自然人死亡，没有近亲属的
　　B. 作为申请人的法人终止，其权利义务的承受人放弃行政复议权利的
　　C. 申请人要求撤回行政复议申请，行政复议机构准予撤回的
　　D. 案件涉及法律适用问题，需要有权机关作出解释或者确认的

【答案】A B C

【知识点】行政复议的终止

【解析】《行政复议法实施条例》第四十二条第一款规定，行政复议期间有下列情形之一的，行政复议终止：（一）申请人要求撤回行政复议申请，行政复议机构准予撤回的；（二）作为申请人的自然人死亡，没有近亲属或者其近亲属放弃行政复议权利的；（三）作为申请人的法人或者其他组织终止，其权利义务的承受人放弃行政复议权利的；（四）申请人与被申请人依照该条例第四十条的规定，经行政复议机构准许达成和解的；（五）申请人对行政拘留或者限制人身自由的行政强制措施不服申请行政复议后，因申请人同一违法行为涉嫌犯罪，该行政拘留或者限制人身自由的行政强制措施变更为刑事拘留的。根据上述第（二）项的规定，选项A正确；根据上述第（三）项的规定，选项B正确；根据上述第（一）项的规定，选项C正确。《行政复议法实施条例》第四十一条第一款规定，行政复议期间有下列情形之一，影响行政复议案件审理的，行政复议中止：（一）作为申请人的自然人死亡，其近亲属尚未确定是否参加行政复议的；（二）作为申请人的自然人丧失参加行政复议的能力，尚未确定法定代理人参加行政复议的；（三）作为申请人的法人或者其他组织终止，尚未确定权利义务承受人的；（四）作为申请人的自然人下落不明或者被宣告失踪的；（五）申请人、被申请人因不可抗力，不能参加行政复议的；（六）案件涉及法律适用问题，需要有权机关作出解释或者确认的；（七）案件审理需要以其他案件的审理结果为依据，而其他案件尚未审结的；（八）其他需要中止行政复议的情形。根据上述第（六）项规定，选项D的情形下行政复议中止，而非行政复议终止，选项D错误。

　　综上，本题正确答案为：A、B、C。

74. 电影《武林传奇》由李某编剧，由导演胡某执导，影星王某和赵某担任主演，制片者为某电影制片厂。根据著作权法及相关规定，下列哪些说法是正确的？

　　A. 编剧李某有权就其剧本单独行使著作权
　　B. 导演胡某、编剧李某享有署名权
　　C. 主演王某和赵某享有该电影的著作权
　　D. 该电影制片厂享有该电影的著作权

【答案】A B D

【知识点】影视作品的著作权人

【解析】《著作权法》第十五条第二款规定，电影作品和以类似摄制电影的方法创作的作品中的剧本、音乐等可以单独使用的作品的作者有权单独行使其著作权。因此，选项A的

说法正确。《著作权法》第十五条第一款规定，电影作品和以类似摄制电影的方法创作的作品的著作权由制片者享有，但编剧、导演、摄影、作词、作曲等作者享有署名权，并有权按照与制片者签订的合同获得报酬。因此，作为制片者的某电影制片厂享有该电影的著作权，主演王某和赵某并不享有该电影的著作权，编剧、导演享有署名权，选项B、D的说法正确，选项C的说法错误。

综上，本题正确答案为：A、B、D。

75. 张某和李某于2013年合作创作了一部话剧剧本，后张某于2014年3月5日去世，张某没有继承人也未设立遗嘱。李某于2015年5月19日去世。根据著作权法及相关规定，下列哪些说法是正确的？

　　A. 张某去世前，该剧本的著作权由张某和李某共同享有
　　B. 2014年3月6日至2015年5月18日，该剧本的表演权由李某享有
　　C. 该剧本的著作权中的改编权保护期截止于2064年5月19日
　　D. 李某去世后，该剧本的改编权在著作权法规定的保护期内依照继承法的规定转移

【答案】A B D

【知识点】合作作品的著作权人和合作作品著作权的财产权保护期

【解析】《著作权法》第十三条第一款规定，两人以上合作创作的作品，著作权由合作作者共同享有。没有参加创作的人，不能成为合作作者。因此，选项A的说法正确。《著作权法实施条例》第十四条规定，合作作者之一死亡后，其对合作作品享有的《著作权法》第十条第一款第（五）项至第（十七）项规定的权利无人继承又无人受遗赠的，由其他合作作者享有。因此，选项B的说法正确。《著作权法》第二十一条第一款规定，公民的作品，其发表权、本法第十条第一款第（五）项至第（十七）项规定的权利的保护期为作者终生及其死亡后50年，截止于作者死亡后第50年的12月31日；如果是合作作品，截止于最后死亡的作者死亡后第50年的12月31日。因此，该剧本的著作权中的改编权保护期截止于2065年12月31日，选项C的说法错误。《著作权法》第十九条第一款规定，著作权属于公民的，公民死亡后，其该法第十条第一款第（五）项至第（十七）项规定的权利在该法规定的保护期内，依照《继承法》的规定转移。因此，选项D的说法正确。

综上，本题正确答案为：A、B、D。

76. 根据著作权法及相关规定，作者的下列哪些权利的保护期不受限制？

　　A. 发行权
　　B. 署名权
　　C. 修改权
　　D. 保护作品完整权

【答案】B C D

【知识点】著作权的保护期

【解析】《著作权法》第二十一条第一款、第二款规定，公民的作品，其发表权、该法第十条第一款第（五）项至第（十七）项规定的权利的保护期为作者终生及其死亡后50年，截止于作者死亡后第50年的12月31日；如果是合作作品，截止于最后死亡的作者死亡后第50年的12月31日。法人或者其他组织的作品、著作权（署名权除外）由法人或者其他组织享有的职务作品，其发表权、该法第十条第一款第（五）项至第（十七）项规定的权利的保护期为50年，截止于作品首次发表后第50年的12月31日，但作品自创作完成后50年内未发表的，该法不再保护。发行权属于《著作权法》第十条第一款第（六）项规定的权利，其保护期为作者终生及其死亡后50年或者作品首次发表后50年，选项A的说法错误。《著作权法》第二十条规定，作者的署名权、修改权、保护作品完整权的保护期不受限制。因此，选项B、C、D的说法正确。

综上，本题正确答案为：B、C、D。

77. 文学家张某收集了近现代著名作家的作品，并按照其独特的文学理论进行分类，将上述作品的片段汇集成册，编写了《名人名家写人》《名人名家写景》《名人名家写事》等三本书。某出版社未经张某的许可复制上述三本书，向社会公开发行。根据著作权法及相关规定，下列哪些说法是正确的？

    A. 该出版社侵犯了张某的复制权
    B. 该出版社侵犯了张某的发行权
    C. 该出版社侵犯了张某的改编权
    D. 该出版社侵犯了张某的汇编权

【答案】A B
【知识点】著作财产权
【解析】《著作权法》第十条第一款规定，著作权包括下列人身权和财产权：（一）发表权，即决定作品是否公之于众的权利；（二）署名权，即表明作者身份，在作品上署名的权利；（三）修改权，即修改或者授权他人修改作品的权利；（四）保护作品完整权，即保护作品不受歪曲、篡改的权利；（五）复制权，即以印刷、复印、拓印、录音、录像、翻录、翻拍等方式将作品制作一份或者多份的权利；（六）发行权，即以出售或者赠与方式向公众提供作品的原件或者复制件的权利；（七）出租权，即有偿许可他人临时使用电影作品和以类似摄制电影的方法创作的作品、计算机软件的权利，计算机软件不是出租的主要标的的除外；（八）展览权，即公开陈列美术作品、摄影作品的原件或者复制件的权利；（九）表演权，即公开表演作品，以及用各种手段公开播送作品的表演的权利；（十）放映权，即通过放映机、幻灯机等技术设备公开再现美术、摄影、电影和以类似摄制电影的方法创作的作品等的权利；（十一）广播权，即以无线方式公开广播或者传播作品，以有线传播或者转播的方式向公众传播广播的作品，以及通过扩音器或者其他传送符号、声音、图像的类似工具向公众传播广播的作品的权利；（十二）信息网络传播权，即以有线或者无线方式向公众提供作品，使公众可以在其个人选定的时间和地点获得作品的权利；（十三）摄制权，即以摄制电影或者以类似摄制电影的方法将作品固定在载体上的权利；（十四）改编权，即改变作品，创作出具有独创性的新作品的权利；（十五）翻译权，即将作品从一种语言文字转换成另一种语言文字的权利；（十六）汇编权，即将作品或者作品的片段通过选择或者编排，汇集成新作品的权利；（十七）应当由著作权人享有的其他权利。张某对其按照独特文学理论分类编写的《名人名家写人》《名人名家写景》《名人名家写事》等三本书享有著作权。某出版社未经张某的许可复制上述三本书的行为，侵犯了张某的复制权；某出版社未经张某的许可向社会公开发行述三本书的行为，侵犯了张某的发行权。因此，选项A、B的说法正确。该出版社并未改变作品并创作出具有独创性的新作品，并未侵犯张某的改编权；该出版社也未将作品或者作品的片段通过选择或编排汇集成新作品，并未侵犯张某的汇编权。因此，选项C、D的说法错误。

综上，本题正确答案为：A、B。

78. 甲电视台获得了某歌星演唱会的现场直播权，乙电视台未经许可将甲电视台播放的节目录制在音像载体上以备将来播放，并复制该音像载体。观众黄某未经许可将甲电视台的该节目复制一份供其儿子观看。根据著作权法及相关规定，下列哪些说法是正确的？

　　A. 乙电视台侵犯了该歌星的作为表演者的权利
　　B. 甲电视台有权禁止乙电视台的录制复制行为
　　C. 黄某的行为侵犯了甲电视台的复制权
　　D. 黄某的行为侵犯了该歌星的作为表演者的权利

【答案】A B

【知识点】表演者的权利和义务，广播电台、电视台播放者的权利和义务

【解析】《著作权法》第三十八条第一款规定，表演者对其表演享有下列权利：（一）表明表演者身份；（二）保护表演形象不受歪曲；（三）许可他人从现场直播和公开传送其现场表演，并获得报酬；（四）许可他人录音录像，并获得报酬；（五）许可他人复制、发行录有其表演的录音录像制品，并获得报酬；（六）许可他人通过信息网络向公众传播其表演，并获得报酬。因此，表演者具有许可他人复制、发行录有其表演的录音录像制品并获得报酬的权利，乙电视台未经许可将节目录制在音像载体上以备将来播放并复制该音像载体的行为，侵犯了该歌星的作为表演者的上述权利，选项A的说法正确。《著作权法》第四十五条第一款规定，广播电台、电视台有权禁止未经其许可的下列行为：（一）将其播放的广播、电视转播；（二）将其播放的广播、电视录制在音像载体上以及复制音像载体。因此，甲电视台有权禁止未经其许可的、将其播放的广播电视录制在音像载体上以及复制音像载体的行为，选项B的说法正确。《著作权法》第二十二条第一款规定，在下列情况下使用作品，可以不经著作权人许可，不向其支付报酬，但应当指明作者姓名、作品名称，并且不得侵犯著作权人依照该法享有的其他权利：（一）为个人学习、研究或者欣赏，使用他人已经发表的作品；（二）为介绍、评论某一作品或者说明某一问题，在作品中适当引用他人已经发表的作品；（三）为报道时事新闻，在报纸、期刊、广播电台、电视台等媒体中不可避免地再现或者引

用已经发表的作品；（四）报纸、期刊、广播电台、电视台等媒体刊登或者播放其他报纸、期刊、广播电台、电视台等媒体已经发表的关于政治、经济、宗教问题的时事性文章，但作者声明不许刊登、播放的除外；（五）报纸、期刊、广播电台、电视台等媒体刊登或者播放在公众集会上发表的讲话，但作者声明不许刊登、播放的除外；（六）为学校课堂教学或者科学研究，翻译或者少量复制已经发表的作品，供教学或者科研人员使用，但不得出版发行；（七）国家机关为执行公务在合理范围内使用已经发表的作品；（八）图书馆、档案馆、纪念馆、博物馆、美术馆等为陈列或者保存版本的需要，复制本馆收藏的作品；（九）免费表演已经发表的作品，该表演未向公众收取费用，也未向表演者支付报酬；（十）对设置或者陈列在室外公共场所的艺术作品进行临摹、绘画、摄影、录像；（十一）将中国公民、法人或者其他组织已经发表的以汉语言文字创作的作品翻译成少数民族语言文字作品在国内出版发行；（十二）将已经发表的作品改成盲文出版。《著作权法》第二十二条第二款规定，前款规定适用于对出版者、表演者、录音录像制作者、广播电台、电视台的权利的限制。观众黄某将甲电视台的该节目复制一份供其儿子观看的行为，属于为个人欣赏目的使用已经发表的作品的行为，根据《著作权法》第二十二条第二款的规定，黄某的行为并未侵犯该歌星的作为表演者的权利和甲电视台的复制权。因此，选项C、D的说法错误。

综上，本题正确答案为：A、B。

79. 根据著作权法及相关规定，关于录音录像制作者的权利义务，下列哪些说法是正确的？
    A. 录音录像制作者使用他人作品制作录音录像制品，应当取得著作权人许可，并支付报酬
    B. 录音录像制作者使用他人作品制作录音录像制品，可以不经著作权人许可，但应支付报酬
    C. 录音录像制作者使用改编、翻译已有作品而产生的作品，应当取得改编、翻译作品的著作权人和原作品著作权人许可，并支付报酬
    D. 录音录像制作者使用改编、翻译已有作品而产生的作品，可以不经原作品著作权人许可，但应支付报酬

【答案】A C
【知识点】录音录像制作者的权利和义务
【解析】《著作权法》第四十条第一款规定，录音录像制作者使用他人作品制作录音录像制品，应当取得著作权人许可，并支付报酬。因此，选项A的说法正确，选项B的说法错误。《著作权法》第四十条第二款规定，录音录像制作者使用改编、翻译、注释、整理已有作品而产生的作品，应当取得改编、翻译、注释、整理作品的著作权人和原作品著作权人许可，并支付报酬。因此，选项C的说法正确，选项D的说法错误。

综上，本题正确答案为：A、C。

80. 根据著作权法及相关规定，下列哪些属于侵犯著作权应当承担的民事责任？
    A. 停止侵害
    B. 赔偿损失

C. 消除影响

D. 赔礼道歉

【答案】A B C D

【知识点】侵犯著作权的民事责任

【解析】《著作权法》第四十八条规定，有下列侵权行为的，应当根据情况，承担停止侵害、消除影响、赔礼道歉、赔偿损失等民事责任；同时损害公共利益的，可以由著作权行政管理部门责令停止侵权行为，没收违法所得，没收、销毁侵权复制品，并可处以罚款；情节严重的，著作权行政管理部门还可以没收主要用于制作侵权复制品的材料、工具、设备等；构成犯罪的，依法追究刑事责任：（一）未经著作权人许可，复制、发行、表演、放映、广播、汇编、通过信息网络向公众传播其作品的，该法另有规定的除外；（二）出版他人享有专有出版权的图书的；（三）未经表演者许可，复制、发行录有其表演的录音录像制品，或者通过信息网络向公众传播其表演的，该法另有规定的除外；（四）未经录音录像制作者许可，复制、发行、通过信息网络向公众传播其制作的录音录像制品的，该法另有规定的除外；（五）未经许可，播放或者复制广播、电视的，本法另有规定的除外；（六）未经著作权人或者与著作权有关的权利人许可，故意避开或者破坏权利人为其作品、录音录像制品等采取的保护著作权或者与著作权有关的权利的技术措施的，法律、行政法规另有规定的除外；（七）未经著作权人或者与著作权有关的权利人许可，故意删除或者改变作品、录音录像制品等的权利管理电子信息的，法律、行政法规另有规定的除外；（八）制作、出售假冒他人署名的作品的。因此，选项A、B、C、D正确。

综上，本题正确答案为：A、B、C、D。

81. 根据信息网络传播权保护条例的规定，下列哪些是信息网络传播权的权利人？

A. 著作权人

B. 表演者

C. 录音录像制作者

D. 网络用户

【答案】A B C

【知识点】信息网络传播权的权利人

【解析】《信息网络传播权保护条例》第一条规定，为保护著作权人、表演者、录音录像制作者的信息网络传播权，鼓励有益于社会主义精神文明、物质文明建设的作品的创作和传播，根据《中华人民共和国著作权法》，制定该条例。因此，选项A、B、C正确，选项D错误。

综上，本题正确答案为：A、B、C。

82. 根据商标法及相关规定，下列哪些可以作为商标申请注册？

A. 三维标志

B. 声音

C. 气味

D. 颜色组合

【答案】A B D

【知识点】注册商标的概念和组成要素

【解析】《商标法》第八条规定，任何能够将自然人、法人或者其他组织的商品与他人的商品区别开的标志，包括文字、图形、字母、数字、三维标志、颜色组合和声音等，以及上述要素的组合，均可以作为商标申请注册。因此，选项A、B、D正确，选项C错误。

综上，本题正确答案为：A、B、D。

83. 根据商标法及相关规定，下列哪些标志不得作为商标使用？

A. 带有民族歧视性的

B. 带有欺骗性，容易使公众对商品的质量等特点或者产地产生误认的

C. 仅直接表示商品的质量、主要原料、功能、用途、重量、数量及其他特点的

D. 仅有本商品的通用名称、图形、型号的

【答案】A B

【知识点】不得作为商标使用的标志和不得作为商标注册的标志

【解析】《商标法》第十条第一款规定，下列标志不得作为商标使用：（一）同中华人民共和国的国家名称、国旗、国徽、国歌、军旗、军徽、军歌、勋章等相同或者近似的，以及同中央国家机关的名称、标志、所在地特定地点的名称或者标志性建筑物的名称、图形相同的；（二）同外国的国家名称、国旗、国徽、军旗等相同或者近似的，但经该国政府同意的除外；（三）同政府间国际组织的名称、旗帜、徽记等相同或者近似的，但经该组织同意或者不易误导公众的除外；（四）与表明实施控制、予以保证的官方标志、检验印记相同或者近似的，但经授权的除外；（五）同"红十字"、"红新月"的名称、标志相同或者近似的；（六）带有民族歧视性的；（七）带有欺骗性，容易使公众对商品的质量等特点或者产地产生误认的；（八）有害于社会主义道德风尚或者有其他不良影响的。根据上述第（六）项规定，选项A正确；根据上述第（七）项规定，选项B正确。《商标法》第十一条规定，下列标志不得作为商标注册：（一）仅有本商品的通用名称、图形、型号的；（二）仅直接表示商品的质量、主要原料、功能、用途、重量、数量及其他特点的；（三）其他缺乏显著特征的。前款所列标志经过使用取得显著特征，并便于识别的，可以作为商标注册。选项C属于上述第（二）项规定的情形，选项D属于上述第（一）项规定的情形，均是不得作为商标注册的标志，不是不得作为商标使用的标志，选项C、D错误。

综上，本题正确答案为：A、B。

84. 根据商标法及相关规定，商标注册申请等有关文件可以以下列哪些方式提出？

A. 口头方式

B. 书面方式

C. 数据电文方式

D. 录音方式

【答案】BC

【知识点】商标注册的申请

【解析】《商标法》第二十二条第三款规定，商标注册申请等有关文件，可以以书面方式或者数据电文方式提出。因此，选项B、C的说法正确，选项A、D的说法错误。

综上，本题正确答案为：B、C。

85. 根据商标法及相关规定，下列关于注册商标转让的哪些说法是正确的？

A. 转让人和受让人应共同向商标局提出转让申请

B. 商标注册人对其在同一种商品上注册的近似的商标应当一并转让

C. 对容易导致混淆或者有其他不良影响的转让，商标局不予核准

D. 受让人自商标转让协议签订之日起享有商标专用权

【答案】ABC

【知识点】注册商标的转让

【解析】《商标法》第四十二条第一款规定，转让注册商标的，转让人和受让人应当签订转让协议，并共同向商标局提出申请。受让人应当保证使用该注册商标的商品质量。因此，选项A的说法正确。《商标法》第四十二条第二款规定，转让注册商标的，商标注册人对其在同一种商品上注册的近似的商标，或者在类似商品上注册的相同或者近似的商标，应当一并转让。因此，选项B的说法正确。《商标法》第四十二条第三款规定，对容易导致混淆或者有其他不良影响的转让，商标局不予核准，书面通知申请人并说明理由。因此，选项C的说法正确。《商标法》第四十二条第四款规定，转让注册商标经核准后，予以公告。受让人自公告之日起享有商标专用权。因此，选项D的说法错误。

综上，本题正确答案为：A、B、C。

86. 根据商标法及相关规定，下列哪些用于识别商品来源的行为属于商标法意义上的"商标的使用"？

A. 将商标用于商品上

B. 将商标用于商品包装或者容器上

C. 将商标用于商品交易文书上

D. 将商标用于广告宣传、展览中

【答案】ABCD

【知识点】注册商标的使用

【解析】《商标法》第四十八条规定，该法所称商标的使用，是指将商标用于商品、商品包装或者容器以及商品交易文书上，或者将商标用于广告宣传、展览以及其他商业活动中，

用于识别商品来源的行为。因此，选项A、B、C、D正确。

综上，本题正确答案为：A、B、C、D。

87. 根据商标法及相关规定，已经注册的商标存在下列哪些情形的，可以由商标局宣告该注册商标无效？

   A. 有害于社会主义道德风尚的
   B. 其标志与我国国旗相同的
   C. 以欺骗手段或者其他不正当手段取得注册的
   D. 申请商标注册损害他人现有的在先权利的

【答案】ABC

【知识点】商标局依职权宣告注册商标无效

【解析】《商标法》第四十四条第一款规定，已经注册的商标，违反该法第十条、第十一条、第十二条规定的，或者是以欺骗手段或者其他不正当手段取得注册的，由商标局宣告该注册商标无效；其他单位或者个人可以请求商标评审委员会宣告该注册商标无效。选项A属于违反《商标法》第十条第一款第（八）项的情形，选项B属于违反《商标法》第十条第一款第（一）项的情形，选项C是以欺骗手段或者其他不正当手段取得注册的，选项A、B、C的情形可以由商标局宣告该注册商标无效。《商标法》第四十五条第一款规定，已经注册的商标，违反该法第十三条第二款和第三款、第十五条、第十六条第一款、第三十条、第三十一条、第三十二条规定的，自商标注册之日起5年内，在先权利人或者利害关系人可以请求商标评审委员会宣告该注册商标无效。对恶意注册的，驰名商标所有人不受5年的时间限制。《商标法》第三十二条规定，申请商标注册不得损害他人现有的在先权利，也不得以不正当手段抢先注册他人已经使用并有一定影响的商标。因此，选项D属于在先权利人或者利害关系人可以请求商标评审委员会宣告该注册商标无效的情形，不属于由商标局宣告该注册商标无效的情形，选项D错误。

综上，本题正确答案为：A、B、C。

88. 根据商标法及相关规定，我国注册商标包括哪些类型？

   A. 服务商标
   B. 商品商标
   C. 集体商标
   D. 证明商标

【答案】ABCD

【知识点】注册商标的类型

【解析】《商标法》第三条第一款规定，经商标局核准注册的商标为注册商标，包括商品商标、服务商标和集体商标、证明商标；商标注册人享有商标专用权，受法律保护。因此，选项A、B、C、D正确。

综上，本题正确答案为：A、B、C、D。

89. 根据商标法及相关规定，下列哪些行为属于侵犯注册商标专用权的行为？
   A. 销售侵犯注册商标专用权的商品的
   B. 伪造、擅自制造他人注册商标标识的
   C. 未经商标注册人同意，更换其注册商标并将该更换商标的商品又投入市场的
   D. 故意为侵犯他人商标专用权行为提供便利条件，帮助他人实施侵犯商标专用权行为的

【答案】A B C D

【知识点】侵犯注册商标专用权的行为

【解析】《商标法》第五十七条规定，有下列行为之一的，均属侵犯注册商标专用权：（一）未经商标注册人的许可，在同一种商品上使用与其注册商标相同的商标的；（二）未经商标注册人的许可，在同一种商品上使用与其注册商标近似的商标，或者在类似商品上使用与其注册商标相同或者近似的商标，容易导致混淆的；（三）销售侵犯注册商标专用权的商品的；（四）伪造、擅自制造他人注册商标标识或者销售伪造、擅自制造的注册商标标识的；（五）未经商标注册人同意，更换其注册商标并将该更换商标的商品又投入市场的；（六）故意为侵犯他人商标专用权行为提供便利条件，帮助他人实施侵犯商标专用权行为的；（七）给他人的注册商标专用权造成其他损害的。选项A符合上述第（三）项的规定，选项B符合上述第（四）项的规定，选项C符合上述第（五）项的规定，选项D符合上述第（六）项的规定，选项A、B、C、D正确。

综上，本题正确答案为：A、B、C、D。

90. 根据商标法及相关规定，下列关于驰名商标的哪些说法是正确的？
   A. 驰名商标应当根据当事人的请求，作为处理涉及商标案件需要认定的事实进行认定
   B. 生产、经营者不得将"驰名商标"字样用于广告宣传中
   C. 生产、经营者可以将"驰名商标"字样用于商品包装上
   D. 仅有商标评审委员会可以对商标驰名情况作出认定

【答案】A B

【知识点】驰名商标

【解析】《商标法》第十四条第一款规定，驰名商标应当根据当事人的请求，作为处理涉及商标案件需要认定的事实进行认定。认定驰名商标应当考虑下列因素：（一）相关公众对该商标的知晓程度；（二）该商标使用的持续时间；（三）该商标的任何宣传工作的持续时间、程度和地理范围；（四）该商标作为驰名商标受保护的记录；（五）该商标驰名的其他因素。因此，选项A的说法正确。《商标法》第十四条第五款规定，生产、经营者不得将"驰名商标"字样用于商品、商品包装或者容器上，或者用于广告宣传、展览以及其他商业活动中。因此，选项B的说法正确，选项C的说法错误。《商标法》第十四条第二款规定，在商标注册审查、工商行政管理部门查处商标违法案件过程中，当事人依照该法第十三条规定主

张权利的，商标局根据审查、处理案件的需要，可以对商标驰名情况作出认定。《商标法》第十四条第三款规定，在商标争议处理过程中，当事人依照该法第十三条规定主张权利的，商标评审委员会根据处理案件的需要，可以对商标驰名情况作出认定。《商标法》第十四条第四款规定，在商标民事、行政案件审理过程中，当事人依照该法第十三条规定主张权利的，最高人民法院指定的人民法院根据审理案件的需要，可以对商标驰名情况作出认定。因此，商标局、商标评审委员会以及最高人民法院指定的人民法院均可以对商标驰名情况作出认定，选项D的说法错误。

综上，本题正确答案为：A、B。

91．根据反不正当竞争法及相关规定，经营者不得以排挤竞争对手为目的，以低于成本的价格销售商品，但有下列哪些情形的，不属于不正当竞争行为？

A．季节性降价
B．因转产降价销售商品
C．销售鲜活商品
D．因歇业降价销售商品

【答案】ＡＢＣＤ

【知识点】不正当竞争的概念和种类

【解析】《反不正当竞争法》第十一条第二款规定，有下列情形之一的，不属于不正当竞争行为：（一）销售鲜活商品；（二）处理有效期限即将到期的商品或者其他积压的商品；（三）季节性降价；（四）因清偿债务、转产、歇业降价销售商品。因此，选项A、B、C、D正确。

综上，本题正确答案为：A、B、C、D。

92．根据反不正当竞争法及相关规定，下列关于商业秘密的哪些说法是正确的？

A．商业秘密，是指不为公众所知悉、能为权利人带来经济利益、具有实用性并经权利人采取保密措施的技术信息和经营信息
B．通过自行开发研制获得商业秘密的行为不属于侵犯商业秘密的行为
C．通过反向工程获得商业秘密的行为属于侵犯商业秘密的行为
D．确定侵犯商业秘密行为的损害赔偿额，可以参照确定侵犯专利权的损害赔偿额的方法进行

【答案】ＡＢＤ

【知识点】商业秘密的概念和商业秘密的保护

【解析】《反不正当竞争法》第十条第三款规定，本条所称的商业秘密，是指不为公众所知悉、能为权利人带来经济利益、具有实用性并经权利人采取保密措施的技术信息和经营信息。因此，选项A的说法正确。《最高人民法院关于审理不正当竞争民事案件应用法律若干问题的解释》第十二条规定，通过自行开发研制或者反向工程等方式获得的商业秘密，不认

定为《反不正当竞争法》第十条第（一）项、第（二）项规定的侵犯商业秘密行为。因此，选项 B 的说法正确，选项 C 的说法错误。《最高人民法院关于审理不正当竞争民事案件应用法律若干问题的解释》第十七条规定，确定《反不正当竞争法》第十条规定的侵犯商业秘密行为的损害赔偿额，可以参照确定侵犯专利权的损害赔偿额的方法进行；确定《反不正当竞争法》第五条、第九条、第十四条规定的不正当竞争行为的损害赔偿额，可以参照确定侵犯注册商标专用权的损害赔偿额的方法进行。因此，选项 D 的说法正确。

综上，本题正确答案为：A、B、D。

93. 根据植物新品种保护条例及相关规定，下列哪些属于授予品种权的植物新品种应当具备的特性？

    A. 新颖性
    B. 独创性
    C. 一致性
    D. 实用性

【答案】A C

【知识点】授予品种权的条件

【解析】《植物新品种保护条例》第二条规定，该条例所称植物新品种，是指经过人工培育的或者对发现的野生植物加以开发，具备新颖性、特异性、一致性和稳定性并有适当命名的植物品种。因此，选项 A、C 正确，选项 B、D 错误。

综上，本题正确答案为：A、C。

94. 某公司于 2014 年 5 月 6 日在外国就某果树新品种提出品种权申请并被受理，并于 2014 年 10 月 20 日就同一品种在中国提出品种权申请，要求享有优先权并及时提交了相关文件。我国审批机关于 2015 年 10 月 30 日授予其品种权。根据植物新品种保护条例及相关规定，下列关于该品种权保护期限的哪些说法是正确的？

    A. 保护期限从 2014 年 5 月 6 日起计算
    B. 保护期限从 2014 年 10 月 20 日起计算
    C. 保护期限从 2015 年 10 月 30 日起计算
    D. 该品种权的保护期限是 20 年

【答案】C D

【知识点】品种权的保护期限

【解析】《植物新品种保护条例》第三十四条规定，品种权的保护期限，自授权之日起，藤本植物、林木、果树和观赏树木为 20 年，其他植物为 15 年。由于品种权的保护期限自授权之日起计算，因此本题中品种权的保护期限从 2015 年 10 月 30 日起计算，选项 C 的说法正确，选项 A、B 的说法错误。由于果树的品种权保护期限为 20 年，因此选项 D 的说法正确。

综上，本题正确答案为：C、D。

95. 根据集成电路布图设计保护条例及相关规定，下列哪些说法是正确的？
   A. 布图设计专有权的保护期为 25 年
   B. 布图设计专有权的保护期自登记申请之日或者在世界任何地方首次投入商业利用之日起计算，以较前日期为准
   C. 布图设计专有权经国务院知识产权行政部门登记产生
   D. 无论是否登记或者投入商业利用，布图设计自创作完成之日起 15 年后，不再受到集成电路布图设计保护条例保护

【答案】B C D

【知识点】集成电路布图设计专有权的保护期限

【解析】《集成电路布图设计保护条例》第十二条规定，布图设计专有权的保护期为 10 年，自布图设计登记申请之日或者在世界任何地方首次投入商业利用之日起计算，以较前日期为准。但是，无论是否登记或者投入商业利用，布图设计自创作完成之日起 15 年后，不再受本条例保护。由于布图设计专有权的保护期为 10 年，因此选项 A 的说法错误。由于布图设计专有权自布图设计登记申请之日或者在世界任何地方首次投入商业利用之日起计算，以较前日期为准，因此选项 B 的说法正确。由于无论是否登记或者投入商业利用，布图设计自创作完成之日起 15 年后，不再受集成电路布图设计保护条例保护，因此选项 D 的说法正确。《集成电路布图设计保护条例》第八条第一款规定，布图设计专有权经国务院知识产权行政部门登记产生。因此，选项 C 的说法正确。

综上，本题正确答案为：B、C、D。

96. 根据《与贸易有关的知识产权协定》的规定，受保护的工业品外观设计的所有人，对于载有或体现受保护的外观设计的复制品或者实质上是复制品的物品，应当有权制止第三方未经其同意而为商业目的进行下列哪些行为？
   A. 制造
   B. 进口
   C. 许诺销售
   D. 销售

【答案】A B D

【知识点】《与贸易有关的知识产权协定》工业品外观设计权利人的权利

【解析】《与贸易有关的知识产权协定》第 26 条第 1 款规定，受保护的工业品外观设计的所有人，应当有权制止第三方未得所有人同意而为商业目的制造、销售或者进口载有或体现受保护的外观设计的复制品或者实质上是复制品的物品。因此，选项 A、B、D 正确，选项 C 错误。

综上，本题正确答案为：A、B、D。

97. 根据《与贸易有关的知识产权协定》的规定，下列哪些属于各成员在知识产权执法方面

应当履行的义务?

A. 知识产权的执法程序不应不必要地复杂或花费高昂,也不应规定不合理的期限或导致不应有的拖延
B. 就案件的是非作出的决定最好应写成书面,并说明理由
C. 程序的双方当事人应当有机会要求司法机关对终局的行政决定进行审查
D. 应当建立一种与一般法律执行的司法制度不同的知识产权执法的司法制度

【答案】A B C
【知识点】《与贸易有关的知识产权协定》知识产权执法
【解析】《与贸易有关的知识产权协定》第41条第2款规定,知识产权的执法程序应当公平和公正。这些程序不应不必要地复杂或花费高昂,也不应规定不合理的期限或导致不应有的拖延。因此,选项A的说法正确。《与贸易有关的知识产权协定》第41条第3款规定,就案件的是非作出的决定最好应写成书面,并说明理由。这些决定至少应向程序的双方当事人提供,而且不得无故拖延。就案件的是非作出的裁决只应根据证据而定,并且曾向当事人提供机会,使其就该证据陈述意见。因此,选项B的说法正确。《与贸易有关的知识产权协定》第41条第4款规定,程序的双方当事人应当有机会要求司法机关对终局的行政决定进行审查,并且,在符合成员法律中关于案件重要性的管辖规定的前提下,至少对案件的是非所作初审司法决定的法律方面应有机会要求司法机关进行复审。但是,对刑事案件中的无罪释放判决没有义务提供复审的机会。《与贸易有关的知识产权协定》第41条第5款规定,不言而喻,本部分并没有为各成员规定任何义务,建立一种与一般法律执行的司法制度不同的知识产权执法的司法制度,也不影响各成员执行其一般法律的能力。就知识产权的执法和一般法律执行之间的资源分配而言,本部分的规定也没有为任何成员规定任何义务。因此,选项D的说法错误。

综上,本题正确答案为:A、B、C。

98. 根据《保护工业产权巴黎公约》的规定,下列关于优先权期间的哪些说法是正确的?
A. 专利申请的优先权期间为12个月
B. 实用新型申请的优先权期间为12个月
C. 外观设计申请的优先权期间为6个月
D. 商标申请的优先权期间为6个月

【答案】A B C D
【知识点】《保护工业产权巴黎公约》优先权的期限
【解析】《保护工业产权巴黎公约》第四条C(1)规定,上述优先权的期间,对于专利和实用新型应为12个月,对于外观设计和商标应为6个月。因此,选项A、B、C、D的说法正确。

综上,本题正确答案为:A、B、C、D。

99. 根据《保护工业产权巴黎公约》的规定,下列关于强制许可的哪些说法是正确的?
A. 成员国不得以不实施为由授予专利强制许可
B. 专利强制许可在任何情况下都不得转让

C. 专利权人将在某成员国内制造的物品进口到对该物品授予专利的国家的，不应导致该项专利的取消

D. 巴黎公约中关于专利强制许可的各项规定准用于实用新型

【答案】C D

【知识点】《保护工业产权巴黎公约》强制许可

【解析】《保护工业产权巴黎公约》第五条A（2）规定，本联盟各国都有权采取立法措施规定授予强制许可，以防止由于行使专利所赋予的专有权而可能产生的滥用，例如，不实施。因此，选项A的说法错误。《保护工业产权巴黎公约》第五条A（4）规定，自提出专利申请之日起4年届满以前，或自授予专利之日起3年届满以前，以后满期的期间为准，不得以不实施或不充分实施为理由申请强制许可；如果专利权人的不作为有正当理由，应拒绝强制许可。这种强制许可是非独占性的，而且除与利用该许可的部分企业或商誉一起转让外，不得转让，甚至以授予分许可证的形式也在内。因此，选项B的说法错误。《保护工业产权巴黎公约》第五条A（1）规定，专利权人将在本联盟任何国家内制造的物品进口到对该物品授予专利的国家的，不应导致该项专利的取消。因此，选项C的说法正确。《保护工业产权巴黎公约》第五条A（5）规定，上述各项规定准用于实用新型。因此，选项D的说法正确。

综上，本题正确答案为：C、D。

100. 根据《保护工业产权巴黎公约》的规定，下列哪些说法是正确的？

A. 不得以专利产品的销售或依专利方法制造的产品的销售受到本国法律的禁止或限制为理由，而拒绝授予专利或使专利无效

B. 发明人有在专利中被记载为发明人的权利

C. 在巴黎公约联盟各国，因享有优先权的利益而取得的专利的期限，与没有优先权的利益而申请或授予的专利的期限相同

D. 巴黎公约联盟国家的国民向联盟各国申请的专利，与在其他国家就同一发明所取得的专利相互独立

【答案】A B C D

【知识点】《保护工业产权巴黎公约》确立的核心原则和内容

【解析】《保护工业产权巴黎公约》第四条之四规定，不得以专利产品的销售或依专利方法制造的产品的销售受到本国法律的禁止或限制为理由，而拒绝授予专利或使专利无效。因此，选项A的说法正确。《保护工业产权巴黎公约》第四条之三规定，发明人有在专利中被记载为发明人的权利。因此，选项B的说法正确。《保护工业产权巴黎公约》第四条之二（5）规定，在本联盟各国，因享有优先权的利益而取得的专利的期限，与没有优先权的利益而申请或授予的专利的期限相同。因此，选项C的说法正确。《保护工业产权巴黎公约》第四条之二（1）规定，本联盟国家的国民向本联盟各国申请的专利，与在其他国家，不论是否本联盟成员国，就同一发明所取得的专利是相互独立的。因此，选项D的说法正确。

综上，本题正确答案为：A、B、C、D。

专利代理实务

2015年全国专利代理人资格考试

专利代理实务考试试卷
（文字单印本）

国家知识产权局
专利代理人考核委员会监制
2015年11月

答题须知

1. 答题时请以现行、有效的法律和法规的规定为准。

2. 作为考试，应试者在完成题目时应当接受并仅限于本试卷所提供的事实，并且无需考虑素材的真实性、有效性问题。

3. 本专利代理实务试题包括第一题、第二题和第三题，满分150分。

　　应试者应当将各题答案按顺序清楚地撰写在相对应的答题区域内：

试题说明

客户 A 公司遭遇 B 公司提出的专利侵权诉讼，拟对 B 公司的实用新型专利（下称涉案专利）提出无效宣告请求，同时 A 公司自行研发了相关技术。为此，A 公司向你所在的代理机构提供了涉案专利和三份对比文件，以及该公司所研发的技术的交底材料。现委托你所在的专利代理机构办理相关事务。

第一题：请你根据客户提供的涉案专利和对比文件为客户撰写咨询意见，要求说明可提出无效宣告请求的范围、理由和证据，其中无效宣告请求理由要根据专利法以及实施细则的有关条、款、项逐一阐述；如果基于你所撰写的咨询意见提出无效宣告请求，请你分析在提出本次无效宣告请求之后进一步的工作建议，例如是否需要补充证据等，如果需要，说明理由以及应当符合的要求。

第二题：请你根据技术交底材料，综合考虑客户提供的涉案专利和三份对比文件所反映的现有技术，为客户撰写一份发明专利申请的权利要求书。

如果认为应当提出一份专利申请，则应撰写独立权利要求和适当数量的从属权利要求；如果在一份专利申请中包含两项或两项以上的独立权利要求，则应说明这些独立权利要求能够合案申请的理由；如果认为应当提出多份专利申请，则应说明不能合案申请的理由，并针对其中的一份专利申请撰写独立权利要求和适当数量的从属权利要求，对于其他专利申请，仅需撰写独立权利要求。

第三题：简述你撰写的独立权利要求相对于现有技术具备新颖性和创造性的理由。如有多项独立权利要求，请分别对比和说明。

涉案专利:

[19] 中华人民共和国国家知识产权局

[12] 实用新型专利说明书

专利号 ZL 201425634028.x

[45] 授权公告日 2015 年 2 月 11 日

[22] 申请日 2014.3.23

[21] 申请号 201425634028.x

[73] 专利权人　B 公司　　　　　　　　　　（其余著录项目略）

权利要求书

1. 一种卡箍，包括第一本体（1），第二本体（2）和紧固装置（3），所述紧固装置（3）包括螺栓（32），其特征在于，所述第一本体（1）的一端与第二本体（2）的一端铰接，第一本体（1）的另一端与第二本体（2）的另一端通过螺栓（32）连接。

2. 根据权利要求 1 所述的卡箍，其特征在于：所述紧固装置（3）包括与所述第一本体（1）铰接的连接板（31），所述连接板（31）的一端开设有插槽（321），另一端面上有螺纹孔，所述第二本体（2）上具有可插入插槽（321）的固定部（4），所述固定部（4）上开有螺纹孔（41），所述螺栓（32）穿讨螺纹孔,将第一本体（1）和第二本体（2）连接。

3. 根据权利要求 2 所述的卡箍，其特征在于：所述第一本体（1）和第二本体（2）上设有预定位装置（5），其包括位于第一本体（1）上的卡钩（51）和位于第二本体（2）上的环形钩件（522），所述环形钩件用于与所述卡钩（51）连接。

4. 根据权利要求 1－3 任一项所述的卡箍，其特征在于：所述环形钩件（522）是弹性钩件，最好是环形橡胶圈。

说 明 书

新型卡箍

本实用新型涉及一种卡紧装置，更具体地说，涉及一种新型卡箍。

目前，卡箍连接技术已广泛应用于液体、气体管道的连接。卡箍连接在管道的接口处，起到连接、紧固的作用。

现有技术中的卡箍，如图1所示，包括两个半圆形夹环、螺栓和螺母，两夹环的槽口相对拼接形成一个圆形通道；夹环本体的两端分别形成凸耳，凸耳处预留穿孔，用于穿过螺栓后旋紧螺母固定连接。这种卡箍属于分体式结构，零件繁多，容易丢失，并且安装时两个夹环不易对准，增加了安装的难度。

为了克服传统卡箍的技术缺陷，本实用新型的目的在于提供一种新型卡箍，其包括包括第一本体，第二本体和紧固装置，紧固装置包括螺栓，第一本体的一端与第二本体的一端铰接，另一端通过螺栓与第二本体的另一端连接，从而实现对管道的夹紧，降低安装工作量和安装成本；

进一步地，所述紧固装置的一端与第一本体铰接，从而进一步减少零件的数量；

更进一步地，在所述卡箍的第一本体和第二本体上设置预定位装置，以便预先定位，方便安装。

图1为现有分体式卡箍的结构示意图；

图2为本实用新型第一实施例的卡箍结构示意图；

图3为本实用新型第二实施例的卡箍结构示意图；

图4为本实用新型第二实施例的卡箍的局部放大示意图。

如图2所示，本实用新型第一实施例的新型卡箍包括第一本体1和第二本体2，第一本体1的一端与第二本体2的一端通过两个销轴和一个连接板铰接，另一端与紧固装置3铰接。第二本体2的另一端具有固定部4，其上开有螺纹孔41；紧固装置3包括与第一本体1铰接的连接板31，连接板31的端面开设有螺纹孔，另一端开设有贯通的插槽321，用于插入固定部4。螺栓32通过连接板31上的螺纹孔与第二本体2螺纹连接，螺栓32的自由端套装有调节手柄33。

在工作过程中，当需要闭合卡箍的时候，将第二本体2向第一本体1靠拢，使第二本体2上的固定部4插入连接板31的插槽321，再施力于调节手柄33使其旋转，调节手柄33带动螺栓32穿过连接板31上的螺纹孔以及固定部4上的螺纹孔41，并拧紧，完成卡箍的闭合过程。

图3—图4示出了本实用新型的第二实施例，在第一实施例的基础上，在第一本体1和第二本体2上设有能够使二者在靠拢时预先配合的预定位装置5。预定位装置5包括位于第一本体1上的卡钩51，位于第二本体2上的固定板521，以及连接在固定板521上的环形弹性钩件522，例如环形橡胶圈。工作中，当第一本体1和第二本体2靠拢闭合时，先将环形橡胶圈钩在卡钩

51上，利用环形橡胶圈的弹力将第二本体2的固定部4与第一本体1的相应端部拉近，完成预定位，然后通过调节手柄33旋转螺栓32夹紧第一本体1和第二本体2。为了避免预定位的操作影响螺栓32对准螺纹孔41，第一本体1和第二本体2的预定位连接不能是刚性的，而是弹性的，这样，环形橡胶圈的弹性能在螺栓32对准螺纹孔41的过程中，协助调整二者之间的相对位置，方便二者的对准。实践中，也可以使用其他的弹性钩件，例如环形弹簧挂钩，来代替环形橡胶圈实现与卡钩51的接合。

对比文件1：

[19] 中华人民共和国国家知识产权局

[12] 实用新型专利说明书

专利号 ZL 201020156782.1

[45] 授权公告日 2011 年 8 月 6 日

[22] 申请日 2010.12.25
[21] 申请号 201020156782.1
[73] 专利权人　李××

（其余著录项目略）

说　明　书

管道连接卡箍

本实用新型涉及一种管道连接卡箍。

排水系统的管道都很长，如果发生破损或者泄漏，维修很麻烦，不可能为一点破损就整体换管。本实用新型提供一种抱式卡箍，能够实现换管对接。

图1为本实用新型的卡箍结构示意图。

如图1所示，一种管道连接卡箍，包括：第一箍套1和第二箍套2，第一箍套1和第二箍套2均呈半圆形，在第一箍套1和第二箍套2的两侧设有连接机构，连接机构分为预连接端和固定连接端。预连接端是在第一箍套上设置挂轴11，在第二箍套的对应端设置与挂轴11对应的轴套21；固定连接端是在第一箍套1和第二箍套2的各自的另一端设置连接耳，连接耳上设有供连接螺栓穿过的通孔。

使用时，首先将卡箍预连接端的挂轴11套入轴套21，然后将固定连接端通过螺栓拧紧。

本实用新型改变以往两侧均采用螺栓的方式，而是采用一边挂轴的方式进行枢轴连接，这样减少连接时间，同时在固定连接端紧扣的时候，预连接端不会被打开，保证连接的安全性。

对比文件 2：

[19] 中华人民共和国国家知识产权局

[12] 实用新型专利说明书
专利号 ZL 201220191962.5

[45] 授权公告日 2013 年 10 月 9 日

[22] 申请日 2012.9.10
[21] 申请号 201220191962.5
[73] 专利权人　王×× （其余著录项目略）

说 明 书

卡箍组件

本实用新型涉及一种卡箍组件。

传统的卡箍结构一般由上半部、下半部、螺栓、螺母等多个松散零件组成，这样的结构在安装过程中比较繁琐，且受安装空间限制，比较容易发生零件掉落的情况，导致工作延误。为此本实用新型提供一种新型卡箍组件。

图 1 为本实用新型的卡箍组件的结构示意图；

图 2 为 U 型连接杆的结构示意图。

如图 1—图 2 所示，本实用新型的卡箍组件包括：卡箍本体 1、U 型连接杆 2、销轴 3、螺栓 4。卡箍本体 1 由塑料材料注塑一次成型，其具有两个连接端，一端与 U 型连接杆 2 的开口端铰接，另一端开设有贯穿的螺纹孔，用于与旋过 U 形连接杆 2 的封闭端的螺栓 4 螺纹连接。

本实用新型的卡箍组件，结构简单紧凑，无过多松散零件，安装时能够有效地降低零件掉落的概率。

对比文件3：

[19] 中华人民共和国国家知识产权局

[12] 实用新型专利说明书
专利号 ZL 201320123456.7

[45] 授权公告日 2014 年 3 月 23 日

[22] 申请日 2013.9.4
[21] 申请号 201320123456.7
[73] 专利权人　B 公司　　　　　　　　　　（其余著录项目略）

说 明 书

塑料卡箍

本实用新型涉及一种适用于将软管紧固连接在硬管上的塑料卡箍。

软管与硬管的连接通常被用作输送液体或气体。为了防止连接后的软管在工作中脱落，往往在其连接处使用卡箍加以固定。本实用新型提供了一种结构简单合理、拆装过程方便快捷的塑料卡箍。

图 1 为本实用新型的塑料卡箍结构示意图；

图 2 为本实用新型中箍体的结构示意图。

如图 1-图 2 所示，本实用新型的塑料卡箍，包括箍体 1 和紧迫螺栓 2，所述箍体 1 包括抱紧段 11、一体成型于所述抱紧段两端的迫近段 12 和拉紧段 13，所述抱紧段 11 呈弧形薄带状，所述迫近段 12 上开有圆孔 14，所述拉紧段 13 上设置有安装孔 15，内设内螺纹。安装前，紧迫螺栓 2 可以旋在安装孔 15 上，避免用户容易遗失零件的情况。需要安装时，首先从安装孔 15 上旋下紧迫螺栓 2，弯曲抱紧段 11 使其形成圆环形，然后将紧迫螺栓 2 穿过迫近段 12 上的圆孔 14，再旋转拧入拉紧段 13 上的安装孔 15，即可实现软管和硬管的快速紧固，操作简便高效。

U型开口6，所述U型开口6的宽度大于螺杆5的直径且小于螺母7的外周宽度。

安装时，转动螺杆螺母组件，使其嵌入U型开口6，之后进一步旋紧螺母，即完成上卡箍100和下卡箍200的锁紧，从而将管道固定在卡箍内。拆卸时，只要松动螺母，无需螺杆与螺母的完全分离，即可以将螺杆螺母组件从U型开口6取出，打开卡箍。

为了防止装配好后，螺杆螺母组件与卡箍之间相互脱落，U型开口6的两边向外弯折，形成卡紧部8，卡紧部8可垂直于下卡箍200的连接端，用于限制螺母沿U型开口方向的自由度，进一步达到防脱落的目的。

涉案专利附图：

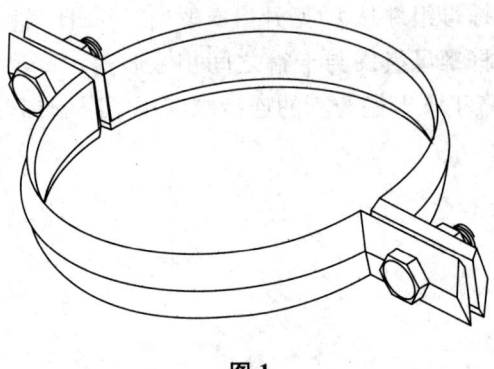

图 1

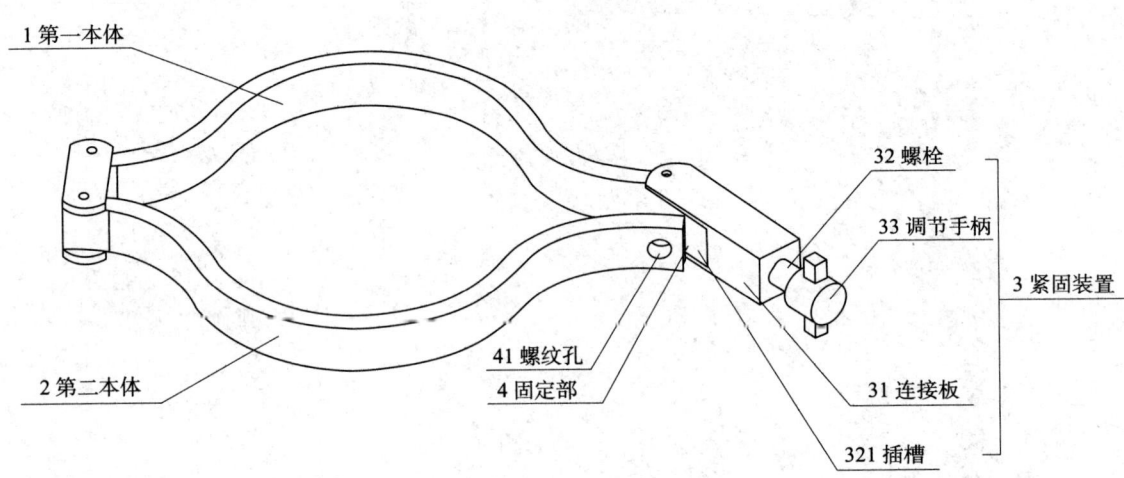

图 2

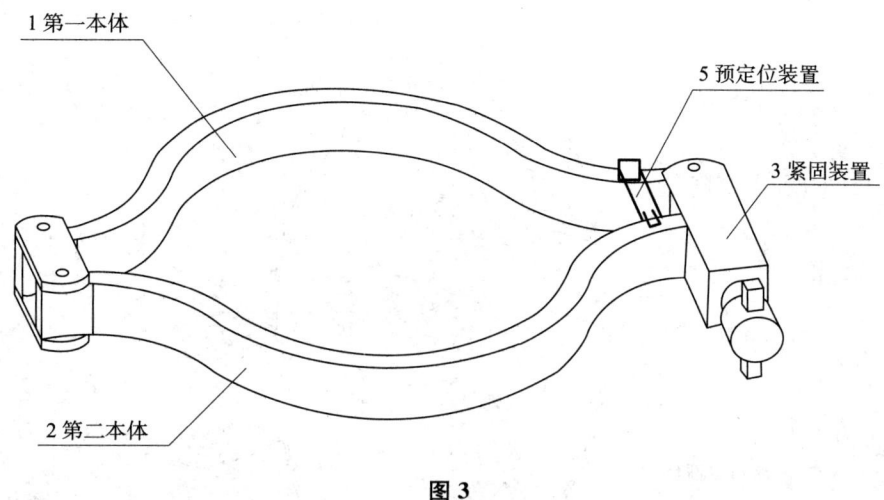

图 3

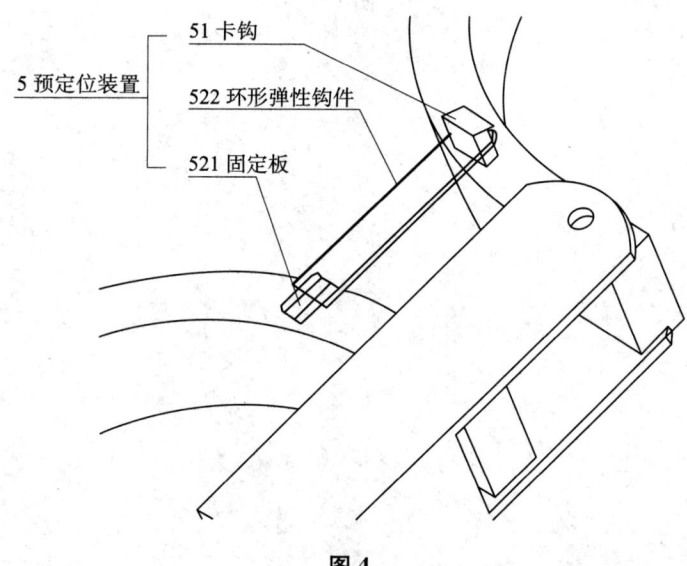

图 4

对比文件1附图：

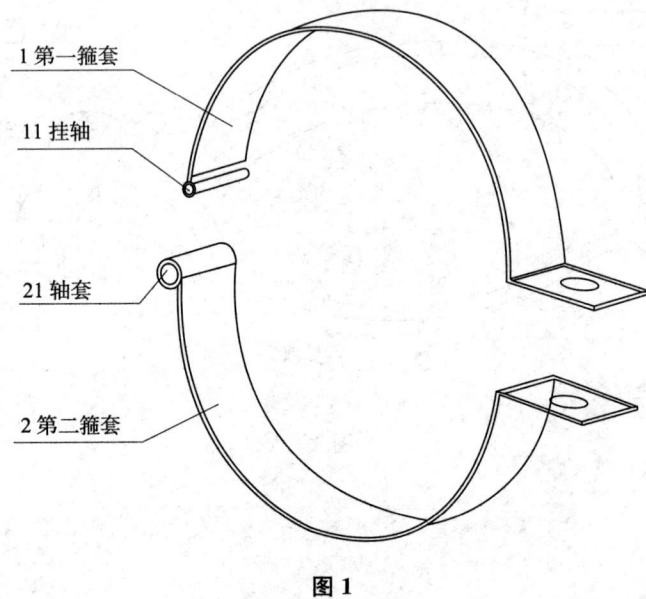

图 1

对比文件 3 附图：

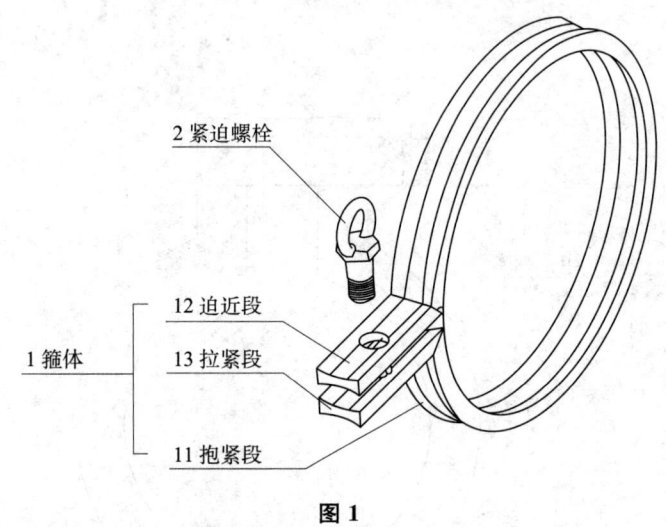

图 1

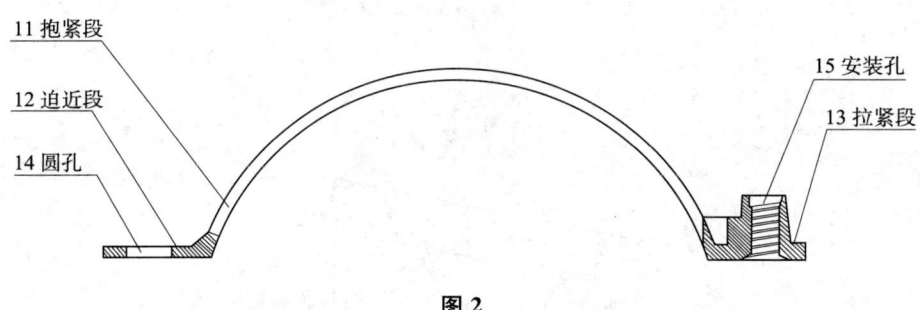

图 2

技术交底材料附图：

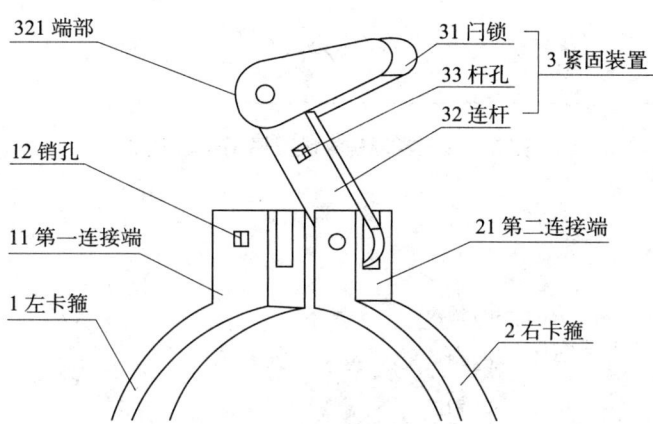

图 1　第一实施例打开状态示意图

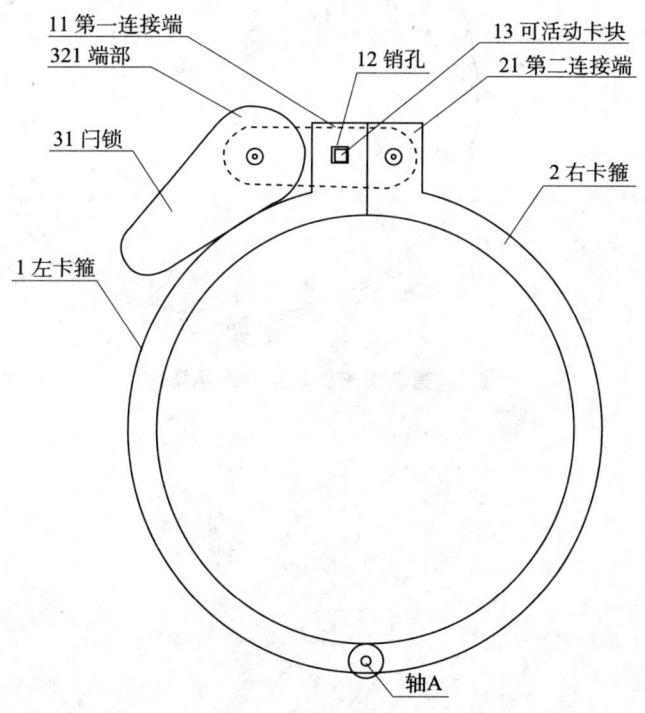

图 2　第一实施例锁紧状态示意图

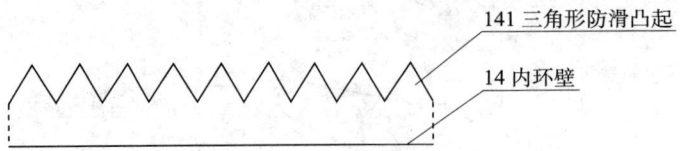

图3 第一实施例橡胶垫圈局部放大图

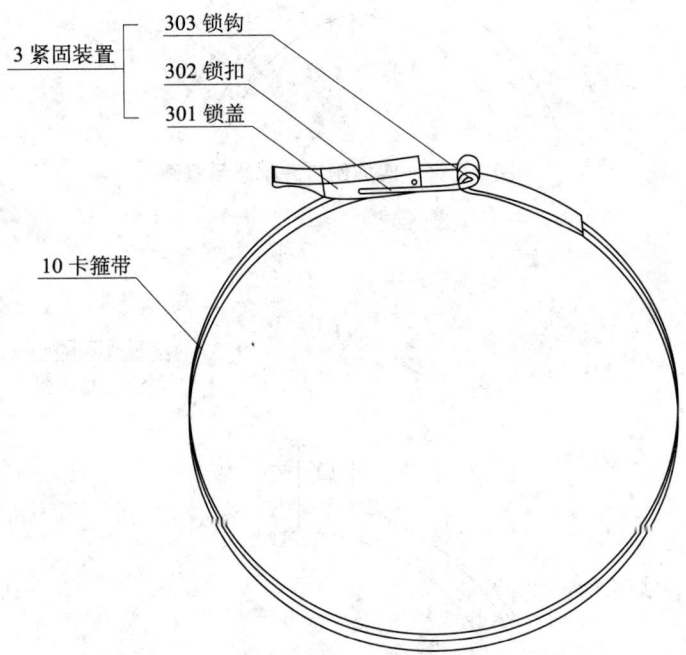

图4 第二实施例锁紧状态示意图

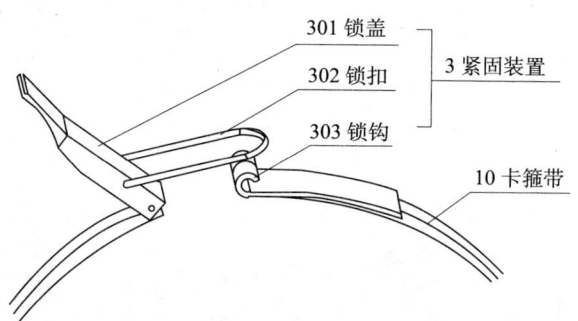

图5 第二实施例打开状态示意图

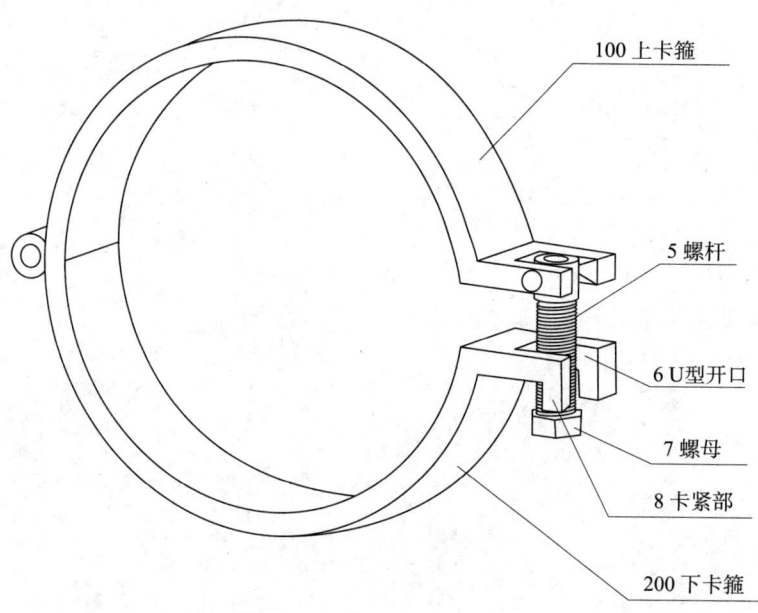

图6 第三实施例示意图

客户提供的交底材料：

传统结构的卡箍使用螺栓将卡箍相连，通过拧紧螺栓完成管道的安装固定。此结构在装配和分解过程中都需要将螺栓完全拧入或拧出螺母以分解卡箍完成管道的装拆，这样需要足够的操作空间和时间，拆装费时费力，不能满足对卡箍进行快速装配、及时维护管道等的要求；另一方面，现有卡箍上一般都会嵌有或套有橡胶垫圈，橡胶垫圈与管道之间的抱紧力小，当管道由于外部原因震动时，会导致卡箍在管道上转动或串动，进而影响紧固效果。

在现有技术的基础上，我公司提出改进的卡箍结构。

图1至图3示出了第一实施例，包括通过轴A铰接在一起的左卡箍1和右卡箍2，以及紧固装置3。左右卡箍均为板状，可采用金属材料，例如不锈钢板材，冲压一次成型，然后弯折形成180度的圆弧。左卡箍1的端部具有第一连接端11，右卡箍2的端部具有与第一连接端11对应的第二连接端21。紧固装置3包括可旋转闩锁31和连杆32，连杆32的两端分别通过销钉与第二连接端21和闩锁31枢轴连接，连杆32上有杆孔33。第一连接端11的相应位置上设有销孔12，销孔12内插有一可活动的方形卡块13（图1未示出）。

如图1所示，在打开位置，第一连接端11和第二连接端21分开一定距离。当需要紧固时，首先将卡块13取出，然后旋转闩锁31，其带动连杆32活动。当连杆32旋转到杆孔33与销孔12对准时，将方形卡块13卡入孔内，从而将第一连接端11和第二连接端21连接。继续旋转闩锁31，当旋转到图2所示的锁紧位置时，可旋转闩锁31的端部321紧压第一连接端11的外侧表面，从而使闩锁31在锁紧位置保持稳定。

左右卡箍的圆弧内周面上设有凹槽，其内嵌有橡胶垫圈（图中未示出）。图4示出了橡胶垫圈的局部放大图，橡胶垫圈与管道接触的内环壁14上设置有多个三角形防滑凸起141，其规则地排布在内环壁上，增大了卡箍与管道间的抱紧力，进一步增大了卡箍与管道间的摩擦力，从而有效防止卡箍相对管道滑动，提高了卡箍的安全性。

图4至图5示出了第二实施例，包括卡箍带10和紧固装置3。卡箍带10可采用非金属材料注塑成型。紧固装置3包括锁盖301、环形锁扣302和锁钩303。锁盖301与卡箍带10的一个连接端铰接。锁钩303固定在卡箍带10的另一个连接端。环形锁扣302的一端铰接在锁盖301的内侧下方，另一端可卡入锁钩303。

如图4所示，安装时，将锁扣302卡入锁钩303，实现卡箍带10两个连接端的连接。然后向下旋动锁盖301，卡箍锁紧。若需要将卡箍松开，如图5所示，向上旋动锁盖301，锁扣302的一端随着锁盖301向上旋起，锁扣302的另一端从锁钩303滑出，卡箍打开。

卡箍带10与管道接触的内表面套有一个橡胶圈（未示出），橡胶圈与管道接触的内环壁上设有点状凸起，以起到防滑的作用。

图6示出了第三实施例，包括上卡箍100，下卡箍200，螺杆5，和螺母7。螺杆5的一端铰接在上卡箍100的连接端，另一端旋有螺母7，形成螺杆螺母组件。下卡箍200的连接端上开设

对比文件2附图：

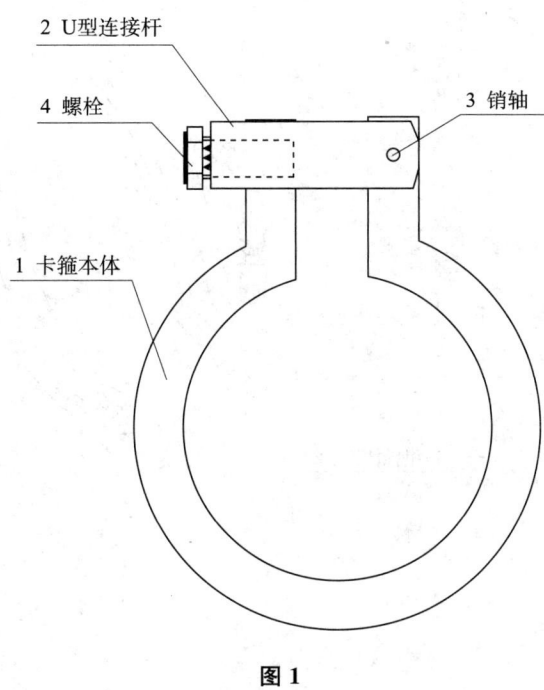

图1

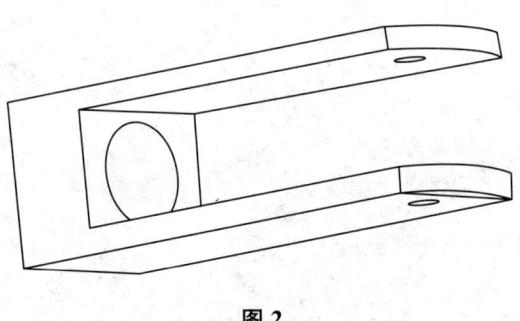

图2

2015年专利代理实务题
答题要点及撰写例

一、总体考虑

2015年"专利代理实务"考试试题包括请求宣告专利权无效实务和申请实务两个部分，共3道题目。第一题为请求宣告专利权无效实务部分，该题要求应试者根据客户提供的资料具体分析可提出无效宣告请求的范围、理由和证据，借助为客户撰写无效宣告请求咨询意见的试题类型，着重考查应试者对于专利代理实务中经常涉及的几个基本法律概念的理解和掌握程度以及灵活运用的能力。应试者作为专利代理人，在咨询意见中，应当条理清晰，有理有据地分析客户提供的资料，选择能成功地将涉案专利宣告无效可能性最大的证据，并提出最具说服力的理由。此外，该题还测试了应试者对于无效宣告程序中的举证期限等相关法律知识的掌握情况。第二题和第三题为申请实务部分。第二题采用撰写权利要求书这种专利代理实务中最基本的任务，主要考查应试者是否具备根据给定的素材撰写专利申请文件的能力，要求在满足《专利法》及《专利法实施细则》有关规定的前提下，撰写出既能够为委托人谋求尽可能大的保护范围、权利又相对稳定的权利要求书。第三题要求应试者分析其在第二题中撰写的独立权利要求具有新颖性和创造性的理由。实质上是要求应试者将在第二题中进行的思考、分析和判断过程还原出来，从而进一步考查应试者对权利要求撰写思路和步骤的掌握情况。

二、撰写无效宣告请求的咨询意见

2015年"专利代理实务"考试的第一题要求应试者根据题目给出的素材为客户撰写咨询意见，说明可提出无效宣告请求的范围、理由和证据。题目中共给出4份素材：包括涉案专利以及客户提供的对比文件1~3。

撰写咨询意见之前，应试者需要认真阅读题目中给出的4份素材，全面了解涉案专利以及所有对比文件的相关内容，并按照以下思路和步骤进行分析。

1. 分析客户提供的对比文件是否需要作为证据提交

这里需要考虑两方面的内容：一方面，在时间上，需要考察客户提供的对比文件是否构成涉案专利的现有技术，或者是否属于申请在先公开（公告）在后的专利申请或者专利文件；另一方面，在内容上，需要考察这些对比文件是否能够影响涉案专利的权利要求的新颖性和/或创造性，以及是否构成抵触申请。应试者应当在进行上述分析的基础上，客观、直接地为客户阐明可以作为证据提供的对比文件。并结合所选择的证据具体分析权利要求不具备新颖性或创造性的理由。

在时间上，对比文件1和对比文件2的公开日均早于涉案专利的申请日，构成了涉案专利的现有技术。对比文件3属于涉案专利的专利权人于涉案专利的申请日前提出，并于涉案专利的申请日当天公开的专利文件，其是否能够构成抵触申请，需要考察其公开的内容是否与涉案专利构成同样的发明或实用新型。

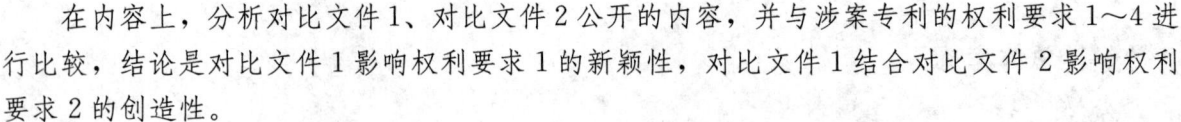

在内容上，分析对比文件1、对比文件2公开的内容，并与涉案专利的权利要求1~4进行比较，结论是对比文件1影响权利要求1的新颖性，对比文件1结合对比文件2影响权利要求2的创造性。

对比文件3公开了一种一体成型的塑料卡箍，没有公开权利要求1中的卡箍的第一本体和第二本体铰接的技术方案，因此对比文件3不能破坏权利要求1的新颖性，不能构成涉案专利的抵触申请。

因此，在无效宣告请求中，对比文件1和对比文件2可以作为证据提交，而对比文件3不能构成涉案专利的抵触申请，建议不作为证据提交。

2. 分析涉案专利的权利要求书是否存在其他可以提出无效宣告请求的缺陷

通过分析可知，权利要求3未以说明书为依据，权利要求4引用权利要求1和权利要求2的技术方案不清楚。此外，权利要求4中还存在由"最好是"连接着一个上位概念和一个下位概念的表述，导致在一项权利要求中限定出两个不同的保护范围，使得权利要求的保护范围不清楚。

3. 确定无效宣告请求的范围、理由和证据的使用

在前述分析的基础上，可以确定无效宣告请求的范围、理由和证据为：权利要求1相对于对比文件1不具备新颖性；权利要求2相对于对比文件1和对比文件2的结合不具备创造性；权利要求3未以说明书为依据，权利要求4引用权利要求1和权利要求2的保护范围不清楚，不符合《专利法》第二十六条第四款的规定，因此请求宣告权利要求1~3以及权利要求4引用权利要求1、2的技术方案无效。

4. 准备咨询意见的撰写

咨询意见样例

尊敬的客户：

我方根据贵方提供的涉案专利以及对比文件1~3，提出如下意见：

（1）关于证据的使用

对比文件1和对比文件2的公开日均早于涉案专利的申请日，构成了涉案专利的现有技术。

对比文件3属于涉案专利的专利权人于涉案专利的申请日前提出的，并于涉案专利的申请日当天公开的专利文件，从时间上可用于评价权利要求的新颖性，但对比文件3公开的卡箍箍体是一体成型的，没有公开权利要求1中的卡箍的第一本体和第二本体铰接的技术方案，因此对比文件3不能破坏权利要求1的新颖性，不能构成涉案专利的抵触申请，建议放弃使用对比文件3。

（2）权利要求1不具备《专利法》第二十二条第二款规定的新颖性

权利要求涉及一种卡箍，对比文件1公开了一种管道连接卡箍，并具体公开了包括第一箍套1和第二箍套2，第一箍套上设置挂轴11，在第二箍套的对应端设置与挂轴 11 对应的轴套 21；在第一箍套 1 和第二箍套 2 各自的另一端设置连接耳，连接耳上设有供连接螺栓穿过的通孔。对比文件 1 公开了一边采用挂轴的方式进行枢轴连接，另一边通过螺栓连接的卡箍，即公开了权利要求 1 所要求保护的技术方案的全部技术特征，且二者的技术领域、技术方案、解决的技术问题和取得的技术效果相同，因此权利要求 1 不具备新颖性，不符合《专利法》第二十二条第二款的规定。

(3) 权利要求 2 不具备《专利法》第二十二条第三款规定的创造性

对比文件 1 公开了如前所述的技术内容，权利要求 2 与对比文件 1 的区别在于："所述紧固装置（3）包括与所述第一本体（1）铰接的连接板（31），所述连接板（31）的一端开设有插槽（321），另一端面上有螺纹孔，所述第二本体（2）上具有可插入插槽（321）的固定部（4），所述固定部（4）上开有螺纹孔（41），所述螺栓（32）穿过螺纹孔将第一本体（1）和第二本体（2）连接"，该区别特征实际解决的技术问题是如何设计紧固装置的具体结构从而进一步减少零件的数量。

对比文件 2 公开了卡箍组件包括：卡箍本体 1、U 型连接杆 2、销轴 3、螺栓 4。卡箍本体 1 由塑料材料注塑一次成型，其具有两个连接端，一端与 U 型连接杆 2 的开口端铰接，另一端开设有贯穿的螺纹孔，用于与穿过 U 形连接杆 2 的封闭端的螺栓 4 螺纹连接。对比文件 2 公开了通过铰接的 U 型连接杆来实现紧固的技术方案，并且其在对比文件 2 中所起的作用也是为了减少零件的数量。可见，对比文件 2 给出了将上述区别特征应用于对比文件 1 以解决其技术问题的启示，因此在对比文件 1 的基础上结合对比文件 2 从而获得权利要求 2 所要求保护的技术方案，对本领域的技术人员来说是显而易见的，权利要求 2 不具有实质性特点和进步，不具备创造性，不符合《专利法》第二十二条第三款的规定。

(4) 权利要求 3 没有以说明书为依据，不符合《专利法》第二十六条第四款的规定

涉案专利的说明书最后一段记载了"预定位装置 5 包括位于第一本体 1 上的卡钩 51，位于第二本体 2 上的固定板 521，以及连接在固定板 521 上的环形弹性钩件 522，例如环形橡胶圈"，"为了避免预定位的操作影响螺栓 32 对准螺纹孔 41，第一本体 1 和第二本体 2 的预定位连接不能是刚性的，而是弹性的，这样，环形橡胶圈的弹性能在螺栓 32 对准螺纹孔 41 的过程中，协助调整二者之间的相对位置，方便二者的对准"，而权利要求 3 中记载的是"预定位装置（5），其包括位于第一本体（1）上的卡钩（51）和位于第二本体（2）上的环形钩件（522）"，权利要求 4 中对环形钩件进一步限定为是弹性的，由此可见，权利要求 3 的技术方案包括环形钩件不是弹性的情况，这种情况在说明书中没有记载，而且也会影响螺栓 32 对准螺纹孔 41，使得相应的技术问题无法解决，因此权利要求 3 没有以说明书为依据，不符合《专利法》第二十六条第四款的规定。

(5) 权利要求 4 引用权利要求 1、2 的技术方案不清楚，不符合《专利法》第

二十六条第四款的规定

权利要求 4 的附加技术特征进一步限定了环形钩件的结构，但是在其引用的权利要求 1、2 中均没有记载"环形钩件"，因此权利要求 4 引用权利要求 1、2 的技术方案缺乏引用基础，造成保护范围不清楚，不符合《专利法》第二十六条第四款的规定。

因此请求宣告权利要求 1～3 以及权利要求 4 引用权利要求 1、2 的技术方案无效。

5. 后续工作意见

根据前述分析，目前所掌握的证据无法请求宣告权利要求 4 引用权利要求 3 的技术方案无效。对于请求人而言，在提出无效宣告请求之日起一个月内可以增加无效宣告请求理由以及补充证据，因此建议在提出无效宣告请求之后作进一步的检索，重点检索权利要求 4 引用权利要求 3 的技术方案，以期在提出无效宣告请求之后的一个月内补充证据，并结合该证据增加相应的权利要求不具备新颖性或创造性的理由。

三、撰写权利要求书

2015 年"专利代理实务"考试的第二题要求应试者根据题目给出的素材为客户撰写发明专利申请的权利要求书。在撰写权利要求书时，应试者应当认真阅读、全面了解技术交底材料和现有技术的相关内容，撰写出既符合《专利法》和《专利法实施细则》相关规定，又能最大化地维护客户利益的权利要求书。在答题时可以按照以下的思路和步骤进行。

1. 确定技术交底材料相对于现有技术所解决的技术问题

本试题中，涉案专利及对比文件 1～3 均构成了技术交底材料的现有技术。技术交底材料涉及对卡箍的改进，因此以"一种卡箍"作为要求专利保护的主题。将技术交底材料与现有技术进行比较，可知其解决了现有技术中存在的两个技术问题：一是安装费时费力，不能对卡箍进行快速装配（第一个技术问题）；二是卡箍在管道上容易转动或串动，影响了紧固效果（第二个技术问题）。

2. 确定独立权利要求的保护范围

独立权利要求应当从整体上反映发明的技术方案，记载解决技术问题的必要技术特征。为了达到使委托人的利益最大化的目标，应试者不能简单地照抄技术交底材料中的实施方式，应当对其中的实施方式进行适当概括，以避免所撰写的权利要求的保护范围太小。技术交底材料中为了解决第一个技术问题给出了 3 个实施例，实施例一和实施例二采用了类似的结构，二者均不使用螺栓连接，而是通过可活动卡块（实施例一）和锁扣（实施例二）卡扣连接，从而避免在装配和分解过程中需要将螺栓完全拧入或拧出螺母以实现卡箍的快速装配。实施例三虽然使用了螺栓连接，但是由于在卡箍的一个连接端上设置了 U 形开口，从而只需松动螺母即可将螺杆从 U 形开口取出，完成卡箍的快速分离。由此可见，第一实施例和第二实施例中卡箍的连接方式可以概括为卡扣连接,而第三实施例与前两个实施例的发明构思不同,其对现有技术作出的贡献,是在连接端上设置大小合适的 U 形开口,从而不需要将螺栓完全拧入或拧出,因此不适合将其与第一、第二实施例进行概括,应考虑为第三实施例单独撰写独立权利要求。

技术交底材料中为了解决卡箍在管道上容易转动或串动的技术问题,将套在或嵌入卡箍上的橡胶垫圈的内环壁上设置了三角形防滑凸起或者点状凸起,实质是在卡箍橡胶垫圈的内环壁上设置防滑凸起以起到防滑的作用,而三角形或点状均是防滑凸起的具体形状,是非必要技术特征,不必写入到独立权利要求中。

3. 确定独立权利要求之间是否符合单一性要求

由上可知,技术交底材料中涉及两个技术问题,可以形成用于分别解决每个技术问题的两个独立权利要求。其中,为了解决第一个技术问题,技术交底材料给出了 3 个实施例,可以撰写出两个独立权利要求。这样,根据技术交底材料的内容,可以撰写出 3 个独立权利要求,此时,就需要进行独立权利要求之间是否具备单一性的判断,以确定是提出一份专利申请,还是提出两份专利申请。

经过分析,为了解决两个不同的技术问题,技术交底材料给出了不同的技术方案,因此涉及不同技术问题的独立权利要求之间没有相同或相应的特定技术特征,应当分案申请。其次,为了实现卡箍的快速装配,实施例一和实施例二可以概括为卡扣连接,实施例三通过在卡箍的一个连接端设置合适的 U 型开口螺纹连接,采用了不同的发明构思,也没有相同或相应的特定技术特征,也应当予以分案申请。

4. 根据实施例撰写适当数量的从属权利要求

为了形成较好的保护梯度,应当根据实施例的具体内容撰写从属权利要求。针对第一实施例和第二实施例概括的独立权利要求,可以将每个实施例的具体实施方式分别撰写为从属权利要求。

此外,卡箍的具体结构、橡胶垫圈、防滑凸起以及防滑凸起的具体形状等均可以作为从属权利要求中的附加的技术特征对独立权利要求作出进一步的限定。

撰写的权利要求书样例

1. 一种卡箍,包括卡箍本体和紧固装置,所述紧固装置的一端与卡箍本体的一个连接端铰接,其特征在于所述紧固装置的另一端与卡箍本体的另一个连接端卡扣连接。

2. 如权利要求 1 所述的卡箍,其特征在于所述紧固装置包括连杆,所述连杆上设有杆孔,所述卡箍的另一个连接端上设有销孔,所述杆孔和销孔通过卡块卡扣连接。

3. 如权利要求 2 所述的卡箍,其特征在于所述连杆的另一端与可旋转闩锁铰接,所述可旋转闩锁的端面在锁紧状态下紧压所述卡箍本体另一个连接端的外侧表面。

4. 如权利要求 1 所述的卡箍，其特征在于所述紧固装置包括锁扣、锁钩和锁盖，所述锁盖与卡箍本体的一个连接端铰接，所述锁钩固定在卡箍本体的另一个连接端，所述锁扣的一端铰接所述锁盖的内侧下方，另一端可卡入锁钩。

5. 如权利要求 1~4 任意一项权利要求所述的卡箍，其特征在于所述卡箍本体包括左卡箍和右卡箍，所述左卡箍和右卡箍铰接。

6. 如权利要求 1~4 任意一项权利要求所述的卡箍，其特征在于所述卡箍本体是一体成形的卡箍带。

7. 如权利要求 1~4 任意一项权利要求所述的卡箍，其特征在于所述卡箍本体内侧设有橡胶垫圈。

8. 如权利要求 7 所述的卡箍，其特征在于所述橡胶垫圈与管道接触的内环壁上设有防滑凸起。

9. 如权利要求 8 所述的卡箍，其特征在于所述防滑凸起是三角形凸起。

10. 如权利要求 8 所述的卡箍，其特征在于所述防滑凸起是点状凸起。

需要另案提交申请的独立权利要求样例：

1. 一种卡箍，包括卡箍本体和紧固装置，其特征在于：所述紧固装置包括螺杆螺母组件，所述螺杆螺母组件与卡箍本体的一个连接端铰接，卡箍本体的另一个连接端上设有 U 型开口，所述 U 型开口的宽度大于螺杆的直径且小于螺母的最小外周宽度。

需要另案提交申请的独立权利要求样例：

1. 一种卡箍，在卡箍本体的内侧表面嵌有或套有橡胶垫圈，其特征在于在所述橡胶垫圈的内环壁上设有防滑凸起。

需要提出 3 份专利申请的理由

第一份专利申请的独立权利要求对现有技术作出贡献的技术特征为"紧固装置的另一端与卡箍本体的另一个连接端卡扣连接"，从而不需要使用螺栓就可以快速打开和锁紧卡箍；第二份专利申请的独立权利要求对现有技术作出贡献的技术特征是"卡箍本体的另一个连接端上设有 U 型开口，所述 U 型开口的宽度大于螺杆的直径且小于螺母的最小外周宽度"，从而只需松动螺母，无需螺母与螺杆的完全分离即可将螺杆从 U 形开口取出，完成卡箍的快速安装；第三份专利申请的独立权利要求对现有技术作出贡献的技术特征是"在橡胶垫圈的内环壁上设有防滑凸起"，从而防止卡箍在管道上移动或串动。

3 个独立权利求对现有技术作出的贡献的技术特征并不相同，彼此在技术上也无相互关联，因此 3 个独立权利要求之间不包含相同或相应的特定技术特征，不属于一个总的发明构思，彼此之间不具备单一性，应当作为 3 个独立申请提出。

四、新颖性和创造性分析

2015年"专利代理实务"考试的第三题要求应试者说明所撰写的独立权利要求相对于现有技术具备新颖性和创造性的理由。

在本次考试中设置了两道关于新颖性和创造性的题目,在第一题中考查了应试者能否根据给出的证据判断出权利要求不具备新颖性和创造性,从而导致权利要求被无效的能力,在本题中实质上是要求应试者将权利要求撰写中的分析判断过程还原出来,并能够针对审查过程中的审查意见通知书或者无效宣告程序中请求人的请求意见中提出的新颖性和创造性问题进行答辩和陈述意见。具体到本题中,关于新颖性,重点考查应试者对于新颖性判断中同样的发明或者实用新型以及单独对比原则的掌握。关于创造性,重点考查应试者对于"三步法"的掌握情况,需要指出的是,在对第一份申请和第二份申请的独立权利要求的创造性判断中,需要选择涉案专利或者对比文件2作为最接近的现有技术。

第三题的答题样例

1. 第一份申请的独立权利要求的新颖性

第一份申请的独立权利要求1与涉案专利的技术方案相比,涉案专利没有公开权利要求1中紧固装置的另一端与卡箍本体的另一个连接端卡扣连接的技术特征,因此权利要求1的技术方案与涉案专利所公开的技术方案实质不同,因此权利要求1相对于涉案专利具备新颖性,符合《专利法》第二十二条第二款的规定。

对比文件1~3均没有公开权利要求1中紧固装置的另一端与卡箍本体的另一个连接端卡扣连接的技术特征,因此权利要求1的技术方案分别与对比文件1~3所公开的技术方案实质不同,因此权利要求1分别相对于对比文件1~3具备新颖性,符合《专利法》第二十二条第二款的规定。

2. 第二份申请的独立权利要求的新颖性

第二份申请的独立权利要求与涉案专利的技术方案相比,涉案专利没有公开权利要求1中紧固装置包括螺杆螺母组件,所述螺杆螺母组件与卡箍本体的一个连接端铰接,卡箍本体的另一个连接端上设有U型开口,所述U型开口的宽度大于螺杆的直径且小于螺母的最小外周宽度的技术特征,使得权利要求1的技术方案与涉案专利所公开的技术方案实质不同,因此权利要求1具备新颖性,符合《专利法》第二十二条第二款的规定。

对比文件1~3均没有公开权利要求1中紧固装置包括螺杆螺母组件,所述螺杆螺母组件与卡箍本体的一个连接端铰接,卡箍本体的另一个连接端上设有U型开口,所述U型开口的宽度大于螺杆的直径且小于螺母的最小外周宽度的技术特征,因此权利要求1的技术方案分别与对比文件1~3所公开的技术方案实质不同,因此权利要求1分别相对于对比文件1~3具备新颖性,符合《专利法》第二十二条第二款的规定。

3. 第三份申请的独立权利要求的新颖性

第三份申请的独立权利要求1与涉案专利的技术方案相比，涉案专利没有公开橡胶垫圈，也没有公开橡胶垫圈的内环壁上设有防滑凸起，因此权利要求1的技术方案与涉案专利所公开的技术方案不同，权利要求1相对于涉案专利具备新颖性，符合《专利法》第二十二条第二款的规定。

对比文件1~3均没有公开橡胶垫圈，也没有公开橡胶垫圈的内环壁上设有防滑凸起，因此权利要求1的技术方案分别与对比文件1~3所公开的技术方案实质不同，因此权利要求1分别相对于对比文件1~3具备新颖性，符合《专利法》第二十二条第二款的规定。

4. 第一份申请独立权利要求的创造性

第一份申请的独立权利要求1与最接近的现有技术涉案专利所公开的技术方案区别在于：涉案专利没有公开紧固装置的另一端与卡箍本体的另一个连接端卡扣连接，根据该区别特征，权利要求1实际解决的技术问题是如何实现卡箍的快速装卸，其他对比文件均公开了螺栓连接的固定方式，没有公开上述区别特征，也没有给出相应的技术启示，因此权利要求1的技术方案是非显而易见的，而采用卡扣连接可以避免现有技术中需要将螺栓全部拧入或拧出螺母而造成的装卸麻烦的缺陷，具有有益的技术效果，因此权利要求1相对于涉案专利，或者涉案专利与其他对比文件的结合均具备突出的实质性特点和显著的进步，具备创造性，符合《专利法》第二十二条第三款的规定。

5. 第二份申请独立权利要求的创造性

第二份申请的独立权利要求1与最接近的现有技术涉案专利所公开的技术方案区别在于：涉案专利没有公开紧固装置包含螺杆螺母组件，所述螺杆螺母组件与卡箍本体的一个连接端铰接，卡箍本体的另一个连接端上设有U型开口，所述U型开口的宽度大于螺杆的直径且小于螺母的最小外周宽度，根据该区别特征，权利要求1实际解决的技术问题是如何不需要螺母与螺杆完全分离从而实现卡箍的快速装卸，其他对比文件均公开了螺栓需要完全拧入拧出进行连接的固定方式，没有公开上述区别特征，也没有给出相应的技术启示，因此权利要求1的技术方案是非显而易见的，而含有上述区别特征的技术方案可以避免现有技术中需要将螺栓全部拧入或拧出螺母而造成的装卸麻烦的缺陷，具有有益的技术效果，因此权利要求1相对于涉案专利，或者涉案专利与其他对比文件的结合均具备突出的实质性特点和显著的进步，具备创造性，符合《专利法》第二十二条第三款的规定。

6. 第三份申请独立权利要求的创造性

第三份申请的独立权利要求1与最接近的现有技术涉案专利所公开的技术方案区别在于：涉案专利没有公开公开橡胶垫圈，也没有公开橡胶垫圈的内环壁上具有防滑凸起的技术特征，根据该区别特征，权利要求1实际解决的技术问题是如何防止卡箍在管道上滑动或串动，其他对比文件也没有公开上述区别特征，并且也没有给出相应的技术启示，因此权利要求1的技术方案是非显而易见的，而含有上述区别特征的技术方案可以实现防滑，具有有益的技术效果，因此权利要求1相对于涉案专利，或者涉案专利与其他对比文件的结合均具备突出的实质性特点和显著的进步，具备创造性，符合《专利法》第二十二条第三款的规定。